Christian Krachts Weltliteratur

Gegenwartsliteratur –
Autoren und Debatten

Christian Krachts Weltliteratur

Eine Topographie

Herausgegeben von
Stefan Bronner und Björn Weyand

DE GRUYTER

ISBN 978-3-11-053117-6
e-ISBN (PDF) 978-3-11-053215-9
e-ISBN (EPUB) 978-3-11-053129-9
ISSN 2567-1219

Library of Congress Control Number: 2018940054

Bibliografische Information der Deutschen Nationalbibliothek
Die Deutsche Nationalbibliothek verzeichnet diese Publikation in der Deutschen Nationalbibliografie; detaillierte bibliografische Daten sind im Internet über http://dnb.dnb.de abrufbar.

Coverabbildung: © Julian Baumann
Satz: 3w+p GmbH, Rimpar
Druck und Bindung: CPI books GmbH, Leck

www.degruyter.com

Inhalt

2 Kunsträume

3 Weltentwürfe

Zur Einleitung

Stefan Bronner, Björn Weyand

Von den wundersamen Zusammenhängen in der Welt

Christian Krachts Weltliteratur

1 Die Welt, gespiegelt

„Die Welt ist entdeckt", konstatiert der Klappentext zu dem von Christian Kracht gemeinsam mit Eckhart Nickel verfassten Reisebuch *Ferien für immer* (1998) lapidar.[1] Wie aber lässt sich von der Welt erzählen, wenn sie vollständig erschlossen ist und das Wissen über sie globalisiert scheint? Christian Krachts Werk vermisst die Welt literarisch neu. Mit jedem neuen Text Krachts weitet sich die Topographie der literarischen Schauplätze aus und erstreckt sich inzwischen beinahe über den gesamten Globus. Bereits der Romanerstling *Faserland* (1995) entwickelt dabei außergewöhnliche Perspektiven auf die Welt:

> Draußen ist es dunkel, und der Zug rattert gerade durch Heide/Holstein, jedenfalls steht das auf dem Bahnhofsschild, daß [sic] man aber kaum erkennen kann, weil der Zug so schnell fährt, und ich erkenne es eigentlich auch nur, weil sich das Schild durch so komische Spiegeleffekte, über die man eigentlich nur nachdenkt, wenn man völlig betrunken ist, in der Glasscheibe spiegelt, und zwar erst in der Scheibe links, so, daß das Schild Heide/Holstein erst spiegelverkehrt erscheint, und dann in der Scheibe rechts richtig herum.[2]

Derartige Spiegelungen, die Kracht seinen Antihelden im Bordrestaurant des ICE auf der Reise durch das *Faserland* erleben lässt, kennzeichnen die Weltbeschreibungen in seinen Romanen und Reisetexten: Verkehrungen der Perspektive, Doppelungen, Schleifen, Ausschnitte des oftmals Beiläufigen und Unbeachteten zeigen und erzeugen die „wundersamen Zusammenhänge in der Welt",[3] die ein kontinuierliches Thema von Krachts Gesamtwerk bilden. Kaum zufällig greift bereits *Faserland* in der zitierten Passage Stendhals bekannte Definition des

1 Christian Kracht/Eckhart Nickel: Ferien für immer. Die angenehmsten Orte der Welt. Mit einem Vorwort von Moritz von Uslar. Von den Autoren neu durchgesehene Ausgabe. München 2004: Deutscher Taschenbuch Verlag, n. p., Klappentext [S. 2].

2 Christian Kracht: Faserland. Roman. Köln 1995: Kiepenheuer & Witsch, S. 29.

3 Christian Kracht: Wie der Boodhkh in die Welt kam und warum. In: ders.: New Wave. Ein Kompendium 1999 – 2006. Köln 2006: Kiepenheuer & Witsch, S. 58 – 71, hier S. 69.

https://doi.org/10.1515/9783110532159-001

(realistischen) Romans aus *Le rouge et le noir* (1830) als *un miroir qu'on promène le long du chemin* auf, um sie den touristischen Infrastrukturen auszusetzen – der Spiegel wird nicht mehr einem Weg entlang getragen, sondern ist Teil und Effekt des fahrenden Zugs – und gleichzeitig nach Maßgabe der postmodernen Theoriebildung ästhetisch zu brechen. Darin liegt die Antwort von Krachts Texten auf die Frage, wie sich noch über die schon entdeckte Welt schreiben lässt, und vom Anbeginn geht es dabei um mehr als bloßen Realismus, so sehr dieser auch immer wieder für Krachts Werk in Anschlag gebracht wurde.

2 Krachts große Erzählung der Welt

Mit *Faserland* nimmt somit ein außergewöhnliches erzählerisches Projekt seinen Anfang: die literarische Vermessung eines Echoraumes der Welt, die nicht mehr zu durchdringen ist und dennoch literarisch besetzt werden will. Von Sylt aus begleiten die Lesenden den namenlosen Antihelden zunächst über den Süden Deutschlands bis in die Schweiz, wo die Reise in der Mitte des Zürichsees offen endet. Reisen steht hier in erster Linie noch unter den Vorzeichen von Entwurzelung, Orientierungs- und Heimatlosigkeit und der Auflösung der alten Zusammenhänge – eine Fluchtlinie, gezeichnet von Szenarien der Desillusionierung und der Suche nach dem Unmöglichen, die sich in der Bewegung zur Mitte hin im Bodenlosen verliert. Längst verstellt ist der bürgerliche Weg eines Thomas Mann, dessen Grab der Ich-Erzähler sucht und nicht findet.

Dennoch drängt der Wunsch nach Herzlichkeit, Geborgenheit in der Gemeinschaft und Spiritualität, der in Krachts zweitem Roman *1979* (2001) in einer letzten sinnentleerten Party kulminiert, die der internationale Jetset in Teheran wenige Tage vor der Übernahme des Landes durch Ayatollah Chomeini feiert. Auf dem Höhepunkt der revolutionären Ereignisse schwört der namenlose Innenarchitekt der westlichen Welt und ihrem Wertekanon ab, um das fernöstliche Nepal spirituell zu erkunden. Sein Peregrinieren endet in einem Straflager im Nirgendwo eines imaginären China, dessen topographische und geographische Umrisse in der Wahrnehmung des Ich-Erzählers verschwimmen. In der Bejahung der inhumanen Zustände im Lager findet das existentielle Sinnvakuum mit der ethisch motivierten Absage an die Anthropophagie schließlich seinen absoluten Selbstentäußerungspunkt.

Ich werde hier sein im Sonnenschein und im Schatten (2008) entwirft das Szenario einer zersplitterten und entkernten Welt, die, noch einmal ausgehend von der Schweiz als ihrem Zentrum, in einem kommunistischen Utopia vereint werden soll, um schließlich vollständig in Trümmern unterzugehen. Aus dem schweizerischen Réduit, dem leeren Zentrum der Macht, flüchtet der Protagonist vor den zerstörerischen Kräften des alles nivellierenden Nichts in seine Heimat, das entfesselte Afrika, dessen surreale Landschaft ein letztes Refugium bietet. Erneut lösen sich am Ende die Konturen des Ich auf, es wird eins mit der Natur, mit der Bewegung der Welt, mit dem Lesen selbst.[4]

Krachts 2012 erschienener Roman *Imperium* richtet den Blick zurück auf den Ausgangspunkt einer folgenreichen Deterritorialisierungsbewegung, die in den Kolonialisierungsbestrebungen der großen Mächte ihre historisch politische Entsprechung findet. Erosionsvorgängen im Inneren der Macht soll mithilfe eines imaginären Außen entgegengewirkt werden, das von Berlin aus kontrolliert wird und zugleich die Hauptstadt des Reiches in einem südlicheren Licht erscheinen lassen soll. In ihrer Alltagsbrutalität spiegeln die Kolonien den traumatischen Kern der Macht, personifiziert in der Figur des jovialen Gouverneurs Hahl, dessen Befehl die korrupte Verwaltungs(un)kultur Deutsch-Neuguineas untersteht. Dennoch werden die Kolonien zur utopischen Projektionsfläche, zum *locus amoenus* für gescheiterte Existenzen und Aussteiger und zeitigen dabei allerlei bunte Phänomene. *Imperium* zeichnet eine zyklische Bewegung nach vom Wilhelminischen Kaiserreich bis hin zur Errichtung des Hot-Dog- und Coca-Cola-Imperiums der Amerikaner, eingefasst von einer Szene, in der Engelhardt seine Schiffsreise nach Herbertshöhe antritt, am Anfang im vermeintlichen Präsens der Romanwirklichkeit, am Ende in Form eines Simulakrums, das Sonnen- und Kokosnussanbeter August Engelhardt beinahe fünfzig Jahre später über die Filmleinwand flimmern lässt. Dabei übernimmt der Erzähler eine dem heutigen Leser exzentrisch anmutende Stimme eines ironischen Zeitzeugen, der gleichermaßen Teil des Geschehens ist und über den Dingen schwebt.

Doch trotz der Enttäuschungen über die Entzauberung der Welt scheint Reisen immer noch möglich: als Erzählung, sogar als *große Erzählung* im Sinne Lyotards, freilich unter neuen Vorzeichen. Im Zeichennetzwerk Krachts verschwimmen die Grenzen zwischen Faktum und Fiktion, Traum und Wirklichkeit, Roman und Film, zwischen Erzähler, Autor und Figuren, zwischen Buch und Wirklichkeit, sozialen Netzwerken, E-Mails, Bildern et cetera. Das Textdispositiv erstreckt sich über das Buch hinaus und schließt Trailer, Fernsehauftritte und Lesungen sowie die Rezeption im Kulturbetrieb und in der akademischen Welt ein. Wie in David Lynchs *Twin Peaks* stellt sich auch in Krachts Werk und Wirken vielfach die Frage nach den Realitätsebenen und deren Gehalt. Ist Engelhardt je nach Neupommern aufgebrochen oder war alles nur ein Traum? Besteht ein

4 Vgl. zur Spiritualität des Subjekts bei Christian Kracht: Stefan Bronner: Vom taumelnden Ich zum wahren Übermenschen. Das abgründige Subjekt in Christian Krachts Romanen *Faserland*, *1979* und *Ich werde hier sein im Sonnenschein und im Schatten*. Tübingen 2012: Francke.

ontologischer Unterschied zwischen Engelhardts Schiffsreise im Film am Ende des Romans und seiner Schiffsreise am Buchanfang? Welches Narrativ ist ‚wahrer'? Demzufolge geraten die Lesenden in einen Realitätstaumel. Für Krachts Texte gilt: Wirklichkeit und Fiktion entstammen demselben Ursprung. Womöglich entwickelt sich für die Lesenden durch den poetisierten Blick ein lebendigeres Bild der Vergangenheit. Ungeachtet der zahlreichen medienreflexiven Störungen innerhalb der Narration streben Krachts Texte in einem romantischen Sinne nach der Verwandlung einer entzauberten Welt.

So spricht sich Krachts fünfter Roman *Die Toten* (2016) für eine künstlerisch metaphysische Weltsicht aus, und das, obgleich beide darin verhandelten Wege – Japans alte metaphysische Seele sowie das neu entstehende esoterische Nazireich – zu Tod und Vernichtung führen. Durch die spirituelle Reise, das Erzählen der Welt, lässt sich das eigene Leben transzendieren. Die Lesenden mögen über die Hauptfigur Emil Nägeli lachen, einen alternden Schweizer Filmemacher, der seine Verlobte Ida an den schönen japanischen Intellektuellen Masahiku verliert. Er ist ein Antiheld, der während seiner Schaffens- und Lebenskrise so ziellos durch Europa und Japan reist, wie einst der Protagonist von *Faserland* durch Deutschland.[5] Und doch ist er zugleich lesbar als der Protagonist eines Bildungsromans, wenn es ihm auf seiner kathartisch-spirituellen Irrfahrt durch die Wälder Japans gelingt, sich selbst und die traumatischen Bilder der Vergangenheit zu vergessen.

Krachts Romane, so zeigt sich an diesem Abriss, ermöglichen trotz ihrer von *Faserland* bis zu *Die Toten* konsequenten und ostentativen Zurschaustellung der materiell narrativen Mechanismen gleichzeitig selbstreflexives *und* leidenschaftliches Lesen. Die Brüche tun der großen Erzählung keinen Abbruch, die daran arbeitet, die wundersamen Zusammenhänge in der Welt immer wieder aufs Neue zu erkunden. Für ein reflektiertes und gleichsam faszinierendes Schreiben über die Welt, das mit anderen Medien konkurriert, erscheinen in der Gegenwart sowohl der Bruch als auch eine neue Art der großen Erzählung unverzichtbar, verstanden als ein die Grenzen des Buches überbordendes, metaphysisches Narrativ, für dessen Struktur die Inszenierung des Bruchs einen wesentlichen Bestandteil darstellt. Dieses Zusammenspiel von großer Erzählung und Bruch kennzeichnet die Poetik von Krachts literarischer Welterkundung – und ereignet sich konsequenterweise nicht nur in der Großform des Romans, sondern führt zu einer Aufwertung kleiner Formen.

---

5 Vgl. dazu Isabelle Stauffer/Björn Weyand: Antihelden, Nomaden, Cameos und verkörperte Simulakren. Zum Figureninventar von Christian Krachts Romanen. In: Text + Kritik 216 (2017): Christian Kracht. Hrsg. von Christoph Kleinschmidt, S. 54–66, bes. S. 58.

3 Weltliteratur als Aufenthalt im ästhetischen Dazwischen

Krachts Projekt einer literarischen Welterschließung und ästhetischen Welt*erschaffung* erstreckt sich neben dem mit dem *Wilhelm-Raabe-Preis* und dem *Schweizer Literaturpreis* ausgezeichneten Romanwerk auf literarische Kleinformen wie den Reisebericht oder die Reportage. Bislang konzentrierte sich die literaturwissenschaftliche Forschung zu Krachts Werk überwiegend auf die Romane und marginalisierte damit die kleinen Formen als das ‚Nebenwerk' am Rande des romanesken ‚Hauptwerks', und das, obwohl bereits verschiedentlich die Bedeutung des Reisens für das Gesamtwerk Krachts hervorgehoben worden ist. So urteilt Oliver Jahraus, Christian Kracht sei „jener Autor der deutschsprachigen, vielleicht auch überhaupt der westlichen Gegenwartsliteratur, der das erzählerische Experiment am weitesten und am radikalsten vorangetrieben hat. Augenscheinlicher *Ausdruck* dieses Experiments ist die Reise".[6] Johannes Birgfeld und Innokentij Kreknin werten aus diesem Grund die Reisetexte auf und kommen zu dem Schluss: „Je umfangreicher Krachts Werk wird, umso mehr wird erkennbar, dass Bände wie *Ferien für immer* und *Der gelbe Bleistift* nicht nur autonome Publikationen sind, sondern Teilstücke eines Gesamtgefüges, das als Ganzes das poetische Werk von Christian Kracht darstellt und ihn selbst als Figur einschließt." Eine Unterteilung in Haupt- und Nebenwerke sei dementsprechend „nicht fruchtbar".[7] Der vorliegende Band beleuchtet auch und besonders diese Peripherie, jene vermeintlichen Ränder eines Werkes, dessen arkane Signifikanten sukzessive die Welt zu überziehen scheinen: Texte, die in Ko-Autorschaft entstanden sind oder gattungstypologisch nicht klar umrissen werden können, wie die gemeinsam mit Eckhart Nickel verfassten ‚Ratgeber' *Ferien für immer. Die angenehmsten Orte der Welt* und *Gebrauchsanweisung für Kathmandu und Nepal* (2009, in zweiter Auflage 2012) oder *Der gelbe Bleistift* (2000), einer zwei Jahre später erschienenen Sammlung von Reisereportagen aus Asien, sowie schließlich dem zusammen mit Eva Munz und Lukas Nikol veröffentlichten Bildband *Die totale Erinnerung. Kim Jong Ils Nordkorea* (2006).

---

6 Oliver Jahraus: Ästhetischer Fundamentalismus. Christian Krachts radikale Erzählexperimente. In: Johannes Birgfeld/Claude D. Conter: Christian Kracht. Zu Leben und Werk. Köln 2009: Kiepenheuer & Witsch, S. 13–23, hier S. 13.

7 Johannes Birgfeld/Innokentij Kreknin: Art. ‚Christian Kracht'. In: Hermann Korte (Hrsg.): Kritisches Lexikon zur deutschsprachigen Gegenwartsliteratur. München/Ravensburg 2001 ff.: edition text + kritik/Munzinger Archiv, http://www.nachschlage.NET/document/16000000773 (13. November 2014).

Es kennzeichnet das Schreiben über die Welt in Krachts Werk, dass Rezeptionserwartungen, die etwa durch Abbildungen von Landkarten Nepals oder Afrikas auf den Einbänden sowie auf den ersten Seiten einiger Bücher evoziert, von den Erzählungen nicht eingelöst werden. Damit entziehen sie sich dem hermeneutischen Impetus der Lesenden, den Foucault als letal klassifiziert. Krachts Texte zielen nicht auf die bloße topographische Erkundung des Territoriums. Vielmehr stellen sie gleichsam haptische, oftmals wahnwitzige und streckenweise erratische Unternehmungen dar, die, außerstande das große Ganze abzubilden, versuchen, die Welt wenigstens kaleidoskopisch als Ganzes narrativ zu fassen – und sie dabei unrettbar als verloren zu belassen. „Ich habe", erklärte Kracht jüngst in einem Gespräch mit dem Künstler Max Kersting, „beim Autofahren die starke Empfindung, dass ich auf der Autobahn Teil eines gigantischen, weltumspannenden Blutkreislaufs bin und versetze mich dadurch selbst in einen tiefen Trancezustand, aus dem heraus es sich hervorragend meditieren lässt, bei hohen Geschwindigkeiten".[8] An dieser Stelle eröffnet sich Krachts Poetik *in nuce:* Ironie und Eigentlichkeit lassen sich auf diese Weise zusammendenken. In den Reisetexten Krachts erscheinen vor diesem Hintergrund die Infrastrukturen des Reisens selbst als der große Zusammenhang, die große Erzählung, die im Hintergrund wirkt und sich nur mit Brüchen und in Fragmenten erzählen lässt.

Reisen bedeutet, *bereits weg zu sein* und zugleich *noch nicht angekommen zu sein*, ein Schwebezustand, den Christian Kracht und Eckhart Nickel in ihrem Bericht über eine Reise nach Tschernobyl formulieren: „Das Unabdingbare, anders, das Erfreuliche des Reisens besteht immer darin, sich nie dort wohl zu fühlen, wo man sich gerade befindet, sei es bei der Ankunft, unterwegs oder bei der Abfahrt".[9] Krachts Reisen – seien es seine eigenen, in Paratexten von Volker Weidermann oder Moritz von Uslar beschriebenen Reisen[10] oder diejenigen der Figuren seiner Romane oder schließlich diejenigen der literarischen Figur ‚Christian Kracht' in seinen Reisetexten – sind als eine Art literarischer Poriomanie zu verstehen, als Drang, ziel- und rastlos um die ganze Welt zu reisen unter gleichzeitiger Welt- und Selbstvergessenheit. „So ist das mit Christian Kracht", bilanziert Volker Weidermann in seinem Vorwort zu Krachts Anthologie *New Wave*, in dem er sich ebenfalls auf das Zitat aus dem Bericht über die Tschernobyl-Reise bezieht: „Er ist immer woanders. Er ist immer unterwegs. Und er ist nie da, wo das sogenannte Weltgeschehen ist. [...] Christian Kracht ist ein ewig Reisender.

8 Christian Kracht/Max Kersting: „Die Toten". Ein Gespräch. In: Das Wetter. Magazin für Text und Musik 9 (2016), S. 10–12, hier S. 12.

9 Christian Kracht/Eckhart Nickel: Der Name des Sterns ist Wermut. Ein Besuch in Tschernobyl. In: Kracht: New Wave, S. 227–243, hier S. 227.

10 Vgl. Moritz von Uslar: Vorwort. In: Kracht/Nickel: Ferien für immer, S. 17–20.

Ein Davonfahrer, den eine sonderbare Mischung aus Überdruss und Neugier hinauszutreiben scheint, in die Welt. Ein Wunsch zu fliehen und nie anzukommen, eine Sehnsucht nach dem ewig Unbekannten".[11]

Auf diese Weise schreibt Christian Kracht Weltliteratur in einem zeitgemäßen, aufregenden Sinn: Jeder Ort bildet darin einen vorübergehenden Aufenthalt im ästhetischen Dazwischen. Die Beiträge dieses Bandes widmen sich den topographischen, poetologischen und medialen Dimensionen dieses Schreibens und rücken das Unterwegssein im Gesamtwerk Krachts in den Mittelpunkt der Betrachtungen. *Come un vero pilota*, wie ein richtiger Pilot könne er fliegen, versichern die Piloten dem Protagonisten aus *Faserland*, der als *unaccompanied child* im Cockpit das Steuer bei eingeschaltetem Autopilot übernehmen darf. Eckhart Nickel, langjähriger Freund und Ko-Autor mehrerer Reisetexte und -bücher Krachts, nimmt in seinem Eröffnungsbeitrag diese Passage zum Ausgangspunkt für eine Reflexion zur Aviatik in Krachts Werk, die zugleich in eine Auseinandersetzung mit der literarischen Moderne mündet.

Die weiteren Untersuchungen vermessen die Topographie von Krachts Werk in drei Sektionen. Die erste Sektion *Aufenthalte* widmet sich vorrangig den Reisetexten Krachts, die auf unterschiedliche Weise Haltepunkte markieren im unaufhörlichen Unterwegssein Krachts und seiner Autorpersona. So lässt sich *Ferien für immer*, verfasst gemeinsam mit Eckhart Nickel, als eine postromantische Unternehmung lesen, in der das romantische Fernweh mit den Wirklichkeiten der touristisch entzauberten Welt ein intertextuelles und intermediales Spiel eingeht, das Björn Weyand rekonstruiert. Die ästhetisierende Perspektive der Reisenden und ihre Fabulierlust bilden dabei den eigentlichen Gegenstand der Reisetexte, wie Till Huber an der von Kracht wiederum mit Eckhart Nickel verfassten *Gebrauchsanweisung für Katmandu und Nepal* darlegt. Immer wieder ist es die Literatur selbst, die den Raum von Krachts Reisewerk bildet. Elias Kreuzmair untersucht eben diesen Raum in *Ferien für immer* und in Krachts Reportagen aus *Der gelbe Bleistift*. Dieser Raum ist auch in einem grundlegend medialen Sinn zu begreifen. Volker Mergenthaler analysiert, wie sich die Authentizitätseffekte von *Wie der Boodhkh in die Welt kam, und warum* von der Erstveröffentlichung in der *Frankfurter Allgemeinen Zeitung* zur Zweitpublikation im Band *New Wave* durch den Medienwechsel von der Zeitung zum Buch verändern. Wie Kracht das Medium Zeitung nutzt, um in seiner Kolumne *Briefe aus...*, erschienen von 2006 bis 2007 ebenfalls in der *Frankfurter Allgemeinen Zeitung*, seine Poetik des Unterwegsseins

11 Volker Weidermann: Die Reisen des Christian Kracht. Vorwort. In: Kracht: New Wave, S. 11–14, hier S. 12.

und der ebenso beständigen Selbstreferentialität zu inszenieren, bildet den Gegenstand von Stefanie Roennekes Ausführungen.

Die Beiträge der zweiten Sektion *Kunsträume* gehen den verfahrensästhetischen und poetologischen Aspekten der Raumdarstellung und Welterschließung in Krachts Werk nach. Moritz Baßler entwickelt an *Ich werde hier sein im Sonnenschein und im Schatten* und an Leif Randts *Schimmernder Dunst über CobyCounty* die paralogische Gestaltung des Raums in der Gegenwartsliteratur. Dass für die Raumgestaltung in Krachts Werk immer wieder die Frage nach dem Zentrum von Bedeutung ist, zeigt Simone Brühl in ihrem Aufsatz über *1979* und den Nordkorea-Bildband *Die totale Erinnerung* von Kracht, Eva Munz und Lukas Nikol. Kennzeichnend für die Welterschließung in Krachts Werken ist eine von Brüchen und Durchstreichungen geprägte Diegese, die, wie Christoph Kleinschmidt darlegt, in Beziehung zu Ludwig Wittgensteins Sprachlogik gesetzt werden kann, auf die in *Ich werde hier sein im Sonnenschein und Schatten* auch intertextuell verwiesen wird. Ein weiteres Verfahren, das solche Effekte nach sich zieht, ist das unnatürliche Erzählen, dem Laurenz Schulz mit Blick auf Krachts Reiseliteratur nachgeht. Die Steigerung der Künstlichkeit zu einer neuen Natürlichkeit kennzeichnet die Diegese von Krachts bislang letztem Roman *Die Toten*, wie Stefan Bronner mit Hilfe der Medientheorie Friedrich Kittlers herausarbeitet.

Unter dem Titel *Weltentwürfe* behandeln die Beiträge der dritten Sektion Krachts Zukunftsszenarien, aber auch die Frage, welche Rolle dem Einzelnen im Totalitarismus oder im Transhumanismus zukommt. Den Zusammenhang von utopischen und dystopischen Entwürfen in Krachts Werk zeichnet Johannes Birgfeld an *1979* und an dem mit Ingo Niermann verfassten Band *Metan* nach und plädiert angesichts dieser engen Verflechtungen für eine ganzheitliche Betrachtung von ‚Haupt'- und ‚Nebenwerken' Krachts. Claude D. Conter beleuchtet die dystopische Diegese von *Ich werde hier sein im Sonnenschein und im Schatten* als eine Auseinandersetzung Krachts mit dem architektonischen Werk Le Corbusiers und arbeitet an diesem Punkt den Gegensatz zwischen dem ‚Schweizer' Schriftsteller Kracht und seinem Landsmann Max Frisch heraus. Dass die dystopischen Weltentwürfe in Krachts Werken nicht als anti-aufklärerisch zu verurteilen sind, verdeutlicht Arnim Seelig. In seiner Lesart von *Metan* erscheint die verschwörungstheoretische Anlage des dokufiktionalen Reiseberichts als aufklärerische Intervention im postfaktual geprägten Gegenwartsdiskurs. Auch Randall Halle plädiert in seiner Lektüre von *Faserland, Treatment* und *Faserland, Drehbuch* dafür, Krachts Protagonisten nicht länger als postmodern oberflächlich abzutun, und wirft stattdessen die Frage auf, ob diese Figuren nicht eine tiefere, post-postmoderne Ethik repräsentieren.

Diese topographische Vermessung der Weltliteratur Christian Krachts zieht keine festen, unabänderlichen Grenzen zwischen den Sektionen. Es entspricht vielmehr dem weiterhin im Entstehen begriffenen Gesamtwerk Krachts, dass diese von Überlappungen gekennzeichnet und durch Fluchtlinien und Deterritorialisierungsbewegungen miteinander verbunden sind – zu denen mit jedem neuen Text und jeder Deutung weitere Bewegungs- und Verbindungslinien hinzukommen.

Montréal und Bochum
im Frühjahr 2018

Eckhart Nickel

Come un vero pilota

Etwas über Aviatik bei Christian Kracht

> We're pilots watching stars
> The world pre-occupied
> We're pilots watching stars
> Who do we think we are?[1]

Das Interesse am Fliegen hat die Literatur der Moderne früh erfasst. Aber selten mit der Euphorie, die dem späteren Lufteroberer der Stadt Fiume, Gabriele D'Annunzio, 1910 in seinem Flugroman *Forse che sì, forse che no* als Hommage an Nietzsches Idee vom Übermenschen aus *Also sprach Zarathustra* die Feder führt. Der als ‚Gott' apostrophierte Held in D'Annunzios Roman, Paolo Tarsi, setzt den alten Traum der Menschheit vom Fliegen in die Tat um und fliegt am Ende über das Meer nach Sardinien, um so eigenmächtig sein Schicksal zu bestimmen:

> ‚Einsam sind wir nun, Bruder, frei, fern von der quälenden Erde [...]. Wie groß und männlich der Himmel heute ist'. Er ließ alles hinter sich: den Wirbel seiner Leidenschaft [...], die Eitelkeit der Freundinnen, die Banalität des Bekannten. Er fand seine Stille wieder, seine Einsamkeit, sein Werk.[2]

Die absolute Verschränkung von Individualismus und Werkheldentum, die er in seinem Roman veranschaulicht,[3] fand D'Annunzio auch in anderen Büchern des deutschen Philosophen bestätigt. Noch der letzte Paragraph, mit dem Nietzsche 1881 sein Buch von der *Morgenröte* beschließt, hebt als Ausblick mit den „*Luft-Schiffahrern des Geistes*" an: die „kühnen Vögel, die ins Weite, Weiteste hinaus-

---

1 Goldfrapp: Pilots (On a Star). Auf: Felt Mountain. Mute 2000.

2 Gabriele D'Annunzio: Vielleicht – vielleicht auch nicht. Leipzig 1910: Insel, S. 77 f.

3 Fernando Esposito charakterisiert den Roman als „deutliche Dichotomie zwischen den zum Übermenschentum Bestimmten und der sensationslüsternen, ja ‚primitiven' Masse [...]. Der Held ist ein einsamer Held und D'Annunzios Elitismus ist individualistisch. Diese individualistischen Züge des aviatischen Narrativs sollten im faschistischen Mythos noch geschleift werden. Der Elitismus hingegen blieb erhalten." (Fernando Esposito: Mythische Moderne. Aviatik, Faschismus und die Sehnsucht nach Ordnung in Deutschland und Italien. München 2011: De Gruyter Oldenbourg, S. 162).

https://doi.org/10.1515/9783110532159-002

fliegen – gewiß!"[4] In seiner Studie zu Geschichte und Recht *Der Luftflug* interpretiert Ferdinand Schroeder 1911 wie folgt:

> Das neue Fahrzeug schien den Menschen über sein Geschick zu erheben, schien ihm nicht nur ein neues Reich, nein, auch einen sechsten Sinn zu verleihen. Wie die schnellen Wagen von Stahl und Feuer Zeit und Raum verzehrt hatten, triumphierten jetzt die dädalischen Flügel über beide Mächte und über die Schwere selbst. Die Natur senkte eine ihrer Schranken nach der anderen.[5]

Die Technikbegeisterung des Futuristischen Manifests trägt freilich nicht allzu weit. Mit der Verwirklichung bemannten Fliegens in Realisierung des „alten ikarisch-dadalische[n] Flugmythos" wurde zwar

> die Fliegerei [...] fortan – für lange – zum Inbegriff der wissenschaftlich-technischen Revolution, des technischen Zeitalters schlechthin; und sie verband sich, bald symbolisch, bald emblematisch, mit der Vorstellung übermenschlicher Erhebung und Allmacht, mit der Utopie totaler Befreiung, kosmopolitischer Solidarität und universellen Friedens, aber auch mit der Idee unbegrenzter Machbarkeit und unaufhaltsamen Fortschritts.[6]

---

4 Friedrich Nietzsche: Morgenröte. Sämtliche Werke. Kröners Taschenausgabe, Bd. 73. Stuttgart 1976: Alfred Kröner. Ähnlich skizziert Tessy Korber den von D'Annunzio inspirierten Roman des Expressionisten Leonhard Adelt, der als Begründer des Fliegerroman-Genres in Deutschland gilt (Tessy Korber: Technik in der Literatur der frühen Moderne. Wiesbaden 1998: Deutscher Universitäts Verlag). In *Der Flieger* beschreibt Adelt einen einfachen Mann bäuerlicher Herkunft, der für die Verwirklichung seines Traums, Flugzeugbauer zu werden, alle gesellschaftlichen Hindernisse überwindet (Leonhard Adelt: Der Flieger. Ein Buch aus unsern Tagen. Frankfurt am Main 1913: Rütten und Loening). Korber beschreibt die Berufung zum Höheren, die den Flieger von seiner sozialen Umgebung abhebt, wie folgt: „Während die anderen persönliche Sehnsüchte oder persönlichen Ehrgeiz verwirklichen, Emanzipation, sportlichen Wettstreit, Ruhm, finanziellen Gewinn, Kampf außerhalb des Krieges oder auch das ‚Gefühl höchstgespannten Lebens'" (Korber: Technik in der Literatur der frühen Moderne, S. 178, Anm. d. Verf.) suchen, das bei D'Annunzio und den Futuristen dominierende Motiv, sieht das erzählende Ich des Romans im Fliegen das „Sinnbild der Sehnsucht nach allem Hohen, Reinen, Erdentrückten [...]. Hier aber schleudert unsere Sehnsucht sich selber in den Raum, und jeder Flieger ist die Menschheit, die in ihr Gleichnis springt" (Korber: Technik in der Literatur der frühen Moderne, Anm. d. Verf.). Adelt, selbst Pilot, Feuilletonredakteur, Verfasser zahlreicher Bücher (u. a. zu Ernst August Lehmann und Graf Zeppelin) und Übersetzer aus dem Englischen von u. a. Charles Dickens, James Fenimore Cooper und Daniel Defoe, gehört später mit seiner Frau zu den Überlebenden der Blitzschlag-Katastrophe des Luftschiffs Hindenburg in Lakehurst, New Jersey 1937 und stirbt beim Luftangriff auf Dresden im Jahr 1945.

5 Ferdinand Schroeder: Der Luftflug. Geschichte und Recht. Berlin 1911: Franz Vahlen, S. 55f.

6 Felix Philipp Ingold: Literatur und Aviatik. Europäische Flugdichtung 1909–1927. Basel und Stuttgart 1978: Birkhäuser, S. 14.

Doch sogar im Moment absoluter Befeuerung durch ihre unglaublichen Möglichkeiten meldet die Welt an der Schwelle zur Moderne bereits Zweifel an. Robert Musil, Vivisekteur der Seele, fasst es im *Mann ohne Eigenschaften* angesichts des zu seiner Zeit allanwesenden technischen Fortschritts kurz: „Man hat Wirklichkeit gewonnen und Traum verloren".[7] Im Ausspielen der beiden Schlagwörter seiner Epoche gegeneinander, Traum und Wirklichkeit, macht er deutlich, welcher Art die Auswirkungen sein könnten: Es geht um den Verlust eines ideellen Raums, den der Phantasie:

> Die Technik – und besonders die Flugtechnik, doch nicht sie allein – untergräbt die mystisch und mythologisch beglaubigte Erdgebundenheit des Menschen, sie gefährdet den Menschen, indem sie ihn von einer Lebenssphäre trennt, der er organisch wie geistig seit je zutiefst verhaftet war, die ihn restlos barg und prägte.[8]

Entfremdung und die damit einhergehende Verzweiflung angesichts der Ortlosigkeit nehmen so bereits den Eintritt in das nomadische Zeitalter vorweg. Franz Kafka reist 1909 mit Max Brod und dessen Bruder Otto extra aus Prag für einen Tag ins italienische Brescia, um dort eine der spektakulären Flugschauen zu sehen, an der sogar Gabriele D'Annunzio, wenn auch (noch) nicht als Pilot, als Passagier teilnimmt.[9] Später schreibt Kafka dann für die Prager Deutsche Zeitung *Bohemia* eine Geschichte darüber, die unter dem Titel *Die Aeroplane in Brescia* erscheint. Darin geht es zunächst um peinliche Fahrtgeldverhandlungen mit einem Kutscher und danach eher um das ungläubige Staunen und die Eigenschaften der Men-

7 Robert Musil: Der Mann ohne Eigenschaften. Hamburg 1970: Rowohlt, S. 39.

8 Felix Philipp Ingold: Literatur und Aviatik, S. 15.

9 Rüdiger Haude schreibt dazu, dass das Pathos, von dem der Flugroman *Vielleicht – vielleicht auch nicht* aus dem Jahr 1910 (im Original *Forse che sì, forse che no*) bereits in den Äußerungen überliefert ist, wie sie das deutsche Magazin *Echo* damals von Gabriele D'Annunzio nach seinem Flug an der Seite des Italieners Calderara kolportiert, der „ein Einsehen" hatte „angesichts der Versicherung des hysterischen Poeten, daß dieser notwendig einen Fliegerroman schreiben müsse", nachdem Curtiß ihn, „weil er zu zappelig war" wieder zum Ausstieg gezwungen hatte: „Er flog mit ihm ein paarmal rund herum. Zum Dank richtete D'Annunzio nach dem Abstieg folgende Ansprache an seinen Führer: ‚Nun erst fühlte ich, was Leben heißt. Leben auf der Erde ist eine kriechende, krabbelnde Beschäftigung. In der Luft fühlt man den Ruhm, ein Mensch zu sein und die Elemente zu beherrschen. Und dann die außerordentliche Sanftheit der Bewegung und die Freude des schwebenden Gleitens durch den Raum! Es ist wundervoll! Werde ich das in der Dichtung ausdrücken können? Nun, ich muß es versuchen.'" (Rüdiger Haude: Grenzflüge. Politische Symbolik der Luftfahrt vor dem ersten Weltkrieg. Das Beispiel Aachen. Köln 2007: Böhlau, S. 280 f.).

schenmenge[10] inmitten des jahrmarktartigen Trubels als um das eigentliche Flugereignis, das im Text entsprechend lange auf sich warten lässt, auch weil die Motoren einfach nicht anspringen wollen: „Gabriele D'Annunzio, klein und schwach, tanzt scheinbar schüchtern vor dem Conte Oldofredi, einem der bedeutendsten Herren des Komitees. Von der Tribüne schaut über das Geländer das starke Gesicht Puccinis mit einer Nase, die man eine Trinkernase nennen könnte."[11] Aber nicht nur der erste Eindruck des Spektakels ist eher ernüchternd: „‚Wie klein!' ruft eine französische Gruppe gleichsam seufzend."[12] Auch als Louis Blériot, der Flugpionier, welcher als erster Pilot am 25. Juni 1909 den Ärmelkanal zwischen Frankreich und England in seiner *Blériot XI* überquert hatte, endlich in der Luft ist und alle „hingegeben" zu ihm aufsehen und „in keinem Herzen [...] für einen andern Platz" ist, fragt Kafka nur ganz knapp nach:

> Was geschieht denn? Hier oben ist zwanzig Meter über der Erde ein Mensch in einem Holzgestell verfangen und wehrt sich gegen eine freiwillig übernommene unsichtbare Gefahr. Wir aber stehen unten ganz zurückgedrängt und wesenlos und sehen diesem Menschen zu.[13]

Die Vereinzelung des isolierten Betrachters in der Menge, der dem gefährdeten Individuum oben in der Luft fassungslos zusieht, nimmt subtil die kritische Distanz vorweg, den unsicheren Fensterplatz, den nur die Literatur dem Fliegen gegenüber einzunehmen imstande ist. Ein Seismograph in Textform, der von der fundamentalen Unsicherheit des Menschen handelt, der sich in die Luft begibt. Sei es der *Nachtflug über die Wüste*, von dem Annemarie Schwarzenbach 1934 berichtet, der in dem Satz kulminiert: „Wir flogen in tiefer Dunkelheit über die ungeborene Welt: die Wüste."[14] Und, kurz darauf: „Plötzlich strich der Schatten unseres Flugzeuges wie der eines riesigen Vogels darüber hinweg."[15] Oder Max

---

10 Richard Bernstein berichtet in der *New York Times* vom 19. November 2002 über das zum selben Thema erschienene Buch *The Air Show at Brescia, 1909* (New York 2002: Farrar, Straus and Giroux) des emeritierten Yale-Professors Peter Demetz: „And Kafka did write an article, in which, as Mr. Demetz puts it, he did not want to sacrifice his personal attitudes, his special imagery, or his almost obsessive interest in physiognomy and gesture. Mr. Demetz imagines the morning readers of Prague Deutsche Zeitung Bohemia, startled to read Kafka's observations of beggars who had grown gigantically fat in their little wheelchairs or even of his description of the observers themselves when Blériot took off: pushed back and nonexistent."

11 Franz Kafka: Die Aeroplane in Brescia. Frankfurt 1977: S. Fischer, S. 20.

12 Kafka: Die Aeroplane in Brescia, S. 16.

13 Kafka: Die Aeroplane in Brescia, S. 21.

14 Annemarie Schwarzenbach: Nachtflug über die Wüste. In: Dies.: Auf der Schattenseite. Reportagen und Fotografien. Basel 1990: Lenos, S. 22.

15 Schwarzenbach: Nachtflug über die Wüste, S. 23.

Frisch, in dessen berühmtestem Roman *Homo Faber* (1957) gleich zu Beginn eine Notlandung mit einer Super Constellation in der mexikanischen Wüste steht, die sein Held Walter Faber überlebt und im Buch zum ersten Sinnbild einer viel größeren, persönlichen Katastrophe wird, die Faber ereilt und später zum existenziellen Schlüsselerlebnis wird, Anlass einer schmerzvollen Selbstüberprüfung. Frisch schreibt bereits in seinem Tagebuch 1946–1949 über den tiefen Zweifel, den er dem Fliegen gegenüber empfindet: „Es ist das luziferische Versprechen, das uns immer weiter in die Leere lockt. Auch der Düsenjäger wird unser Herz nicht einholen. Es gibt, so scheint es, einen menschlichen Maßstab, den wir nicht verändern, sondern nur verlieren können."[16] Aber kurz darauf kommt er, innerlich ambivalent, noch auf den romantischen Aspekt des Fliegens zu sprechen, das erhabene Gefühl als Gewinn, den man auf dem Weg in die Leere dennoch verbuchen darf, den Lohn der Angst vor dem Verlust der natürlichen Koordinaten:

> Am meisten, wenn ich an unseren Flug denke, bleibt mir eigentlich [...] das Durchfliegen der Gewölke. Plötzlich ist man in grauer Blindnis. Der Flügel ist noch da, alles wie zuvor, auch der runde Motor mit den blechernen Laschen, die libellenhafte Scheibe unseres linken Propellers. Nebel schägt sich nieder; das Muster der Nieten überzieht sich mit wandernden Tropfen; aber die Nieten bleiben. Dass wir uns bewegen, läßt sich denken und behaupten, aber nicht zeigen. Es ticken die Uhren. Die zitternden Zeiger für Brennstoff, die Meßnadeln für alles Wissenswerte. [...] und unversehens sind wir wieder in der Sonne. Ringsum ein Gebirge von glühendem Gewölk. Man sieht nicht mehr auf die Erde. [...] Dann sind wir über die Wolken hinaus, ganz und gar, und der Raum, der eben noch ein Gewucher von Geheimnissen war, wird zum All. Er wird mehr als ein Geheimnis; er wird unvorstellbar.[17]

Das Unvorstellbare, wie es sich noch bei Kafka ereignet, dass der Mensch in die Luft geht und wie eine Jahrmarktssensation von einer anonymen Menge dabei beobachtet wird, hat sich im Laufe des zwanzigsten Jahrhunderts in sein Gegenteil verkehrt. Inzwischen ist es die Menschenmenge selbst, die im Flugzeug sitzt, und der literarische Beobachter inmitten; er hängt dabei ähnlich in den Seilen wie Blériot im Fluggestell, aber isoliert und geschützt zugleich vor den Zumutungen der umgebenden Gegenwart durch den Faradayschen Käfig seiner Ästhetik, die wiederum den Blick schärft für das Unglaubliche, das um ihn herum geschieht.

So auch bei Christian Kracht, in dessen Texten die Enttäuschung der romantischen Vorstellung, des Versprechens einer abenteuerlichen Welt, wie sie das

---

16 Max Frisch: Tagebuch 1946–1949. In: Max Frisch. Gesammelte Werke in zeitlicher Folge. Hrsg. von Hans Mayer unter Mitwirkung von Walter Schmitz. Bd. 4. Frankfurt am Main 1976: Suhrkamp, S. 392.

17 Frisch: Tagebuch 1946–1949, S. 392f.

Kind noch (vielleicht auch *nur* noch das Kind) zu sehen imstande ist, und die unzureichende Einlösung dieses Versprechens durch die Realität des Erwachsenseins wiederholt zum Topos wird. Literarisch steht dieses Verfahren in der Tradition von J. D. Salinger und dessen Figurenwelt aus altklugen Kindern, die in ähnlicher Weise gegen das Erwachsenwerden aufbegehren wie ihre überartikulierten Verwandten in den *Peanuts* von Charles M. Schulz, die einer anonym-gesichtslosen Erwachsenenwelt gegenüberstehen, deren brabbelndes Kauderwelsch, das sie im Cartoon sprechen, niemand verstehen kann. In Krachts erstem Roman *Faserland* ist es der namenlose Held und Erzähler, der immer wieder im Rückbezug auf Kindheitserfahrungen die Mängel und Unzulänglichkeiten seiner Gegenwart beklagt. Das Fliegen nimmt dabei eine zentrale Rolle ein, weil es für den Erzähler Fluchtpunkt und Heilsversprechen zugleich ist, ein Transitzustand, der die Ahnung einer, wie es heißt, „erhabeneren" Welt beflügelt, die am Boden (der Tatsachen) nicht existiert oder nie existiert hat.

> Dieser Moment ist fast das Beste am Fliegen, wenn man aus dem Bus steigt und der Wind den Mantel hochweht und man den Koffer fester mit der Hand umschließt, und an der Treppe steht eine Stewardeß, die ihre Uniform mit einer Hand vor der Brust zusammenhält, und die Düsen jaulen sich schon warm. Das ist so eine Art Übergang von einem Leben ins andere oder eine Mutprobe. Irgend etwas ändert sich im Leben, alles wird für einen kurzen Moment erhabener. Na ja, das denke ich jedenfalls immer, wenn ich fliege, daß es bei mir so wird, meine ich.[18]

Wenn hier vom „Übergang von einem Leben ins andere" die Rede ist, so beschreibt diese Formulierung zugleich den Charakter des narrativen Scharniers, das in sämtlichen Romanen Krachts der Welt des Fliegens oder dem Flugzeug selbst zugewiesen ist. Das reicht vom Flug des Erzählers in *Faserland* von Hamburg nach Frankfurt, der die Zäsur nach der ersten Drogenparty des Buches und deren Ende in der Erfahrung menschlicher Verkommenheit bei der Rückkehr in Nigels Haus markiert, bis zum Flug des Regisseurs Emil Nägeli in *Die Toten* von Zürich nach Berlin, der als erzählerische Klammer nahezu die gesamte Jugendgeschichte der zwei Helden des Romans, Emil Nägeli und Amakasu Masahiko, einfasst, also fast 100 Seiten einnimmt und unmittelbar vor dem entscheidenden Moment der Unterredung mit Ufa-Präsident Alfred Hugenberg zur Vorbereitung des Filmvertrags stattfindet.[19] Zudem ist der Flug die codierte Spiegelung einer Szene in *Faserland*, in welcher der Erzähler unmittelbar an einen berühmten Propagandafilm von Leni Riefenstahl erinnert wird:

---

18 Christian Kracht: Faserland. Köln 1995: Kiepenheuer & Witsch, S. 59.
19 Vgl. Christian Kracht: Die Toten. Köln 2016: Kiepenheuer & Witsch, S. 13–106.

> Das Flugzeug kreist weiter über Frankfurt, taucht immer mal wieder durch die Wolken, dann glitzert das Sonnenlicht plötzlich auf den Flügeln, und ich sehe aus dem Fenster und muß daran denken, dass mich Landeanflüge immer an die großartige Anfangsszene aus Triumph des Willens erinnern, wo der blöde Führer in Nürnberg oder sonstwo landet, jedenfalls kommt er so von oben herab zum Volk.[20]

In *Die Toten* ist es dann Nägeli selbst, der in so einem Flugzeug sitzt, das, wie im *Triumph des Willens* gezeigt, „von oben herab" einen Landeanflug absolviert, der auch unmittelbar in der Art und Weise, wie bei der Ankunft der Boden berührt wird, an die beschriebene Szene aus dem Propaganda-Film erinnert: „Man kreist lange in der Luft, fliegt dann eine nach unten sausende Zwiebelschleife (Nägelis Kaffee verschwappt), setzt unsanft auf – die Räder hopsen ein paarmal, bevor die Maschine sicher ausrollt."[21]

Aber wie eingangs festgestellt, findet sich auch in jedem seiner zwischen diesen beiden Werken liegenden Romane eine Schlüsselszene, in der das Fliegen dezidiert Erwähnung findet. Zumeist kurz, wie das Aufblinken der Sonne auf einem Flügel, das dem Erzähler zum assoziativen Erleuchtungsmoment gerät, wie in *Faserland* beschrieben. Da ist zunächst die Zäsur des Geschehens in *1979*, die durch den Tod von Chistopher in Teheran ausgelöst wird und nach der Begegnung mit Mavrocordato in die von ihm vorgeschlagene Umrundung des heiligen Mount Kailash mündet. Das ist auch der Moment in der Erzählung, in dem das Flugzeug namentlich genannt wird:

> Nach einer langen Reise, in deren Verlauf ich erst mit dem Flugzeug flog, mehrmals auf immer kleiner werdenden Flugplätzen umstieg, dann mit Bussen fuhr, als das nicht mehr ging, weil es keine Straßen mehr gab, tagelang auf Maultieren saß und schließlich zu Fuß lief, erreichte ich ein karges und steiniges Hochplateau.[22]

Der Erzähler lässt die Vergangenheit hinter sich und bricht aus dem von Revolutionswirren erschütterten Iran zu einer asiatischen Pilgerfahrt auf, die gewaltsam in einem chinesischen Umerziehungslager enden wird. Als letztes Zeichen seiner Existenz in der westlichen Zivilisation lösen sich irgendwann auch die vormals von Christopher getragenen Berluti-Schuhe auf. Das Flugzeug markiert in diesem Fall also den Moment der Unumkehrbarkeit, den Punkt, von dem es für den Erzähler kein Zurück mehr gibt. Dieser Umstand wird auch durch die kleine, umgekehrt ablaufende Geschichte der menschlichen Bewegung angedeutet, die

---

20 Kracht: Faserland, S. 65.
21 Kracht: Die Toten, S. 106.
22 Christian Kracht: 1979. Köln 2001: Kiepenheuer & Witsch, S. 123.

in den kleinen Satz eingeschrieben ist, indem die technische Entwicklung Schritt um Schritt zurückgenommen wird, von Flugzeugen und Flughäfen, deren Größe immer mehr abnimmt, über Busse, die noch auf von Menschen erbauten Straßen fahren können, bis hin zum Maultier, und, als auch das nicht mehr zur Verfügung steht, zurück zum einfachen steinigen Fußmarsch, der schließlich zur Zerstörung der erwähnten Berluti-Schuhe führt.

In *Ich werde hier sein im Sonnenschein und im Schatten* nimmt das Fliegen, den historischen Umständen der Handlung im Jahr 1917 geschuldet, einer Art Alternativgeschichte des Ersten Weltkriegs, in der die Schweiz ein sozialistisches Kolonialimperium ist, das sich im permanenten Krieg gegen Deutschland befindet, dann die Form militärisch genutzter Zeppeline an. Der Erzähler, ein afrikanischer Politkommissär, der einen Mord aufklären soll, gelangt auf seiner Suche in das mythische Réduit, Alpenfestung und innerster Rückzugsort der sich selbst verteidigenden Schweiz, wo er feststellen muss, dass ausgerechnet dort Ästhetizismus und Dekadenz Einzug gehalten haben und ein von surrealen Drogen ausgelöster Verwahrlosungsprozess stattgefunden hat, wo das moralische und strategische Hauptquartier der Sowjetrepublik zu vermuten gewesen wäre. Die Flugszene, die an diesem Punkt der Erzählung einsetzt, kann als Bild einer mit Genugtuung wahrgenommenen Zerstörungsvision gelesen werden, die im Roman wiederum einem Aufbruch zu Fuß vorausgeht, dem des Politkommissärs aus dem Réduit in den Süden des Tessins und von dort aus direkt in seine Heimat Afrika:

> Ich hielt mir das sich langsam verfärbende Kopfkissen an die Brust, verliess das Zimmer, nahm mir eine Gasmaske aus einer der Vorrichtungen, wankte den Gang hinunter auf eine Ausgangstür zu und drückte sie auf. Den Balkon betretend, sah ich das erhabene Bild Dutzender deutscher Luftschiffe, die den Himmel über meinem Kopf füllten. Und während vor den runden, gläsernen Scheiben der Gasmaske die Sonne orangerot und wundervoll glühend hinter den Alpen versank und unsere Scheinwerfer wie weisse Nadeln den Abendhimmel durchstachen, begann erneut das infernalische, monströse Bombardement des Réduit.[23]

Das ästhetische Okular, die runden Scheiben der schützenden Gasmaske, durch die der Erzähler hier das Kriegsgeschehen von seiner Bergfestung aus nahezu auf Augenhöhe betrachtet, wobei über ihm am Himmel nur noch die Zeppeline schweben, erinnert in seiner Höhenperspektive an den Blick aus einem Flugzeugfenster bei Querung der Alpen.

In *Imperium* steht das Flugzeug ganz am Schluss der Geschichte, es läutet aber auch hier die wesentliche Veränderung im Leben des Helden August En-

23 Christian Kracht: Ich werde hier sein im Sonnenschein und im Schatten. Köln 2008: Kiepenheuer & Witsch, S. 132

gelhardt ein, der im Anschluss an die Szene durch den Ausbruch des Ersten Weltkrieges sein Inselreich Kabakon an eine Truppe angelandete australische Soldaten verliert und daraufhin in den Dschungel verschwindet, um nicht mehr gesehen zu werden, bis er Jahrzehnte später, nach Ende des Zweiten Weltkriegs, auf einer der Salomoninseln entdeckt und sein Leben zu einem Hollywoodfilm gemacht wird. Den Stil seiner Kriegsbeschreibung lehnt Kracht unmittelbar an das Ende von Thomas Manns *Zauberberg* an, wo sich die Spur von Hans Castorp, der Quester-Held des ähnlich auktorialen Erzählers, ebenfalls im Gewimmel der Schlachten „als Soldat und brav" verliert. Noch dazu montiert Kracht in sein zeitgenössisches Kriegsgemälde den jungen Adolf Hitler und dessen schicksalhafte, nicht tödliche Verwundung durch einen Granatsplitter hinein, das dem „jungen Gefreiten" später ermöglichen wird, nach dem Untergang des zweiten Kaiserreiches das dritte und tödlichste Imperium Deutschlands zu begründen, was am Schluss der Sequenz bereits angedeutet ist:

> Das dem Mord folgende Flammenmeer spülte mit universeller Gnadenlosigkeit über Europa; klapprige Flugzeuge schwirrten, papiernen Libellen gleich, über flandrische Schützengräben; wer Soldat war und eine Maske besaß, der riß sie sich mit zitternden Händen vors Gesicht, sobald der Ruf *Chlorgas!* erschallte; einer der Millionen an der Westfront explodierenden, glühenden Granatsplitter bohrte sich wie ein weißer Wurm in die Wade des jungen Gefreiten der 6. Königlich Bayerischen Reserve-Division, lediglich ein paar Zoll höher, zur Hauptschlagader hin, und es wäre wohl gar nicht dazu gekommen, daß Jahrzehnte später meine Großeltern auf der Hamburger Moorweide schnellen Schrittes weitergingen, so, als hätten sie überhaupt nicht gesehen, wie dort mit Koffern beladene Männer, Frauen und Kinder am Dammtorbahnhof in Züge verfrachtet und ostwärts verschickt wurden, hinaus an die Ränder des Imperiums, als seien sie jetzt schon Schatten, jetzt schon aschener Rauch.[24]

Wie im Schweiz-Roman ist das Flugzeug Kriegsgerät und überzieht, wenn auch ähnlich ästhetisch als „papierne Libellen" gezeichnet wie die Luftschiffe vor alpinem Sonnenuntergang, die Schützengräben mit den Schrecken des Luftangriffs.

Im Flugzeug selbst landet die Handlung der Romane erst wieder im jüngsten Werk *Die Toten*, wo der Leser die Neurosen der Hauptfigur Emil Nägeli exemplarisch im Flugzeugsitz vorgeführt bekommt, eine Szene, die ursprünglich sogar am Beginn des Buches stehen sollte (dem Verf. durch Privatvortrag bekannt), dann aber durch den ungleich spektakuläreren Selbstmord des japanischen Offiziers ersetzt wurde. Der Filmemacher Nägeli teilt im übrigen die Marotte des Nägelkauens mit dem fiktiven Hollywood-Regisseur der Lebensgeschichte August Engelhardts in *Imperium:*

24 Christian Kracht: Imperium. Köln 2012: Kiepenheuer & Witsch, S. 230 f.

> Der Filmregisseur Emil Nägeli, aus Bern, saß unkomfortabel, aber aufrecht im Inneren des klapprigen Metallgehäuses eines Flugzeuges und biß und riß an den Fingerkuppen. Es war Frühling. Wie seine Stirn feucht wurde, wie er nervös angespannt die Augen verdrehte – da er glaubte, das Nahen eines drohenden, bald sich erfüllenden, katastrophalen Unheils zu spüren –, wie er saugte und nagte. Und während die Haut vom Druck der Zähne wund und rot wurde, stellte er sich immer und immer wieder vor, das Flugzeug würde jäh am Himmel aufblitzend auseinanderbersten. Es war schrecklich, er wußte sich nicht zu helfen. Er putzte die runden Brillengläser, stand auf, um zur Toilette zu gehen – doch als er den Deckel hob und erschrocken durch das Loch hinunter ins Nichts sehen konnte, besann er sich anders, setzte sich wieder auf seinen Platz in der Kabine, trommelte mit den lädierten Fingerkuppen auf dem Titelblatt einer Illustrierten, bat schließlich um ein Getränk, das nicht kam. [...] Schon ging es blechern und ruckelnd wieder hinab – aus irgendeinem Grund teilte man ihm mit, das Flugzeug solle in Berlin Zentralflughafen repariert werden, etwas am Propellergehäuse sei defekt. Er wischte sich mit dem Ende der Krawatte über die feuchte Stirn. Und endlich nun bekam er unter Entschuldigungen eine Tasse Kaffee serviert, kaum daran nippend sah er aus dem Fenster hinaus ins farblose Weiß.[25]

Der zentrale Stellenwert, den das Fliegen im Werk Krachts einnimmt, verdankt sich zum einen dem Prinzip, die Reise selbst zur literarischen Struktur aller Bücher zu machen, aber auch dem Umstand, dass der Mensch ganz allgemein im Flugzeug einer Extremsituation ausgesetzt ist, die seine Psyche in einem gefährlichen Niemandsland zwischen Allmachtsphantasien und klaustrophobischer Todesangst gefangen hält. Aber auch als Potential, das die Feier des Ausbruchsversuchs, der Flucht aus dem Leben in eine erhabenere Welt beinhaltet. Es wird überhaupt viel geflogen bei Kracht. Mal selbstverständlich und nicht weiter der Rede wert, als Transitform, die man eben wohl oder aushalten muss, um von Ort A nach Ort B zu kommen, wie den Flug nach Mykonos, den der namenlose Erzähler in *Faserland* nur unter Betäubung durch unzählige Screwballs aushält, weil er die „furchtbar vergnügten und aufgeregten“ Mitreisenden nicht ertragen kann.[26]

Oder das Fliegen wird zur bewusst gesuchten Entäußerung des Helden selbst, gar zum narrativen *movens* der Erzählung wie in *Der Gesang des Zauberers*. Hierbei ist vor allem die graduelle Verschiebung der Bedeutung der Welt des Fliegens für den Text von Interesse. Der Erzähler in *Faserland* rekurriert immer wieder in Rückblenden auf seine Kindheit als bessere Welt, Schatz der Erinnerung, der ihm das Ertragen der verkommenen Gegenwart erleichtert, ja erst ermöglicht. Der Siebenjährige erlebt als UM (*unacccompanied minor*) das Flugzeug als verheißungsvolles Vehikel einer besseren Welt, die geprägt ist von einem „Gefühl der Wichtigkeit“, das die Reisenden umgibt, die idealiter, wie es später im Buch von Alexander heißt, „glamourös“ zu „seltsamen Orten“ in „Dritt-Welt-

25 Kracht: Die Toten, S. 13 ff.
26 Kracht: Die Toten, S. 140 ff.

Länder" unterwegs sind, ohne „vernünftigen Grund", wobei, wie Kracht einmal im Reisebrevier *Der gelbe Bleistift* befindet, den „interessanteren Teil der Welt vom uninteressanten Teil" unterscheidet, „daß man aus dem Flugzeug steigt mit seinem Handgepäck und dann selbst über das Flugfeld zur Empfangshalle laufen muß, ohne Finger, wie es heißt und ohne Bus".[27]

Diese Reisenden gehen, wie es schon in *Faserland* über Alexander heißt, „einer Beschäftigung nach, die es eigentlich gar nicht mehr gibt: dem Müßiggang".[28] Dass die Beherrschung der Welt, wie sie die Kinderseele dem Piloten andient, auch nur schöner Schein ist, ein subtiler Täuschungsversuch mithilfe des trügerischen Autopiloten, belegt die vielleicht sprechendste Szene der Aviatik, die sich im Werk Krachts befindet:

> Ich erinnere mich, daß ich immer furchtbar gerne geflogen bin, so mit sieben, weil ich dieses Gefühl der Wichtigkeit liebte, das die Reisenden umgab. Ich denke daran, wie ich früher, als wir ein Haus in Italien hatten, in der Nähe von Lucca, immer nach Florenz geflogen bin, ganz alleine, mit so einem Plastikschild um den Hals, auf dem UM stand oder so ähnlich. Die Stewardessen der Alitalia haben mich immer behandelt wie einen kleinen Prinzen. Ich durfte immer ins Cockpit und dort eben den Steuerknüppel halten, obwohl ich schon damals wußte, daß die Piloten auf Automatik geschaltet hatten, ich das Flugzeug also nicht ganz alleine flog, wie die Piloten mir ständig versicherten. Si Si, haben sie gesagt, du machst das wie ein großer, ein richtiger Pilot. *Come un vero pilota.* Sie hatten weiße Zähne und weiße Mützen, auf denen vorne Alitalia auf einer silbernen Brosche draufstand und sie hatten sehr stark behaarte, braune Arme, und durch diese braunen Armhaare hindurch konnte ich immer ihre goldenen Armbanduhren sehen. Richtige Pilotenuhren waren das, und die habe ich immer angestarrt, während ich mit dem Steuerknüppel hantiert habe. Ich habe es mir vor den Piloten nie anmerken lassen, daß ich die Wahrheit wußte: Es ist nur der Autopilot. Schließlich waren sie alle sehr nett zu mir.[29]

Abgesehen vom Motiv des überlegenen Kindes, des „kleinen Prinzen" wie im gleichnamigen Buch des Piloten Antoine de Saint-Exupery, berühmter Autor von *Nachtflug*, sind hier alle Ebenen des Flugmotivs vorhanden: das Schauspiel, die doppelte Simulation, dass nicht nur die Piloten dem Kind suggerieren, es würde das Flugzeug fliegen, sondern auch das Kind die Simulation mitspielt, um durch die Doppelung der Simulation das Trugbild nicht aus dem Gleichgewicht zu hebeln, und das Motiv, das hinter der doppelten Simulation, den Schwindel nicht auffliegen zu lassen, steht: der Wunsch, kein Spielverderber zu sein, aus Dankbarkeit für entgegen gebrachte Empathie: „Schließlich waren sie alle sehr nett zu mir." Und es ist darin auch eine subtile Allegorie auf die Literatur enthalten: Nur

---

27 Christian Kracht: Der gelbe Bleistift. Köln 2000: Kiepenheuer & Witsch, S. 26.
28 Kracht: Faserland, S. 140 f.
29 Kracht: Faserland, S. 55 f.

wenn der Leser mitspielt, so tut, als ob das, was ihm fiktional geschieht, tatsächlich so passiert und somit das Zwingende eines realen Geschehens bekommt, funktioniert Literatur und überzeugt.

Aber auch das Flugzeug verliert im Werk Krachts bald seine romantische Unschuld. Zunächst wird es, so in den Reisereportagen *Der gelbe Bleistift* zum Erkenntnisort, zum Überblicksvehikel auf dem Weg zur Entschlüsselung einer Welt, die sich oft am Boden als undurchsichtig erweist und erst aus der Vogelperspektive Sinn ergibt:

> Von oben, vom Flugzeug aus gesehen, war die Mongolei ein großes grünes Nichts. Endlose Wiesen folgten auf endlose Wiesen. Da unten war gar nichts, nur träges, saftiges Grün. Terzani hatte über die Mongolei geschrieben: ‚Was tut diese Monotonie dem Geist an? Wovon lebt ein Volk, das in diesem gleichförmigen Umniversum lebt, liebt und stirbt, schon träumen, außer von Dämonen?' Vom Boodkh, dachte ich, vom Murmeltier. Beim langsamen Herabsinken zum Flugfeld von Ulan Bataar waren winzige weiße Pilze auszumachen. Die junge Amerikanerin, die neben mir im Flugzeug saß, erklärte mir, daß es „Ger" seien, Zelte – die allermeisten Mongolen würden in diesen runden Zelten leben, sie selbst auch. Sie würde, so erzählte sie, an der Grenze zu Kasakhstan in einem kleinen Zeltdorf unterrichten.[30]

Wie die weißen Pilze sich durch den Kommentar der Sitznachbarin aus dem Naturbild zu einer Kulturgeschichte verdinglichen, die abgesehen von dem Charakter des Landes noch dazu die Schicksalslast einer pädagogischen Mission erzählt, belegt die analytische Überlegenheit des aviatischen Blicks auf die Welt, der freilich auch nicht vor dem Flugzeug selbst als phänomenologischem Signifikant Halt macht:

> Die All Nippon Airways verriet von außen gar nichts. Auch innen – auf den ersten Blick – ein Rätsel. Die Sitzbezüge waren aus hellbraunem Tweed, ich erschrak beim Einnehmen der Plätze; überall auf den Sitzbezügen klebten, so schien es, kleine bunte Fussel. Es sah, nun ja, schmuddelig aus in der All Nippon Airways. Ich kniete mich hin, untersuchte die Sitze genauer. Und entdeckte, daß diese bunten Fussel *absichtlich* in den Tweedstoff eingewirkt waren. Es war, als wollte der Designer die Strenge, die Perfektion des Tweeds brechen. Das hieße aber, daß es vorher eine Perfektion gegeben haben mußte, einen Purismus, der untergraben werden wollte, ja, daß es von den Japanern als ästhetischer empfunden wurde, die Perfektion selbst wieder ad absurdum zu führen.[31]

Hier richtet sich, ausgelöst von einer Irritation, der mikroskopische Blick nach Innen, nur um festzustellen, dass die Irritation gewünscht, ja geplant ist, als Ausdruck der japanischen Ästhetik des Wabi-Sabi, der Durchkreuzung von Per-

30 Christian Kracht: New Wave. Köln 2006: Kiepenheuer & Witsch, S. 60f.
31 Kracht: Der gelbe Bleistift, S. 167.

fektion in absichtlicher Verschiebung einer sonst gegebenen Gleichförmigkeit, die anderweitig nicht dem Gesetz der Vollkommenheit des Unvollkommenen entsprechen würde. Welterschließung, die im Flug geschieht.

Ganz früh im Werk Krachts wird aber auch das Flugzeug selbst zum Schauplatz der vielgescholtenen Verkommenheit. In *Der Doktor, das Gift und Hector Barrantes*, einer Erzählung, die erstmals 1996 in Martin Hielschers Anthologie *Wenn der Kater kommt* erschien und später in den Sammelband *Der gelbe Bleistift* aufgenommen wurde, versucht der Held Dr. Kranich, ein auf die schiefe Bahn geratener Wissenschaftler, dem gewünschten Neustart seiner Existenz als Gelehrter auf einer indonesichen Inselgruppe dadurch Nachdruck zu verleihen, dass er die kriminelle Natur seiner Vergangenheit einfach in der Flugzeugtoilette entsorgt.

> Kurz vor der Landung schloß er sich in die Flugzeugtoilette ein und spülte dreißig Ampullen Morphium und zwölf Gramm China White in den Bauch des Flugzeugs. Er war fest entschlossen, ein neues Leben zu beginnen. Die Ampullen verstopften die Toilette, und er zog eine Sandale aus und drückte mit der Sohle das Morphium durch das Loch. Ein Paar der Ampullen zersplitterten, und er schnitt sich die Hand auf, aber es war nicht so schlimm. Er wischte das Blut weg und den Schweiß aus der Stirn, richtete die spärlichen Haare im Spiegel und setzte sich wieder an seinen Platz.[32]

Vollends auf der Schattenseite verortet ist schließlich der Drogen- und Giftkurier, der als Erzähler einen jungen Gast, wahrscheinlich einen Interviewer, bei sich zu Hause empfängt und ihm von seiner Lebensgeschichte erzählt. *Der Gesang des Zauberers*, erstmals in der von Kracht 1999 selbst herausgegebenen Anthologie *Mesopotamia. Ernste Geschichten am Ende des Jahrtausends* erschienen, spielt mit der Idee eines in Caracas wohnenden Deutschen, der im Auftrag der AUM-Sekte als Kurier durch die Karibik fliegt, um kofferweise das Nervengift Sarin in Ampullen zu besorgen, wofür er im Austausch jeweils einen Koffer hochreines Kokain hinterlässt. Der Erzähler, der, wie er beiläufig in einem Nebensatz erwähnt, First Class fliegt, leidet, eine *deformation professionelle*, offensichtlich an Flugangst, vielleicht sogar bedingt durch die Frequenz seiner Einsätze als Gift- bzw. Drogen- bzw. Geldkurier, was allerdings erst in dem Moment evident wird, da er erstmals den Regelkreis seiner kriminellen Existenz durchbricht und sozusagen das Verbrechen selbst verrät, indem er gegen die ungeschriebenen Gesetze seines Clans verstößt und, doppelte Spiegelung sozusagen, diesmal nicht nur den Radar der staatlichen Ordnung unterläuft, sondern auch die Spuren für seine potentiellen kriminellen Verfolger verwischt.

---

32 Kracht: Der gelbe Bleistift, S. 194.

Dann sitzt er, allen möglichen Beobachtern entkommen, in einer Maschine aus Mexiko nach New York und räsonniert über die schlechte Luftqualität an Bord, von der er sich, als professioneller Auftragsreisender nahezu vollständig unabhängig gemacht hat und so auch vor den negativen Folgen der nächtlich manipulierten Kabinenluft gefeit ist:

> Alle würden schlafen, würden durch ihr eigenes, selbst ausgeatmetes, selbst in den Kreislauf wieder eingeführtes Kohlendioxid außer Gefecht gesetzt, nur ich nicht, weil ich fast keine Luft brauchte, wenn ich ganz flach atmete, nämlich mit den Lungen nicht nach Luft suchend, sondern gegen die Luft atmend, gegen den fehlenden Sauerstoff in der Kabine und gegen das viel größere, viel unheimlichere todesähnliche Fehlen von Sauerstoff draußen vor dem Fenster, dessen Plastikjalousie ich manchmal nach oben zog, als ob es da etwas zu sehen gab durch die dünne Atmosphäre, irgend etwas außer der Dunkelheit, die in ihrer Schwärze so tief war und so absolut, daß ich ganz schnell das dünne beige Plastik vor dem Fenster wieder nach unten zog aus Angst, die zerkratzte Doppelplastikscheibe mit den drei kleinen Luftbläschen am unteren Rand dazwischen könnte platzen und ich würde hinausgesaugt werden durch das kleine Scheibchen.[33]

Die kurzfristig ausbrechende Panik des Erzählers ist von der Furcht bestimmt, an die Tatsache erinnert zu werden, als Mensch, umgeben von eisiger Kälte und lebensfeindlichen Druckumständen in einer völlig aberwitzigen und unnatürlichen Lage gefangen zu sein, für die es außer dem Tod keinen Ausweg gibt:

> Ich wollte nur an diese sicher vernietete Bleischachtel denken, nur an die, die in der Luft hing, zehn Kilometer hoch, zusammengehalten von kleinen Nieten und Dübeln, während ich dasaß und auf den Monitor starrte und alle schliefen und ich mir zum achten Mal die *Holberg-Suite* von Grieg in die Ohren donnern ließ.[34]

Der Monitor wird dem Erzähler zum willkomenen Ablenkungsthema, an dem er sich in seiner Wut abarbeiten kann, um die menschenfeindliche Atmosphäre zu vergessen, die ihn außerhalb der künstlich hergestellten Lebensumstände an Bord konstant umgibt:

> Das Allerschrecklichste, das Abscheulichste, das von Grund auf Schlechteste überhaupt war dieser Video-Monitor schräg über meinem Kopf, während ich flog. Die monströse Karte, die in Dreier-Abständen in abwechselnd großer, mittlerer und kleiner Auflösung die momentane Position des Flugzeugs auf dem Globus darstellte. Diese endlose Perversion auf dem Monitor vor mir, die die Welt in den immer gleichen, mal braunen, mal grünen Farben darstellte, je nachdem, ob ich gerade über eine Gebirgskette oder über eine fruchtbare Ebene flog, auf der

---

33 Christian Kracht: Der Gesang des Zauberers. In: Ders. (Hrsg.): Mesopotamia. Ernste Geschichten am Ende des Jahrtausends. Stuttgart 1999: DVA, S. 302.
34 Kracht: Der Gesang des Zauberers, S. 300 f.

in endlosen Reihen unter uns Bauern mit braunen Gesichtern ihre Furchen über das Land gezogen hatten. Ob sie aufhören zu arbeiten dort unten, dachte ich, und nach oben starren, wenn der dunkle Schatten über ihre Felder schleicht, über ihren Rücken hinweg?[35]

Ein letztes Mal vor der Landung in New York, von der man nicht weiß, ob die Passagiere sie überleben werden, da er beginnt, seinen Bestand an Sarin in den von Velcroverschlüssen im Koffer festgehaltenen Ampullen zu überprüfen und so der Leser zu der Vermutung eingeladen wird, es könnte sich bei dem Schluss der Erzählung, die nur durch die Rahmenhandlung mit dem Interviewer eigentlich erzähllogisch unmöglich gemacht wird, um eine Vorwegnahme der Attentäter des 11. September handeln, wendet er seinen Blick dem Bildschirm zu und reflektiert:

Ich starrte weiter auf den grausamen Monitor, der die Kilometer und die Minuten fraß, den Raum und die Zeit verschlang, im Ohr den lahmen Mahler [*Das Lied von der Erde* im Inflight Entertainment System, E. N.], und ich fragte mich, ob es ein Videofilm war, was ich da sah, oder ob es die tatsächliche, die wirkliche Bewegung des Flugzeugs war, gekoppelt an den wirklichen, echten Geschwindigkeits-, Höhen- und Temperaturmesser.[36]

Am Ende ist es die Frage nach der Simulation, die er an die Monitore stellt, und so auch an das Fliegen selbst: die Metapher für etwas, das genauso gut komplett konstruierte Realität in einem losgelösten Raumkonzept sein könnte oder tatsächliche Bewegung in der Atmosphäre über dem blauen Planeten. In einer Vorwegnahme seiner später perfektionierten Technik, verschiedene Zeiten spielerisch in einer schwer bestimmbaren autonomen Erzählzone zu verblenden, verfasste Kracht schon früh einen Text mit dem Titel *Lust auf Nichts*.[37] Darin schreibt er über die Zeit Ende der Achtzigerjahre, aber was er konstatiert, kann auch als Beschreibung für seine ambivalentes Verhätnis zum Fliegen gelten: „Damals hatte man das Gefühl, die Vergangenheit wäre eh das Beste, aber die sei nun mal vorbei, deswegen müsse man irgendwie prä-nostalgisch in der Zukunft leben. Sehnsucht nach einer vergangenen Zukunft, oder so ähnlich."

35 Kracht: Der Gesang des Zauberers, S. 300.
36 Kracht: Der Gesang des Zauberers, S. 302.
37 Manuskript, Erscheinungsort schwer bestimmbar, wahrscheinlich *Tempo* 1992, eventuell auch *Szene Hamburg*.

1 Aufenthalte

Björn Weyand

Fernweh in der entzauberten Welt

Christian Krachts und Eckhart Nickels postromantische Reiseprosa

Dass das Reisen in der globalisierten und touristisch erschlossenen Welt nicht nur Erleichterungen und Komfort, sondern auch ganz neue Herausforderungen mit sich bringt, benennt der Klappentext zur Taschenbuchausgabe von Christian Krachts und Eckhart Nickels gemeinsam verfasstem Band *Ferien für immer* (1998/2004). Dort heißt es:

> Die Welt ist entdeckt. Auf den Molukken sieht es inzwischen genauso aus wie in jeder beliebigen Einkaufspassage. Die Grandhotels, die eleganten Bars und kleinen Pensionen, die exotischen Winkel, sie alle liegen heute am großen Gemeinplatz. Aber das Fernweh bleibt. Denn Reisen kann trotz allem ein wunderbarer Schwebezustand sein. Christian Kracht und Eckhart Nickel haben sich deshalb aufgemacht, für uns die angenehmsten Orte der Welt zu suchen.[1]

‚Die Welt ist entdeckt. Aber das Fernweh bleibt.': Darin artikuliert sich das Dilemma des Reisens und erst recht des Reiseschreibens[2] in Zeiten des Massentourismus. Das Fernweh – als Inbegriff romantischer Sehnsucht[3] – wird zwar bejaht, doch scheint ihm angesichts der globalen Ausbreitung kapitalistischer Ästhetik und der mühelosen Erreichbarkeit noch der abgelegensten Regionen seine eigentümliche Grundlage zu fehlen. Die Welt ist entzaubert.

Ich möchte im Folgenden zeigen, wie diese Ambivalenzen einer romantischen Sehnsucht nach der Ferne einerseits und der Unmöglichkeit andererseits, diese authentisch zu erfahren, die Reiseprosa von Kracht und Nickel prägen. Die Reisetexte schreiben damit eine Tradition fort, die sich in der klassischen Moderne – mit der sich auch Krachts Romanwerk immer wieder auseinandersetzt – herausbildet. In einer kleinen Reportage über die *Ufa*-Ateliers in Neubabelsberg konstatiert die Schweizer (Reise-)Schriftstellerin Annemarie Schwarzenbach 1932:

---

1 Christian Kracht/Eckhart Nickel: Ferien für immer. Die angenehmsten Orte der Welt. Mit einem Vorwort von Moritz von Uslar. Von den Autoren neu durchgesehene Ausgabe. München 2004: Deutscher Taschenbuch Verlag, n. p., Klappentext [S. 2].

2 Zum Begriff des Reiseschreibens vgl. Charles Grivel: Reise-Schreiben. In: Hans Ulrich Gumbrecht/Karl Ludwig Pfeiffer (Hrsg.): Materialität der literarischen Kommunikation. Frankfurt am Main 1998: Suhrkamp, S. 615–636.

3 Vgl. hierzu den Band von Irmtraud Hnilica/Malte Kleinwort/Patrick Ramponi (Hrsg.): Fernweh nach der Romantik. Begriff – Diskurs – Phänomen. Freiburg im Breisgau 2017: Rombach.

https://doi.org/10.1515/9783110532159-003

„Es gehört zu den Zeichen der Zeit, dass man zur Romantik zurückkehrt, und dies in jeder Form und um jeden Preis".[4] Etwa zur gleichen Zeit befindet Walter Benjamin unter dem Titel *Traumkitsch* (1927) in Auseinandersetzung mit dem französischen Surrealismus: „Es träumt sich nicht mehr recht von der blauen Blume. Wer heut als Heinrich von Ofterdingen erwacht, muß verschlafen haben."[5] Diese beiden einander widersprechenden Aussagen aus der Hochphase der Neuen Sachlichkeit zeugen von der anhaltenden Auseinandersetzung mit der Romantik, die weit über ihr epochengeschichtliches Ende hinausreicht. Als komplementäre Zeugnisse einer nachromantischen Beschäftigung mit der Romantik haben beide Positionen ihre Berechtigung, insofern sie gleichermaßen zutreffend sind: Die Romantik erweist sich als eine polarisierende Erbschaft, als eine – mit Stephen Greenblatt gesprochen – ‚soziale Energie', die gesellschaftliche Spannungen in kulturelle Produktivität überführt.[6]

Diese Aktualisierungen der Romantik unter nach-romantischen Bedingungen sind in jüngerer Zeit unter dem Schlagwort der ‚Postromantik' in den Fokus zunächst der angelsächsischen und inzwischen auch der deutschsprachigen Literatur- und Kulturwissenschaften gerückt.[7] Unter ‚Postromantik' soll hier weder die Überwindung der Romantik, wie sie Benjamins Äußerung zu suggerieren scheint, noch eine Rückkehr zur Romantik, welche Schwarzenbach beobachtet, verstanden werden, sondern ein Prozess der unabgeschlossenen Auseinandersetzung mit der Erbschaft jener Epoche, die literatur- und kulturgeschichtlich als

4 Annemarie Schwarzenbach: Besuch in den Ufa-Ateliers (1932). In: Dies.: Insel Europa. Reportagen und Feuilletons 1930–1942. Basel 2008: Lenos, S. 21–25, hier S. 21.

5 Walter Benjamin: Traumkitsch (1927). In: Ders.: Gesammelte Schriften. Hrsg. von Rolf Tiedemann und Hermann Schweppenhäuser. Bd. II-2: Aufsätze – Essays – Vorträge. Frankfurt am Main 1977: Suhrkamp, S. 620–622, hier S. 620.

6 Vgl. Stephen Greenblatt: Verhandlungen mit Shakespeare. Innenansichten der englischen Renaissance. Frankfurt am Main 1993: Fischer.

7 So widmet sich beispielsweise Rüdiger Safranski in seiner an ein breites Publikum gerichteten Darstellung *Romantik. Eine deutsche Affäre* nicht nur der Epoche der Romantik, sondern im gesamten zweiten Teil des Buchs dem ‚Romantischen', als „eine[r] Geisteshaltung, die nicht auf eine Epoche beschränkt ist" und deren „vorläufig letzten größeren [...] Aufbruch" er in der Studentenbewegung von 1968 sieht (Rüdiger Safranski: Romantik. Eine deutsche Affäre. Frankfurt am Main 2009: Fischer, S. 12f.). Den gleichen Aspekt hebt Thomas Tripold hervor (Die Kontinuität romantischer Ideen. Zu den Überzeugungen gegenkultureller Bewegungen. Eine Ideengeschichte. Bielefeld 2012: transript). Zur angelsächsischen Diskussion um die Kontinuitäten und Diskontinuitäten romantischer Ideen und Verfahren siehe John Beer: Post-Romantic Consciousness. Dickens to Plath. Basingstoke u. a. 2003: Palgrave Macmillan; Michael O'Neill: The Burden of Ourselves. Arnold as a Post-Romantic Poet. In: The Yearbook of English Studies 36 (2006) 2, S. 111–127; sowie Paul de Man: The Post-Romantic Predicament [1960]. Edinburgh 2012: Edinburgh University Press.

Romantik gebündelt wird und einen bedeutenden Teil der kulturellen Produktion der Jahre zwischen 1795 und 1848 ausmacht. ‚Postromantik' bezeichnet somit schöpferische und kulturökonomische Verfahren der Reaktualisierung, die zugleich immer auch Innovationen bedeuten, insofern das „Alte", mit Boris Groys gesprochen, „zu jeder Zeit immer erneut *erfunden* werden" muss und damit nicht nur Wiederholung, sondern „große Erneuerungen" hervorbringt.[8] Die Bezugnahmen auf die Romantik schließen dabei konkrete intertextuelle und intermediale Bezüge auf einzelne Texte und Werke ebenso ein wie eine diffusere Vorstellung von ‚der' Romantik. Ob diese Bezüge intendiert sind, ist unerheblich.[9] Es lassen sich jedoch mit dieser ‚postromantischen' Perspektive neue und bislang unberücksichtigte Aspekte der Reiseprosa von Kracht und Nickel aufzeigen.[10]

---

8 Boris Groys: Über das Neue. Versuch einer Kulturökonomie. Frankfurt am Main 1999: Fischer, S. 12 (Hervorhebung B. W.).

9 Es übersteigt damit auch die von Manfred Pfister umrissenen Möglichkeiten des intertextuellen Reisens. Pfister unterscheidet 1. Verdrängte und negierte Intertextualität, 2. Kompilatorische Intertextualität, 3. Huldigende Intertextualität, 4. Dialogische Intertextualität. Vgl. Manfred Pfister: Intertextuelles Reisen, oder: Der Reisebericht als Intertext. In: Herbert Foltinek/Wolfgang Riehle/Waldemar Zacharasiewicz (Hrsg.): Tales and „their telling difference". Zur Theorie und Geschichte der Narrativik. Festschrift zum 70. Geburtstag von Franz K. Stanzel. Heidelberg 1993: Winter, S. 109–132.

10 Eine solche Perspektive ließe sich ebenfalls für das Romanwerk Krachts produktiv machen, das zahlreiche Spuren der Romantik enthält. Denn nicht nur bezeichnet der Erzähler von *Imperium* seinen Protagonisten August Engelhardt als „Romantiker[], der wie so viele seiner Spezies verhinderter Künstler war" (Christian Kracht: Imperium. Köln 2012: Kiepenheuer & Witsch, S. 18). In *Ich werde hier sein im Sonnenschein und im Schatten* erinnert beispielsweise die Figur der Favre an die Automatenfrau Olimpia aus E. T. A. Hoffmans *Der Sandmann* von 1816 (Christian Kracht: Ich werde hier sein im Sonnenschein und im Schatten. Köln 2008: Kiepenheuer & Witsch; siehe dazu auch Isabelle Stauffer/Björn Weyand: Antihelden, Nomaden, Cameos und verkörperte Simulakren. Zum Figureninventar von Christian Krachts Romanen. In: Text + Kritik 216 (2017): Christian Kracht. Hrsg. von Christoph Kleinschmidt, S. 54–66, S. 63). Und schon in Rezensionen zu *Faserland* wird auf Verbindungen zur Romantik hingewiesen (vgl. exemplarisch Thomas Hüetlin: Das Grauen im ICE-Bord-Treff. In: Der Spiegel, 20. Februar 1995, http://www.spiegel.de/spiegel/print/d-9159324.html [1. August 2017]). Ijoma Mangold schließlich schreibt über seine Begegnung mit Kracht anlässlich des Erscheinens von *Die Toten* von der „romantische[n] Hoffnung" auf ein verborgenes „metaphysisches Geheimnis [...], das die Kunst entdecken kann" (Ijoma Mangold: „Ich bin ein schlimmer Nostalgiker". In: Die Zeit, 11. Oktober 2016, http://www.zeit.de/2016/37/die-toten-roman-christian-kracht [1. August 2017]). Stefan Bronner hat eine Verbindungslinie von der frühromantischen Sprachkrise um 1800 zu den ersten drei Romanen Krachts gezogen, vgl. Stefan Bronner: Vom taumelnden Ich zum wahren Übermenschen. Das abgründige Subjekt in Christian Krachts Romanen *Faserland, 1979* und *Ich werde hier sein im Sonnenschein und im Schatten*. Tübingen 2012: Francke, S. 272–276. Entstellt wird die Frage nach dem (Post-)Romantischen in Krachts Werk durch die zweifelhafte Polemik von Georg Diez gegen *Imperium*. Diez wirft in seiner Kritik des Romans die Frage auf, „was [...] die Romantik für Kracht" bedeute,

Mit ihrer Reiseprosa erneuern Kracht und Nickel damit nicht zuletzt die Gattung des literarischen Reiseberichts. In seiner einschlägigen Studie zu dieser Gattung hat Peter Brenner im Jahr 1990 – also acht Jahre vor Erscheinen von *Ferien für immer* – vermutet, dass angesichts der veränderten Bedingungen des Reisens „einiges dagegen [spricht], daß der Reisebericht als literarische Gattung eine Zukunft hat".[11] Die Reiseprosa von Kracht und Nickel entwickelt Schreibstrategien, die dem benannten Dilemma begegnen,[12] und dabei spielt gerade die Aktualisierung der Romantik eine wichtige Rolle, die wiederum mit dem besonderen Verhältnis von Tourismus und Romantik zusammenhängt. Der Beitrag beleuchtet deshalb zunächst diesen Zusammenhang von Tourismus und romantischem Fernweh, wie ihn Hans Magnus Enzensberger in seiner *Theorie des Tourismus* (1958) und Eva Illouz in ihrer soziologischen Studie *Der Konsum der Romantik* (2003) entwickeln. An einem Text über die *Albergo Abruzzi* in Rom – einem Text, der auf den ersten Blick kaum weiter entfernt sein könnte von der Romantik und ihrer kulturellen Erbschaft – wird dann gezeigt, wie Kracht und Nickel in *Ferien für immer* Aspekte des Postromantischen wie Fernweh, Müßiggang und die Poetisierung der Welt verhandeln und damit eine Poetik entwickeln, welche die Romantik nach der Romantik innovativ fortschreibt.

---

um den Autor am Ende seines Beitrags als „Türsteher der rechten Gedanken" zu bezeichnen; Krachts Verleger Helge Malchow antwortet Diez unter dem Titel *Blaue Blume der Romantik* (Georg Diez: Die Methode Kracht. In: Hubert Winkels (Hrsg.): Christian Kracht trifft Wilhelm Raabe. Die Diskussion um *Imperium* und der Wilhelm-Raabe-Literaturpreis 2012. Frankfurt am Main 2013: Suhrkamp, S. 29–38, hier S. 32 u. 38; Helge Malchow: Blaue Blume der Romantik. In: Winkels (Hrsg.): Christian Kracht trifft Wilhelm Raabe, S. 57–62). Siehe jüngst auch das Gespräch von Christoph Kleinschmidt mit Helge Malchow: Hermeneutik des Bruchs *oder* Die Neuerfindung frühromantischer Poetik. In: Text + Kritik 216 (2017), S. 34–43.

11 Peter J. Brenner: Der Reisebericht in der deutschen Literatur. Ein Forschungsüberblick als Vorstudie zu einer Gattungsgeschichte. Tübingen 1990: Niemeyer, S. 666.

12 Johannes Birgfeld schreibt Krachts Reiseprosa in dieser Hinsicht sogar Modellcharakter zu und konstatiert: „Wie eine Reiseliteratur unter den Vorzeichen von Globalisierung und Transkulturalisierung und deren Affirmation aussehen kann, dafür können Krachts Texte ein schlüssiges Modell abgeben." (Johannes Birgfeld: Christian Kracht als Modellfall einer Reiseliteratur des globalisierten Zeitalters. In: Jean-Marie Valentin/Elisabeth Rothmund (Hrsg.): Akten des XI. Internationalen Germanistenkongresses Paris 2005: Germanistik im Konflikt der Kulturen. Band 9: Kulturkonflikte in der Reiseliteratur. Frankfurt am Main u. a. 2007: Peter Lang, S. 405–411, hier S. 411).

1 ‚Die Welt ist entdeckt': Das Ende des Reisens und die Entstehung des Tourismus aus dem Geiste der Romantik

Bereits 1898 beklagt Harry Graf Kessler in seinen *Notizen über Mexiko* den Umstand, dass die Welt entdeckt ist. „Unsere Zeit", bilanziert Kessler, „ist möglicherweise die letzte gewesen, zu der man noch reisen konnte; schon wir kommen kaum noch aus unserer Zivilisation hinaus; das Bild bleibt sich von Weltteil zu Weltteil erstaunlich gleich."[13] Infolgedessen gebe es „keine Entfernungen mehr, die genügen, um Abenteuer glaubhaft zu machen".[14] Im Verlaufe des zwanzigsten Jahrhunderts gerät diese Klage zu einem Topos, den der französische Anthropologe Claude Lévi-Strauss 1978 in den *Traurigen Tropen* auf die knappe Formel vom ‚Ende der Reisen' bringt: Die „Zeit der *wahren* Reisen" in unberührte Regionen der Welt ist vorbei und hinterlässt den „moderne[n] Reisende[n], der den Überresten einer verschwundenen Realität nachjagt".[15]

Dieses Ende des Reisens als einer Form der individuellen Weltentdeckung geht einher mit dem Aufstieg des modernen Massentourismus. Hans Magnus Enzensberger liefert mit seiner *Theorie des Tourismus* von 1962 einen der bis heute wohl meistzitierten Beiträge zur Kulturgeschichte des Tourismus. Darin zeichnet Enzensberger die Entstehung des modernen Massentourismus aus dem Geist der europäischen Romantik nach und unternimmt den Versuch, „die geschichtliche Situation, aus der der Tourismus hervorgegangen ist, als ein Syndrom politischer, sozialer, wirtschaftlicher, technischer und geistiger Züge" zu beschreiben.[16] Die bürgerliche Revolution, die Entstehung der industriellen Arbeitswelt, der sich entwickelnde Weltmarkt ebenso wie die Erfindung der Eisenbahn und des Dampfschiffs bilden die historischen Entstehungsbedingungen des Tourismus, wobei sich die Umwälzungen im Ökonomischen Enzensberger zufolge weit nachhaltiger auswirken als im Politischen. Auf diese Entwicklungen reagiert die europäische Romantik mit einer Fluchtbewegung:

> Autoren wie Gray und Wordsworth, Coleridge und Byron; Rousseau und Chateaubriand; Seume und Eichendorff, Tieck und Wackenroder, Chamisso und Pückler haben die Freiheit,

---

13 Harry Graf Kessler: Notizen über Mexico (1898). Frankfurt am Main 1998: Suhrkamp, S. 13 (Vorrede).

14 Kessler: Notizen über Mexico, S. 13.

15 Claude Lévi-Strauss: Traurige Tropen. Frankfurt am Main 1978: Suhrkamp, S. 9–38, hier S. 37.

16 Hans Magnus Enzensberger: Eine Theorie des Tourismus. In: Ders.: Einzelheiten. Frankfurt am Main 1962: Suhrkamp, S. 147–168, hier S. 155.

> die unter der Wirklichkeit der beginnenden Arbeitswelt und an der politischen Restauration zu ersticken drohte, im Bilde festgehalten. Ihre Einbildungskraft [...] verklärt die Freiheit und entrückte sie in die Ferne der Imagination, bis sie räumlich zum Bilde der zivilisationsfernen Natur, zeitlich zum Bilde der vergangenen Geschichte, zu Denkmal und Folklore gerann. Dies, die unberührte Landschaft und die unberührte Geschichte, sind die Leitbilder des Tourismus bis heute geblieben. Er ist nichts anderes als der Versuch, den in die Ferne projizierten Wunschtraum der Romantik leibhaftig zu verwirklichen.[17]

Der Tourismus wird somit zur „Flucht vor der selbstgeschaffenen Realität".[18] Vorangetrieben wird diese Flucht von einer Dialektik, insofern es „dieselben Kommunikationsmittel" sind, welche die Schaffung der neuen Wirklichkeit ebenso wie die Flucht davor ermöglichen, und „[j]e mehr sich die bürgerliche Gesellschaft schloß, desto angestrengter versuchte der Bürger, ihr als Tourist zu entkommen".[19]

Die Flucht aus der bürgerlichen Gesellschaft folgt einem „sentimentalische[n] Fernweh".[20] Dieses bildet in der von Enzensberger gezeichneten Entwicklung jedoch mehr als nur ein historisches Element der Epoche der Romantik: Es wird zu „eine[r] romantische[n] Kategorie", die sich von der Romantik ablösen lässt und es so der „nachromantische[n] Zeit" gestattet, romantische „Wunschvorstellungen" auf das Reisen zu projizieren.[21] Dies hat Konsequenzen: So gilt, *erstens*, fortan als sehenswert, was der Bilderwelt der Romantik entspricht. „Was sich derart als Sehenswürdigkeit verkapselt", so Enzensberger, „sind die Bilder der Ferne, als welche die Romantik Natur und Geschichte aufgerichtet hat".[22] Mit den Urlaubsbildern, die die Reisenden knipsen, werden diese Bilder erneut reproduziert: „Die bunten Aufnahmen, die der Tourist knipst, unterscheiden sich nur den Modalitäten nach von jenen, die er als Postkarten erwirbt und versendet. Sie sind die Reise selbst, auf die er sich begibt."[23] *Zweitens* verselbständigen sich die

---

17 Enzensberger: Eine Theorie des Tourismus, S. 156.
18 Enzensberger: Eine Theorie des Tourismus, S. 156.
19 Enzensberger: Eine Theorie des Tourismus, S. 156.
20 Enzensberger: Eine Theorie des Tourismus, S. 153.
21 Enzensberger: Eine Theorie des Tourismus, S. 153 f.
22 Enzensberger: Eine Theorie des Tourismus, S. 161.
23 Enzensberger: Eine Theorie des Tourismus, S. 166. Das Phänomen, dass von den Reisenden als Sehenswürdigkeit erachtet und reproduziert wird, was zuvor als solche schon bekannt war, existierte schon vor der Romantik: Die apodemischen Reisehandbücher des siebzehnten und achtzehnten Jahrhunderts verzeichnen solche Sehens- oder ‚Merkwürdigkeiten', die von den Reisenden aufgesucht werden. Liest man den 1740 verfassten *Viaggio per l'Italia* von Johann Caspar Goethe, erhält man den Eindruck, dass hier die Sehenswürdigkeiten auf ähnliche Weise im Medium der Schrift reproduziert werden wie heute durch Fotografien, vgl. Johann Caspar Goethe: Reise durch Italien im Jahre 1740 (Viaggio per l'Italia). München 1986: Deutscher Taschenbuch

Bilder auf diese Weise, was sie zu frei flottierbaren Zeichen im Prozess warenästhetischer Zirkulation macht; die von der Romantik entworfenen Bilder werden zu Alltagsmythen des Reisens in der touristischen Konsumkultur.[24]

Denn mit dem Tourismus entscheidet sich die Dialektik von ökonomisch-kapitalistisch geprägter Wirklichkeit und touristischer Wirklichkeitsflucht zugunsten der Wirklichkeit, insofern „[d]ie Befreiung von der industriellen Welt" sich selbst zu einer Industrie entwickelt: „[D]ie Reise aus der Warenwelt ist ihrerseits zur Ware geworden".[25] Vom revolutionären Impetus, mit dem die Romantik das Reisen verband, eignet sich der Tourismus die Bilderwelt und ihre Konnotationen an, sodass die Touristen „bis heute ohnmächtig auf die Wertzeichen des Abenteuerlichen, Elementaren, Unberührten" pochen,[26] ohne dabei auf den Komfort, den Georg Simmel als einen der wichtigsten Bestandteile des Tourismus bereits zum Ende des neunzehnten Jahrhunderts benannt hat,[27] verzichten zu wollen: „Zugleich zugänglich und unzugänglich, zivilisationsfern und komfortabel soll das Ziel sein".[28]

Enzensbergers *Theorie des Tourismus* formuliert wichtige und auch nach fünfzig Jahren aktuelle Aspekte über das Verhältnis von Reisen und Romantik im Zeitalter des Tourismus. Bis in die gegenwärtige Gestaltung hinein prägen die von Enzensberger benannten Bilder, insbesondere das der unberührten Landschaft und des Abenteuers, zumindest Teile des inzwischen weit ausdifferenzierten Tourismus-Marketings. So bewirbt der Reiseveranstalter *TUI* Ende 2014 auf seiner Homepage sieben verschiedene ‚Reisewelten', unter denen sich mit *TUI Nature* eine findet, die „Ursprünglichkeit & Ruhe" verspricht und das romantische Bild der unberührten Natur fortschreibt.[29] Die Wirkmächtigkeit der romantischen Bildgebung zeigt sich ebenso deutlich am Reisekatalog der Wochenzeitung *Die Zeit*, dessen Cover sich mühelos als Anlehnung an die Bildwelten Caspar David Friedrichs entziffern lässt: Das Katalogcover wie Friedrichs *Abendlandschaft mit zwei Männern* (um 1830 – 35) zeigen auf einer leichten Anhöhe stehende Personen, silhouettenhaft in der Rückenansicht dargestellt, die in die Weite einer abendlich

---

Verlag. Die Romantik hat demgegenüber aber neue Bilder und eine neue Form der Wahrnehmung geschaffen.

24 Zur Bedeutung von Alltagsmythen für den Tourismus siehe Roland Barthes: Der Eiffelturm (1964). Berlin 2015: Suhrkamp; sowie ders.: Mythen des Alltags (1957). Berlin 2010: Suhrkamp.

25 Enzensberger: Eine Theorie des Tourismus, S. 160 f.

26 Enzensberger: Eine Theorie des Tourismus, S. 159.

27 Georg Simmel: Alpenreisen (1895). In: Ders.: Gesamtausgabe. Hrsg. von Otthein Ramstedt, Bd. 5: Aufsätze und Abhandlungen 1894 bis 1900. Frankfurt am Main 1992: Suhrkamp, S. 91–95.

28 Enzensberger: Eine Theorie des Tourismus, S. 159.

29 http://www.tui.com/tui-reisewelten/ (1. Dezember 2014). Inzwischen wurden diese ‚Reisewelten' auf der Homepage durch andere Kategorisierungen ersetzt.

Abb. 1: Titelseite des Katalogs *Die Zeit Reisen*, 2015.

beschienenen Landschaft blicken, zwischen deren Hügeln sich in der Mitte ein Fluss entlangschlängelt (Abb. 1–2). Programmatisch wird das Bild von der unberührten Natur im Titel der *Lonely Planet*-Reiseführerreihe, der suggeriert, es gebe ein touristisches Reisen jenseits des Tourismus – in Christian Krachts und Eckhart Nickels *Ferien für immer* steht der Reiseführer *Lonely Planet* an erster Stelle unter der Rubrik *Unbedingt vermeiden*, gefolgt von „Menschen, die den Lonely-Planet-Reiseführer mit sich führen, ihn in einem Café in Nepal, Malaysia oder sonstwo lesen" und „Cafés in Nepal, Malaysia oder sonstwo, die mit dem Schild ‚As seen in the Lonely Planet' werben".[30] In ihrer *Gebrauchsanweisung für Kathmandu und Nepal* werden Kracht und Nickel noch deutlicher in ihrer Ablehnung und Kritik am *Lonely Planet*-Konzept und beklagen, dass dieses eine

30 Christian Kracht/Eckhart Nickel: Ferien für immer. Die angenehmsten Orte der Welt. Köln 1998: Kiepenheuer & Witsch, S. 181. Die folgenden Verweise auf *Ferien für immer* beziehen sich auf diese Ausgabe.

Abb. 2: Caspar David Friedrichs *Abendlandschaft mit zwei Männern*, um 1830–35.

„Verwüstungsorgie des gesamten Planeten“ nach sich gezogen habe, das „am besten in Kathmandu, im Stadtteil Thamel, zu besichtigen sei“,[31] dem touristischen Zentrum Nepals mit etlichen Hotels, Bars und Souvenirshops.[32]

Was bei Enzensberger aus kulturkritischer Perspektive entwickelt wird, findet etwa vierzig Jahre später eine Fortentwicklung in der 2003 erschienenen Studie *Der Konsum der Romantik* der israelischen Soziologin Eva Illouz. Ihre Überlegungen zum Tourismus stehen darin in einem umfassenderen Kontext: Illouz untersucht die Verwicklungen von Romantik und Kapitalismus mit Blick auf das Verhältnis von Liebesgefühlen und Konsumkultur, zu der auch der Tourismus als einer der größten Wirtschaftszweige zählt. In der Vermengung von Liebesromantik und Konsumbegehren sieht Illouz ein Charakteristikum der kapitalisti-

31 Christian Kracht/Eckhart Nickel: Gebrauchsanweisung für Kathmandu und Nepal. München 2009: Piper, S.27.

32 Vgl. https://www.mein-nepal.de/nepal-reise/sehenswuerdigkeiten/kathmandu-tal/thamel-das-touristenzentrum (1. August 2017).

schen Lebensformen seit dem frühen zwanzigsten Jahrhundert und konstatiert, dass der Kapitalismus „unerbittlich in die privatesten Nischen unseres zwischenmenschlichen und emotionalen Lebens eingedrungen" sei.[33] Einer vorschnellen Verurteilung dieser Entwicklung hält sie allerdings die Frage entgegen, ob sich daraus schließen lasse, „dass sich die Qualität der Liebesbeziehung dadurch verschlechtert" habe.[34] Aus den von ihr geführten qualitativen Interviews leitet Illouz dagegen ab, dass „romantische Aktivitäten, an denen Konsum beteiligt ist, Symbole von größerer Kraft und Resonanz transportieren als diejenigen, bei denen Konsum keine Rolle spielt".[35] Um ‚romantisch' zu sein, schlussfolgert Illouz, brauche die zwischenmenschliche Interaktion einen symbolischen Raum, der von zeitlichen, räumlichen, emotionalen und künstlichen Grenzen eingehegt wird, um sich vom Alltag zu unterscheiden.[36] Touristische Räume sind dafür besonders geeignet.

Illouz' Blickrichtung ist umgekehrt gegenüber derjenigen Enzensbergers: Fragt Enzensberger danach, wie aus dem romantischen revolutionären Erbe der harmlose moderne Tourismus wurde, so fragt Illouz danach, wie der moderne Tourismus als derjenige „Freizeitbereich, der am stärksten Warencharakter trägt",[37] dennoch ein Fortwirken romantischer Vorstellungen ermöglicht. Im Vordergrund steht damit zunächst nicht die von Enzensberger beschriebene historische Warenwerdung des Reisens in Gestalt des Tourismus, durch die „[d]as neue Menschenrecht, sich von der eigenen Zivilisation in der Ferne zu befreien", schließlich „die harmlosen Züge der Urlaubsreise" annimmt,[38] sondern die Beobachtung, dass ein verlassener Strand als „rhetorische Umkehrung der Welt der Dienstleistungsangestellten" fungiert.[39] Während bei Enzensberger die kulturhistorische Genese des Tourismus im Mittelpunkt steht, geht es Illouz stärker um seine kulturtheoretischen Mechanismen. Für beide ist jedoch die Frage nach dem Zirkulieren romantischer Bildwelten innerhalb einer touristischen Ikonographie von besonderer Bedeutung. So führt Illouz, teilweise angelehnt an John Urrys grundlegende Studie *The Tourist Gaze* (1990),[40] aus:

---

33 Eva Illouz: Der Konsum der Romantik. Liebe und die kulturellen Widersprüche des Kapitalismus. Frankfurt am Main 2007: Suhrkamp, S. 180.
34 Illouz: Der Konsum der Romantik, S. 180.
35 Illouz: Der Konsum der Romantik, S. 158.
36 Vgl. Illouz: Der Konsum der Romantik, S. 142.
37 Illouz: Der Konsum der Romantik, S. 122.
38 Enzensberger: Eine Theorie des Tourismus, S. 158 f.
39 Illouz: Der Konsum der Romantik, S. 125.
40 John Urry: The Tourist Gaze. Leisure and Travel in Contemporary Societies. London 1990: Sage. Inzwischen wurde diese grundlegende Studie ergänzt um die aktualisierte Studie von John Urry/Jonas Larsen: The Tourist Gaze 3.0. London 2011: Sage.

> Der Tourismus macht es erforderlich, dass Naturlandschaften, ethnische Gruppen oder Städte so organisiert werden – geografisch und symbolisch –, dass sie sich für eine kommerzielle Ausbeutung eignen (die Pauschalreise). Die Landschaft wird klassifiziert und in Einheiten aufgeteilt, die sich in das kommerzielle Netzwerk von Reiseveranstaltern und Reisebüros integrieren lassen. Die ökonomische Ausbeutung von Natur und lokalen Kulturen ist dann geschafft, wenn sie in Objekte der Betrachtung verwandelt worden sind, in eine Ikonografie, die angefüllt ist mit Bedeutungen, die von der Tourismusindustrie verkauft werden können: der verlassene Strand steht für die intime Abgeschiedenheit des Paares, der exotische Ort für Abenteuer und Erlebnisintensität, das spielerische Eintauchen in den luxuriösen Swimmingpool für romantische Entspannung [...]. Diese Bilder sind Simulakra, stereotype Kopien, von denen es keine Originale gibt. Das Zeichen – das Bild – wird zur Ware, die verkauft werden soll.[41]

Illouz begreift, ähnlich wie Enzensberger, die Bildwelten des Tourismus als unendliche Reproduktionen und problematisiert das damit einhergehende formierende Eingreifen in die Landschaft, das dafür sorgt, dass – wie Kracht und Nickel es im zitierten Klappentext zu *Ferien für immer* formulieren – es auf den Molukken ‚inzwischen genauso aussieht wie in jeder beliebigen Einkaufspassage'. Am Ende dieses Prozesses steht die Ununterscheidbarkeit nicht nur zwischen verschiedenen Orten, sondern zwischen den Bildern der Orte und ihren Originalen.

Mit dieser touristischen Bildproduktion im Sinne Baudrillards erfolgt zugleich eine Wendung ins Semiotische und Ästhetische,[42] und diese Wendung führt mitten hinein in die Reiseliteratur. Denn „[n]ur noch wer hinter bekannten Zeichen fremde Bedeutungen zu erkennen die Phantasie hat oder wer, durch ungewohnte Umgebungen und die Einsamkeit der Ferne angeregt, alte Bilder mit frischen Augen ansieht, wird häufiger und nicht bloß zufällig durch Veränderung seines Aufenthalts Neues empfinden",[43] so der eingangs zitierte Harry Graf Kessler. Die Reiseprosa von Christian Kracht und Eckhart Nickel fügt dem eine weitere Variante hinzu: Sie eignet sich Zeichen und Bilder an, überführt sie in die

41 Illouz: Der Konsum der Romantik, S. 122 f.

42 Zu Baudrillards Theorie des Simulakrums siehe Jean Baudrillard: La précession des simulacres. In: Traverses 10 (1978), S. 3–37. Baudrillard hat mit *Amérique* (1986) einen Bericht über eine Reise geschrieben, die ins Land der Simulakren führt: Jean Baudrillard: Amerika. Berlin 2004: Matthes & Seitz (siehe hierzu auch Björn Weyand: Postmoderne Medien- und Kulturtheorie auf Reisen. Unterwegs mit Roland Barthes, Jean Baudrillard und Stephen Greenblatt. In: Michaela Holdenried/Alexander Honold/Stefan Hermes (Hrsg.): Reiseliteratur der Moderne und Postmoderne. Berlin 2017: Erich Schmidt Verlag, S. 225–243). Zum Verhältnis von Tourismus und Semiotik siehe Jonathan Culler: The Semiotics of Tourism. In: Ders.: Framing the Sign. Criticism and Its Institutions. Norman und London 1988: University of Oklahoma Press, S. 153–167.

43 Kessler: Notizen über Mexico, S. 13.

eigene Textur und forciert damit die Zirkulationsprozesse, die den Tourismus und Kapitalismus kennzeichnen, in Gestalt literarischer Verfahren.

2 ‚Aber das Fernweh bleibt': Christian Krachts und Eckhart Nickels Reiseprosa

Mit *Ferien für immer* liefern Christian Kracht und Eckhart Nickel eine Art vermeintlichen Reiseführer: Das Inhaltsverzeichnis listet eine Reihe von Orten rund um die Welt auf, die durch den Untertitel des Bandes als die ‚angenehmsten Orte der Welt' bezeichnet werden, darunter Zürich, Wien, Westerland, Gibraltar sowie Port Blair in Indien, Tuk-Tuk in Indonesien oder Salvador da Bahia in Brasilien. Auf einer Karte, die am Anfang und am Ende des Bandes wiedergegeben ist, sind diese Orte verzeichnet, wobei es sich jeweils um Cafés, Hotels oder Pensionen in diesen Städten handelt. Hinzu kommen als weitere typische Elemente von Reiseführern ein Register sowie ein Abschnitt mit praktischen Hinweisen, der in diesem Fall allerdings den Titel *Unbedingt vermeiden* trägt. Am Ende eines jeden Eintrags sind Name, Adresse und Telefonnummer der zuvor beschriebenen Lokalitäten angegeben. Die Einträge selbst gleichen dagegen miniaturhaften Reiseberichten.

Einer dieser Texte führt in jene Stadt, von der Ludwig Tieck 1805 schreibt, hier werde „[j]eder Stein [...] zum Wunder, / [j]eder ohngefähre Laut zum Märchen"[44]: nach Rom. Hier steigen Kracht und Nickel in der *Albergo Abruzzi* ab, der „einzige[n] Pension Roms", wie es heißt, „in der man ein Zimmer statt mit dem Personalausweis mit der entwerteten Bahnfahrkarte mieten kann".[45] Grund hierfür ist die Wirtin, ‚Mama Abruzzo', die „sehr dick und konstant schlecht gelaunt" sei und eine Hornbrille trage, deren Dioptrinzahl „numerisch nicht faßbar" sei. [46] Weiter heißt es wenig schmeichelhaft über die Pensionswirtin:

> Das täglich getragene schwarze Kleid, das die Wirtin beim Kochen mit einer Schürze überspannt, ist ein Erbstück der lang währenden Pensionsdynastie ihrer Familie. Ebenfalls Teil dieses Erbes ist die wuchernde Gesichtsbehaarung, die bei „Mama Abruzzo", wie sie sich uns beim Einchecken muffig vorstellte, nicht nur zu einem stattlichen Oberlippenbart geführt hat, sondern auch zu eher unüblichen, zweifingerbreiten Damenkoteletten. Diese rasierte sie

44 Ludwig Tieck: Das Pantheon (1805). In: Ders.: Schriften in zwölf Bänden. Bd. 7: Gedichte. Hrsg. von Ruprecht Wimmer. Frankfurt am Main 1991: Deutscher Klassiker Verlag, S. 193.
45 Kracht/Nickel: Ferien für immer, S. 68.
46 Kracht/Nickel: Ferien für immer, S. 68.

sich während unseres zweiwöchentlichen Aufenthalts genau einmal, nämlich am Tag unserer Abreise.[47]

Doch mit dieser äußeren Erscheinung ist es nicht genug. Denn die Präsenz von ‚Mama Abruzzo' durchwirkt den Aufenthalt in der Pension, deren „Fenster hübsch auf das Pantheon hinausgehen" und sich „bestens zur entspannten Lektüre von Vogue Bambini" eignen, tiefgreifend.[48] Als störend erweisen sich nämlich die „schwallartig über den Flur in die Zimmer kriechenden Küchendüfte[], die von Mamas eigenwilliger Interpretation der mittelitalienischen Bergküche zeugen".[49] Bereitet sie diese Speisen für gewöhnlich nur für sich selbst zu, so bringe sie „[a]n regnerischen Tagen [...] gerne mal – aus Langeweile – ihren Gästen die Reste eines faulig schmeckenden Nachtischs aufs Zimmer"[50] – zum Unglück der beiden schreibenden (und offenbar einzigen[51]) Pensionsgäste:

Am ersten Tag unseres Aufenthalts regnete es in Strömen. Mama Abruzzo langweilte sich. Also klopfte es, wir öffneten, und sie stand, ein schweres Tablett mit zwei dampfenden Schalen in den Händen haltend, mit herausgestreckter Zunge vor unserer Tür. Aus Höflichkeit nahmen wir ihr das Tablett ab, und sie bedeutete uns mit dem raschen Hin- und Herbewegen ihrer Hand zum Mund, sogleich mit dem Essen zu beginnen. Wollten wir im ersten Moment noch ablehnen, war ihre zweite Geste weitaus unmißverständlicher: eine rasch über den Kehlkopf hin- und hergezogene Handkante. Also aßen wir.[52]

Der Verzehr dieses Desserts erweist sich als folgenreich, macht er doch „sofort sämtliche Außer-Haus-Gänge unmöglich".[53] Damit schränkt sich der Blick auf Rom ein, an ein touristisches Sightseeing-Programm ist nicht zu denken: „Rom, so sahen wir ein, würden wir diesmal aus der Sitzperspektive der Kleinsttoilette unserer Pension wahrnehmen müssen".[54] Was bleibt, ist der Blick auf das nächtliche Pantheon: „Zwischen den Gängen zur Toilette saßen wir am Fenster und schauten in die römische Nacht. [...] Tagsüber schliefen wir erschöpft und

47 Kracht/Nickel: Ferien für immer, S. 68.
48 Kracht/Nickel: Ferien für immer, S. 68.
49 Kracht/Nickel: Ferien für immer, S. 68.
50 Kracht/Nickel: Ferien für immer, S. 68.
51 „Nie sahen wir auf dem Flur der Pension andere Gäste oder Bewohner" (Kracht/Nickel: Ferien für immer, S. 69).
52 Kracht/Nickel: Ferien für immer, S. 69.
53 Kracht/Nickel: Ferien für immer, S. 69.
54 Kracht/Nickel: Ferien für immer, S. 69.

beteten um Sonnenschein."[55] Diese Aussicht nimmt schließlich phantastische Dimensionen an:

> Die Durchfallerkrankung begann nun mehr und mehr auch unseren Sehsinn zu beeinflussen. Das von Scheinwerfern mit Beginn der Dämmerung orange angestrahlte Pantheon geriet dabei vor unseren Augen nicht nur gummiartig in eine wabernde Bewegung, sondern bekam auch von Zeit zu Zeit dunkle Löcher, was es in regelmäßigen Abständen in das ebenso runde Kolosseum verwandelte, um sich dann schließlich abwechselnd in einen der sieben munter pulsierenden römischen Hügel aufzulösen.[56]

Die Hoffnung auf besseres Wetter und damit ein Ende von ‚Mama Abruzzos' Langeweile erfüllt sich nicht, ein Tiefdruckgebiet über dem Tyrrhenischen Meer hält sich standhaft über zwei Wochen, und erst „[a]m Abreisetag schien dann endlich die Sonne".[57] Der Aufenthalt in der *Albergo Abruzzi* ist beendet, für Nachahmer werden Anschrift und Telefonnummer aufgeführt („**Albergo Abruzzi,** *Piazza della Rotonda 69, Rom, Italien. Tel. 0039 – 6 – 6792021*"[58]), und es bleibt den beiden Reisenden nach ihrem Aufenthalt nur noch die Frage: „Wie schaffte die Mama es, zu klopfen und gleichzeitig mit beiden Händen das Tablett zu halten? Und, wenn nicht sie es war, wer hat dann geklopft?"[59]

Der von Kracht und Nickel geschilderte Aufenthalt in der *Albergo Abruzzi* enttäuscht nicht nur gründlich die Erwartungen, die sich an einen Besuch in Rom knüpfen lassen. Das kulturelle Erbe Roms, von dem sich Goethe in seiner *Italienischen Reise* (1816/17/29) so begeistert gezeigt und das ihn, seiner zwischen Dichtung und Wahrheit angesiedelten Schilderung zufolge, künstlerisch vom Stürmer und Dränger zum Klassiker geläutert hatte, beschränkt sich bei Kracht und Nickel durch eine Lebensmittelvergiftung bedingt auf den Ausblick vom Pensionszimmer auf das Pantheon. Gilt Goethes Reisebeschreibung bis heute als „reisegeschichtlich bahnbrechend und literaturgeschichtlich stilprägend" und markiert „[l]iteratur- und gattungsgeschichtlich [...] ein[en] Wendepunkt",[60] so unterläuft der Text von Kracht und Nickel sämtliche Erwartungen, die an Reiseprosa gerichtet sind. Die Pension erweist sich nicht einmal als ein ‚angenehmer Ort', wie ihn der Untertitel von *Ferien für immer* verspricht. Vor allem aber scheint die Schilderung nicht das Geringste mit der Italiensehnsucht der Romantiker zu

---

55 Kracht/Nickel: Ferien für immer, S. 69.
56 Kracht/Nickel: Ferien für immer, S. 69.
57 Kracht/Nickel: Ferien für immer, S. 69.
58 Kracht/Nickel: Ferien für immer, S. 70.
59 Kracht/Nickel: Ferien für immer, S. 70.
60 Peter J. Brenner: Von der Bewegung zur Beharrung. Goethes Reisen in Deutschland, Frankreich und der Schweiz. In: Goethe-Jahrbuch 120 (2003), S. 167–181, hier S. 167.

tun zu haben. Gleichwohl verhandelt der Text raffiniert und auf vielschichtige Weise die kulturelle Erbschaft der Romantik, wie anhand der Sehnsucht nach der Ferne, dem Müßiggang und einer Poetisierung der Welt aufgezeigt werden soll.

2.1 Sehnsucht nach der Ferne

„Die Helden aller romantischen Bücher sind fast beständig auf Reisen: Don Quixote so gut wie Wilhelm Meister und alle ihre Nachkommen. Die Dichter ließen ihren Doppelgänger an ihrer Stelle auf die ersehnte Wanderschaft gehen. Alles lockt und zieht" – so Ricarda Huch um die Jahrhundertwende in ihrem Buch über *Die Romantik* (1899/1902).[61] Schicken Huch zufolge die Dichter der Romantik mit ihren Figuren also ihr *alter ego* an ihrer Stelle auf Reisen, so erscheinen in der Reiseprosa Krachts und Nickels die erzählenden Figuren identisch mit den Autoren, genauer: den Autorenpersonae, die sich immer schon als Produkte einer medialen (Selbst-)Inszenierung ausweisen.[62] Zahlreiche Autorenfotos zeigen Kracht und Nickel in der Ferne, nicht nur als Verfasser der Reisebücher *Ferien für immer* und *Gebrauchsanweisung für Kathmandu und Nepal* (2009); als Redakteur und Herausgeber der Zeitschrift *Der Freund* (2004–2006) haben sie ihren Arbeitsort im Hotel Sugat in der Freak Street in Kathmandu und inszenieren sich als vorübergehend sesshaft Gewordene, die hoffen, in Nepal Ruhe zu finden, nachdem ihre „verworrenen Lebensläufe [...] es mit sich [brachten], auf dem Erdenball ein nomadisches, unstetes Dasein geführt zu haben" (Abb. 3–4).[63] Krachts und Nickels fortdauernde Ko-Autorschaft und ihre Zusammenarbeit für *Der Freund* erinnert dabei an die Gemeinschaftsprojekte der Romantiker, wie etwa Wilhelm

---

61 Ricarda Huch: Die Romantik. Ausbreitung, Blütezeit und Verfall. Tübingen 1951: Rainer Wunderlich Verlag Hermann Leins, S. 118

62 Zu den fließenden Übergängen zwischen der Lebenswelt der Autoren aus dem Umkreis der Popliteratur und ihren Werken siehe auch Innokentij Kreknin: Poetiken des Selbst. Identität, Autorschaft und Autofiktion am Beispiel von Rainald Goetz, Joachim Lottmann und Alban Nikolai Herbst. Berlin 2014: De Gruyter. Diese Übergänge erscheinen für die Reiseprosa Krachts und Nickels insofern von besonderem Interesse, als diese – unter anderem durch die Anlehnung an Genres wie der Reisereportage, dem Reisebericht oder dem Reiseführer – vorgibt, faktual zu sein. So stellt auch Till Huber fest: „Mit seinen ‚anderen Texten', also denjenigen jenseits des Romanwerks, stellte er [Kracht, B. W.] komplexe selbstreferenzielle Beziehungen sowohl zu den als fiktional markierten Romanen als auch zu seinen übrigen Autorinszenierungen her und erschuf damit eine literarische Persona ‚Christian Kracht', die in den Nebentexten häufig in Gestalt eines reisenden Reporters auftritt." (Till Huber: Andere Texte. Christian Krachts Nebenwerk zwischen Pop-Journalismus und Docu-Fiction. In: Text + Kritik 216 (2017), S. 86–93, hier S. 86.)

63 Kracht/Nickel: Gebrauchsanweisung für Kathmandu und Nepal, S. 13.

Abb. 3: Autorenfoto von Eckhart Nickel und Christian Kracht für die *Gebrauchsanweisung für Kathmandu und Nepal.*

Heinrich Wackenroders und Wilhelm Tiecks *Herzensergießungen eines kunstliebenden Klosterbruders* (1797) und die von Achim von Arnim und Clemens Brentano gemeinsam herausgegebene Sammlung *Des Knaben Wunderhorn* (1806–1808).[64] Mit den Figuren der Romantik teilen sie das beständige Unterwegssein. Bereits der Titel *Ferien für immer. Die angenehmsten Orte der Welt* kündigt dies an und überführt das zeitlich unbeschränkte Unterwegssein zugleich in eine geographische Unbegrenztheit. Das Fernweh, das die Figuren der Romantik vorzugsweise nach Italien führte, weitet sich bei Kracht und Nickel auf die gesamte Welt, ‚auf den Erdenball' aus. Damit verändert sich auch der Blick auf die bereisten Landschaften, Orte und Städte; und es verändert sich die Motivation für das Reisen.

Huch zufolge bildet für die Romantiker ein uneinlösbares Liebesbegehren den Antrieb des Reisens. Die romantische Sehnsucht nach der Ferne ist insofern bloß der Effekt einer Sehnsucht nach Liebe. Von der Liebe heißt es bei Tieck, sie gehe „[i]n der Ferne [...] / Ungekannt durch Nacht und Schatten",[65] und eben weil

64 Auf Krachts Ko-Autorschaften und ihre Nähe zur Romantik weist auch Till Huber mit Bezug auf die Zusammenarbeit von Kracht und Ingo Niermann für *Metan* hin, vgl. Till Huber: Ausweitung der Kunstzone. Ingo Niermanns und Christian Krachts ‚Docu-Fiction'. In: Alexandra Tacke/Björn Weyand (Hrsg.): Depressive Dandys. Spielformen der Dekadenz in der Pop-Moderne. Köln, Weimar und Wien 2009: Böhlau, S. 218–233, bes. S. 232, Anm. 58.

65 Ludwig Tieck: Franz Sternbalds Wanderungen. Studienausgabe. Hrsg. von Alfred Anger. Stuttgart 1966: Reclam, S. 84.

Abb. 4: Eckhart Nickel und Christian Kracht auf dem Titelbild zur *Facebook*-Seite von *Der Freund*.

die Liebe in der Ferne vermutet wird, brechen die romantischen Protagonisten auf. In der Ferne finden sie zwar amouröse „Augenblick[e] himmlischer Ruhe", doch währen diese nur kurz: „[D]ann", so Huch, „stößt der Ernüchterte seinen Abgott von sich"[66] – und findet neuerlichen Anlass, in die Ferne zu schweifen. So wird die Sehnsucht nach der Liebe und damit auch nach der Ferne niemals endgültig erfüllt. „Heimlich", so noch einmal Huch, „wissen sie es wohl, daß ein Aufhören der Sehnsucht Aufhören des Lebens wäre".[67] Die unaufhörliche Sehnsucht lässt den romantischen Protagonisten Huch zufolge von Rausch zu Rausch taumeln, denn „wenn wieder ein Frauenkleid ihn streift oder ein warmer Blick ihn berührt, kommt die Hoffnung wieder und wieder die Enttäuschung",[68] und so weiter *ad infinitum*.

In *Ferien für immer* spielt uneinlösbares Liebesbegehren keine Rolle. Dem Band *Der gelbe Bleistift*, einer Sammlung von Reisereportagen Krachts, ist die Widmung vorangestellt: „Meiner Begleiterin, die immer mitgekommen ist"[69] (die im Band allerdings nur gelegentliche Erwähnung findet); auch hier scheint uneinlösbares Liebesbegehren nicht den Antrieb des Reisens zu liefern. Auskunft über den Drang, beständig zu reisen, gibt eine Reisereportage, die Kracht und Nickel 2005 unter dem Titel *Der Name des Sterns ist Wermut* veröffentlichen. Der Titel zitiert die Offenbarung des Johannes, Ziel der Reise ist Tschernobyl, das zwei

66 Huch: Die Romantik, S. 119.
67 Huch: Die Romantik, S. 118.
68 Huch: Die Romantik, S. 119.
69 Christian Kracht: Der gelbe Bleistift. Köln 2000: Kiepenheuer & Witsch, n. p. [S. 7].

Jahre zuvor schon der Reiseschriftsteller Wolfgang Büscher besichtigt hatte. In *Berlin – Moskau. Eine Reise zu Fuß* (2003) berichtet Büscher, wie sein einheimischer Begleiter über die Sperrzone mutmaßt: „In ein paar Jahren würde der ganze Horror in ein großes esoterisches Spektakel und ‚Business' umkippen, und aus dem Westen, dem verrückten, ewig nach neuen Kicks suchenden Westen, würden massenhaft Leute anreisen, um sich dem Kraftfeld des Reaktors auszusetzen."[70] Inzwischen gilt Tschernobyl tatsächlich als online buchbare Touristenattraktion.[71]

Kracht und Nickel beginnen ihre Reportage mit dem Satz: „Das Unabdingbare, anders, das Erfreuliche des Reisens besteht immer darin, sich nie dort wohl zu fühlen, wo man sich gerade befindet, sei es bei der Ankunft, unterwegs oder bei der Abfahrt."[72] Dieser Satz lässt sich nicht nur auf die Ruderallandschaft rund um Tschernobyl beziehen.[73] Er wird ähnlich wiederholt in der *Gebrauchsanweisung für Kathmandu und Nepal*, wo die beiden von „dem uns ewig begleitenden Gefühl, letzten Endes doch nicht am richtigen Ort zu sein",[74] berichten, und er liest sich ebenso programmatisch in Bezug auf *Ferien für immer*. Auch wenn Kracht und Nickel vorgeben, in Katmandu Ruhe finden zu wollen, so verbindet sich mit ihren Reisen kein weiterreichendes Ziel. Das Reisen erscheint vielmehr als ein Selbstzweck, als eine selbstverständliche Lebensform, wie sie vor ihnen etwa Bruce Chatwin oder Annemarie Schwarzenbach realisiert und inszeniert haben.[75] Seine

70 Wolfgang Büscher: Berlin – Moskau. Eine Reise zu Fuß. Reinbek [9]2014 (2003): Rowohlt, S. 110.

71 Christiane Flechtner: Tagestour mit Geigerzähler in die Todeszone. In: Die Welt, 29. Juni 2012, http://www.welt.de/reise/article107301336/Tagestour-mit-Geigerzaehler-in-die-Todeszone.html (1. August 2017).

72 Christian Kracht/Eckhart Nickel: Der Name des Sterns ist Wermut. Ein Besuch in Tschernobyl (2005). In: Christian Kracht: New Wave. Ein Kompendium 1999–2006. München [2]2012 (2008): Deutscher Taschenbuch Verlag, S. 223–239, hier S. 239.

73 Zur Ruderalfläche und ihrer „auratisch-unheimlichen" Ästhetik siehe Moritz Baßler: „Totenpark mit Riesenrad". Zum Verhältnis von Magischem Realismus und Pop. In: Dirck Linck/Gert Mattenklott (Hrsg.): Abfälle. Stoff- und Materialpräsentation in der deutschen Pop-Literatur der 60er Jahre. Hannover 2006: Wehrhahn, S. 215–232, hier S. 216.

74 Kracht/Nickel: Gebrauchsanweisung für Kathmandu und Nepal, S. 14.

75 Bei dem Briten Bruce Chatwin liest sich diese Selbstverständlichkeit des Unterwegsseins folgendermaßen: „Im vergangenen April, nachdem ich den heißesten Teil des Jahres in der zentralaustralischen Wüste verbracht hatte, verspürte ich den Drang, dieses müde rote Land zu verlassen und irgendwo in den Bergen einen klaren Kopf zu bekommen. Ich hatte immer schon in den Tälern rings um den Mount Everest wandern wollen, und ich erinnere mich, wie ich als kleiner Junge zu einem Diavortrag über die Hillary-Tensing-Expedition ging und einen sehr lebhaften Eindruck davontrug von Flüssen, die die Schneeschmelze hatte anschwellen lassen, von Bambusbrücken, Rhododendronwäldern, Sherpadörfern und Yakherden. Ich wollte die buddhistischen Klöster in Tibet sehen, die an der Grenze zu Nepal liegen. [...] [A]us Sydney rief ich meine

Motivation findet dieses Reisen, wie Eckhart Nickel in seinem *Blog of Motive Breath* erläutert, „in einer großen Sehnsucht nach der Ferne", die Ernst Bloch ähnlich im *Prinzip Hoffnung* geschildert habe.[76] So wie Huch zufolge „die Romantiker Heimatlose waren" und ohne „festen Wohnsitz",[77] reisen auch die globalen Nomaden Kracht und Nickel beständig umher.[78]

Wenngleich der Antrieb des Reisens bei Kracht und Nickel somit ein vollkommen anderer ist als in der Romantik, bildet das beständige Unterwegssein dennoch ein verbindendes Element, das in beiden Fällen von einem permanenten Aufschub gekennzeichnet ist: In der Romantik ist es die immer wieder aufgeschobene Einlösung des Liebesbegehrens, bei Kracht und Nickel die spielerische *différance* eines übergeordneten Sinns, der den Reisen zukommen könnte.[79] Das beständige Verfehlen eines vermuteten ‚Zentrums' steht hierfür paradigmatisch.[80] In Krachts Reisereportage *Im Land des schwarzen Goldes*, die über eine Reise nach Baku im Jahr 1998 berichtet und in den Band *Der gelbe Bleistift* (2000) aufgenommen wurde, wird das Verfehlen eines solchen Sinns regelrecht vorgeführt. Nicht nur unterwandert der Text von Beginn an die Erwartungen an den Informationswert einer Reportage, wenn diese mit den Worten beginnt: „So, der Kaukasus. Was weiß ich denn so darüber?", um diese Frage mit einer Erinnerung

---

Frau an und schlug ihr kurzerhand vor, wir sollten uns in Nepal treffen." Bruce Chatwin: Auf den Spuren des Yetis (1983). In: Ders.: Was mache ich hier. Frankfurt am Main 1989: Fischer, S. 281–299, hier S. 281.

76 Eckhart Nickel: In meiner Loseblattsammlung, Bergen Enkheim, Frankfurt. In: Ders.: Blog of Motive Breath, 2. Februar 2016, http://blogofmotivebreath.blogspot.de (1. August 2017).

77 Huch: Die Romantik, S. 492.

78 Zum globalen Nomadismus Krachts siehe Klaus Bartels: Fluchtpunkt Katmandu. Globaler Nomadismus bei Christian Kracht. In: Hans Richard Brittnacher/Magnus Klaus (Hrsg.): Unterwegs. Zur Poetik des Vagabundentums im 20. Jahrhundert. Köln, Weimar und Wien 2008: Böhlau, S. 291–302. Stephanie Schaefers begreift den Protagonisten aus *Faserland* angesichts seines permanenten und ziellosen Unterwegsseins als ‚Posttouristen', siehe Stephanie Schaefers: Die Posttouristen reisen weiter. Christian Krachts *Faserland*, Thomas Klupps *Paradiso* und Wolfgang Herrndorfs *Tschick* als literarische Deutschlandreisen im globalen Reisezeitalter. In: Leslie Brückner/Christopher Meid/Christine Rühling (Hrsg.): Literarische Deutschlandreisen nach 1989. Berlin und Boston 2014: De Gruyter, S. 202–212. Zum beständigen Unterwegssein von Krachts Romanfiguren siehe Stauffer/Weyand: Antihelden, Nomaden, Cameos und verkörperte Simulakren, bes. S. 57 f.

79 Womit sie sich Derridas *différance*-Konzept literarisch aneignen, vgl. Jacques Derrida: Die Struktur, das Zeichen und das Spiel im Diskurs der Wissenschaften vom Menschen. In: Ders.: Die Schrift und die Differenz. Frankfurt am Main 1976: Suhrkamp, S. 422–442. Zu den intensiven Wechselbeziehungen zwischen Kulturtheorie und Reiseschreiben unter dem Vorzeichen der Postmoderne siehe Weyand: Postmoderne Medientheorie auf Reisen.

80 Sven Glawion/Immanuel Nover: Das leere Zentrum. Christian Krachts ‚Literatur des Verschwindens'. In: Tacke/Weyand (Hrsg.): Depressive Dandys, S. 101–120.

des Erzählers an seinen Geologielehrer im Internat zu beantworten, dem als Wehrmachtssoldat im Kaukasus die Zehen abgefroren seien, „als Hitler dort unten die Ölfelder erobern wollte“.[81] Schon der Titel legt eine wichtige (und wiederholt in Krachts Texten vorzufindende) Referenz offen, insofern er sich als die wörtliche Übersetzung von Hergés Comic *Tintin au pays de l'or noir* (1939–40/1950) erweist,[82] der in Deutschland unter dem Titel *Im Reiche des schwarzen Goldes* erschien.[83]

Die Reportage berichtet allerdings gerade nicht von den Ölfeldern Bakus und gewährt auch keine Einblicke in die Ölwirtschaft. Sie erzählt vielmehr davon, wie der Erzähler sich zunächst mit der Bitte an die deutsche Botschaft wendet, ihm Kontakt zu Vertretern der Ölwirtschaft zu vermitteln. Stattdessen wird ihm angeboten, dass ein Interviewtermin mit dem für den Kaukasus zuständigen Vertreter der Joghurtfirma *Zott* vermittelt werden könne. Im Laufe der Reportage kehrt sich die Situation in absurder Weise um: Nicht der Erzähler bemüht sich darum, in Kontakt zu interessanten Persönlichkeiten zu gelangen, sondern der Mitarbeiter der deutschen Botschaft sucht wiederholt den telefonischen Kontakt zum Erzähler, um ihm mögliche Gesprächspartner oder einen Flug zu den Ölfeldern zu vermitteln. Auch ein Bericht über das größte Kasino im Kaukasus, das im *Hyatt* untergebracht ist, in dem der Erzähler absteigt, scheitert. Der Erzähler vermutet hier „aserbeidschanische Ölmilliardäre [...], die ihren Leibwächtern aus Langeweile die Zehntausend-Dollar-Chips hinwarfen“.[84] „Öl, Geld, Frauen, Krug-Champagner, unfaßbare Dekadenz, Menschen mit goldenen Schneidezähnen“ – diese „elektrische Mischung“ würde, so der Erzähler, „prima Stoff für eine Reportage abgeben, weswegen ich ja schließlich in Baku war“.[85] Doch dieses selbst erklärte Ziel scheitert daran, dass das Kasino von Staatspräsident Alijew geschlossen worden war, nachdem sein Sohn dort sechs Millionen Dollar Spielschulden angehäuft hatte. Dass der Sinn der Reise somit nicht erfüllt wird, tut weder der Reise noch der Reportage irgendeinen Abbruch – es erscheint so selbstverständlich wie die Tatsache, dass die nächste Reise schon folgen wird. Dass damit auch ein *Arbeitsziel* verfehlt wird, führt zu einem weiteren Aspekt des Romantischen respektive Postromantischen: dem Müßiggang.

81 Kracht: Der gelbe Bleistift, S. 23.
82 Hergé: Tintin au pays de l'or noir. Paris und Tournai 1950: Castermann.
83 Hergé: Tim und Struppi – Im Reiche des schwarzen Goldes. Hamburg 1998: Carlsen.
84 Kracht: Der gelbe Bleistift, S. 30.
85 Kracht: Der gelbe Bleistift, S. 30.

2.2 Müßiggang

Der Titel *Ferien für immer* kündigt an, dass die Protagonisten sich selbst außerhalb der bürgerlichen Erwerbstätigkeit sehen. Der Titel bildet eigentlich ein Paradox, insofern Ferien nur im Kontrast zur Arbeit zu denken sind, so wie Enzensberger und Illouz den Tourismus als Freiraum von der bürgerlichen Gesellschaft und vom Alltag begreifen. Die Perpetuierung dieser Auszeit wird vom Buchcover unterstrichen, das die beiden Autoren in einer von Dominik Monheim in Anlehnung an Hergés *ligne claire* gezeichneten Illustration lässig und gut gekleidet in Korbstühlen sitzend und Cocktails genießend zeigt (Abb. 5); die Illustration wird im Buchinnern als Vignette zum Beitrag über das *Eastern & Oriental Hotel* in George Town, Malaysia, wiederholt. Damit rückt die Reiseprosa von Kracht und Nickel in die Nähe der romantischen Aufwertung des Müßiggangs, wie sie beispielsweise von Eichendorffs *Taugenichts* (1826) verkörpert wird.[86] So urteilt denn auch Gustav Seibt in der *Zeit* über Kracht: „Die Überlegenheitsposen dieses wohlhabenden Taugenichts erscheinen als Protest gegen die Häßlichkeit der deutschen Gesellschaft, ihrer Menschen und Dinge, gegen das allgegenwärtige pädagogisch-moralische Geschwätz.“[87] Die Erstausgabe von *Der gelbe Bleistift* zitiert dies auf dem Buchrücken.

Der beschriebene Aufenthalt in der *Albergo Abruzzi* stellt den Müßiggang aus, wenn es heißt: „Die Zimmer, deren Fenster hübsch auf das Pantheon hinausgehen, eignen sich bestens zur entspannten Lektüre von Vogue Bambini.“[88] Da die Texte aus *Ferien für immer* keinerlei Hinweis darauf geben, dass einer der beiden Autoren tatsächlich ein inhaltliches Interesse an der *Vogue* für Kindermode hätte, erscheint diese Lektüre als gänzlich nutzlos und dem bürgerlichen Utilitarismus entzogen. Die Lektüre wird somit zur ‚conspicious leisure‘, wie sie der US-amerikanische Soziologe Thorstein Veblen in seiner *Theory of the Leisure Class* (1899) neben der (weit häufiger zitierten) ‚conspicious consumption‘ beschrieben hat.[89]

---

86 Joseph von Eichendorff: Aus dem Leben eines Taugenichts (1826). In: Ders.: Werke in sechs Bänden. Bd. 2. Hrsg. von Wolfgang Frühwald und Brigitte Schillbach. Frankfurt am Main 1985: Deutscher Klassiker Verlag, S. 445–561. Zur Aufwertung des Müßiggangs in der Romantik siehe die Beiträge des Bandes von Claudia Lillge/Thorsten Unger/Björn Weyand (Hrsg.): Arbeit und Müßiggang in der Romantik. Paderborn 2017: Fink.

87 Gustav Seibt, hier zit. nach Kracht: Der gelbe Bleistift, hinterer Buchdeckel.

88 Kracht/Nickel: Ferien für immer, S. 68.

89 Thorstein Veblen: The Theory of the Leisure Class. An Economic Study of Institutions (1899). New York 1998: Prometheus Books. Dean MacCannell hat in seiner Studie *The Tourist* Veblens Überlegungen auf den Tourismus übertragen und sieht in den Touristen die neue ‚leisure class‘, siehe Dean MacCannell: The Tourist. A New Theory of the Leisure Class. New York 1989 (1976): Schocken Books. Auch Urry schließt an Veblen an, siehe Urry: The Tourist Gaze.

Abb. 5: Umschlagcover zu *Ferien für immer*, gestaltet und illustriert von Dominik Monheim.

Genau hundert Jahre vor Veblens Theorie einer müßiggängerischen Gesellschaftsschicht erscheint in Friedrich Schlegels Roman *Lucinde* (1799) die *Idylle über den Müssiggang*, die als ein Schlüsseltext für die Reflexion und Aufwertung von Müßiggang in der Romantik gilt. „Nur mit Gelassenheit und Sanftmuth, in der heiligen Stille der ächten Passivität“, so Schlegel, „kann man sich an sein ganzes Ich erinnern, und die Welt und das Leben anschauen.“[90] In *Ferien für immer* wird diese Passivität auf das Anschauen eines Hochglanzmagazins für Kindermode verwendet, mit dem Pantheon als Hintergrundkulisse. Wird die „gottähnliche[] Kunst der Faulheit“[91] zur Voraussetzung des poetischen Schaffens, weil „in allen Künsten und Wissenschaften [...] das Wesentliche [...] das Denken und Dichten“ und dieses „nur durch Passivität möglich“ ist,[92] wie es bei Schlegel weiter heißt, so scheint das Nichtstun in *Ferien für immer* auch zu nichts zu führen – und bildet, gerade indem es so demonstrativ inszeniert wird, einen wichtigen Gegenstand der Poetik von Krachts und Nickels Reiseprosa sowie letztlich deren Voraussetzung. Der Müßiggang der Romantik vermischt sich dabei mit dem Müßiggang des Dandytums, das damit eine wichtige Mittlerfunktion zwischen der Romantik und den Texten Krachts und Nickels einnimmt.[93] Dass sich das Anschauen der Welt und des Lebens dabei vornehmlich auf ihre Oberflächenphänomene richtet, entspricht dem Dandytum wie dem Programm der Popliteratur.[94]

2.3 Poetisierung der Welt

Um das sehnsuchtsvolle Unterwegssein der romantischen Figuren zu illustrieren, zitiert Huch die folgende Passage aus *Franz Sternbalds Wanderungen* (1798) von Ludwig Tieck:

---

90 Friedrich Schlegel: Lucinde. Ein Roman (1799). Hrsg. von Karl Konrad Polheim. Stuttgart 1999: Reclam, S. 40.

91 Schlegel: Lucinde, S. 37.

92 Schlegel: Lucinde, S. 40.

93 Zur historischen Genese des Dandytums im neunzehnten Jahrhundert siehe Günter Erbe: Dandys. Virtuosen der Lebenskunst. Eine Geschichte des mondänen Lebens. Köln, Weimar und Wien 2002: Böhlau. Zur Aktualisierung und Erneuerung des Dandytums in der Popliteratur um 2000 siehe die Beiträge in Tacke/Weyand (Hrsg.): Depressive Dandys.

94 „Der Geist des Dandys zeigt sich nicht in der Tiefe, sondern entzündet sich an der Oberfläche.“ (Erbe: Dandys, S. 12). Zur Oberfläche in der Popliteratur siehe den Band von Olaf Grabienski/Till Huber/Jan-Noel Thon (Hrsg.): Poetik der Oberfläche. Die deutschsprachige Popliteratur der 1990er Jahre. Berlin und Boston 2011: De Gruyter.

> Die Scheibe des Mondes stand seinem Kammerfenster gerade gegenüber, er betrachtete ihn mit sehnsüchtigen Augen, er suchte auf dem glänzenden Runde und in den Flecken Berge und Wälder, wunderbare Schlösser und zauberische Gärten voll fremder Blumen und duftender Bäume; er glaubte Seen mit glänzenden Schwänen und ziehenden Schiffen wahrzunehmen, einen Kahn, der ihn und die Geliebte trug und umher reizende Meerweiber, die auf krummen Muscheln bliesen und Wasserblumen in die Barke heranreichten. Ach dort! dort! rief er aus, ist vielleicht die Heimat aller Sehnsucht, aller Wünsche; darum fällt auch wohl so süße Schwermut, so sanftes Entzücken auf uns herab, wenn das stille Licht voll und golden den Himmel heraufschwebt und seinen silbernen Glanz auf uns niedergießt. Ja, er erwartet uns, er bereitete uns unser Glück, und darum sein wehmütiges Herunterblicken, daß wir noch in dieser Dämmerung der Erde verharren müssen.[95]

Zentrale Topoi der romantischen Landschaftsbeschreibung finden sich hier versammelt: Mondschein und Dämmerung, die die Welt erglänzen lassen, Wald und Blumen, Wunderbares und Zauberhaftes. Diese Topik und Topologie eröffnen eine Diegese, die mit der entzauberten Welt von Kracht und Nickel nichts gemein zu haben scheint – und doch kommt ihre Reiseprosa nicht ohne diese Elemente aus, oder besser: nicht um sie herum. Denn die von Diarrhöe geplagten Autoren saßen, so berichten sie, ‚zwischen den Gängen zur Toilette am Fenster und schauten in die römische Nacht', wo sie auf ‚das von Scheinwerfern mit Beginn der Dämmerung orange angestrahlte Pantheon' blicken.

Der Blick durch das Fenster auf eine nächtliche oder abendliche Szenerie ist wiederholt von der Malerei der Romantik dargestellt worden, so etwa in Carl Gustav Carus' *Fenster am Oybin im Mondschein* von 1828 (Abb. 6) oder, mit den von Kracht und Nickel benannten Orangetönen, in Caspar David Friedrichs den gleichen Ort darstellendem Gemälde *Klosterruine Oybin (Der Träumer)* von 1835 (Abb. 7). Darstellungen des Pantheons bei Mondschein oder im gelben Schein der nächtlichen Beleuchtung, die die romantische Dämmerung auf Permanenz stellt, gehören heute – mit Enzensberger gesprochen – zu jenen ‚bunten Aufnahmen, die der Tourist knipst' und die sich ‚nur den Modalitäten nach von jenen, die er als Postkarten erwirbt und versendet' unterscheiden. Entsprechende Fotografien finden sich zuhauf auf Fotoportalen wie *flickr* oder *Instagram* sowie in der Online-Enzyklopädie *Wikipedia* (Abb. 8–10). Romantische Topoi sind somit zu touristischen Gemeinplätzen geworden, und das Pantheon liegt, wie es der Klappentext zu *Ferien für immer* über touristische Ziele generell formuliert, ‚am großen Gemeinplatz'.

Kracht und Nickel umgehen diese touristischen Gemeinplätze nicht einfach. Ihre Antwort auf den Massentourismus liegt nicht darin, ausschließlich ausgefallene und entlegene Orte ‚off the beaten track' aufzusuchen oder auf unzeit-

---

95 Ludwig Tieck: Franz Sternbalds Wanderungen. Zit. nach Huch: Die Romantik, S. 118 f.

Abb. 6: Carl Gustav Carus' *Fenster am Oybin im Mondschein*, 1828.

gemäße Weise zu reisen.[96] Auf die Orte und vor allem auf ihre Beschreibungen durch Kracht und Nickel trifft eher das Attribut ‚skurril' zu.[97] Dabei reduzieren sich die bereisten Städte und Regionen auf einzelne Fixpunkte wie das aus der Zeit gefallene *Café Orth* auf Sylt oder deplatziert wirkende Orte wie den *China Room* in Port Blair in Indien, die aus der besonderen Perspektive der Autoren beschrieben werden – und sei es die von Durchfall erzwungene Perspektive auf das (post-) romantisch beleuchtete nächtliche Pantheon vom Pensionsfenster aus. Ihre

96 Zu diesen touristischen Distinktionsbestrebungen durch ein Reisen ‚off the beaten track' siehe Culler: The Semiotics of Tourism; sowie die Beiträge des Bandes von Hajo Diekmannshenke/ Stefan Neuhaus/Uta Schaffers (Hrsg.): (Off) The Beaten Track? Normierungen und Kanonisierungen des Reisens. Würzburg 2018: Königshausen & Neumann. [im Druck]

97 Die „verborgenen Potenziale des skurril und bizarr Schönen" bilden Carsten Rohde zufolge ein wichtiges Charakteristikum der Reiseprosa Krachts, siehe Carsten Rohde: Empire Revisited. Christian Krachts Poetik der Fremdheit. In: Georg-Forster-Studien 20 (2015): Literarische Weltreisen. Hrsg. von Stefan Greif und Michael Ewert, S. 291–306, hier S. 291.

Abb. 7: Caspar David Friedrichs *Klosterruine Oybin (Der Träumer)*, 1835.

zweiwöchigen Nachtwachen verweisen dabei intertextuell und intermedial auf die Romantik, neben der Bildwelt Friedrichs etwa auf August Klingemanns unter dem Pseudonym Bonaventura veröffentlichten Roman *Nachtwachen* (1804), in dem nächtliches Wachen und poetisches Schaffen bzw. poetische Erfahrung

Abb. 8: Das römische Pantheon in der *Wikipedia*, Foto: Jörg Bittner.

Abb. 9: Das römische Pantheon auf der Fotoplattform *flickr*, Foto: Arthur Davis.

Abb. 10: Das römische Pantheon auf der Fotoplattform *Instagram*, Foto: José Salgado.

verknüpft werden.[98] Zugleich durchkreuzt Krachts und Nickels Reiseprosa durch die narrative Einbettung dieser intertextuellen Verweise die touristische Beerbung der Romantik, wie sie Enzensberger beschreibt. Postromantik meint bei Kracht und Nickel immer auch ein Fortschreiben der Romantik *sous rature.*[99]

Folgt man Paul de Mans Überlegungen zur Rhetorik der Romantik, so führen romantische Landschaftsbeschreibungen „from material to spiritual insights".[100] Am Beispiel von William Wordsworth und William Butler Yeats zeigt de Man unterschiedliche Verfahren solcher Landschaftsbeschreibungen auf: Während

98 So heißt es in der *Ersten Nachtwache:* „Ich wußte wohl, wer da so hoch in den Lüften [in einer Dachkammer, B. W.] regierte; es war ein verunglückter Poet, der nur in der Nacht wachte, weil dann seine Gläubiger schliefen, und die Musen allein nicht zu den letzten gehörten. Ich konnte mich nicht entbrechen folgende Standrede an ihn zu halten: ‚O du, der du da oben dich herumtreibst, ich verstehe dich wohl, denn ich war einst deinesgleichen! Aber ich habe diese Beschäftigung aufgegeben gegen ein ehrliches Handwerk, das seinen Mann ernährt, und das für denjenigen, der sie darin aufzufinden weiß, doch keineswegs ganz ohne Poesie ist. [...]'" (Bonaventura [E. A. F. Klingemann]: Nachtwachen [1804]. Stuttgart 1990: Reclam, S. 5 f.).

99 Zum dekonstruktivistischen Konzept des *sous rature* in der Popliteratur siehe Moritz Baßler: Der deutsche Pop-Roman. Die neuen Archivisten. München ²2005 (2002): C. H. Beck, S. 126 – 134.

100 Paul de Man: Symbolic Landscape in Wordsworth and Yeats. In: Ders.: The Rhetoric of Romanticism. New York 1984: Columbia University Press, S. 125 – 143, hier S. 143.

Wordsworths Landschaften Imaginationen darstellen, die auf dem physischen Prozess des Sehens beruhen, entspringt der Referenzrahmen von Yeats' Landschaften Erfahrungen „without earthly equivalence".[101] So kommt es de Man zufolge zu einem „altogether composite style": Yeats' Landschaften und Bilder sähen zwar natürlich aus, gewönnen jedoch ihre „deeper structural unity and most of their intellectual content from nonnatural or even antinatural uses of language".[102] Was durch diese Poetisierung entsteht, sind Kunstlandschaften – und als genau solche sind auch die Orte anzusehen, die Kracht und Nickel in *Ferien für immer* be- und erschreiben. Dabei schließen Kracht und Nickel an Reales an – die Informationen wie Adresse und Telefonnummer der *Albergo Abruzzi* lassen sich verifizieren[103] – und überführen sie in artifizielle Narrationen, die ihren eigenen ästhetischen Regeln folgen. In der Einleitung zur *Gebrauchsanweisung für Kathmandu und Nepal* erklären Kracht und Nickel zum Stellenwert des Faktualen innerhalb ihres Textes:

> Daß das Base Camp des Everest vermüllt ist, die Überzahl der Nepalis erschreckend arm, Kathmandu von Smog und Abgasen eingehüllt, wollen wir Ihnen nicht erzählen, diese Wahrheiten sind im Internet schnell und beliebig zu erfahren. Statt dessen haben wir uns bemüht, Ihnen das Kaleidoskop dieses winzigen, wundervollen Landes, dessen Reinheit in seiner Seele wohnt und das sieben der zehn höchsten Berge unseres Planeten beherbergt, so zu zeigen, wie es uns vergönnt war hineinzuschauen.[104]

Die Frage, die eine vermeintlich findige und offenkundig verärgerte Rezensentin von *Ferien für immer* in der Schweizer *Gazette* stellt: „Waren sie überhaupt da?"[105] geht insofern am Buch vorbei, als sie den Vorrang der Ästhetisierung vor der Wissensvermittlung verkennt.[106] Die in *Ferien für immer* entworfenen Kunst-

---

101 de Man: Symbolic Landscape in Wordsworth and Yeats, S. 143.

102 de Man: Symbolic Landscape in Wordsworth and Yeats, S. 143.

103 Vgl. http://01traveel.blogspot.de/2014/12/tourism-in-rome-and-florence.html (16. Juni 2017). Inzwischen wurde die *Albergo Abruzzi* renoviert und nennt sich *Hotel Abruzzi*, es hat sich auch die Telefonnummer geändert, vgl. http://www.hotelabruzzi.it/german (16. Juni 2017).

104 Kracht/Nickel: Gebrauchsanweisung für Kathmandu und Nepal, S. 17 f.

105 Brigitte Jacobsen: Liegen lassen. Waren sie überhaupt da? In: Die Gazette, 4. Juni 1998, http://gazette.de/Archiv/Gazette-4-Juni1998/Liegenlassen.html (1. August 2017).

106 Am Beispiel der literarischen Reportage erläutert Eckhart Nickel diesen Vorrang: Diese sei „[n]icht von der Egon-Erwin-Kisch-Seite her, also von der klassischen Reportage im literarischen Stil" zu schreiben, „sondern aus der als Literatur verstandenen Idee der Reportage, die im Grunde nichts anderes ist als die Novelle, wie Goethe sie definierte: die kurze Erzählung einer unerhörten Begebenheit" (Eckhart Nickel: Der Reporter stirbt für sich allein. Gedanken zu Wesen und Habitus des Reporters. In: Schweizer Monat, Nr. 18, Oktober 2014, https://schweizermonat.ch/artikel/der-reporter-stirbt-fuer-sich-allein [1. August 2017]).

landschaften bedienen sich dabei jedoch nicht eines unnatürlichen Sprachgebrauchs, wie ihn de Man bei Yeats am Werk sieht, auch sind sie nicht wie die zitierte Szenerie aus *Franz Sternbalds Wanderungen* aus einer ins Wunderbare und Märchenhafte hinüberführenden Akkumulation romantischer Topoi komponiert. Vielmehr entstehen diese Landschaften durch ein Zusammenspiel von romantischen Topoi und Bildern, die nach den Maßstäben des *Camp* zusammengeführt und in einem ‚composite style' mit verschiedenartigsten Elementen der Hoch- und Populärkultur verbunden werden, um damit das Romantische zugleich fortzuschreiben, zu ironisieren und zu durchkreuzen. Solche Bezugnahmen auf die Romantik sind durchaus programmatisch: So posiert Christian Kracht 2016 an Yeats' Grab im irischen Drumcliff und stellt dieses Autorenfoto auf seine offizielle Autorenseite auf *Facebook* (Abb. 11). Das Bild ist mit einem Sepia-Filter überzogen, dem standardisierten Bildbearbeitungseffekt, der Fotos eine historische Aura verleihen soll und in diesem Fall die historische Kontinuität, die Krachts Autorenfoto durch die literarische Ahnenwahl suggeriert, zugleich ironisiert.

Susan Sontag hat in ihren *Notes on ‚Camp'* (1964) die Camp-Ästhetik als die letzte Möglichkeit angesehen, „how to be a dandy in the age of mass culture".[107] In *Ferien für immer* erscheint sie zugleich als eine Möglichkeit, wie sich im Zeitalter des Massentourismus noch auf originäre Weise reisen und darüber schreiben lässt. Als eine ästhetische Erlebnisweise, die das Triviale und das Vulgäre ebenso wertschätzt wie die Hochkultur und die den guten Geschmack am schlechten Geschmack entdeckt, öffnet sich *Camp* dem Abseitigen und Unbeachteten und macht es in einem selbst gesetzten, seine eigene Artifizialität betonenden Rahmen zum Gegenstand ästhetischer Betrachtung. *Camp* leistet damit ebenfalls eine Poetisierung der Welt, nur nach anderen Maßstäben als die Romantik: „The whole point of Camp is to dethrone the serious", schreibt Sontag, und weiter: „Camp is playful, anti-serious. More precisely, Camp involves a new, more complex relation to ‚the serious'. One can be serious about the frivolous, frivolous about the serious."[108] Mit dieser Umwertung der etablierten Werte – die das Pantheon zur Hintergrundkulisse für die Lektüre der *Vogue Bambini* macht – betreibt Camp eine Kulturökonomie im Sinne Boris Groys'.[109] Dabei erhebt Camp das Künstliche, Nicht-Natürliche, zum Ideal und bietet eine „comic vision of the world".[110] Eine solche comicartige Darstellung der Welt zeigt sich beispielsweise in der Beschreibung der ‚Mama Abruzzo' und ihrer dicken Hornbrille, die Anlass für die

107 Susan Sontag: Notes on ‚Camp'. In: Dies.: Against Interpretation and Other Essays. New York 1990: Picador/Farrar, Straus and Giroux, S. 275–292, hier S. 288.
108 Sontag: Notes on ‚Camp', S. 288.
109 Groys: Über das Neue, bes. S. 63–65.
110 Sontag: Notes on ‚Camp', S. 288.

Abb. 11: Christian Kracht am Grab von William Butler Yeats, gepostet auf seiner *Facebook*-Autorenseite am 12. Juni 2016.

Erzähler ist, die *Albergo Abruzzi* zur ‚einzigen Pension Roms' zu erklären, in der man mit einer entwerteten Bahnfahrkarte absteigen könne. In der Erstausgabe von *Ferien für immer* wird der Effekt einer solchen comicartigen Sicht auf die Welt durch die Vignetten von Dominik Monheim auch buchgestalterisch gerahmt. In den Blick gerät durch diese Umwertung auch die Trostlosigkeit der touristischen Welt, die Enzensberger als Ausweis für die „Vergeblichkeit seiner [des Touristen,

B. W.] Flucht“[111] gilt, und die in *Ferien für immer* zum poetologischen Programm einer ironisierten ‚angenehmen Welt‘ erhoben wird. Dass sich diese Sicht auf winzige Fragmente der beschriebenen Orte beschränkt, führt zu den abschließenden Überlegungen des Beitrags.

3 ‚Wunderbare Schwebezustände‘

Wenn das Pensionsfenster den Blick für Kracht und Nickel ausgerechnet auf das Pantheon freigibt, entspricht das durchaus den Gegebenheiten der *Albergo Abruzzi* (Abb. 12), kann zugleich jedoch poetologisch gelesen werden. Das Pantheon erscheint als ein unumgängliches poetologisches Monument, das nur scheinbar bedeutungslos auf der Oberfläche beschrieben wird, während es, intertextuell vermittelt, auf poetologische Selbstreflexionen in Auseinandersetzung mit der Romantik verweist:

Abb. 12: Blick aus dem Fenster der *Albergo Abruzzi*, die inzwischen zum *Hotel Abruzzi* renoviert wurde.

111 Enzensberger: Eine Theorie des Tourismus, S. 167.

> Endlich am Ziele der Bahn, jedoch in gemessenen Schranken,
> Ruht die erhabenste Kunst hier in sich selber sich aus;
> Schaudernd blickt sie zurück und schwindelnd vorwärts, sie zweifelt,
> Ob ihr das gleiche gelingt, wenn sie sich weiter getraut.[112]

So heißt es in Friedrich Hebbels Gedicht *Das römische Pantheon* (um 1845). Der Schwindel, der Kracht und Nickel beim Anblick des Pantheons ergreift, lässt sich also nicht nur auf ‚Mama Abruzzos' Dessert zurückführen, sondern ebenso auf das Pantheon und die von ihm ausgehende künstlerische Selbstreflexion beziehen.

Ferien für immer erweist sich somit als ein eigensinniges Fort- und Umschreiben jenes romantischen Fließtextes, der um 1800 seinen Anfang nimmt und – allen gezielten Zertrümmerungen zum Trotz, wie sie etwa Rolf Dieter Brinkmann mit *Rom, Blicke* (1979) unternimmt[113] – bis in unsere Gegenwart seine postromantische Fortsetzung findet. Dies gilt auch für die viel zitierte Definition der Romantik als einer progressiven Universalpoesie, wie sie Schlegel im 116. *Athenäums*-Fragment formuliert:

> Die romantische Poesie ist eine progressive Universalpoesie. [...] Sie will, und soll auch Poesie und Prosa, Genialität und Kritik, Kunstpoesie und Naturpoesie bald mischen, bald verschmelzen, die Poesie lebendig und gesellig, und das Leben und die Gesellschaft poetisch machen, den Witz poetisieren, und die Formen der Kunst mit gediegnem Bildungsstoff jeder Art anfüllen und sättigen, und durch die Schwingungen des Humors beseelen. Sie umfaßt alles, was nur poetisch ist, vom größten wieder mehrere Systeme in sich enthaltenden Systeme der Kunst, bis zu dem Seufzer, dem Kuß, den das dichtende Kind aushaucht in kunstlosen Gesang.[114]

---

112 Friedrich Hebbel: Das römische Pantheon. In: Ders.: Hebbels Werke in vier Bänden. Hrsg. von Friedrich Brandes. Erster Band: Zur Einführung – Gedichte. Leipzig 1912: Reclam, S. 277.

113 Brinkmann schimpft auf „das graue Muff-Gebäude des Pantheon", nicht zuletzt, weil das Bier, das er in dessen Nähe und mit Blick darauf trinkt, „sauteuer war wegen des Draußensitzens, 500 Lire". Und an anderer Stelle wütet er über Rom und Romantik: „Ich könnte das romantisch finden, mich an den zernagten Türen delektieren, an den kleinen verwackelten Innenhöfen, den verwinkelten schlecht gepflasterten Treppenstraßen, an den schwarzen Feuchtigkeitsflecken, die an den Häusern die dünne Farbe weggefressen haben, an diesen [sic] Übergang aus verschiedenen Grau und Schwarztönen, an den über die Straße der an den vergammelten Hauswänden aufgespannten Wäschestücke [sic], an den vielen Plakatfetzen die in halber Höhe überall angebracht sind, kann ich es wirklich? Ich weiß, daß diese Nachlässigkeit, dieses Lässige überall ebenso den Planeten, die Landschaften, die Bäume, die Tiere heruntergebracht hat wie der fanatische Verwertungsdrang von ratternden IBM-Köpfen und Registerkassen." (Rolf Dieter Brinkmann: Rom, Blicke. Reinbek 1979: Rowohlt, S. 125 u. 396.)

114 Friedrich Schlegel: Progressive Universalpoesie [= 116. Athenäums-Fragment]. In: Herbert Uerlings (Hrsg.): Theorie der Romantik. Stuttgart 2000: Reclam, S. 79f., hier S. 78.

Der ‚gediegene Bildungsstoff jeder Art' und der ‚poetisierte Witz' – dies findet sich, in gewandelter Form, auch in der Reiseprosa von Kracht und Nickel (und die Lektüre der *Vogue Bambini* erscheint damit als ironische Reverenz an das ‚dichtende Kind'). Die Aufhebung der Grenzen, die Schlegel im Weiteren fordert, zählt seit Leslie Fiedlers Forderung *Cross the border, close the gap!* zu den Grundlagen der postmodernen Ästhetik.[115]

Der Blick aus dem Fenster der *Albergo Abruzzi* bedeutet einerseits künstlerische Rahmung und zeigt damit die Ästhetisierung und Poetisierung der Welt an, denn seit Leon Battista Alberti bildet die *fenestra aperta* die Leitmetapher für bildkünstlerische Darstellung.[116] Gleichzeitig bedeutet der Blick aus dem Fenster auch Begrenzung und Beschränkung des Blickfeldes und macht somit auf die Fragmenthaftigkeit des Dargestellten aufmerksam. Sämtliche Kürzesttexte aus *Ferien für immer* hinterlassen den Eindruck, beinahe nichts über den beschriebenen Ort mitzuteilen. *Ferien für immer* inszeniert die Fragmenthaftigkeit des Dargestellten zudem auf der Verfahrensebene: Querverweise der Texte suggerieren immerhin noch den Gesamtzusammenhang eines postmodernen Rhizoms, laufen aber, insbesondere seit der Umstellung der Texte von der Erst- zur Ta-

---

115 Leslie A. Fiedler: Überquert die Grenze, schließt den Graben! Über die Postmoderne (1968). In: Uwe Wittstock (Hrsg.): Roman oder Leben. Postmoderne in der deutschen Literatur. Leipzig 1994: Reclam Verlag Leipzig, S. 14–39.

116 Vgl. Bernd Busch: Belichtete Welt. Eine Wahrnehmungsgeschichte der Fotografie. Frankfurt am Main 1995: Fischer, S. 61–92. In *Lob des Schattens*, dem Bericht über eine Japan-Reise, beschreibt Kracht ebenfalls den Blick aus dem Hotelfenster und führt dabei den Effekt der Rahmung mit Bezug auf japanische Ästhetik aus: „Es schien, als ob dieser erste Ausblick auf Japan wirklich im wahrsten Sinne des Wortes ein Ausblick war, ein zurechtgeschnittenes Rechteck, ein auf eine Leinwand geworfener Kinofilm, ein vom *Hotel Okura* projeziertes [sic!] Bild, hergestellt allein zur ästhetischen Erbauung. Später sollte ich erfahren, daß ein großer Teil Japans tatsächlich so ist wie ein Bild, ein Blick durch einen rechteckigen Rahmen – von den Manga-Comics zu den frühen Filmen von Ozu und Mizoguchi bis zu den inszenierten kleinen japanischen Gärten, die man am besten, still sitzend, durch das freie Rechteck in einer Reispapierwand betrachtet." (Christian Kracht: Lob des Schattens. In: Ders.: Der gelbe Bleistift, S. 163–186, hier S. 171). Dirk Niefanger deutet diese Passage sowie zwei Texte aus *Ferien für immer* als säkulare Pilgerberichte, die auf kunstreligiöse Erfahrung abzielen: „Sie [Krachts Pilgerreisen, B. W.] werden aus westlicher Perspektive gestaltet und entbehren deshalb notwendigerweise jeglicher Authentizität. [...] Und es bedarf einer ausgeklügelten westlichen Inszenierungskunst, um in diese Orte die sakralen Momente im Modus kunstreligiöser Praxis zurück zu holen. Indem Krachts Texte dies am Ende der Pilgerreise immer wieder zelebrieren, erweisen sie sich als moderne Hagiographien, ja, in ihrem Verfahren selbst als Texte der Kunstreligion." (Dirk Niefanger: Goa, Peshawar, Kyoto. Christian Krachts Pilgerberichte ‚am Ende des Jahrtausends'. In: Albert Meier/Alessandro Costazza/Gérard Laudin (Hrsg.): Kunstreligion. Ein ästhetisches Konzept der Moderne in seiner historischen Entfaltung. Bd. 3: Diversifizierung des Konzepts um 2000. Berlin und Boston 2014: De Gruyter, S. 143–158, hier S. 158).

schenbuchausgabe, oft genug ins Leere. Am Ende der Erstausgabe finden sich zudem mehrere leere Seiten, als wären die Texte vor dem somit Fragment gebliebenen Buch zu Ende.

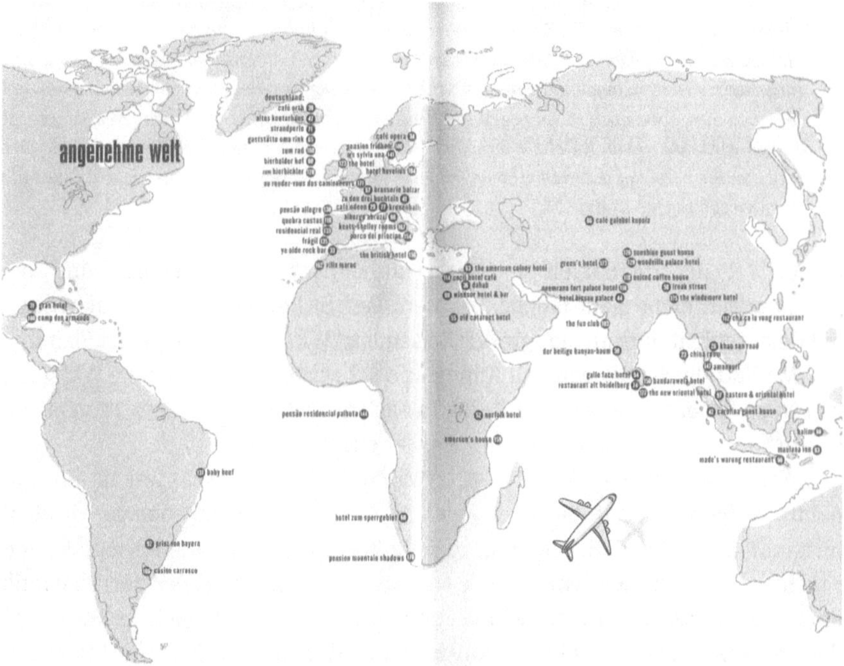

Abb. 13: Karte der ‚angenehmen Welt' aus *Ferien für immer.*

Zugleich enthält die Erstausgabe von *Ferien für immer* eine poetologisch lesbare Dopplung: Die Weltkarte der ‚angenehmen Welt' (Abb. 13) ist sowohl am Anfang als auch am Ende des Buchs wiedergegeben.[117] Diese Dopplung der Welt findet ihre Entsprechung am Schluss von *Tristesse Royale*, jenem ‚popkulturellen Quintett', an dem neben Kracht und Nickel auch Joachim Bessing, Alexander von Schönburg und Benjamin von Stuckrad-Barre im April 1999 teilnehmen, um den

117 Eine weitere Dopplung findet sich in der Autorennotiz zu Eckhart Nickel, in der es heißt: „Vor die Wahl gestellt, in welchem Ölgemälde des achtzehnten Jahrhunderts er sich am liebsten aufhalten würde, nennt er gerne Antoine Watteaus ‚Die Einschiffung nach Kythera'." (Kracht/Nickel: Ferien für immer, n. p., hinterer Buchumschlag innen). Dieses Bild existiert in drei Varianten von 1710, 1717 und 1718, die sich im Städel in Frankfurt am Main, im Louvre in Paris und im Schloss Charlottenburg in Berlin befinden.

Zustand ihrer Generation zu diskutieren. Nach der Diskussion fliegen Kracht und Bessing nach Kambodscha, wo sie in einem Café Teil der folgenden Szenerie werden:

> *Ein dicklicher, mit Kniebundhosen bekleideter Inder tritt zu den beiden an den Tisch. Er wirkt, als sei er am Ende seiner Kräfte. In der Hand hält er ein Clipboard, auf dem Regieanweisungen stehen. [...] Der Verkehr auf der Straße kommt ins Stocken [...]. Eine Seitenstraße scheint sich indes aufzulösen; man glaubt, einer optischen Täuschung zu erliegen, erkennt dann aber, daß lediglich eine eben noch stabil geglaubte Hauswand von Gehilfen in blauen Overalls weggetragen wird, und wie in Natalie Imbruglias Video zu „Torn" löst sich der Hintergrund auf und gibt den Blick frei auf das wahre Phom Penh. Merkwürdigerweise sieht es genauso aus wie die eben weggetragene Kulisse.*[118]

In der Welt der Simulakren erscheinen authentische Reiseerlebnisse und -beschreibungen nicht mehr möglich. Diesem Verlust begegnen Kracht und Nickel mit Gelassenheit. Ihre an die „großen Reisenden" Wilfred Thesiger, Peter Fleming, Ella Maillart, Evelyn Waugh und Annemarie Schwarzenbach gerichtete Widmung in *Ferien für immer* erwidert auf die Tatsache, dass diese es „besser gemacht haben", mit der lapidaren Einsicht: „Es war eben eine andere Zeit."[119]

Wenn Enzensberger konstatiert: „Die Bilder jenes Glücks, welche die Romantik aufgerichtet hat, behalten gegen alle Fälschung recht, solange wir nicht imstande sind, ihnen eigene entgegenzuhalten",[120] so setzt die Reiseprosa von Kracht und Nickel dem eine Poetik entgegen, welche die Bilder der Romantik einbindet in eine global ausgedehnte, globalisierte Sehnsucht nach der Ferne und die im Bewusstsein um die unendliche Simulakrenhaftigkeit dieser Bilder tatsächlich jene vom Klappentext zu *Ferien für immer* beschworenen ‚wunderbaren Schwebezustände' erzeugt, die nicht nur Antrieb für das Reisen sein können, sondern die den vielleicht wichtigsten Antrieb für die Beschäftigung mit Literatur seit der Romantik bilden.

---

118 Joachim Bessing: Tristesse Royale. Das popkulturelle Quintett mit Joachim Bessing, Christian Kracht, Eckhart Nickel, Alexander von Schönburg und Benjamin von Stuckrad-Barre. Berlin 1999: Ullstein, S. 189.

119 Kracht/Nickel: Ferien für immer, n. p. [S. 9].

120 Enzensberger: Eine Theorie des Tourismus, S. 168.

Abbildungsnachweise

Abb. 1: © Die Zeit Reisen, 2015.
Abb. 2: https://upload.wikimedia.org/wikipedia/commons/4/4b/Sunset_by_Caspar_David_Friedrich.jpg [1. August 2017].
Abb. 3: © Christian Kracht/Eckhart Nickel.
Abb. 4: https://www.facebook.com/der.freund.magazine [1. August 2017]. © Christian Kracht/Eckhart Nickel.
Abb. 5: © Dominik Monheim, Hamburg.
Abb. 6: https://upload.wikimedia.org/wikipedia/commons/5/58/Carl_Gustav_Carus_-_Fenster_am_Oybin_im_Mondschein.jpg [1. August 2017].
Abb. 7: https://upload.wikimedia.org/wikipedia/commons/9/94/Caspar_David_Friedrich_011.jpg [1. August 2017].
Abb. 8: https://commons.wikimedia.org/wiki/File:Pantheon-Rome-Roma-La-Rotonda_JBU01.jpg [1. August 2017].
Abb. 9: https://www.flickr.com/photos/57741449@N07/7174805442 [1. August 2017].
Abb. 10: https://www.instagram.com/p/BXhzsBogB5f [1. August 2017].
Abb. 11: https://www.facebook.com/mr.christiankracht/posts/10154346546691758:0 [1. August 2017]. © Christian Kracht.
Abb. 12: http://www.hotelabruzzi.it/german/gallery.php [1. August 2017].
Abb. 13: © Dominik Monheim.

Till Huber

Lizenz zum Fabulieren

Topographischer Ästhetizismus in Christian Krachts und Eckhart Nickels *Gebrauchsanweisung für Kathmandu und Nepal*

1 Leben als Literatur

In ihren gemeinsam verfassten Reisetexten *Ferien für immer* (1998) und *Gebrauchsanweisung für Kathmandu und Nepal* (2009) etablieren Christian Kracht und Eckhart Nickel als Erzählinstanz ein ‚Wir', das im Modus der Fiktionalität nicht mit den real existierenden Autoren Kracht und Nickel zusammenfällt, aber doch eine Identität als „unauflösbare[s] Gewebe von Literatur und Autorfigur"[1] suggeriert. Ein Hybrid aus fiktionalen und nichtfiktionalen Elementen, bei dem die Autoren als literarische Figuren in ihren eigenen Texten auftreten, kennzeichnet jene Strömung der Gegenwartsliteratur, die mit Begriffen wie ‚Popliteratur' und ‚New Journalism' in Verbindung gebracht wurde. Eine solche Form des ‚Popjournalismus' werde, so Thomas Hecken mit Bezug auf Kracht, „als Fortführung des literarischen Werks angesehen".[2] Auf diese Weise entsteht eine „journalistische Literatur",[3] von der Eckhard Schumacher schon 2001 behauptete, es handle sich um „Schreibverfahren, die wenig mehr wollen als die Auflösung einer hierarchischen, von Wertzuschreibungen getragenen Trennung von journalistischen und literarischen Schreibweisen".[4]

Innokentij Kreknin bemerkt, dass in Texten Rainald Goetz', Christian Krachts oder Joachim Lottmanns „Figuren entworfen wurden, welche die gleichen Namen

1 Matthias N. Lorenz: „Schreiben ist dubioser als Schädel auskochen". Eine Berner Bibliografie zum Werk Christian Krachts. In: Ders. (Hrsg.): Christian Kracht. Werkverzeichnis und kommentierte Bibliografie der Forschung. Bielefeld 2014: Aisthesis, S. 7–18, hier S. 7.

2 Thomas Hecken: Deutschsprachiger Popjournalismus. In: Thomas Hecken/Marcus S. Kleiner/André Menke: Popliteratur. Eine Einführung. Stuttgart 2015: Metzler, S. 28–30, hier S. 30.

3 Oliver Ruf: Christian Krachts *New New Journalism*. Selbst-Poetik und ästhetizistische Schreibstruktur. In: Johannes Birgfeld/Claude D. Conter (Hrsg.): Christian Kracht. Zu Leben und Werk. Köln 2009: Kiepenheuer & Witsch, S. 44–60, hier S. 58.

4 Eckhard Schumacher: *From the garbage, into The Book:* Medien, Abfall, Literatur. In: Jochen Bonz (Hrsg.): Sound Signatures. Pop-Splitter. Frankfurt am Main 2001: Suhrkamp, S. 190–213, hier S. 204.

https://doi.org/10.1515/9783110532159-004

hatten wie die Autoren auf dem Buchdeckel und die zum Teil in der Diegese auch die gleichen Bücher wie diese Autoren geschrieben hatten".[5] Kreknin zufolge fallen in solchen Texten, ohne dass es sich um Autobiographien handelt, die Diegese der literarischen Werke und die reale Lebenswelt der Autoren in eins – wenigstens gelte dies für diejenigen Bereiche ihrer Lebenswelt, die, etwa in Interviews und auf Webseiten, „für alle zugänglich beobachtbar"[6] seien, womit sie sich auch textwissenschaftlich positivieren lassen.[7] Hier scheinen die genannten Autoren, so Kreknin weiter, „das alte Ideal der Verschmelzung von Leben und Kunst völlig problemlos umzusetzen".[8] Besonders radikal spricht Ingo Niermann, Krachts Freund und Ko-Autor,[9] in einem von der Forschung bisher wenig beachteten Essay davon, dass „Krachts Leben durch und durch Literatur" sei und dass es eine „eigene, von den Wissenschaften noch missachtete literarische Gattung namens Leben" gebe, wobei Kracht „in diesem Leben als Literatur [...] zur Verwirrung auch Schriftsteller von herkömmlichen Romanen" sei.[10] Gemäß dieser Zuspitzung ließen sich *Faserland* (1995), *1979* (2001), *Ich werde hier sein im Sonnenschein und im Schatten* (2008), *Imperium* (2012) und *Die Toten* (2016) als fiktive Romane betrachten, die sozusagen als Binnenerzählungen in Krachts Leben (als Literatur) erscheinen.[11]

Im Sinne Kreknins und Niermanns lässt sich Krachts Werk als umfassende Ästhetisierung des Lebens verstehen, ein Konzept, das auch in einer poetologisch zu verstehenden Passage des Romans *Imperium* zur Debatte steht:

---

5 Innokentij Kreknin: Poetiken des Selbst. Identität, Autorschaft und Autofiktion am Beispiel von Rainald Goetz, Joachim Lottmann und Alban Nikolai Herbst. Berlin 2014: De Gruyter, S. 1.

6 Kreknin: Poetiken des Selbst, S. 1.

7 Für das hier zugrunde gelegte Verständnis von Textwissenschaft gilt, „dass ein gespeichertes Objekt erst zum Text wird, wenn es in einer Vergleichsbeziehung mit äquivalenten Objekten in seiner spezifischen Bedeutung lesbar wird. Ein so bestimmter Textbegriff umfasst dann durchaus auch die Semiotisierung anderer, prima facie nicht-sprachlich verfasster Gegenstände". (Moritz Baßler: Texte und Kontexte. In: Thomas Anz (Hrsg.): Handbuch Literaturwissenschaft. Bd. I: Gegenstände und Grundbegriffe. Stuttgart 2007: Metzler, S. 355–370, hier S. 358.).

8 Kreknin: Poetiken des Selbst, S. 2.

9 Als Ko-Autor Krachts firmiert Niermann in *Metan* (2007) und *Der Geist von Amerika. Ein Besuch in Vanuatu* (2004).

10 Ingo Niermann: Die Erniedrigung im Werk und Leben Christian Krachts. In: Birgfeld/Conter (Hrsg.): Christian Kracht, S. 179–186, hier S. 186 u. 184.

11 Auch in der feuilletonistischen Rezeption finden sich ähnliche Lesarten von Krachts literarischem Werk in Verbindung mit seiner Autor-Persona: „[N]icht nur wie und was er schrieb, sondern die ganze Figur Christian Kracht begeisterte und faszinierte, da sie selbst eine Art Romanfigur zu sein schien, die einer klaren Aussage immer wieder auswich, die dem Echten immer das Künstliche vorzuziehen schien." (Jan Wehn/Max Link: Christian Kracht. Der Künstler als Phantom. In: Das Wetter, Ausgabe 10 (9/2016), S. 4–9, hier S. 5.).

> Während er [Engelhardt, T. H.] die Augen zukniff und dabei den Horizont anvisierte, dachte er darüber nach, ob nicht sein Aufenthalt auf Kabakon eventuell auch als Kunstwerk angesehen werden könne. Unversehens erschien ihm der Gedanke, daß er möglicherweise selbst sein eigenes künstlerisches Artefakt sei und daß vielleicht die Gemälde und Skulpturen, die man in Museen ausstellte, oder die Aufführungen berühmter Opern von einem völlig veralteten Kunstbegriff ausgingen, ja, daß lediglich durch seine, Engelhardts, Existenz die Kluft zwischen Kunst und Leben aufgehoben wurde.[12]

Indem in dieser Passage ein Aspekt aus Niermanns drei Jahre zuvor erschienenem Essay aufgegriffen wird, erscheint nicht nur die Grenze zwischen Fiktion und Realität, sondern auch diejenige zwischen Krachts Werk und dessen Rezeption durchlässig. Wenn Niermanns These zur Poetologie Krachts hier literarisiert wird, geschieht dies mit Bezug auf einen Autor, der selbst Teil des Kracht-Werkes ist.[13] So entsteht ein selbstreferentielles System, auf dessen Grundlage eine Synthese von Kunst und Leben erprobt wird und die seit der Veröffentlichung von *Faserland* eine Konstante in Krachts literarischem Schaffen und dem seines Umfeldes bildet.

In Krachts Texten, aber auch in denjenigen von Goetz, Lottmann und Benjamin von Stuckrad-Barre, bildet nicht nur die individuelle Lebenswelt der Autoren häufig das Setting, eine Literarisierung der empirischen Wirklichkeit geht auch kollektiv vonstatten, indem Figuren des öffentlichen Lebens, Markenprodukte, Bands, Filme/Serien und (Szene-)Orte darin vorkommen. Texte wie *Tristesse Royale* (1999), *Metan* (2007) und *Ferien für immer* suggerieren trotz deutlicher Ästhetisierungen mit ihren Registern, in denen Wirklichkeitsreferenzen wie Markennamen und nicht-fiktive Personen verzeichnet sind, ein faktuales Schreibverfahren, und wenn etwa der Roman *Faserland* sich auf Matthias Horx, Jever, Modern Talking, Twin Peaks und den Mojo-Club bezieht, wird die Spannung zwischen Fiktion und realweltlichem Bezug weiter aufrechterhalten. Entsprechend wurde im Zusammenhang mit den Verfahren popliterarischer Texte der 1990er Jahre eine Zurücknahme von Fiktionalität konstatiert.[14] Doch im Gegenzug

---

12 Christian Kracht: Imperium. Köln 2012: Kiepenheuer & Witsch, S. 156 f.

13 Kreknin spricht im Zuge der kollaborativen Autorschaft Krachts mit anderen Autoren von deren Integration in das „ästhetische System Kracht". (Innokentij Kreknin: Die Faszination des Totalen: politische und religiöse Systeme bei Christian Kracht. In: Christian Sieg/Martina Wagner-Egelhaaf (Hrsg.): Autorschaften im Spannungsfeld von Religion und Politik. Würzburg 2014: Ergon, S. 145–165, hier S. 161).

14 Vgl. Thomas Borgstedt: Pop-Männer. Provokation und Pose bei Christian Kracht und Michel Houellebecq. In: Claudia Benthien/Inge Stephan (Hrsg.): Männlichkeit als Maskerade. Kulturelle Inszenierungen vom Mittelalter bis zur Gegenwart. Köln 2003: Böhlau, S. 221–247, hier S. 228. Der Fiktionalität wirke beispielsweise entgegen, so Borgstedt, dass die Protagonisten des in seinem Artikel neben Kracht behandelten Autors Michel Houellebecqs teilweise denselben Vornamen wie entstanden im besagten Umfeld, besonders nach der Jahrtausendwende, Texte, die sich literarisierend an nicht-fiktionalen, eher utilitären Formaten abarbeiteten, indem deren Zweckgebundenheit mit Signalen der Uneigentlichkeit versehen wurde. Diese Texte bilden ein von der Forschung eher vernachlässigtes Korpus neben den kanonisierten fiktionalen Texten, obwohl ihre Verfahren sich in vielerlei Hinsicht komplementär zu den prominenten Pop-Texten um 2000 verhalten: Werden in letzteren Texten Fiktionen mit einer Fülle von Wirklichkeitsreferenzen angereichert,[15] kommt es andererseits zu einer Ästhetisierung des auf den ersten Blick Nicht-Literarischen. Alexander von Schönburg, der als Mitglied des ‚popkulturellen Quintetts' in *Tristesse Royale* und als Autor in dem von Kracht herausgegebenen Sammelband *Mesopotamia* (1999) eine Zeit lang mit der literarischen Pop-Sphäre assoziiert war, veröffentlichte Ratgeber wie *Der fröhliche Nichtraucher. Wie man gut gelaunt mit dem Rauchen aufhört* (2003) oder *Die Kunst des stilvollen Verarmens. Wie man ohne Geld reich wird* (2005). Schon kurze Zeit nach der Veröffentlichung aber wurde den Anliegen dieser Texte eine gewisse Unglaubwürdigkeit zuteil, bekleidete ihr Autor doch nun, weder abstinent noch verarmt, eine führende Position im Gruner + Jahr-Konzern.[16] Ingo Niermanns und Adriano Sacks *Breites Wissen. Die seltsame Welt der Drogen und ihrer Nutzer* (2007) liefert allerlei Trivia, Mythen über prominente Drogen-Karrieren und *gossip*, was um ein mit engagiertem Duktus formuliertes „toxikologisches Manifest" ergänzt wird. Bei so viel Unschärfe kam ein Rezensent zu dem Schluss, es müsse sich um „*fake*"[17] handeln. Desgleichen spekulierte die *Süddeutsche Zeitung* über die *Gebrauchsanweisung für Kathmandu und Nepal* und ihren uneigentlichen Status als Reiseratgeber: „Nichts liegt ihnen [Kracht und Nickel, T. H.] ferner, als dem Anschlusstäter, der in ihren Spuren wandeln will, das Trekking-Leben zu erleichtern."[18]

---

der Autor haben und die Buchcover Portraits des Autors zeigen. Letzteres trifft auch auf Eckhart Nickels Erzählband *Was ich davon halte* (2000) zu.

15 Albert Meier spricht von der „Verfremdungskraft [...] derjenigen *effets de réel* [...], die so konkret auf die empirische Welt verweisen, dass sie die Geschlossenheit der fiktionalen Welt durchlöchern." Funktion dieses Realitätseffekts sei, etwa in Bret Easton Ellis' *American Psycho* oder Krachts *Faserland* „das Erfahrbarmachen der Differenz von Realität und Fiktion". (Albert Meier: Realitätsreferenz und Autorschaft. In: Birgitta Krumrey/Ingo Vogler/Katharina Derlin (Hrsg.): Realitätseffekte in der deutschsprachigen Gegenwartsliteratur. Schreibweisen nach der Postmoderne? Heidelberg 2014: Winter, S. 23–34, hier S. 30f.).

16 Vgl. Ulrike Simon: Die Kunst des stilvollen Klatschs. In: Der Tagesspiegel, 3. Juni 2005, S. 31.

17 Martin Spieß: Ein Trip, der nicht kickt. In: Lieraturkritik.de, 14. Mai 2007, http://literaturkritik.de/public/rezension.php?rez_id=10782 (30. August 2016).

18 Burkhard Müller: Geklauter Portwein gibt eine tolle Geschichte. In: Süddeutsche Zeitung, 27. April 2009, S. 14.

So lassen sich die genannten Texte als Simulationen von Sachbüchern, Ratgebern und Reiseführern verstehen, die ständig Erwartungen an diese Textsorten unterlaufen und damit ihren Status als Literatur bekräftigen. Niermann spricht in Bezug auf Krachts Poetik von

> Irritationen, mit denen das Leben als Literatur spielen kann und die es provozieren muss, um überhaupt als Literatur aufzufallen. Die Erzählung muss regelmäßig stocken, falsch klingen und offensichtlich gelogen sein, um glaubhaft eine Erzählung zu sein. Agiert man zu stringent, ist das Leben entweder gar nicht mehr als Inszenierung erkennbar, oder die Inszenierung schält sich ab vom restlichen Leben.[19]

Auch für die genannten Sachbücher und Ratgeber gilt, dass hier Zweckgebundenheit und appellative Funktion ins Stocken geraten, wobei sie gemäß Niermanns Ausführungen für eine gelungene Synthese von Kunst und Leben weder exklusiv in die Sphäre des Ästhetischen noch in die des Faktualen/Utilitären kippen dürfen und jederzeit in beide Richtungen anschlussfähig bleiben müssen.[20]

2 Krachts Topographien: fiktionaler Status und intertextuelle Verfasstheit

In Krachts ästhetizistischer Poetik des ‚Lebens als Literatur' dient die Topographie der Texte einer realweltlichen Beglaubigung des ästhetisierten Geschehens und erteilt so eine Lizenz zum Fabulieren: Während die Rezeptionsseite den *fake-*

---

19 Niermann: Die Erniedrigung im Werk und Leben Christian Krachts, S. 184.

20 Dies kommt einer Definition von ‚Autofiktion' gleich, die Martina Wagner-Egelhaaf im Kontext eines poststrukturalistisch informierten Schreibverfahrens der Autobiographie liefert: „Autofiktion – das heißt: sich nicht mehr an der Grenze abarbeiten müssen, die vermeintlich zwischen fiktionaler und autobiographischer Darstellung besteht. Wir wissen, dass es die Sprache ist, die unsere Wirklichkeit konstituiert. Aus diesem Wissen resultiert die Lizenz, (s)ein Leben (oder auch nur Teile daraus) zum Roman zu machen und – bei Bedarf – das Bild eines Lebens daraus zu gewinnen." (Martina Wagner-Egelhaaf: Autofiktion oder: Autobiographie nach der Autobiographie. Goethe – Barthes – Özdamar. In: Ulrich Breuer/Beatrice Sandberg (Hrsg.): Autobiographisches Schreiben in der deutschsprachigen Gegenwartsliteratur. Bd. 1: Grenzen der Identität und Fiktionalität. München 2006: Iudicium, S. 353–368, hier S. 368). Wo die Alternative von Wirklichkeit und Fiktion obsolet sei, so Wagner-Egelhaaf mit Bezug auf Emine Sevgi Özdamars sogenannte ‚Berlin-Istanbul-Trilogie' (1992–2003), „entstehen Texte, die Kunst und Leben, Literatur und Geschichte aufeinander verweisen, aber nicht ineinander aufgehen lassen, d.h. ohne eine dominante Lektüreperspektive aufzubauen und zu behaupten" (Wagner-Egelhaaf: Autofiktion oder: Autobiographie nach der Autobiographie, S. 366).

Verdacht ausspricht, behauptet die Produktionsseite im Verweis auf die dokumentierten Aufenthalte, etwa am Kilimandscharo und bei den Externsteinen (*Metan*), in Kathmandu (*Gebrauchsanweisung für Kathmandu und Nepal*; *Der Freund*, 2004–2006)[21] und in Nordkorea (*Die totale Erinnerung*, 2006), möglicherweise mit einigem Recht, es sei alles genau so passiert. Auch in *Ferien für immer* werden die meisten Episoden mit detaillierten Kontaktdaten des besuchten Hotels beschlossen. Die Frage, ob Kracht und seine Ko-Autoren die genannten Orte wirklich besucht haben, lässt sich mit literaturwissenschaftlichen Methoden nicht beantworten, wohl aber lässt sich konstatieren, dass die Reisen vielfach dokumentiert wurden.[22]

So spricht Ingo Niermann von einer Wanderung mit Kracht durch den Teutoburger Wald „vom Hermannsdenkmal zu den Externsteinen und zurück".[23] In *Metan* bildet der Teutoburger Wald in der Tat ein zentrales Setting.[24] Da die homodiegetische Wir-Perspektive der anderen Reisetexte hier aber zugunsten einer auktorialen Erzählsituation vermieden wird, deutet zunächst im Text nichts darauf hin, dass sich Kracht und Niermann, ob realweltlich oder als literarische Figuren, dort aufgehalten haben. Auf eine Präsenz der Autoren innerhalb der Diegese verweist nun aber gerade der mit „Tafeln" betitelte Bildteil von *Metan.*[25] Das Autorenfoto im Schutzumschlag der Originalausgabe, das auch im Bildteil abgedruckt ist, zeigt Kracht und Niermann zweifelsfrei in der Altarnische der sogenannten Höhenkammer der Externsteine (Abb. 1).[26] Dasselbe Foto findet sich auch in *Five Years* (2011),[27] wo Kracht in einer auf den 1. August 2006 datierten E-Mail an David Woodard die besagte Wanderung erwähnt: „Having definitely stopped smoking in preparation of my jaunt to Kilimanjaro, I have scrambled up and down the Externsteine these past few days with my climbing partner Ingo Niermann".[28]

Ausgehend von Schönburgs Prätext und dem ironisch anmutenden ‚definitely' ließe sich die Ernsthaftigkeit der erwähnten Zigarettenentwöhnung und mit

---

21 Bei *Der Freund* handelt es sich um eine auf acht Ausgaben begrenzte Literaturzeitschrift, bei der Kracht als Herausgeber und Nickel als Chefredakteur fungierten.

22 Vgl. hierzu auch Lorenz: „Schreiben ist dubioser als Schädel auskochen", S. 12f.; Lorenz spricht von *Ferien für immer* als „einem Band, dessen Reisen nicht nur gar nicht stattgefunden haben, sondern dessen Miniaturen auch verschobene Zitate anderer Reiseberichte sind".

23 Niermann: Die Erniedrigung im Werk und Leben Christian Krachts, S. 185.

24 Vgl. Christian Kracht/Ingo Niermann: Metan. Berlin 2007: Rogner & Bernhard, S. 11f.

25 Kracht/Niermann: Metan, S. 91–133.

26 Kracht/Niermann: Metan, S. 95.

27 Christian Kracht/David Woodard: Five Years. Briefwechsel 2004–2009. Vol. 1: 2004–2007. Hrsg. von Johannes Birgfeld und Claude D. Conter. Hannover 2011: Wehrhahn, S. 190.

28 Kracht/Woodard: Five Years, S. 189.

Abb. 1: Christian Kracht und Ingo Niermann in der Altarnische der Externsteine.

ihr der Aufenthalt im Teutoburger Wald anzweifeln, doch die von Kracht und Niermann unabhängig voneinander dokumentierte Wanderung steht zunächst der Lesart als *fake* entgegen. Die Beschreibung der Externsteine wird in Krachts E-Mail allerdings um einen intertextuellen Verweis ergänzt. Die Rede ist von „those odd-shaped stones in West Germany which as you know feature Ms. M. Faithfull in your friend's film. [...] It was possible to view the sun through a hole-like aperture in the rock at the very summit of the highest of the stones."[29] Im Zuge der Synthese von Kunst und Leben wird hier zumindest angedeutet, sich nicht nur am gleichen Setting, sondern möglicherweise auch in der Diegese von Kenneth Angers Film *Lucifer Rising* (1972) zu befinden, zumal Marianne Faithfull in diesem Film ebenfalls vor der erwähnten Altarnische posiert, in deren kreisförmigem Fenster eine Sonne erstrahlt (Abb. 2–4). Krachts und Niermanns Wanderung erhält, indem sie vor dem Hintergrund der durch Kenneth Anger ästhetisierten Externsteine stattfindet, eine fiktionale Qualität. Für die Besteigung des Kilimandscharo, die den Hintergrund von *Metan* bildet und ebenfalls im Bildteil dokumentiert ist,

29 Kracht/Woodard: Five Years, S. 189.

fungiert wiederum die Wanderung durch den Teutoburger Wald als eine Art Prätext, wie Ingo Niermann betont: „Wie [...] konnten wir einen knapp 6000 Meter hohen Vulkan auf uneindeutige Weise besteigen? Indem wir die Besteigung in Gedanken gleichsetzten mit einer mehrstündigen Wanderung durch den Teutoburger Wald [...], die wir einige Tage zuvor mit derselben Ausrüstung absolviert hatten."[30]

Kracht und seine Ko-Autoren beharren in den Texten jenseits des Romanwerks gleichermaßen auf der Künstlichkeit der bereisten Orte (durch intertextuelle und selbstreferentielle Verdichtung des Faktualen) wie auch auf deren realweltlicher Konkretheit (durch Adressen, Fotos und genaue Orts- und Zeitangaben). Immer wieder werden zwei scheinbar entgegengesetzte Positionen in Bezug auf die dargestellten Orte emphatisch vertreten: 1. Es handelt sich um ästhetisch verfasste, ‚uneigentliche' Orte, die sich *in absentia*, das heißt im Verweis auf Intertexte, konstituieren. 2. Es handelt sich um real existierende Orte, und die Präsenz der Autoren kann gemäß ihrer Dokumentation, wenigstens auf Textebene, nachgewiesen werden. Das Unbehagen im Feuilleton (‚*fake*') speist sich durch eben diese Verschränkung der konträren Positionen.[31] Auf dieses Unbehagen reagierte eine 2016 erschienene Reportage des Magazins *Das Wetter* in aufklärerischer Weise, die allerdings die Doppelwertigkeit der Kracht'schen Topographien nur bestätigt. Besondere Prominenz erlangte Kathmandu in Christian Krachts Werk bekanntlich im Zusammenhang mit dem Hotel Sugat, wo sich, wie es in *Das Wetter* heißt, „angeblich zwischen 2004 und 2006 die Redaktionsräume des *Freunds* befunden haben sollen".[32] Vor Ort stellt der Autor der Reportage zusammen mit einem mitgereisten Fotografen fest: „Zu unserem Erstaunen hatte es diese Räume nicht nur gegeben, nein, sie waren auch vier Jahre nach Ableben

---

30 Niermann: Die Erniedrigung im Werk und Leben Christian Krachts, S. 184 f.

31 Vgl. hierzu das Konzept des ‚sous rature', einer dekonstruktivistischen Poetik der Durchstreichung, die Baßler dem Schreibverfahren der an *Tristesse Royale* beteiligten Pop-Autoren attestiert. (Moritz Baßler: Der deutsche Pop-Roman. Die neuen Archivisten. München ^{2}2005 (2002): C. H. Beck, S. 126–134). Ein Bild für die Verschränkung von Dokumentation und Fiktionalisierung liefert Niermann in seinem Essay, in dem er von einer „Billardkaschemme eines kleinen neuseeländischen Küstenorts" berichtet, die Kracht und er besuchten: „Es war das einzige Lokal, das nach Mitternacht noch geöffnet hatte, und um eingelassen zu werden, mussten wir pro forma Mitglied werden. Die Barkeeperin, eine stämmige Maori, wies uns den Weg zu einer gewaltigen Kladde, und als wir uns dort mit falschem Namen eintrugen, meinte Kracht zu mir: ‚Nichts geht verloren.'" (Niermann: Die Erniedrigung im Werk und Leben Christian Krachts, S. 185) Die falschen Namen stehen im Kontrast zum Gestus der akribischen Dokumentation (‚nichts geht verloren').

32 Leonhard Hieronymi: Der Freund. Bildstrecke. In: Das Wetter, Ausgabe 10 (9/2016), S. 14–19, hier S. 15.

Abb. 2 – 4: Marianne Faithfull beim Aufstieg und vor der Altarnische der Externsteine in Kenneth Angers Film *Lucifer Rising* (1972).

des Magazins noch in einer seltsamen Auflösungserscheinung vorhanden. Und seitdem weiß ich, was in der Literatur alles möglich ist".[33] Indem die Reportage die realweltliche Echtheit des Ortes bestätigt, unter anderem durch eine Fotostrecke, werden dessen *fake*-Qualitäten relativiert, nur um seinen Status als ‚Literatur' zu betonen.

3 Die Literarisierung des Reiseratgebers

Der programmatischen Unschärfe der Texte hinsichtlich ihres fiktionalen Status kommt die Veröffentlichung von Krachts und Nickels Reisebuch in der *Gebrauchsanweisungen*-Reihe des Piper-Verlags entgegen. Die Reihe verspricht, dass hier „namhafte Autoren [...] ihre Eindrücke und ortskundige Geschichten aufschreiben und sich mit persönlichem Blick den Ländern, Regionen oder Städten auf ungewöhnliche und literarische Weise annähern".[34] Mit dem Begriff ‚Gebrauchsanweisung' wird ironisch ein zweckbestimmter Zusammenhang suggeriert, wo die Texte von praktischen Reisetipps zu Sehenswürdigkeiten und Unterbringungsmöglichkeiten Abstand nehmen und auf die ‚literarische' Qualität der Reise abheben. Allerdings versteht sich auch die Piper-Reihe nicht als Kunst, sondern bietet als Produktversprechen ein gewisses Vorverständnis über die Mentalität und die Kultur des zu bereisenden Landes. Mit diesem Verstehensvorsprung wird, bei aller literarischen Herangehensweise, auch ein utilitärer Zusammenhang bedient und ein Zugeständnis an die Textsorte des Reiseratgebers gemacht. Im Einklang mit diesem Konzept verfährt selbst noch Eckhart Nickels *Gebrauchsanweisung für Portugal* (2001).[35]

In der *Gebrauchsanweisung für Kathmandu und Nepal* liefern Kracht und Nickel jenen Vorsprung jedoch nur sehr bedingt. So kritisiert der *Tagesspiegel*, zeitweilig werde hier „der Bogen der Ironie [...] überspannt".[36] Wo die Autoren nützliche Reisetipps vermeiden, beziehen sie sich aber doch *pro forma* auf die üblichen Koordinaten eines Reiseratgebers, womit sich die *Gebrauchsanweisung für Kathmandu und Nepal* einer Rubrizierung als ‚Literatur' bzw. ‚literarischer Reisebericht' in Reinform entzieht. Der Kritiker Dieter Wenk bemerkt hinsichtlich dieser Unschärfe:

---

33 Hieronymi: Der Freund, S. 15.

34 Zitiert von der Website des Piper-Verlags: https://www.piper.de/buecher/abenteuer-reiseberichte/gebrauchsanweisung (25. August 2016).

35 Eckhart Nickel: Gebrauchsanweisung für Portugal. München 2001: Piper.

36 Julia Boeck: Die Freunde. Eine Gebrauchsanweisung für Kathmandu und Nepal. In: Der Tagesspiegel, 3. Mai 2009, S. 31.

> Für einen gewöhnlichen Reiseführer ist dieses Buch natürlich viel zu gut geschrieben. Es setzt sicherlich nicht auf den Massentouristen, auch wenn durchaus Kochrezepte, Straßenzustandsberichte und Kapitel über den politischen Status quo des Landes nicht fehlen. Im Grunde stellt das Buch gar keine Anweisung dar. Hier wird nichts empfohlen, vor nichts wird gewarnt.[37]

Als Beispiel für diesen ‚unengagierten' und „stets amüsiert-distanziert[en]"[38] Blick auf das Land lässt sich die Simulation eines investigativen Interviews Krachts und Nickels mit dem regierenden Maoistenführer Prachanda anführen, vor dessen Wiedergabe sie erklären, dass „wir uns nur ungern mit dem Ende der Monarchie abfinden können".[39] So versuchen Kracht und Nickel, den Interviewten im investigativen Modus in Widersprüche zu verstricken und beschuldigen ihn schließlich, „mit der Verdammung des Königs die kulturelle Textur Nepals [zu] gefährden".[40] Krachts und Nickels ‚Königstreue' hat gleichwohl einen ästhetizistischen, keinen politischen Hintergrund.

Dieser Ästhetizismus führt dazu, dass der utilitäre Rahmen des Reiseratgebers nur als Anlass zum Fabulieren und zur spielerischen Literarisierung dieser Textsorte dient – der Reiseratgeber wird von seiner Zweckbestimmung befreit.[41] Den beiden Autoren sei, so Wenk,

---

37 Dieter Wenk: Tempelreport, 21. Juli 2009, http://www.textem.de/index.php?id=1831 (31. August 2016).

38 Eberhard von Elternlein: Reisenotizen aus Nepal. In: Die Welt, 30. Mai 2009, S. R5.

39 Christian Kracht/Eckhart Nickel: Gebrauchsanweisung für Kathmandu und Nepal. Überarbeitete und erweiterte Neuausgabe. München [3]2015 (2009): Piper, S. 147.

40 Kracht/Nickel: Gebrauchsanweisung für Kathmandu und Nepal, S. 162.

41 Die im späten neunzehnten Jahrhundert entstandene ästhetizistische Bewegung stehe, so Annette Simonis, „im Zeichen einer Kritik am Utilitarismus und zweckrationalen Denken, dem sie besonders durch ihre Forderung einer Ästhetisierung der Lebenswelt entgegenzuwirken sucht" (Annette Simonis: Ästhetizismus. In: Ansgar Nünning (Hrsg.): Metzler Lexikon Literatur- und Kulturtheorie. Stuttgart [4]2008: Metzler, S. 7–9, hier S. 7). Dieser Protest gegen ein utilitaristisches Verwertungsdenken vollziehe sich, so Gregor Streim, „mit oft provokativer und dandyhafter Attitüde" (Gregor Streim: Ästhetizismus. In: Dieter Burdorf/Christoph Fasbender/Burkhard Moennighoff (Hrsg.): Metzler Lexikon Literatur. Stuttgart [3]2007: Metzler, S. 50 f., hier S. 50). Renate Werner spricht von einer „Radikalisierung der Kunstautonomie-Doktrin" und der „Freisetzung von Kunst/Literatur im Hinblick auf alle moralisch-didaktischen, sozialen oder lebenspraktischen Zweckbestimmungen und Funktionszuweisungen". Der Begriff ‚Ästhetizismus' impliziert nach Werner unter der „Doktrin der Asozialität eine radikale Trennung von Ethik und Ästhetik" (Renate Werner: Ästhetizismus. In: Harald Fricke/Klaus Grubmüller/Jan-Dirk Müller/Klaus Weimar (Hrsg.): Reallexikon der deutschen Literaturwissenschaft. Bd. 1. Berlin 2007: De Gruyter, S. 20–23, hier S. 20). Vgl. zur Kontinuität ästhetizistischer Verfahren um 2000: Alexandra Tacke/Björn Weyand (Hrsg.): Depressive Dandys. Spielformen der Dekadenz in der Pop-Moderne. Köln 2009: Böhlau.

> etwas sehr Schönes gelungen. Während man sonst ‚Reiseführer' ja nun wirklich nur dann kauft oder sich von Freunden ausleiht, wenn man genau dahin will, ist dieses Buch zu Fernost auch dann eine kurzweilige Lektüre, wenn man schon jetzt weiß, niemals einen Fuß auch nur in die Nähe des Mount Everest zu setzen.[42]

Wenk erkennt denn auch die Strategie der Ästhetisierung als Effekt, der den Text wie ein *fake* erscheinen lässt: „Muss man die Vermutung aussprechen, dass manches als Authentisches anderen in den Mund gelegtes den Eindruck macht, als sei es ein Elaborat der Verfasser selbst? Wäre das ein Einwand?"[43]

Für die Literarizität der *Gebrauchsanweisung für Kathmandu und Nepal* sensibilisiert, lassen sich auch Passagen wie die folgende poetologisch lesen:

> Die tonnenweise ins Land geschafften Trekking- und Bergsteigerausrüstungen [...] sind allesamt mehr oder minder krude Fälschungen. Fleecejacken, Zeltstangen, Daunenschlafsäcke, Karabinerhaken, Gletscherbrillen, Steppwesten, Rucksäcke, Seile und Bergstiefel tragen zwar die Insignien von Firmen wie ‚Patagonia', ‚Gore Tex', ‚Jack Wolfskin' und ‚Meindl', sie sind jedoch allesamt von zehnjährigen Kinderarbeitern in Guangzhou und Kunming hurtigst und unter dem Diktat der Profitmaximierung zusammengebastelt worden. [...] Plötzlich auftretende Wetterumschwünge auf 5000 Meter Höhe stellen jene Fälschungen vor Zerreißproben, denen die lose zusammengeflickten Stoffteile und nur mit Papierschnipseln oder höchstens Sägespänen gefüllten Daunenprodukte kaum gewachsen sind. Auch die Schutzschicht der angeblich mit UV-Strahlensiegeln versehenen Gletscherbrillen, die vorgeblich die Schneeblindheit verhindern sollen, zerbröselt noch vor dem Erreichen des höchsten Sonnenstandes um die Mittagsstunde. Die Sohlen der Wander- und Bergstiefel sind lediglich mit den minimalen Restbeständen des Klebstoffes an den Schuh gepappt, die während des Zusammenflickens – um diese mühsame Arbeit überhaupt ertragen zu können – von den chinesischen Kindern nicht weggeschnüffelt worden sind. Die Karabinerhaken und Zeltstangen werden indes aus eingeschmolzenen Aluminiumkleiderbügeln gegossen, und bei den neonfarbenen Seilen löst sich just in dem Moment, da der Alpinist über der Gletscherspalte hängt, die vermeintliche Polymer-Karbon-Verbindung auf wie ein seit Stunden im Munde behaltener Kaugummi. Also Obacht vor diesen mehr als kruden Imitaten.[44]

---

42 Wenk: Tempelreport. Schon in der Rezeption von *Ferien für immer* ist die Rede von einer Re-Ästhetisierung nicht nur der Reiseliteratur, sondern auch des Reisens: „Was Christian Kracht und Eckhart Nickel versuchen, ist nichts weniger als die Errettung der Welt aus den Fängen des Pauschal-, Individual- und sonstigen Tourismus. Sie geben der Welt ihre Geheimnisse zurück und bewahren sie vor Baedekers Fluch." (Michael Althen: Baedekers Fluch. Ferien auf dem Barhocker mit Kracht und Nickel. In: Süddeutsche Zeitung, 11./12./13. April 1998). S. V.).
43 Wenk: Tempelreport. Ähnlich heißt es in einer Besprechung von *Ferien für immer*, es gebe „kaum Anhaltspunkte, daß auch nur ein einziger dieser Orte wirklich existiert. Sie wirken allesamt gut erfunden [...]. Wer hingegen daran glaubt, daß die Welt ohnehin nur Wille und Vorstellung ist, der wird in den Autoren ideale Reisebegleiter finden" (Althen: Baedekers Fluch, S. V).
44 Kracht/Eckhart: Gebrauchsanweisung für Kathmandu und Nepal, S. 62f.

Kracht und Nickel berichten hier nicht ohne Faszination von der nepalesischen Spielart westlicher Markenprodukte. Wie die *Gebrauchsanweisung für Kathmandu und Nepal* geben sie an der Oberfläche etwas vor, was sie nicht sind, und trotz der minderwertigen Substanz (Papierschnipsel statt Daunen) verweisen diese Fälschungen auf ihre Gemachtheit, ohne Kunst zu sein. Die zitierte Passage vollzieht selbstreferentiell eine Abgrenzung gegenüber einer Art bösartigem *fake* und stellt die Gutartigkeit des eigenen, wenn auch bisweilen unengagierten ästhetizistischen Verfahrens heraus. Mit diesen Verfahren radikalisiert die *Gebrauchsanweisung für Kathmandu und Nepal* in ihrer literarischen Komplexität das Konzept des ‚literarischen Reiseführers', wie man es von der Piper-Reihe erwartet. Womöglich ließe sich treffender von einem ‚Reiseführer als Literatur' sprechen, der unter dem Primat des Ästhetischen gleichermaßen seine Künstlichkeit ausstellt wie auch Faktizität und Lokalisierbarkeit behauptet.

4 Die Re-Ästhetisierung der Welt

Verknüpft mit Krachts und Nickels literarischem Kathmandu ist die Etablierung des bereits erwähnten erzählerischen ‚Wir'. So reflektiert Nickel auf seinem Blog mehrere Jahre nach Erscheinen der *Gebrauchsanweisung:* „Meine Begeisterung für die Eisenbahn hatte [...] ihre Motivation in einer großen Sehnsucht nach der Ferne. [...] Die Eisenbahn beeinflusste aber auch meine ästhetische Vorstellung von einer geglückten Zukunft."[45] Dieses Sehnsuchtsmotiv einer Jugend als *trainspotter* lässt sich mit der Beschreibung einer Art Gründungsmythos der Freundschaft und Reisegemeinschaft Krachts und Nickels verknüpfen. In Nickels kurzem Text *Travels with my Aunt* wird erzählt, wie sich die beiden Autoren als junge Erwachsene auf Sylt kennenlernten:

> Da Christian und ich [...] beide 19 Jahre alt waren, fingen wir – einem Spiel gleich – an, einen Katalog aus Abenteuern zu erstellen, für jedes Jahr unseres Lebens eines, die gemeinsam zu bestehen wir umgehend mit einem Handschlag besiegelten. Das gegenseitige Versprechen, das wir uns dabei abnahmen, sah vor, sich niemals und um keinen Preis aufzugeben, um in den seichten Ufern der Bequemlichkeit einen frühen Tod zu sterben. Wie das Gegenteil aussah, wussten wir nicht genau, hatten aber eine unbestimmte Ahnung: Es sollte eine Art spannende Mischung aus den Gesellschaftsspielen *Wild Life*, *Reporter* und *Cluedo* sein, die am Ende Geschichten entstehen ließ, deren Struktur den *Abenteuern von Tim und Struppi* glich. Geschichten, die zu erzählen sich lohnen würde, Reisen, zu denen aufgebrochen zu sein uns belohnen würde mit dem Bewusstsein, etwas geschaffen zu haben, das mögli-

45 Eckhart Nickel: In meiner Loseblattsammlung, Bergen Enkheim, Frankfurt, http://blogofmotivebreath.blogspot.de/2016_02_01_archive.html (10. August 2016).

cherweise in dem Satz der ‚New Wave'-Band *Tears for fears* aus deren programmatischem Song *Shout* bedeutet war: „I hope we live to tell the tale".[46]

Neben der Re-Ästhetisierung des Reisens kommt hier auch die Literarisierung des eigenen Lebens zur Sprache, etwa als (Gesellschafts-)Spiel oder Abenteuer. Mithin sind Krachts und Nickels Reisen auf die Entstehung eines Artefakts hin ausgerichtet, auf ‚Geschichten, die zu erzählen sich lohnen würde' mit einem ‚Bewusstsein, etwas geschaffen zu haben'. Daneben wird die intertextuelle Verfasstheit der Reisen selbstreferentiell ausgestellt: In der G*ebrauchsanweisung für Kathmandu und Nepal* befindet man sich tatsächlich auf den intertextuellen Spuren von Tim und Struppi (*Tim in Tibet*),[47] während das ‚gegenseitige Versprechen', von dem Nickel berichtet, mit einem Verweis auf *Tears for fears* besiegelt wird. Die Genese des literarischen Duos Kracht und Nickel erfolgt dabei mit Bezug auf die ebenfalls als Duo auftretenden Musiker von *Tears for Fears* (Roland Orzabal und Curt Smith) und auf das Comic-Duo Tim und Struppi (bzw. Tim und Captain Haddock). Angesichts dieser ausgestellten ‚Gemachtheit' wird der Gründungsmythos des Reiseduos als uneigentlich markiert. Dies wird verstärkt durch das Pathos des erwähnten 1985er-Hits *Shout*, der sich im Sinne Susan Sontags als *Camp*-Kunst qualifiziert, die „sich ernst gibt, aber durchaus nicht ernst genommen werden kann, weil sie ‚zuviel' ist" und deren Betrachter das „Spielen einer Rolle" und das „Kunstmäßige als Ideal, das Theatralische" favorisiert.[48]

Das Sehnsuchts- bzw. Aufbruchs-Motiv aus Nickels Texten wird in der Einleitung der *Gebrauchsanweisung für Kathmandu und Nepal* thematisiert, womit die folgende Passage an das an anderer Stelle entfaltete Narrativ von Krachts und Nickels Freundschaft anknüpft:

> Anfang des neuen Jahrhunderts kamen wir nach Nepal, auf der Suche nach einem Land, das für uns die größtmögliche Ruhe mit gleichzeitiger Unordnung vereinen konnte. Unsere verworrenen Lebensläufe brachten es mit sich, auf dem Erdenball ein nomadisches, unstetes Dasein geführt zu haben, geprägt von großen Erwartungen, noch größeren Enttäuschungen, sonderbaren Krankheiten, Scheidungsprozessen, Medikamentenabusus, immer wieder

46 Eckhart Nickel: Travels with my Aunt. In: Birgfeld/Conter (Hrsg.): Christian Kracht, S. 61–75, hier S. 67.

47 Vgl. Kracht/Nickel: Gebrauchsanweisung für Kathmandu und Nepal, S. 20 f.

48 Susan Sontag: Anmerkungen zu ‚Camp'. In: Dies.: Kunst und Antikunst. 24 literarische Analysen. Frankfurt am Main 1982: Fischer, S. 322–341, hier S. 331, 327 u. 336.

> hastig auftretenden Erleuchtungen und dem uns ewig begleitenden Gefühl, letzten Endes doch nicht am richtigen Ort zu sein.[49]

Diesmal wird aus der Perspektive derjenigen berichtet, die mit ihrem Glauben an eine verheißungsvolle Zukunft zunächst gescheitert sind. Die beiden ernüchterten Reisenden scheinen, zumindest vorläufig, angekommen zu sein an einem Ort, an dem die einstigen Sehnsuchtssymbole abwesend sind (die Rede ist von einem „leider nahezu eisenbahnlos gebliebene[n] Land“[50]), der aber neue ästhetische Reize bereithält und womöglich Gelegenheit bietet, die großen Enttäuschungen, von denen zuvor die Rede war, zu überwinden.

Die Qualität Kathmandus als eine Art Zufluchtsort klingt schon im Titel eines Forschungsbeitrags von Klaus Bartels an, der vor Erscheinen der *Gebrauchsanweisung für Kathmandu und Nepal* veröffentlicht wurde. Mit dem ‚Fluchtpunkt Katmandu‘ betont Bartels zwar eher den „internationalen Zuschnitt“ von Krachts Aufenthaltsort, mit dem er sich als „transkultureller Schriftsteller“ positioniere.[51] In einem auch von Bartels zitierten Interview verweist Kracht aber im Zusammenhang mit Kathmandu als Redaktionssitz des *Freund* auf eine Flucht vor den Errungenschaften der westlichen Moderne. Es sei, so Kracht, ein Vorteil für die Arbeit an dem Zeitschriftenprojekt, dass es in Kathmandu kein *MTV* gebe.[52] Dies mag der Konzeption des *Freund* entsprechen, die Kracht folgendermaßen erläutert: „Ausgehend von einem Überdruss Bildern gegenüber, Fotos, Videoaufnahmen, dem Computerprogramm Photoshop, jeglicher Digitalisierung, wollen wir zurückfinden zu einem Sprachkosmos, viermal im Jahr.“[53] Eine Abkehr von der westlichen Popkultur stellt dieses Programm aber durchaus nicht dar. Im *Freund* wie auch in der *Gebrauchsanweisung* wimmelt es von popkulturellen Verweisen, wobei sich die *Gebrauchsanweisung* intensiv mit der durch den *hippie trail* exportierten Popkultur der 1960er Jahre auseinandersetzt und die Stadt für Kracht und Nickel insgesamt einem gigantischen Museum der Hippie-Kultur gleich-

---

49 Kracht/Nickel: Gebrauchsanweisung für Kathmandu und Nepal, S. 13f. Die Imagination, irgendwann am ‚richtigen Ort‘ anzukommen, lässt sich auch als übergreifendes Thema der Kracht-Romane konstatieren.

50 Kracht/Nickel: Gebrauchsanweisung für Kathmandu und Nepal, S. 19.

51 Klaus Bartels: Fluchtpunkt Katmandu. Globaler Nomadismus bei Christian Kracht. In: Hans Richard Brittnacher/Magnus Klaue (Hrsg.): Unterwegs. Zur Poetik des Vagabundentums im 20. Jahrhundert. Köln 2008: Böhlau, S. 291–302, hier S. 292.

52 Adriano Sack: Zurück vor den Sündenfall. Der Schriftsteller Christian Kracht über den Überdruss an gewissen Phänomenen der Gegenwart und sein neues Magazin *Der Freund*. In: Die Welt, 19. September 2004, https://www.welt.de/print-wams/article115778/Zurueck-vor-den-Suen denfall.html (18. Februar 2017).

53 Sack: Zurück vor den Sündenfall.

kommt. Die Einleitung der *Gebrauchsanweisung* und die Konzeption des *Freund* zeigen gleichermaßen, dass sowohl der Aufenthalt in Kathmandu als auch die Produktion der Zeitschrift im Zeichen des ‚Zurückfindens' vonstatten gehen – im Sinne der Rückkehr in eine Zeit der ‚großen Erwartungen', die ohne digitale Bilder auskam. Für dieses Vorhaben dient die in Kathmandu konservierte Hippie-Kultur als Projektionsfläche, eine Idee, die Kracht und Nickel von einem Prätext des Schriftstellers Pico Iyer übernehmen. In dessen *Video Night in Kathmandu. And Other Reports from the Not-So-Far East* (1988), einer Sammlung von Reiseberichten, heißt es: „In Kathmandu I hoped to find the last stronghold of the sixties. And in the sixties I hoped to find a reflection of a younger and more innocent America, the land of idealism I was born too late to know."[54] Auch Iyer verfolgt damit ein Programm des ‚Zurückfindens', das er in Kathmandu verwirklicht wissen will.

Der Zufluchtsort Kathmandu steht also weniger für eine radikale Abkehr von der westlichen Kultur, sondern lässt vielmehr eine De-Kontextualisierung, eine Neuordnung der vertrauten Signifikanten zu. So spricht Carsten Rohde in Bezug auf Krachts Reiseprosa von einem „*Versprechen* von Fremdheit, d. i.: eine prinzipielle Chance auf Andersheit, Offenheit, Neuheit der Ordnung der Dinge in der Welt".[55] In der Forschung bleibt freilich strittig, ob dieses Versprechen jemals eingelöst werden kann. Christoph Rauen bemerkt zu einem weiteren Reisetext Krachts: „Wohin man auch flüchtet ist dasjenige, wovor man floh, bereits da. Das gilt auch für Krachts mehr oder weniger fiktionalisierte Reportagen in *Der gelbe Bleistift* (2000), die das Thema ‚Ausweglosigkeit' variantenreich durchspielen. Der Reisende stößt in entlegenen Ecken der Welt auf dieselbe profane ‚Allerweltskultur'."[56] In der Tat erscheint es fraglich, ob sich die „von Kracht inszenierte Fremdheit" tatsächlich „abseits der eingeschliffenen Bedeutungs- und Bewertungsmuster offenbart".[57] Krachts Fremde verweist die Figur des Reisenden stets auf ihren eigenen Horizont, aus dem wiederum der Wunsch nach dem Versprechen sich speist. Allerdings ist Rohde zuzustimmen, wenn er behauptet, Krachts Fremdheitsentwurf habe teilweise „die verborgenen Potenziale des skurril und bizarr Schönen zum Gegenstand".[58] Gerade im Fall von Kathmandu hat man es, trotz offensichtlicher Präsenz der westlichen Kultur, mit einer höchst idiosyn-

---

54 Pico Iyer: Video Night in Kathmandu. And Other Reports from the Not-So-Far East. New York 1989 (1988): Vintage departures, S. 77 f.

55 Carsten Rohde: Empire Revisited. Christian Krachts Poetik der Fremdheit. In: Georg-Forster-Studien XX (2015), S. 291–306, hier S. 295.

56 Christoph Rauen: Pop und Ironie. Popdiskurs und Popliteratur um 1980 und 2000. Berlin 2010: De Gruyter, S. 157.

57 Rohde: Empire Revisited, S. 291 f.

58 Rohde: Empire Revisited, S. 291.

kratischen Umgebung zu tun, die vielfach Anlass zur Ästhetisierung bietet. In diesem Sinne trägt ein bekannter Prätext zu einer Semiose des Ortes bei, auf die sich auch Kracht und Nickel mit ihrer Charakterisierung Kathmandus als Ort der „größtmögliche[n] Ruhe mit gleichzeitiger Unordnung“[59] beziehen. Im Refrain von Cat Stevens' Song *Katmandu* heißt es: „Katmandu / I'll soon be seeing you / And your strange bewildering time / Will hold me down“.[60] Das lyrische Ich sieht sich hier an einem Ort festgehalten, den es als verblüffend und fesselnd beschreibt, und im Zeichen dieser neuen Möglichkeiten des Staunens wird auch Krachts und Nickels Reise-Narrativ schließlich weitergeschrieben. Die Bilder, die der Text in der Einleitung liefert, stehen dem „unstete[n] Dasein“ und den „verworrenen Lebensläufe[n]“[61] der Autoren-Personae zunächst entgegen. Die Rede ist von einer „sanfte[n] und milde[n] Sommergrüne“ und einer „überbordende[n] Kulisse für die erhabene Freundlichkeit des nepalesischen Volkes“.[62] Aus der Tatsache, dass das Ruhe- und Harmoniebedürfnis der beiden Autor-Figuren möglicherweise verantwortlich ist für einen eher selektiven Blick auf Kathmandu, machen Kracht und Nickel kein Geheimnis und bekennen sich zum Subjektivitäts-Paradigma der *Gebrauchsanweisung:*

> Daß das Base Camp des Everest vermüllt ist, die Überzahl der Nepalis erschreckend arm, Kathmandu von Smog und Abgasen eingehüllt, wollen wir Ihnen nicht erzählen, diese Wahrheiten sind im Internet schnell und beliebig zu erfahren. Statt dessen haben wir uns bemüht, Ihnen das Kaleidoskop dieses winzigen, wundervollen Landes, dessen Reinheit in seiner Seele wohnt und das acht der zehn höchsten Berge unseres Planeten beherbergt, so zu zeigen, wie es uns vergönnt war hineinzuschauen: Namasté.[63]

Den im Internet zu recherchierenden ‚Wahrheiten‘ steht das Programm der Re-Ästhetisierung der Welt gegenüber, die am Standort Kathmandu vielfach gelingt, die aber, selbst in der imaginierten Abkehr von westlicher Moderne und Popkultur (‚Reinheit‘), immer an den Horizont des Reisenden gebunden bleibt (etwa durch den Prätext von Cat Stevens).

---

59 Kracht/Nickel: Gebrauchsanweisung für Kathmandu und Nepal, S. 13.
60 Cat Stevens: Katmandu. Auf: Mona Bone Jakon (1970). Eigene Transkription. Im letzten Refrain heißt es im letzten Vers „Will keep me home“.
61 Kracht/Nickel: Gebrauchsanweisung für Kathmandu und Nepal, S. 13.
62 Kracht/Nickel: Gebrauchsanweisung für Kathmandu und Nepal, S. 14 f.
63 Kracht/Nickel: Gebrauchsanweisung für Kathmandu und Nepal, S. 17 f.

5 Kathmandu als Zitatcollage

Das ästhetisierende ‚Hineinschauen', von dem zuvor die Rede war, wird auf Verfahrensebene häufig durch ein intertextuelles Spiel realisiert. So lässt sich der von Bartels ausgerufene ‚Fluchtpunkt Kathmandu' nicht zuletzt als ein intertextueller Knotenpunkt denken, als ein Ort, an dem verschiedene Diskursfäden zusammenkommen oder von Kracht und Nickel zusammengebracht werden und so ein eigenwilliges Textarchiv bilden.[64] Thomas Borgstedts Befund von 2003, demzufolge „[d]er Fiktionalitätsgrad und der Kunstanspruch [...] in [...] popliterarischen Texten merklich zurückgenommen [werden], wodurch sie sich vom artistischen Intertextualismus und Historismus vieler einschlägig ‚postmoderner' Texte der 1980er und 1990er Jahre absetzen",[65] muss in Bezug auf die *Gebrauchsanweisung* zurückgewiesen werden. Die Literarisierung der Wirklichkeit wird hier gerade mit intertextuellen Mitteln bewerkstelligt. So bemerkt auch André Menke in Bezug auf Krachts Reisetexte, man könne ihnen „sehr wohl Informationen über die beschriebenen Länder entnehmen. Stärker noch als auf die ‚Wirklichkeit' der bereisten (oder imaginierten) Länder aber scheinen sich Krachts Reisetexte auf sich selbst bzw. auf andere Texte über das Reisen zu beziehen".[66]

Die intertextuelle Verfasstheit des Topos Kathmandu bei Kracht und Nickel manifestiert sich bereits in der wohl frühesten Erwähnung in *Ferien für immer*. Hier wird die Freak Street als einer von 66 ‚angenehmsten Orten der Welt' angeführt,[67] wobei Kracht und Nickel sie auf knapp zwei Seiten mit immerhin zwölf Verweisen auf die (Pop-)Kultur der 1950er, 1960er und 1970er Jahre verknüpfen. Erwähnt werden Jerry Garcia und seine Band Grateful Dead, The August Moon,[68] J. R. R. Tolkiens Roman *Der Herr der Ringe* (1954/55), Pink Floyds Album *Ummagumma* (1969), Santanas Album *Abraxas* (1970), Allen Ginsbergs *Indisches Tagebuch* (1970) und die Werke Hermann Hesses. In einem Buchladen stoßen Kracht und Nickel darüber hinaus auf eine „Erstpressung von Bachman Turner Overdrive, zwei Bootleg Liveaufnahmen der ‚In-a-gadda-da-vida'-Tour von Iron

64 Um ein solches Archiv handelt es sich auch bei der von Kracht und Nickel aus nepalesischen Secondhand-Buchläden zusammengetragenen Kathmandu Library, vgl. hierzu http://www.derfreund.com/library.php (24. Februar 2017).

65 Borgstedt: Pop-Männer, S. 228.

66 André Menke: Literarischer Journalismus: Krachts *Tempo*-Anfänge und Reisereportagen. In: Hecken/Kleiner/Menke: Popliteratur, S. 134–136, hier S. 136.

67 Christian Kracht/Eckhart Nickel: Ferien für immer. Die angenehmsten Orte der Welt. Köln ^{3}2013 (1998): Kiepenheuer & Witsch, S. 58 f.

68 *The Teahouse of the August Moon* (USA 1956. Regie: Daniel Mann). Es handelt sich um einen Film mit Marlon Brando, der kurz nach dem Zweiten Weltkrieg in Japan spielt.

Butterfly, eine relativ gut erhaltene Scheibe von Blue Öyster Cult und auch das vergessene Meisterwerk ‚Cheap Trick – live at Budokan'" sowie auf „die auf Platte gepreßte, lang gesuchte Demo-Version des 1968 in Bombay mitsamt indischem Straßenlärm im Hintergrund aufgenommenen Sitar & Tabla-Albums ‚Wonderwall' von George Harrison, dem Soundtrack zum gleichnamigen, großartigen Film".[69] Die Bestandteile dieses Katalogs der (Post-)Hippie-Kultur haben gemeinsam, dass sie Transzendenz in Bezug auf die westliche Welt implizieren, ob durch Zugehörigkeit zum Fantasy-Genre (Tolkien), durch Verortung in der asiatischen Sphäre (*The Teahouse of August Moon, live at Budokan, Indisches Tagebuch*, Hesse) oder im Bereich des Psychedelischen (Grateful Dead, George Harrison, Hesse, Iron Butterfly, Pink Floyd, Santana). Analog zum Motiv der in der Einleitung der *Gebrauchsanweisung* erwähnten „großen Erwartungen" und „noch größeren Enttäuschungen"[70] finden als Repräsentanten der Verfallsphase der „untergegangenen Kultur"[71] die Bands Bachman-Turner Overdrive, Blue Öyster Cult und Cheap Trick Erwähnung, die erst im Laufe der 1970er Jahren in Erscheinung traten und deren Werke in Krachts und Nickels Beschreibung der nepalesischen Secondhandläden symbolträchtig „in befleckten und zerfledderten Plattenhüllen"[72] als Buchstützen verwendet werden.

Eine weitere Gemeinsamkeit der genannten Werke besteht darin, dass es sich wohl um potenzielle Objekte der *Camp*-Betrachtung Krachts und Nickels handelt, die (vielleicht mit Ausnahme von Tolkien) nur als ‚Meisterwerk', ‚großartiger Film' oder „vergessene Gemmen der Musik aus dieser Zeit"[73] firmieren können, insofern sie einen „Kontrast zwischen einfältigem oder überspanntem Inhalt auf der einen und reicher Form auf der anderen Seite" aufweisen.[74] Zur intertextuellen Verfasstheit von Krachts und Nickels Verfahren trägt bei, dass sie ihren Beschreibungsmodus erneut aus Iyers *Video Night in Kathmandu* übernehmen. Auch

---

69 Kracht/Nickel: Ferien für immer, S. 59.

70 Kracht/Nickel: Gebrauchsanweisung für Kathmandu und Nepal, S. 13.

71 Kracht/Nickel: Ferien für immer, S. 58.

72 Kracht/Nickel: Ferien für immer, S. 58.

73 Kracht/Nickel: Ferien für immer, S. 59.

74 Sontag: Anmerkungen zu ‚Camp', S. 325. Einige der Genannten wurden an anderer Stelle schon zu Objekten der *Camp*-Betrachtung im Sinne eines freundlichen und genießerischen Zynismus (vgl. Sontag: Anmerkungen zu ‚Camp', S. 340), man denke an den ‚Auftritt' von Bachman-Turner Overdrive in der Fernsehserie *The Simpsons* oder an ein Interview, das Kracht und Nickel der *Frankfurter Allgemeinen Sonntagszeitung* anlässlich des 125. Geburtstags Hermann Hesses gaben. Kracht bemerkt darin, es sei „schwer, sich Hesses genialen amboßartigen Metaphernkonstrukten zu entziehen" (Volker Weidermann/Anne Zielke: Der Waldverherrlicher. Christian Kracht und Eckhart Nickel: Muß man Hesse lieben? In: Frankfurter Allgemeine Sonntagszeitung, 30. Juni 2002, S. 23).

agni air logo4
AGNI AIR
agni air logo4
AGNI AIR
agni.
fly the friendly skies.
agni.
fire and ice.
agni.
the airline
of himalaya.
agni.
fly with us, smile with us.
agni.
the boutique airline.

Abb. 5–7: Entwurf der Designagentur Herburg Weiland für die *corporate identity* der *Agni Air*.

dessen Schilderung der Freak Street kommt nicht ohne Bezug auf die Bands Grateful Dead, King Crimson, Pink Floyd und Dire Straits aus.[75] Im intertextuellen Bezug auf die Hippie-Kultur, der gerade auch in der *Gebrauchsanweisung* immer wieder zum Tragen kommt, rückt das Projekt der Sinnsuche, das auch die Autoren-Figuren Kracht und Nickel nach Kathmandu gebracht hat, in ironische Distanz. Das intertextuelle Verfahren dient den beiden Ästheten dazu, Kathmandu radikal zu literarisieren und so eine Art sekundäre Wirklichkeit zu erschaffen.

Bei diesem Vorhaben legen die beiden Ästheten einen ausgeprägten Gestaltungswillen an den Tag. Das Setting Kathmandu nimmt dabei utopische Qualitäten an, insofern sich hier Dinge verwirklichen lassen, die etwa in Europa unmöglich wären. Der Standort der *Freund*-Redaktion betont nur die Unwirklichkeit des Projekts, mit großem Budget zwei Jahre lang ein Magazin ohne ökonomischen Zwang und mit jeder ästhetischen Freiheit zu produzieren. Eine Steigerung dessen findet sich gar in einer Anekdote der *Gebrauchsanweisung:* Kracht und Nickel nehmen an einer Ausschreibung zur Gestaltung der *corporate identity* der Fluglinie *Agni Air* teil.[76] Ihre Teilnahme erscheint durchaus nicht von finanziellen Interessen geleitet zu sein, übersteigen doch die Produktionskosten (man kooperiert mit der in München ansässigen Designagentur Herburg Weiland, die auch an der Art-Direktion des *Freund* beteiligt war) deutlich das in Aussicht gestellte Honorar von umgerechnet 500 Euro, das am Ende nie gezahlt wird, obwohl Krachts und Nickels Vorschläge allesamt übernommen werden (Abb. 5–7). Wie schon bei der Unterwanderung der Piper-Buchreihe handelt es sich um die radikale Ästhetisierung eines Bereiches, der normalerweise auch utilitaristischen Gesetzen gehorcht. Krachts und Nickels unverhältnismäßig perfektes Design-Konzept für eine inzwischen Pleite gegangene nepalesische Airline mit fünf Propellermaschinen, von denen zwei abgestürzt sind, ist Kunst.

Auch hier kommen intertextuelle Aspekte ins Spiel, die das ‚Projekt *Agni Air*‘ in gesteigerter Art und Weise artifiziell erscheinen lassen. So lässt sich der von Kracht und Nickel beigesteuerte Claim der Airline – „Agni Air – Fly the friendly sky“[77] – mit dem diskutierten Pop-Archiv der 1960er und 1970er Jahre verknüpfen. In diesem trifft man nicht nur auf Marvin Gayes Drogen-Song *Flyin' High (In the Friendly Sky)*,[78] sondern auch auf die folgenden Zeilen von Crosby, Stills & Nash, in denen das Leben einer Band auf Tournee – auch ein ‚unstetes Dasein‘ – besungen wird: „She helped me with my suitcase / she stands before my eyes /

75 Iyer: Video Night in Kathmandu, S. 85f.
76 Kracht/Nickel: Gebrauchsanweisung für Kathmandu und Nepal, S. 97–112.
77 Kracht/Nickel: Gebrauchsanweisung für Kathmandu und Nepal, S. 104.
78 Marvin Gaye: Flyin' High (In the Friendly Sky). Auf: what's going on (1971).

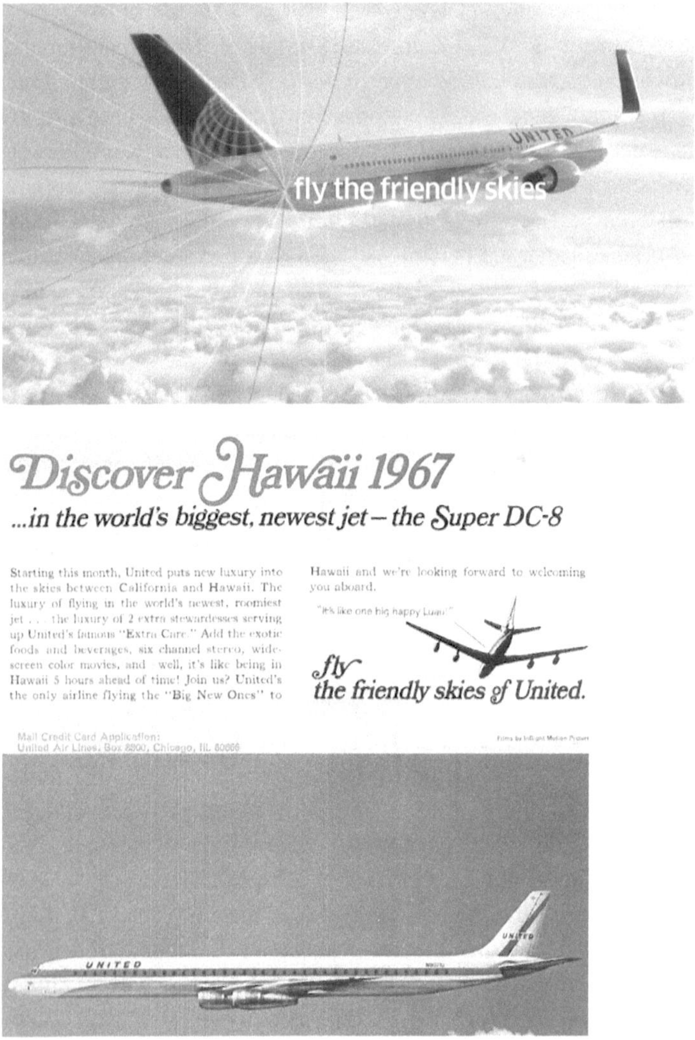

Abb. 8–9: Slogan „fly the friendly skies of United" der *United Airlines* in Anzeigen von 2013 und 1967.

driving me to the airport / and to the friendly skies".[79] Beide Songs beziehen sich – und hierin liegt die intertextuelle Pointe der *Agni Air*-Episode – auf den 1965 von der Agentur Leo Burnett erdachten Slogan „fly the friendly skies of United", der

79 Crosby, Stills & Nash: Just a Song Before I Go. Auf: CSN (1977).

über 30 Jahre lang benutzt wurde und 2013 re-aktiviert wurde (Abb. 8 – 9).[80] Die Idee des freundlichen Fliegens wurde heimlich von Kracht und Nickel de-kontextualisiert und sowohl nach Kathmandu als auch in die Ordnung der eigenen Poetik (‚friendly', *Der Freund*) überführt. Dabei erinnert die ‚Füllung' des Textes mit ‚geklauten' Intertexten an die Papierschnipsel der nepalesischen Outdoor-Jacken, die hier möglicherweise als Vorbild dienten. Im Ergebnis wird die *Agni Air*-Episode als *fake* markiert, obgleich die Existenz der Fluggesellschaft und ihres *corporate designs* verbürgt ist.[81]

Abbildungsnachweise

Abb. 1: © Christian Kracht, Ingo Niermann.
Abb. 2 – 4: © Kenneth Anger.
Abb. 5 – 7: © HERBURG WEILAND.
Abb. 8 – 9: © United Airlines.

80 Vgl. Victoria Vantoch: Selling the friendly skies. In: The University of Chicago Magazine, Juli/August 2013, http://mag.uchicago.edu/economics-business/selling-friendly-skies; o.V.: Jingle: United „Fly the Friendly Skies" (1965), http://brandedskies.com/2012/01/jingle-united-fly-the-friendly-skies-1965/; Stuart Elliot: THE MEDIA BUSINESS: ADVERTISING. For Leo Burnett, a United review signals unwanted clouds moving into the friendly skies. In: New York Times, 29. Juli 1996, http://www.nytimes.com/1996/07/29/business/media-business-advertising-for-leo-burnett-united-review-signals-unwanted-clouds.html; Jane L. Levere: Old Slogan Returns as United Asserts It Is Customer-Focused. In: New York Times, 20. September 2013, http://www.nytimes.com/2013/09/20/business/media/old-slogan-returns-as-united-asserts-it-is-customer-focused.html?_r=1; o.V.: United Airlines Returns to a Classic Slogan, http://petchmo.com/united-airlines-returns-to-a-classic-slogan/ (10. Juni 2017).

81 Vgl. hierzu den Artikel ‚Agni Air' in der Wikipedia, https://en.wikipedia.org/wiki/Agni_Air; sowie das Portfolio auf der Homepage von Herburg Weiland, http://herburg-weiland.de/en/portfolio/02/20 (24. Februar 2017).

Elias Kreuzmair

Der angenehmste Ort der Welt

Der literarische Raum und der Raum der Literatur in *Der gelbe Bleistift* und *Ferien für immer*

„Nur mit richtigen Büchern aus Papier gelangt man bis ans Ende der Welt.“[1]

„Die Welt ist entdeckt“[2] heißt: Die Welt ist kartographisch erfasst und sprachlich, auch literarisch, beschrieben. Das Verhältnis dieser doppelten Entdeckung der Welt lässt sich als ein Verhältnis von Oberfläche (die Karte) und Tiefe (der Text) reformulieren. Diese beiden Dimensionen stehen in einem komplementären Verhältnis zueinander: Was auf der Karte nur schwer eingezeichnet werden kann, kann der Text im Detail beschreiben und muss sich dabei an keinen Maßstab halten. Die Karte wiederum bietet ein Maß an Übersicht und Ordnung, die ein Text nur schwer garantieren kann. Je genauer im Text beschrieben wird, desto weiter entfernt dieser sich von der Karte. Christian Kracht positioniert sich im Motto, das er seinen in *Der gelbe Bleistift* (1999) versammelten Reiseberichten voranstellt, zum Verhältnis von Oberfläche und Tiefe, indem er den britischen Maler David Hockney zitiert: „Surface is an illusion but so is depth“.[3] Diese Feststellung lässt sich erstens als Ausdruck einer Enttäuschung über mangelnde Tiefe lesen. Es ist die Enttäuschung, die Welt nicht so vorzufinden wie die großen Reiseschriftsteller des neunzehnten und beginnenden zwanzigsten Jahrhunderts sie beschrieben haben, denen wiederum Krachts mit Eckhart Nickel verfasstes *Ferien für immer. Die angenehmsten Orte der Welt* (1998) gewidmet ist.[4] Zweitens schließt Kracht mit diesem Motto an zentrale Einsichten postkolonialistischer Theorie an.[5] Drittens schließlich gibt er einen Hinweis auf die Verknüpfung seiner Texte mit den

1 Stefanie Flamm: Zerlesene Träume. Interview mit Eckhart Nickel. In: Die Zeit, Nr. 19 vom 11. Mai 2013.

2 So der Klappentext von Christian Kracht/Eckhart Nickel: Ferien für immer. Die angenehmsten Orte der Welt. München 2001: Deutscher Taschenbuch Verlag. Diese Taschenbuchausgabe weist gegenüber dem Erstdruck von 1998 einige kleinere Veränderungen auf.

3 Christian Kracht: Der gelbe Bleistift. Köln ^{3}2000 (1999): Kiepenheuer & Witsch, S. 9.

4 Vgl. Kracht/Nickel: Ferien für immer, S. 5.

5 Die Illusion der Tiefe – Authentizität – in der Beschreibung des Orients durch westliche Schreibende hat prominent Edward Said in *Orientalism* (London 1978: Routledge & Kegan Paul) herausgearbeitet.

https://doi.org/10.1515/9783110532159-005

Oberflächenpoetiken der Pop-Literatur.[6] Diese drei Lesarten des Mottos haben ihre Berechtigung, sind sie doch alle für die Lektüre der Texte anschlussfähig, denen es vorangestellt ist.[7]

Das Motto lässt sich jedoch auch als Verweis auf das im Illusionscharakter der beiden Dimensionen von Weltentdeckung liegende fiktionale Potential lesen, das heißt auf die Möglichkeit, an einer fiktionalen Topographie der Welt zu arbeiten, ohne sie mit Kategorien wie Authentizität oder Repräsentativität rückkoppeln zu müssen. Die Reiseberichte in *Der gelbe Bleistift*, die von 1992 bis 1999 entstanden, befinden sich am Ausgangspunkt der Realisierung dieses Potentials, das sich zunächst in der Form der Parodie zeigt. Die Topographie der beschriebenen Orte entpuppt sich daher oft, wo man Fremdes erwartet, als Eigenes, und die Tiefe erweist sich als spiegelnde Oberfläche. Asien wird in parodistischer Weise als Zerrbild des Westens beschrieben. Auch den Texten in *Ferien für immer* wohnt dieses parodistische Element inne, indem sie als Reiseempfehlungen präsentiert werden, den Erwartungen an dieses Genre aber nicht genügen. Anders als in *Der gelbe Bleistift* steckt in diesen Texten keine Klage über die Vergeblichkeit des Reisens, vielmehr wird der Illusionscharakter der Beschreibung bejaht und als Potential genutzt. In *Ferien für immer* lassen sich die Topographien als Hommages lesen. Sie werden als Kontextualisierung prominenter Figuren oder aus den Namen der Orte entwickelt. Die vermeintliche Fremde wird zu einem Ort der Freiheit und Sorglosigkeit, der als ideale Heimat präsentiert wird. Die Illusion der Faktualität, die durch die einen Gebrauchstext suggerierende Form der Reiseempfehlung entsteht, dient dann dem Ziel, den Verfassern einen Platz in dieser Welt zu sichern. In ihrem genuin literarischen Weltzugang und ihren Bezügen zu anderen literarischen Werken entsteht in *Ferien für immer* eine Literatur-Welt, die sich selbst einer postmodernen und postkolonialen Welt-Literatur einschreibt.

---

6 Zur Poetik der Oberfläche von popliterarischen Texten vgl. Olaf Grabienski/Till Huber/Jan-Noël Thon (Hrsg.): Poetik der Oberfläche. Die deutschsprachige Popliteratur der 1990er Jahre. Berlin und Boston 2011: De Gruyter.

7 So beispielsweise Claudia Breger, die die Texte des ‚Pop-Touristen' Kracht u. a. mit postkolonialistischer Theorie konfrontiert (Claudia Breger: Pop-Identitäten 2001. In: Paul Michael Lützeler/Stephan K. Schindler (Hrsg.): Gegenwartsliteratur. Ein germanistisches Jahrbuch, 2 (2003), S. 197–225, hier S. 218.)

1 Das Fremde, das Eigene und das Fiktive in *Der gelbe Bleistift*

Bei den Reisereportagen Christian Krachts, die in *Der gelbe Bleistift* versammelt sind, handelt es sich um Texte, die sich in ihrer radikalen Subjektivität dem Popjournalismus zurechnen lassen und die im Kontext der journalistischen Tätigkeit des Autors, vor allem für das Magazin *Tempo*, stehen. So reformuliert Gonçalo Vilas-Boas in seiner Beschreibung der Kracht'schen Reisetexte die Irritation, die eine popjournalistische Reportage bei unvorbereiteten Leser auslösen könnte: „Kracht und andere Pop-Literaten reisen wirklich, das Gezeigte ist aber extrem inszeniert im Text, der Leser empfängt es nicht so sehr als eine Repräsentation, sondern als eine vorgetäuschte Wirklichkeit."[8] Dass diese Tatsache als formulierungsbedürftige Irritation wahrgenommen wird, liegt wohl vor allem daran, dass die Reportagen in Buchform eben außerhalb ihres unmittelbaren Kontextes stehen. Folgt man den paratextuellen Hinweisen, dass die Texte in *Der gelbe Bleistift* dem journalistischen Genre der Reisereportage zuzuordnen seien und liest man ihre jeweilige genaue lokale Zuordnung und die Thematisierung nicht-schweizerischer Länder durch einen paratextuell als Schweizer titulierten Autor als Bestätigung dieser Zuordnung, dann liegt eine Irritation dieser Art nahe.

Neben dem extremen Maß an Inszenierung ist in *Der gelbe Bleistift* – wie auch in *Ferien für immer* – eine weitere Abweichung vom Genre der Reisereportage zu beobachten: Die Erzähler verhalten sich indifferent gegenüber dem Fremden an der Fremde. In beiden Textsammlungen findet man weder ein Lob der Landschaft noch identitätskonstituierende Alteritätserfahrungen, wie sie genretypisch wären: „Die topographische Vielfalt des Raumes ist [...] auf Hotelarchitektur und Restaurant-Interieurs reduziert"[9] und, wie Kracht und Nickel in *Ferien für immer* selbst schreiben, der „Kulturschock [...] auf ein Minimum"[10] verringert. Man kann somit wie Johannes Birgfeld und Innokentij Kreknin in diesem Zusammenhang davon sprechen, dass die Reportagen „von der Unmöglichkeit des Erlebens in der

8 Gonçalo Vilas-Boas: Von der Insel weg in die Welt. Zeitgenössische Schweizer Autoren auf der Reise nach Ost und West (Christoph Geiser und Christian Kracht). In: Isabel Hernández/Ofelia Martí-Peña (Hrsg.): Eine Insel im vereinten Europa? Situation und Perspektiven der Literatur der deutschen Schweiz. Berlin 2006: Weidler, S. 107–122, hier S. 116.

9 Ulla Biernat: „Ich bin nicht der erste Fremde hier". Zur deutschsprachigen Reiseliteratur nach 1945. Würzburg 2005: Königshausen & Neumann, S. 197.

10 Kracht/Nickel: Ferien für immer, S. 24.

Fremde"[11] handelten. In der entdeckten Welt ermöglicht die Fremde nur noch die Begegnung mit dem Eigenen.

Jenseits der eigentlich genrekonstitutiven Merkmale von Reisereportagen liegt die Originalität der Texte in *Der gelbe Bleistift* also in ihrer parodierenden Kraft – in ihrem Spiel mit den Erwartungen der Leser. Durch den Einsatz von Ironie insistiert Kracht vor allem auf einem Punkt, der in seiner Kritik an Billig- wie Alternativtouristen zentral ist und noch einmal auf das Hockney-Motto verweist: dass „die Suche nach dem Wahrhaften eines Landes als Illusion verworfen werden" muss.[12] Die Touristen in Krachts Texten sorgen mit ihrer Fixierung auf das Andere und das Authentische dafür, dass genau das Gegenteil vom Gesuchten eintritt: Sie finden eine homogenisierte und auf ihre Bedürfnisse zugeschnittene Fremde vor, die sich immer schon an ihre Erwartung angepasst hat.

Den inszenatorischen Aufwand, den die besuchten Länder leisten, indem sich Vietnam beispielsweise als flächendeckendes Vietnamkriegsmuseum für amerikanische Kriegsveteranen präsentiert, spiegelt sich in der extremen Inszenierung der Texte.[13] Die Konsequenz dieser Inszenierung ist eine Tendenz zur Fiktionalisierung, die sich wiederum mit der Narration der Länder über sich selbst überschneidet. In *Der gelbe Bleistift* ist eine Steigerung in Bezug auf fiktionsmarkierende Textelemente zu beobachten. Lässt sich beispielsweise *Après nous le deluge*,[14] das unter dem Titel *Ballermann für Hippies* in leicht abweichender Form zunächst als Artikel im *Spiegel* veröffentlicht wurde,[15] ein relativ geringer Grad an Fiktionalisierung vermuten, entsteht bei der Lektüre anderer Texte der Eindruck, der Erzähler betreibe relativ wenig Aufwand, die Fiktionalität seiner Erzählung zu verbergen. Dieser Leseeindruck wird in der Reportage *Mit meiner Mutter im Eastern & Oriental Express*[16] in Bezug auf die verdruckten letzten Seiten eines Buches reflektiert: „Ich weiß, es klingt jetzt wie eine allzu bemühte Metapher für irgend

---

11 Johannes Birgfeld/Innokentij Kreknin: Art. ‚Christian Kracht'. In: Kritisches Lexikon zur deutschsprachigen Gegenwartsliteratur. München 2013ff.: Richard Boorberg Verlag, http://www.munzinger.de/document/16000000773 (19. Januar 2017).

12 Gabriele Eichmanns: Die „McDonaldisierung" der Welt. Das Parodieren der Erwartungen des westlichen Lesers in Christian Krachts *Der gelbe Bleistift* (1999). In: Jill Twark (Hrsg.): Strategies of humor in post-unification German literature, film, and other media. Newcastle upon Tyne 2011: Cambridge Scholars Publishing, S. 267–290, hier S. 284.

13 Vgl. Kracht: Der gelbe Bleistift, S. 120 sowie S. 279.

14 Kracht: Der gelbe Bleistift, S. 97–106.

15 Christian Kracht: Ballermann für Hippies. Goa, ehemalige portugiesische Kolonie, ist einer der ältesten Massentourismus-Stützpunkte in der Dritten Welt: Junge Billigtouristen proben dort noch heute den Ausstieg aus der Konsumgesellschaft – und beuten die Einheimischen aus. In: Der Spiegel, 5. Januar 1998, S. 84–89.

16 Kracht: Der gelbe Bleistift, S. 81–88.

etwas, aber es stimmt wirklich".[17] Dieser Satz sollte eigentlich sagen: Die Wahrheit liegt nicht in der Inszenierung, sondern ist durch authentisches Erleben abgesichert. Bei dem Buch handelt es sich jedoch um Agatha Christies *Murder on the Orient Express* (1934), das der Erzähler in ebenjenem Zug liest. So lässt sich der Satz als eine weitere, ironisch übersteigerte Absage an das authentische Erleben lesen.

Gleichzeitig kommt dem Erzähler in diesem Satz die Literarizität seiner Erzählungen zu Bewusstsein. Tatsächlich lassen sich in einigen der Texte in *Der gelbe Bleistift* eindeutig fiktive Sequenzen erkennen, die Kracht jenseits einer bloßen Inszenierung einer realen Wirklichkeit zur Gestaltung eines fiktionalen Raums gebraucht. Beispiel dafür ist das motivische Auftauchen beziehungsweise die motivische Abwesenheit von Junichiro Tanizakis *Lob des Schattens* in der eponymen ‚Reportage' oder das im gleichen Text vermeintlich transkribierte, aber sehr artifiziell wirkende Interview mit einem PR-Vertreter eines Elektronikkonzerns.[18] Die letzte Erzählung *Der Doktor, das Gift und Hector Barantes* lässt sich schließlich weniger dem Genre der Reisereportage als der Gattung der Kurzgeschichte zuordnen.[19] Offensichtlicher Hinweis ist die explizit doppelte Lokalisierung und Datierung: „Indonesische Molukken, 1996" einerseits und „Dezember 1971 // Port Blair, Indian Andaman Islands" andererseits.[20] Anstelle des Berichts aus der Gegenwart steht die literarische Reise in die Vergangenheit und mit der Markierung des Orts des Erzählens wird der fiktionale Ort der Erzählung, wenn er auch ein reales Vorbild hat, nur noch hervorgehoben.

2 Die Namen der Ort(h)e in *Ferien für immer*

Die Schreibstrategien in *Ferien für immer* heben sich nicht völlig von denen in *Der gelbe Bleistift* ab – und *prima facie* sind auch die Orte gar nicht so unterschiedlich beschaffen. Die Distinktion zwischen guten (der respektive die Erzähler) und schlechten (Raver, Hippies, Traveller) Touristen gibt es in beiden Textsammlungen. In *Ferien für immer* besteht jedoch die Tendenz, anstelle einer bloß abwertenden Beschreibung, wie sie der angesprochene Text *Après nous le deluge* bietet, diese schlechten Touristen offensiv zu verhöhnen, wie das mit dem Rollerfahrer

17 Kracht: Der gelbe Bleistift, S. 88.

18 Vgl. Kracht: Der gelbe Bleistift, S. 178–186.

19 Vilas-Boas ist dann allerdings, das sei angemerkt, wieder relativ wenig irritiert. Er schließt mit der Aussage: „Kracht [...] erzählt einfach, was ihm widerfährt" (Vilas-Boas: Von der Insel weg in die Welt, S. 120).

20 Kracht: Der gelbe Bleistift, S. 187. Die Inselgruppen trennen ca. 4500 km.

geschieht, den die Erzähler mit Hilfe einer Ölspur zu Fall bringen, um sich ob seines Unglücks zuzuprosten.[21] Die Bewegung der Distinktion gipfelt nicht in der Liste *Unbedingt vermeiden* am Ende von *Ferien für immer*,[22] sondern letztlich in der Strategie, sich Orte zu erschaffen, die ganz ohne die verhassten Personengruppen auskommen.

Für einige der Orte in *Ferien für immer* gilt, was die Erzähler über das *Café Opera* in Stockholm schreiben: „Dies ist ein Ort, der eigentlich nur [...] von seinem Namen lebt".[23] Die sich um sie entspinnende Erzählung wird nur aus dem Ortsnamen konstruiert, der in den meisten Fällen inklusive der jeweils angegebenen Telefonnummern faktisch existiert. Die Diskothek *Frágil* in Lissabon wird so zum Sinnbild der Schwäche des menschlichen Gedächtnisses:

> Es gehört zur Eigenart der menschlichen Gedächtnistauglichkeit, der *zerbrechlichen* memorabilia, daß gerade die Orte, an denen man besonders glücklich war, sich im nachhinein um so schneller der Beschreibbarkeit entziehen. So schwankt auch beim Versuch das *Frágil* zu rekonstruieren, der Bildsinn beträchtlich.[24]

Der im Zitat entworfene Zusammenhang zwischen Gedächtnis, Glück und Zerbrechlichkeit findet sich in den folgenden Beschreibungen wieder. Es gelingt den Erzählern kaum zu rekonstruieren, wie genau es im *Frágil* aussieht, der Raum scheint sich im Erzählen zu verschieben: „Kam der DJ über eine Treppe zu seiner Kanzel links über der Theke, oder gab es überhaupt eine Verbindung von da oben her?"[25] Den Schlusspunkt der Erzählung bildet eine Fahrt aus dem *Frágil* an den westlichsten Punkt Europas. Die oben zitierte Zerbrechlichkeit des Gedächtnisses, die den Bildsinn beträchtlich schwanken lässt, scheint sich nun in der Erzählung selbst zu materialisieren. Denn am westlichsten Punkt Europas gibt es nichts zu sehen – nur „Rauschen" und „Seenebel".[26] Die Topographie entpuppt sich als Teil der Metaphernkette, die vom Namen der Diskothek ausgeht.

In dieser Hinsicht auffällig ist auch die Beschreibung der ebenfalls in Portugal gelegenen Bar *Quebra Costas*, „zu deutsch etwa ‚Brich dir das Rückgrat'".[27] Sie gipfelt im Hinweis, dass ob ihres übermäßigen Alkoholgenusses „nach einiger Zeit die ersten vornüber fallen, die Treppen hinab",[28] was den Namen erkläre. Die

21 Vgl. Kracht/Nickel: Ferien für immer, S. 20 f.
22 Kracht/Nickel: Ferien für immer, S. 194–196.
23 Kracht/Nickel: Ferien für immer, S. 32.
24 Kracht/Nickel: Ferien für immer, S. 142 (Hervorhebung E. K.).
25 Kracht/Nickel: Ferien für immer, S. 142.
26 Kracht/Nickel: Ferien für immer, S. 143.
27 Kracht/Nickel: Ferien für immer, S. 113.
28 Kracht/Nickel: Ferien für immer, S. 114.

topographischen Merkmale, die Einrichtung des Raumes, ergibt sich also aus dem Namen: Wenn die Bar *Quebra Costas* heißt, braucht es eine Treppe, die man hinunterfallen kann. Weitere Beispiele dieses Schreibens nach dem Namen sind Hermando, der vermeintliche Bruder, spanisch ‚hermano', von Armano,[29] oder das *Café Orth* auf Sylt, dessen „wohllautende[s] ‚h' am Ende des Cafénamens [...] für eine vergessene altertümliche Wirtlichkeit" stehe,[30] die das Leitmotiv der Beschreibung bildet und dessen ‚Wohllauten' nur im Geschriebenen zu hören sei. Wenn die Erzähler also an der ehemaligen deutschen Kolonie Namibia „die malerische Qualität der Deutschen Sprache" loben, die Ortsnamen wie „‚Walfischbay', ‚Seeheim', ‚Mariental' und ‚Warmbad'" hervorbringe,[31] präsentieren sie auch eine ihrer Erzählstrategien, nämlich die Topographien den Namen nach zu gestalten.

Eine zweite Strategie des Erzähler-Duos ist es, die Topographie ihrer Erzählung nach bestimmten Protagonisten aufzubauen. *The British Hotel* in Valletta, der Hauptstadt Maltas, bleibt im entsprechenden Text Nebensache. Vielmehr entfaltet sich diese sich um den „Deutschwaver[] Philip Boa",[32] der vor allem am Ende der 1980er und Anfang der 1990er Jahre mit seiner Band *Philip Boa and the Voodooclub* erfolgreich war.[33] Jeder erwähnte Ort des Textes hat seine Verknüpfung zum Musiker Boa. Nachdem die Erzähler nur durch den Verweis, sie seien Bekannte Boas, ein Zimmer im Hotel bekommen haben, suchen sie den Pub auf, dessen Gast auch Boa häufig gewesen sei und dessen Wirt sie weiter zu einem Schallplattenladen schickt. Dort erstehen sie Teile von Boas Plattensammlung, um dann zurück in den Pub zu gehen und einen Schnaps zu trinken, den auch Boa, wie der Wirt versichert, getrunken habe. Die Topographie Vallettas – Hotel, Pub, Plattenladen, Pub – entsteht also aus der Erzählung über Boa, der zeitweilig tatsächlich nach Malta auswanderte. Nicht nur von der Person Boas aus entwickeln sich in *Ferien für immer* Anekdoten und damit auch topographische Merkmale, sondern auch von Schriftstellern wie Thomas Mann,[34] Ernst Jünger[35] oder Hans Henny Jahn,[36] von Gitarrist Jimi Hendrix und dessen Song *Purple Haze*,[37] und zuletzt dem Punk-Impresario Malcolm McLaren.[38]

---

29 Vgl. Kracht/Nickel: Ferien für immer, S. 112.
30 Kracht/Nickel: Ferien für immer, S. 38.
31 Kracht/Nickel: Ferien für immer, S. 61.
32 Kracht/Nickel: Ferien für immer, S. 166.
33 Vgl. Thomas Manegold: ‚Speed' statt Langeweile. Interview mit Phillip Boa, http://www.subkultur.de/phillipboa/Redview.html (19. Januar 2017).
34 Vgl. Kracht/Nickel: Ferien für immer, S. 127.
35 Vgl. Kracht/Nickel: Ferien für immer, S. 43.
36 Vgl. Kracht/Nickel: Ferien für immer, S. 148.

Claudia Breger hat auf ein weiteres Verfahren verwiesen, das Kracht und Nickel verwenden und das sie mit dem Begriff des ‚Topoisampling' bezeichnet:

> [E]s sind mit hoher Regelmäßigkeit tatsächlich Stereotypen, auf die hier zurückgegriffen wird – Stereotypen allerdings, die nicht selten explizit in dieser Funktion aufgerufen werden, und die *produktiv* wiederverwertet, mehr oder minder ironisch relativiert und im Prozeß des *sampling* mit veränderten Bedeutungen versehen werden.[39]

Die Schreibweisen, die über Namen und Personen funktionieren, werden also von Stereotypen und Klischees ergänzt, die die Erzähler aus einem kulturellen Motivreservoir beziehen, beispielsweise wenn ein Klischee-Mexiko samt Personal inszeniert wird – inklusive Siesta, Sombrero und Mariachiensemble:

> Abends dann, nach dem wegen [...] der Hitze unnötig ausgedehnten Nickerchen, sitzt es sich angenehm in der lauen Luft auf der Plaza vor dem Hotel.
> Sombrerotragende, traurig mit abwärts weisenden Schnurrbartspitzen dreinschauende Mexikaner haben sich vor der Kirche aufgebaut. Zunächst ist ein Durcheinander von Trompete, Gitarre und einem banjoähnlichen Saiteninstrument zu hören. Dann öffnet der dicke Sänger seinen Mund, um sich auf die Molltonart einzustimmen.[40]

Dieses Klischee könnte, wie die Erzähler selbst behaupten, einem „Sergio-Leone-Film"[41] entstammen und betrifft sowohl die personelle Ausstattung wie die räumliche Gestaltung der Umgebung: Eine mexikanische Kleinstadt besteht aus Hotel, Plaza und Kirche.

Auch Topographie und metereologische Bedingungen der eigentlich schottischen – bei Kracht und Nickel aber englischen – Isle of Colonsay gestalten sich reichlich typisch:

> Bei unserem letzten Besuch, es war gerade November, und ein heftiger Nordwestwind versprach am Abend den ersten Schnee des Jahres über die Insel zu bringen, landeten wir mit kleinem Gepäck am Pier von Sclasaig. Da wir nicht telefonisch avisiert hatten, stellten wir das Gepäck im Post-Office unter, nahmen am Hafen in einem winzigen Pub jeder einen doppelten Single-Malt und wanderten – so gestärkt – westwärts, in lange Tweedmäntel gehüllt [...].[42]

---

37 Vgl. Kracht/Nickel: Ferien für immer, S. 174 f.
38 Vgl. Kracht/Nickel: Ferien für immer, S. 192 f.
39 Breger: Pop-Identitäten 2001, S. 209.
40 Kracht/Nickel: Ferien für immer, S. 28.
41 Kracht/Nickel: Ferien für immer, S. 28.
42 Kracht/Nickel: Ferien für immer, S. 130.

Mit Whiskey und Tweedmänteln wandern die Erzähler über die kalte und windige Insel, die aus Pub, Post-Office, dem Hotel *The Hotel*, der Kirche und einem Leuchtturm zu bestehen scheint. An diese beiden Beispiele schließen sich zahllose weitere an, in fast jeder Empfehlung Kracht und Nickels findet man solche Klischees und Stereotypen: In Dahab verkaufen Beduinen Cannabis,[43] die Bucht von Alexandria zeigt sich „unvergleichlich glitzernd[]",[44] die Einwohner eines hessischen Dorfes sind aufgrund inzestuöser Verflechtungen geistig zurückgeblieben[45] und in Polen wird selbstverständlich das Auto der Reisenden aufgebrochen.[46]

An das Topoisampling schließen auch die intertextuellen und intermedialen Bezüge an, die an vielen Stellen aufscheinen und eine gehobenere Version der Wiederverwertung von Klischees und Stereotypen darstellen. Das eben erwähnte Mexiko-Setting erscheint den Erzählern wie aus „einem der vielen ungedrehten Filme von Sergio Leone",[47] die Isle of Colonsay könnte ohne Weiteres Schauplatz eines englischen Kriminalromans sein. Oft werden Orte auch durch intertextuelle oder -mediale Zuordnungen eingeführt: Da gibt es die „aus Rudyard Kiplings Erzählungen bestens bekannte Hauptstraße",[48] die Zisterne in der Nähe des Hotels *Neemrana Fort Palace* erinnert die Erzähler mit seinen „unzähligen ineinander verschachtelten Treppen und Rundbögen" an Bilder M. C. Eschers.[49] Dazu sind sicherlich die „großen Reisenden [...] Wilfried Thesiger, Peter Fleming, Ella Maillart, Evelyn Waugh, Annemarie Schwarzenbach"[50] oder auch Wyndham Lewis zu nennen,[51] denen *Ferien für immer* gewidmet ist und die vor allem für den anachronistischen Ton – man denke an das häufig verwendete ‚der Reisende' – der Texte Pate standen. In *Ferien für immer* begegnet einem also weniger Fremdes, sondern neu kombiniertes Bekanntes, und die Texte zielen in ihrer Offenlegung literarischer Strategien weniger auf Authentizitäts- als auf Effekte der Konstruiertheit.

Das zeigen auch die für Kracht typischen erzählerischen Schleifen[52] – innerhalb und im Bezug der Texte aufeinander. In Schweden gibt es ein Stein-

43 Vgl. Kracht/Nickel: Ferien für immer, S. 35.
44 Kracht/Nickel: Ferien für immer, S. 117.
45 Vgl. Kracht/Nickel: Ferien für immer, S. 182.
46 Vgl. Kracht/Nickel: Ferien für immer, S. 177.
47 Kracht/Nickel: Ferien für immer, S. 28.
48 Kracht/Nickel: Ferien für immer, S. 133.
49 Kracht/Nickel: Ferien für immer, S. 120.
50 Kracht/Nickel: Ferien für immer, S. 5.
51 Vgl. Kracht/Nickel: Ferien für immer, S. 169 u. 189.
52 Birgfeld und Kreknin führen die Metapher der ‚Möbiusschleife' als zentrale Interpretationsfigur für Krachts Texte an (Kracht/Kreknin: Art. ‚Christian Kracht').

mandala mit unerreichbarer Mitte, das metaphorisch, so Kracht und Nickel, für das skandinavische Land stehe. In Stockholm bekommen die Erzähler den Hinweis „If you wanna have fun go to Gotland".[53] Dort angekommen, wird ihnen genau der umgekehrte Ratschlag erteilt.[54] In Indien herrscht ein Umbenennungswahn, der stets „bereits an anderer Stelle beschrieben wurde"[55] und im mexikanischen Tulum „hat man es [...] genau wie in Dahab"[56] – nur ist Dahab „möglicherweise nicht so [...], wie wir es hier dargestellt haben".[57] Eine letzte erzählerische Volte erlauben sich Kracht und Nickel im Zuge der Taschenbuchauflage von *Ferien für immer* in Bezug auf das Hotel *Parco dei Principi* im italienischen Sorrento: „Bei den Recherchen für diese handliche Taschenbuchausgabe mußten wir leider feststellen, daß das Parco dei Principi inzwischen abgerissen worden ist".[58] Eine kurze Suche im Internet zeigt jedoch: Das vom italienischen Architekten Gio Ponti erbaute Hotel steht bis heute.[59] Der rein fiktive Abriss des Hotels wirkt wie eine Demonstration der Macht der Fiktion gegen die Wirklichkeit, die Kracht und Nickel zu diesem Nachtrag veranlasst hat, möglicherweise als Reaktion auf eine Leserschaft, die ihre Empfehlungen allzu ernst nahm.[60]

3 *Ferien für immer* als Heimatroman

Das Ziel der Texte ist jedoch mehr als bloße Enttäuschung von Leseerwartungen und deren Erschöpfung im Spiel mit dem Leser. In *Ferien für immer* wird eine explizit literarische Welt geschaffen, in der die Fremde zwar als Sehnsuchtsort gestaltet ist, jedoch keine Alteritätserfahrungen bereithält, sondern vielmehr als das Eigene erscheint. Den ersten Hinweis auf diese Konstellation gibt das erste der drei Motti, die Kracht und Nickel den Reiseempfehlungen vorangestellt haben. Es stammt von Thomas Bernhard: „Nein, nein, das Ideale ist weit weg, weit weg und

53 Kracht/Nickel: Ferien für immer, S. 32.
54 Vgl. Kracht/Nickel: Ferien für immer, S. 104.
55 Kracht/Nickel: Ferien für immer, S. 50, vgl. auch S. 106.
56 Kracht/Nickel: Ferien für immer, S. 112.
57 Kracht/Nickel: Ferien für immer, S. 36.
58 Kracht/Nickel: Ferien für immer, S. 165.
59 Vgl. o. A.: Parco dei Principi, Sorrento. Il sogno di Gio Ponti a strapiombo sul mare, unter http://www.royalgroup.it/parcodeiprincipi/it (19. Januar 2017).
60 Vgl. das Postskriptum des letzten Briefes des in *New Wave* abgedruckten Briefwechsels *Das Ende der Leine II*, das sich auf die Rezeption des Textes *Baby Beef* in *Ferien für immer* (S. 144–147) bezieht (Christian Kracht: New Wave. München 2008 [2006]: Deutscher Taschenbuch Verlag, S. 201–208, hier S. 208).

in ein Hotel, so lang es einem paßt, und dann in ein anderes".[61] Die doppelte Negation gilt dem deutschsprachigen Raum, der als Heimat zurückgewiesen wird. Wo allerdings der alternative Ort des Hotels ‚weit weg' sein soll, lässt sich nicht erschließen, zu vage ist Bernhards Andeutung der Topographie des Sehnsuchtsorts: „Sie können am Meer entlangrennen oder im Wald, und Sie kommen *heim*, alles ist fertig und da".[62] Das Hotel – und in Erweiterung des Bernhard-Mottos auch die Gastronomiebetriebe und Bars aus *Ferien für immer* – sind Heimatsubstitut. Sie stehen dafür, in der Fremde, zu deren konstitutiven Eigenschaften es gehört, das Andere bereit zu halten, das Immergleiche – einen bestimmten Minimalkonsens des Wohnlichen oder Gastlichen – vorfinden zu können. In diesem Sinn hat schon Michael Althen in seiner Rezension zu *Ferien für immer* festgestellt: „Im Grunde ist das Buch kein Reiseführer, sondern ein Heimatroman."[63] Mit dem Begriff der Heimat sind hier nicht das Meer, der Wald oder die Berge, also elementare topographische Merkmale einer Landschaft, bezeichnet, sondern ein Ort, dem die dem Heimatbegriff eigene Exklusivität und Identität eigentlich fehlt. Ein Hotel ist immer nur ein vorübergehendes Zuhause, bietet Kracht und Nickel aber die Möglichkeit, das Konzept des Reiseführers als Kontext zu zitieren, die Texte selbst jedoch dann so auszugestalten, wie ihnen der Sinn steht – mit den ‚malerischen Qualitäten der Sprache' und dem ‚schwankenden Bildsinn'.

Insofern schließen die Reisebeschreibungen in ihrer Auseinandersetzung mit Heimat und Heimatland direkt an Krachts Debüt an: Heimat bildet schon in *Faserland* ein zentrales Motiv, und auch das Hotel taucht an prominenter Stelle auf und erweist sich als Ort mit kathartischem Potential.[64] Die Fluchtbewegung, die den Protagonisten von Krachts erstem Roman von Nord nach Süd führt, ist in den Reisebeschreibungen unterbrochen, das erzählende Subjekt ist angekommen. Zwar kann man von einer allgemeinen, *Ferien für immer* vorausgehenden Flucht vor dem *consumerism* der neoliberalen westlichen Gesellschaft sprechen,[65] die vor allem in Gestalt des massentouristischen Auftretens von Hippies, Ravern und Travellern markiert ist. Letztlich ist die Reisebewegung aber nicht das ent-

---

61 Kracht/Nickel: Ferien für immer, S. 7.

62 Kracht/Nickel: Ferien für immer, S. 7 (Hervorhebung E. K.).

63 Michael Althen: Rettung vor Baedekers Fluch. Ferien auf dem Barhocker mit Kracht und Nickel. In: Süddeutsche Zeitung, 11. April 1998.

64 Zum Verhältnis von Heimat und Reisen in *Faserland* vgl. Steffen Hendel: Heimat, wo anders! Über das Reisen in zwei fiktionalen Texten von Angela Krauß und Christian Kracht. In: Gunther Gebhard/Oliver Geisler/Steffen Schröter (Hrsg.): Heimat. Konturen und Konjunkturen eines umstrittenen Konzepts. Bielefeld 2007: transcript, S. 161–178.

65 Vgl. dazu mit Bezug auf *Der gelbe Bleistift* Anke Biendarra: Germans Going Global. Contemporary Literature and Cultural Globalization. Berlin 2012: De Gruyter, S. 172.

scheidende Moment der Texte, die Topographie der Orte bleibt – im Gegensatz zu *Faserland* – statisch.[66] Das Projekt, das Nickel und Kracht mit *Ferien für immer* verfolgen, ist die Konstitution einer anderen Art von Heimat, die sie in der Literatur finden und in die sie sich selbst als Kunstfiguren einschreiben.

4 Die Topographie der Literatur

Die Kreation dieser beiden Kunstfiguren hat Eckhart Nickel 2006 in einem pseudobiographischen Text mit dem Titel *Travels with my Aunt* im Band *Christian Kracht. Leben und Werk* beschrieben.[67] Er handelt von seiner vermeintlich ersten Begegnung mit dem Schweizer Schriftsteller. Nickel stellt fest, dass Kracht „eine Art absurdes Spiegelbild"[68] von ihm sei. Ihr erstes Gespräch handelt in einer Vermischung zweier großer Werke der deutschsprachigen Literatur des beginnenden zwanzigsten Jahrhunderts vom – eigentlich in Robert Musils *Mann ohne Eigenschaften* (1930/1932) beschriebenen – ‚anderen Zustand' in Thomas Manns *Der Zauberberg* (1924). Auch die im letzteren Text prominent auftauchende ‚Transsubstantiation' wird erwähnt. Das Erreichen jenes ‚anderen Zustands' durch ‚Transsubstantiation', so kommen Kracht und Nickel überein, „gehöre zu den erstrebenswertesten Zielen im Leben schlechthin".[69] Im Folgenden schließen die beiden einen Bund, der in der dreimaligen Entscheidung besiegelt wird, nicht in einen schwarzen Mercedes einzusteigen. Statt auf Reisen zu gehen, bleibt das Duo am Bordstein sitzen.[70] Im weiteren Verlauf von Nickels Schilderung erlangen die beiden die Vision einer Figur mit dem Namen Dr. Kranich, „ein[em] in Vergessenheit geratene[n] drogensüchtige[n] Anthropologe[n], dessen erbärmliche Erlebnisse in den Tropen Nickel und Kracht auf mikroskopisch beschriebenen

66 „Starr", wie Johannes Birgfeld und Innokentij Kreknin schreiben (Birgfeld/Kreknin: Art. ‚Christian Kracht'). Es kommt also nicht auf das von Volker Weidermann ins Zentrum seiner Rezension gestellte „Davonfahren", „Suchen und Nicht-Finden" an (Volker Weidermann: Eigentlich saugute Stimmung. Erleben, beschreiben, verdrängen, genießen. In: taz. die tageszeitung, 20. März 1998).

67 Eckhart Nickel: Travels with my Aunt. In: Johannes Birgfeld/Claude D. Conter (Hrsg.): Christian Kracht. Leben und Werk. Köln 2009: Kiepenheuer & Witsch, S. 61–75. Der Titel verweist auf den gleichnamigen Roman von Graham Greene (1969) bzw. dessen Verfilmung (Großbritannien 1972, Regie: George Cukor), in dem ein Bankangestellter mit seiner Tante die Welt entdeckt, und kann als ironische Anspielung auf das Verhältnis von Kracht und Nickel gelesen werden.

68 Nickel: Travels with my Aunt, S. 64.

69 Nickel: Travels with my Aunt, S. 64.

70 Vgl. Nickel: Travels with my Aunt, S. 65.

Postkarten protokollieren".[71] Kurz darauf befindet sich das Duo in immer absurderen Situation in aller Welt, die im Text durch die Regieanweisung „*Schnitt*"[72] getrennt sind. Nachdem der letzte Schnitt gesetzt ist, steht der metareflexive Satz, der gleichzeitig der letzte von Nickels *Travels with my Aunt* ist: „Gleißendes Licht, das Ende des gerissenen Films flattert, von den Rändern her frisst sich auf dem letzten projizierten Bild eine kalte Flamme in die Mitte vor, bis alles weiß ist, wie dieses Blatt."[73] Nickel scheint hier *ex post*, acht Jahre nach *Ferien für immer*, die Schreibbedingungen des Autoren-Duos in fiktional verklausulierter Form zu demonstrieren. Dazu gehört erstens, dem Reisen mit dem Körper die Reise mit dem Bewusstsein vorzuziehen; zweitens, dafür das Reservoir literarischer Motive zu nutzen und drittens durch Literatur – und in der Kombination verschiedener Texte – den anderen, angenehmen, literarischen Zustand als Steigerung des Lebens zu erreichen. Insofern ist das Verhältnis von *Der gelbe Bleistift* und *Ferien für immer* auch eine Transsubstantiation im Nickel'schen Sinne: eine Steigerung der Interferenz von Leben und Literatur.

Darauf deutet auch das zweite Motto von *Ferien für immer*, ein Zitat aus dem Musical *Sail Away* (1961) des britischen Schauspielers und Komponisten Noël Coward. Es setzt mit den Versen ein: „Why do the wrong people travel, travel, travel / When the right people stay back home?"[74] Es ist auffällig, dass in *Ferien für immer* – wie auch in anderen Texten der Autoren um Kracht – spezifische Distinktionsmuster eine große Rolle spielen, jedoch scheinen die Erzähler Kracht und Nickel als Reisende hier zu den ‚wrong people' zu gehören. Dabei geht doch aus den Reiseempfehlungen und vor allem aus der Liste der Dinge, die man ‚unbedingt vermeiden' sollte, hervor, wer die Guten und wer die Bösen sind: Erstere sind vor allem die Erzähler, zweitere Traveller mit *Lonely Planet*-Reiseführern, Hippies und Raver. Es gibt nur eine Möglichkeit, diese Gleichungen so zu lösen, dass Kracht und Nickel immer auf der richtigen Seite stehen. Sie sind wie in *Travels with my Aunt* gereist *und* zuhause geblieben. Sie waren „mit dem Finger auf Weltreise"[75] und beschreiben „Orte, die es so nirgendwo gibt",[76] wie Moritz von Uslar im Vorwort zu *Ferien für immer* schreibt. Der angenehme Zustand zeichnet sich durch strapazenloses Reisen aus, den nur die Lektüre garantieren kann.

---

71 Nickel: Travels with my Aunt, S. 71.
72 Vgl. Nickel: Travels with my Aunt, S. 72–75.
73 Nickel: Travels with my Aunt, S. 75.
74 Kracht/Nickel: Ferien für immer, S. 7.
75 Moritz von Uslar: Vorwort. In: Kracht/Nickel: Ferien für immer, S. 13–17, hier S. 17.
76 Uslar: Vorwort, S. 16.

Daran schließt das dritte Motto an. Es entstammt T. S. Eliots frühem modernistischen Rollen-Gedicht *The Love Song of J. Alfred Prufrock* (1915). „I grow old ... I grow old ...", klagt Prufrock und nimmt sich vor: „I shall wear white flannel trousers, and walk upon the beach".[77] Das Spaziergehen am Meer steht im Gegensatz zum ‚Entlangrennen', das im oben besprochenen, ersten Motto aufgerufen wird. Tatsächlich scheint dieses Motto auf einen Zustand eines finalen Zur-Ruhe-Kommens zu deuten, der in den Metaphern des Alters und des Flanierens am Strand beschrieben ist. Dieser Zustand der Sorglosigkeit kann in Verbindung mit dem Untertitel des Buches gelesen werden: Das gute Leben heißt bei Kracht und Nickel angenehmes Leben. Was Prufrock sich vornimmt, führen die Erzähler in *Ferien für immer* aus: Ihr finaler Spaziergang endet am Strand.[78] Jener Strand ist der Strand der Literatur, die Heimat der Reisenden sind Texte, Bücher. Sie bereisen hier noch einmal einen Ort, der schon entdeckt und – nicht zuletzt in Eliots Gedicht – beschrieben ist. Der Titel *Ferien für immer* bezeichnet so den Raum der Literatur selbst, die sich im *otium* der Lektüre entfaltet. Hier zeigt sich erneut der Traum des Lebens als und in der Literatur, mit dem viele Texte der Pop-Generation um Kracht auf die eine oder andere Weise experimentieren. Damit schließt *Ferien für immer* nicht nur thematisch und motivisch an andere Texte mit Krachts Beteiligung und an seine daraus resultierende Selbstinszenierung an, die auf einer stetigen Verwischung der Grenze zwischen Fakt und Fiktion basiert und mit der Abwesenheit des Autors und der Inszenierung von Autorenfiguren im Werk spielt.[79]

5 Die Inszenierung der Autoren

Klaus Bartels urteilt über die Autorinszenierung in *Der gelbe Bleistift:* „Kracht inszeniert sich als einen polyglotten, polykulturellen Nomaden mit jederzeit wechselndem internationalen Wohnsitz."[80] Er findet in ihm den Prototyp eines

---

77 Kracht/Nickel: Ferien für immer, S. 7.

78 Vgl. Kracht/Nickel: Ferien für immer, S. 193.

79 Vgl. etwa Fabian Lettow: Der postmoderne Dandy. Die Figur Christian Kracht zwischen ästhetischer Selbststilisierung und aufklärerischem Sendungsbewusstsein. In: Ralph Köhnen (Hrsg.): Selbstpoetik 1800–2000. Ich-Identitäten als literarisches Zeichenrecycling. Frankfurt am Main u.a. 2001: Peter Lang, S. 285–305; sowie Eckhard Schumacher: Omnipräsentes Verschwinden. Christian Kracht im Netz. In: Birgfeld/Conter (Hrsg.): Christian Kracht, S. 187–203.

80 Klaus Bartels: Fluchtpunkt Katmandu. Globaler Nomadismus bei Christian Kracht. In: Hans Richard Brittnacher/Magnus Klaue (Hrsg.): Unterwegs. Zur Poetik des Vagabundentums im 20. Jahrhundert. Köln, Weimar und Wien 2008: Böhlau, S. 291–302, hier S. 294.

postkolonialen Reiseschriftstellers und schließt damit an Birgfelds frühere Überlegungen an.[81] Zu dieser Inszenierung als Reiseschriftsteller können selbstverständlich auch fiktionale Texte wie der oben diskutierte *Der Doktor, das Gift und Hector Barantes* gehören. Trotzdem ist die Inszenierung der Autoren von *Ferien für immer* mit dieser Einordnung nicht erschöpfend beschrieben. Birgfeld und Kreknin haben dafür den Begriff des Schelms vorgeschlagen, der auch dem von Nickel in *Travels with my Aunt* beschriebenen Selbstbild des Autoren-Duos entspricht.[82] Worin besteht das Schelmische dieses Duos? Einmal darin, dass sie als Erzähler von Reiseempfehlungen unzuverlässig agieren, indem sie beispielsweise durch die Angabe von genauen Adressen und Telefonnummern ihre Texte in einen faktualen Kontext stellen, die Implikationen dieses Kontextes aber gezielt durchkreuzen wie das Beispiel des *Parco dei Principi* gezeigt hat.

Gleichzeitig ist, versteht man die Selbstinszenierung von Kracht und Nickel als schelmisch, Kritik, wie sie Breger an den in *Ferien für immer* transportierten Einstellungen übt, nicht mehr als Kritik an den Autoren selbst, sondern als deren Gesellschaftskritik zu lesen. Breger schreibt:

> Vor allem aber rekurriert ihre Performanz westlicher, implizit weißer Männlichkeit in hohem Maße auf die Topoi des kolonialen Imaginären, die im Medium des Pop ironisch gebrochen, zugleich aber in postmodernen Variationen zum Zwecke der Konstitution neuer Formen ‚königlicher' Subjektivität wiederverwertet werden.[83]

Die Leistung von Kracht und Nickel wäre dann, diese ‚neuen Formen ‚königlicher' Subjektivität' in ihren Texten herausgearbeitet und deren Entstehungsprozess demonstriert zu haben – und so wie im traditionellen Schelmenroman der Gesellschaft einen Spiegel vorgehalten zu haben. So kann auch für *Ferien für immer* gelten, was Eckhard Schumacher in Bezug auf *Imperium* (2012) resümiert: „Krachts Schreibverfahren ermöglicht [...] durch die Überlagerung von Fakten und Fiktionen, [...] einen geschärften Blick auf reale, historisch belegte Begebenhei-

81 Vgl. Johannes Birgfeld: Christian Kracht als Modellfall einer Reiseliteratur des globalisierten Zeitalters. In: Jean-Marie Valentin/Elisabeth Rothmund (Hrsg.): Akten des XI. Internationalen Germanistenkongresses Paris 2005: Germanistik im Konflikt der Kulturen. Band 9: Kulturkonflikte in der Reiseliteratur. Frankfurt am Main u.a. 2007: Peter Lang, S. 405–411.

82 Vgl. Birgfeld/Kreknin: Art. ‚Kracht'. Dazu Nickel: „In unsere Mundfalten grub sich das *schelmische* Lächeln vermeintlicher Überlegenheit" (Nickel: Travels with my Aunt, S. 65 [Hervorhebung E. K.]).

83 Breger: Pop-Identitäten 2001, S. 220.

ten, wie auf deren Verwicklung in Fiktionen und Projektionen."[84] Kracht und Nickel führen diese Fiktionen und Projektionen nicht nur in ihren Texten vor, sondern kalkulieren dabei auch mit den Reaktionen auf ihre Texte und die Projektionen, die ihre Selbstinszenierung auslöst, die sie über die Texte hinaus fortsetzen.[85]

Man begreift jedoch nicht alle Elemente dieser Selbstinszenierung, wenn man Kracht und Nickel auf die Rolle des Schelms reduziert. Das Spiel mit dem Literarischen und das sich aus diesem Spiel entwickelnde Begehren der Schreibenden, Teil des Textes zu sein, das sich in der gezielten Verwischung der Grenzen zwischen Leben und Literatur zeigt, äußert sich in dem Wunsch nach dem Leben an einem Ort, dessen Topographie die des Angenehmen ist. Nicht zufällig folgen die Erzähler Alfred J. Prufrock am Ende der letzten Reiseempfehlung an den Strand, auf dem jener übrigens – ‚I shall walk' – auch nur im Geiste spaziert. Das Leben in der Literatur scheint ganz ohne Ironie, aber im Bewusstsein der Unmöglichkeit ein Movens des Schaffens von Kracht und Nickel zu sein. Sie stehen damit in der Tradition der Avantgarden des zwanzigsten Jahrhunderts.

Ein Beleg des Begehrens danach findet sich auch im Projekt der Kathmandu Library. Diese Bibliothek baute das Autoren-Duo angeblich während ihrer Zeit als Herausgeber (Kracht) und Chefredakteur (Nickel) der Zeitschrift *Der Freund* auf. Sie enthalte, so behaupten Kracht und Nickel, für jeden Tag ihres Aufenthalts ein Buch.[86] Nachdem eine Unterbringung der Bibliothek im paraguayischen Nueva Germania scheiterte, sondierten sie unter den möglichen Heimatorten für die Bücher auch ein Antiquariat im schweizerischen Ascona. Dort sollte ein Ort geschaffen werden für „[e]uphorische Lesereisende, die inmitten der kanonischen Bücher aus Kathmandu leben wollen".[87] Kracht und Nickel präsentierten ihre Idee auf dem örtlichen Literaturfestival, wo sich herausstellte, dass sie es mit der Ansiedlung in Ascona oder sogar mit der gesamten Kathmandu Library nicht so ernst meinten, wie es die Repräsentanten der lokalen Politik gerne gehabt hätten.[88] Sie gerieten zuletzt so in die Defensive, dass Zweifel daran entstanden, ob

84 Eckhard Schumacher: Differenz und Wiederholung. Christian Krachts *Imperium*. In: Hubert Winkels (Hrsg.): Christian Kracht trifft Wilhelm Raabe. Die Diskussion um *Imperium* und der Wilhelm-Raabe-Literaturpreis 2012. Berlin 2013: Suhrkamp, S. 129 – 146, hier S. 146.

85 Beispielsweise in diesem Interview zu *Ferien für immer:* Sebastian Wehlings/Ingo Mocek: „Ich hasse Busfahrer" – „Ich auch". Interview mit Christian Kracht und Eckhart Nickel. In: Jungle World Nr. 24, 3. Juni 1998, http://jungle-world.com/artikel/1998/23/35783.html (19. Januar 2017).

86 Vgl. die Inventarliste hier: o. A.: The Kathmandu Library, unter http://www.derfreund.com/library.php (19. Januar 2017).

87 Flamm: Zerlesene Träume.

88 Philippe Zweifel: Berg der Wahrheit, Gipfel der Ironie, http://www.tagesanzeiger.ch/kultur/buecher/Berg-der-Wahrheit-Gipfel-der-Ironie/story/14058199 (19. Januar 2017).

die entsprechende Büchersammlung überhaupt existiert. Schließlich wurde Ende 2015 in der Ausstellung *Das bewegte Buch* im Deutschen Literaturarchiv in Marbach eine Sammlung von Büchern präsentiert, die als Kathmandu Library bezeichnet wurde und von Kracht und Nickel stammt.[89] Jedoch streuten sie zu dieser Gelegenheit Zweifel an der Provenienz der Bücher: „Waren das tatsächlich die Bücher aus Kathmandu: Hatten wir nicht in jedem einen Eintrag? Wurden die inzwischen ausgetauscht?"[90]

Mit der Kathmandu Library haben Kracht und Nickel das Prinzip von *Ferien für immer* umgekehrt: Statt reale Orte zu fiktionalisieren, haben sie einen fiktiven Ort um die reale Bibliothek ergänzt, ohne dass diese Ergänzung über den Status der Bibliothek endgültigen Aufschluss zu geben vermag. In Analogie zu den Reiseempfehlungen, die sich oft aus intertextuellen Verweisen ergeben, besteht dieser fiktive Ort aus Büchern. Der in diesem Fall explizit formulierte Traum, in diesem literarischen Raum zu leben, hat sich aber auch hier nicht realisiert. Eine Reise an den angenehmsten Ort der Welt lässt sich nur im Versuch erreichen, sich in die Fiktion einzuschreiben, wie es Kracht und Nickel schon in *Ferien für immer* getan hatten.

---

89 Vgl. den Katalog zur Ausstellung: Deutsches Literaturarchiv Marbach (Hrsg.): Das bewegte Buch. Ein Katalog der gelesenen Bücher. Marbach am Neckar 2015: Deutsche Schillergesellschaft (= Marbacher Magazin, H. 150/151/152).

90 Heike Gfrereis: Letztes oder erstes Handauflegen, https://www.dla-marbach.de/presse/seite-3/archiv-seite-3/beitraege/die-kathmandu-bibliothek-von-christian-kracht-und-eckhart-nickel-26-november-2015/ (19. Januar 2017). Die Kathmandu Library ist inzwischen Teil der Sammlung des Literaturarchivs in Marbach.

Volker Mergenthaler

Streptomycin und die Fiktion der Authentizität

Christian Krachts Reisebericht *Wie der Boodhkh in die Welt kam, und warum* in der *Frankfurter Allgemeinen Sonntagszeitung* und in *New Wave. Ein Kompendium 1999–2006*

1 Autorschaft im Buch und in der periodischen Presse

Literaturwissenschaftliche Aufmerksamkeit haben Christian Krachts kürzere Prosatexte im Schatten der Romane, wenn überhaupt, so erst im Buchformat auf sich gezogen,[1] als Beiträge zu Sammlungen etwa wie *Der gelbe Bleistift* oder *New Wave*. Nicht wenige davon sind zuvor in ephemeren, für die Profilierung von autorschaftlicher Identität weniger geeigneten Formaten erschienen, in Zeitschriften wie *Der Freund*, in Magazinen wie *Der Spiegel* oder *Tempo*, in Tages- und Wochenzeitungen wie die *Frankfurter Allgemeine Zeitung*, die *Welt am Sonntag* – oder die *Frankfurter Allgemeine Sonntagszeitung*.[2] Über achtzig Seiten bot deren

1 Auf diesen Sachverhalt weist hin: Oliver Ruf: Christian Krachts *New New Journalism*. Selbstpoetik und ästhetizistische Schreibstruktur. In: Johannes Birgfeld/Claude D. Conter (Hrsg.): Christian Kracht. Zu Leben und Werk. Köln 2009: Kiepenheuer & Witsch, S. 44–60, hier S. 45: „Krachts journalistische Betätigung wurde bislang – wenn überhaupt – nur am Rande und dann häufig im Zusammenhang mit übergeordneten Fragestellungen untersucht". Im Unterschied zu Ruf, der der „journalistischen Intention" (Ruf: Christian Krachts *New New Journalism*, S. 45) Krachts nachzuspüren vorschlägt und seine Überlegungen daher auf Aussagen Krachts stützt, möchte ich für eine von möglichen Deutungen durch ihren Verfasser unbeeindruckte Analyse eines journalistischen Textes plädieren, eines Textes, den es (hierin folge ich Ruf) als „journalistische Literatur" (Ruf: Christian Krachts *New New Journalism*, S. 58), also gerade nicht in den Koordinaten der Opposition von journalistischem versus literarischem Schreiben zu vermessen gilt. Dies setzt allerdings voraus, Krachts journalistische Literatur auch an ihrem ursprünglichen Erscheinungsort in Augenschein zu nehmen, statt (wie Ruf: Christian Krachts *New New Journalism*, vgl. z. B. S. 56) aus den in der Regel später erst veröffentlichten Textfassungen der Buchausgaben zu zitieren.

2 Verzeichnet sind diese Veröffentlichungen Krachts in Matthias N. Lorenz (Hrsg.): Christian Kracht. Werkverzeichnis und kommentierte Bibliografie der Forschung. Bielefeld 2014: Aisthesis,

https://doi.org/10.1515/9783110532159-006

am 25. August 2002 veröffentlichte vierunddreißigste Nummer ihren Leserinnen und Lesern, und viele haben dazu beigetragen: neben Johanna Adorján, Jörg Albrecht, Michael Allmaier, Matthias Altenburg, Patricia Andreae, Ursula Augstein, Achim Bahnen, Hans Günther Bastian, Werner van Bebber (wvb), Hanno Beck (hbe), Richard Becker, Matthias Bellmann, Maxim Biller, Julia Blum, Bettina Bonde (bbo), Gerald Braunberger, Peter Breiholdt, Wolfgang Brenner, Heinz Brestel, Jochen Buchsteiner (job), Trevira Buddensieck, Konstanze Crüwell, Georg Diez, Jürgen Dollase, Bertram Eisenhauer, Marc Ellerich, Ralf Euler (ler), Gerd Gregor Feth, Roswin Finkenzeller, Andrea Fischer, Klaus-Dieter Frankenberger, Fritz Friedebold (ffr), Katja Gelinsky (gel), Carsten Germis (cag), Bernhard Giesen, Dominik von Glass, Peter Glotz, Franz Josef Görtz, Lorenz Goslich, Otto Graf Lambsdorff, Rainer Hank (ank), Christiane Harriehausen, Walter Haubrich, Georg Heck, Thiemo Heeg (tib), Angelika Heinick, Marc Heinrich, Bernd Heptner, Rainer Hermann (her), Amelie von Heydebreck, Christian von Hiller (hlr), Catherine Hoffmann (chf), Thomas Holl (holl), Guido Holze, Boris Holzer, Annette Jäger, Holger Jung, Otto Kallscheuer, Jürgen Kaube, Leonhard Kazda, Stephen King, Thomas Klemm (kle), Reiner Klingholz, Inge Kloepfer (ink), Michael Knopf, Renate Köcher, Elfi von König, Petra Kolonko, Christophe Kühl, Susanne Kusicke, Yul Lafleur, Thomas Langer, Richard Leipold, Otto Lindemann, Caroline von Lowtzow, Robert von Lucius, Michael Ludwig, Eva-Maria Magel (emm), Alexander Marguier, Uwe Marx, Georg Meck (mec), Nils Minkmar, Christiane Moravetz (etz), Joachim Müller-Jung, Anna von Münchhausen, Gunther Nickel, Stefan Niggemeier, Jann Gerrit Ohlendorf (jgo), Peter Penders, Wolfgang Peters, Winand von Petersdorff (wvp), Stuart Pigott, Tobias Piller, Andreas Platthaus, Franka Potente, Gero von Randow, Jochen Reinecke, Hans Riebsamen (rieb), Babo von Rohr, Arnd Rühle (arr), Julia Schaaf, Dyrk Scherff (dys), Michael Schindhelm, Thomas Schmid, Wulf Schmiese (wus), Peter-Philipp Schmitt, Thomas Schmitt (stt), Gerd Schneider, Konrad Schuller, Helmut Schwan, Evi Simeoni, Michael Stabenow, Harald Staun, Michael Teuber, Friedhard Teuffel, Gina Thomas, Claus Tigges, Peter Unfried, Detlef Vetten, Jacqueline Vogt, Richard Wagner (riw), Bettina Weiguny, Ralf Weitbrecht, Axel Wermelskirchen, Sybille Wilhelm (wim), Raimund Witkop, Dirk

S. 43–54. Die zwischen 1996 und 2013 veröffentlichten Forschungsbeiträge zielen mehrheitlich auf die Romane Krachts, auf seinen Beitrag und sein Verhältnis zur Popliteratur, auf sein Verhältnis zum Ästhetizismus und auf die Strategien seiner autorschaftlichen Profilierung und Vermarktung. Krachts kürzere Reiseprosa, in Ko-Autorschaft Verfasstes, die Textsammlungen und die literarischen wie journalistischen Beiträge Krachts zu Zeitungen, Zeitschriften und Magazinen sind, von wenigen Ausnahmen (vgl. die unter 12.2, 11.5, 9.2, 9.21, 9.24, 8.1, 7.1, 4.2 aufgeführten Beiträge) abgesehen, nicht im Blick, vgl. hierzu Lorenz (Hrsg.): Christian Kracht. Werkverzeichnis und kommentierte Bibliografie der Forschung, S. 61–83.

Zimmer (ziz), Kathrin Zinkant und Roland Zorn auch, als einer von einhundertdreißig, Christian Kracht. Sein Text findet sich zusammen mit drei von „Eva Munz & Christian Kracht" angefertigten Photographien in der *Reise*-Rubrik des Blattes und trägt den Titel *Wie der Boodhkh in die Welt kam, und warum. Weiße Zelte leuchten auf den Wiesen, und mit dem Hunger wachsen die Dämonen: Eine Reise in die Mongolei.*[3] Flankiert ist er von einer stark vereinfachten Karte der Region und von praktischen Informationen für potentielle Mongolei-Reisende. Vom Verfassernamen und seiner knappen Aufschlüsselung abgesehen – „Christian Kracht ist Schriftsteller und lebt in Bangkok [...]. Zuletzt erschien sein Roman ‚1979' bei Kiepenheuer & Witsch",[4] heißt es am Ende des Beitrags –, deutet für die Leserinnen und Leser der *Frankfurter Allgemeinen Sonntagszeitung* nichts darauf hin, dass hier Literatur oder ein zumindest dominant literarischer Text zu gewärtigen sein könnte. Rahmung und Untertitel versprechen stattdessen einen in erster Linie nicht-fiktionalen, pragmatischen Text: einen Reisebericht.[5]

---

3 Christian Kracht: Wie der Boodhkh in die Welt kam, und warum. Weiße Zelte leuchten auf den Wiesen, und mit dem Hunger wachsen die Dämonen: Eine Reise in die Mongolei. In: Frankfurter Allgemeine Sonntagszeitung, Nr. 34, 25. August 2002, S. V1 – V2. Der Hinweis auf die Urheber der Fotografien Christian Kracht und Eva Munz findet sich unter der ersten Photographie auf S. V1. Sämtliche Zitate aus *Wie der Boodhkh in die Welt kam, und warum* sind dem ersten Abdruck des Textes in der *Frankfurter Allgemeinen Sonntagszeitung* entnommen.

4 Kracht: Wie der Boodhkh in die Welt kam, und warum, S. V2.

5 Zum Problemfeld Reise im Schaffen Christian Krachts vgl. u.a. Gabriele Eichmanns: Die „McDonaldisierung" der Welt. Das Parodieren der Erwartungen des westlichen Lesers in Christian Krachts *Der gelbe Bleistift* (1999). In: Jill E. Twark (Hrsg.): Strategies of Humor in Post-Unification German Literature, Film and Other Media. Newcastle 2011: Cambridge Scholars Press, S. 267 – 290. Stefan Hermes: Tristesse globale. Intra- und interkulturelle Fremdheit in den Romanen Christian Krachts. In: Olaf Grabienski/Till Huber/Jan-Noël Thon (Hrsg.): Poetik der Oberfläche. Die deutschsprachige Popliteratur der 1990er Jahre. Berlin und Boston 2011: De Gruyter, S. 187 – 205. Analog dazu: Stefan Hermes: „Ich habe nie Menschenfleisch gegessen". Interkulturelle Begegnungen in Christian Krachts Romanen *1979* und *Ich werde hier sein im Sonnenschein und im Schatten*. In: Mark Arenhövel/Maja Razbojnikova-Frateva/Hans-Gerd Winter (Hrsg.): Kulturtransfer und Kulturkonflikt. Dresden 2010: Thelem, S. 270 – 283. Johannes Birgfeld: Christian Kracht als Modellfall einer Reiseliteratur des globalisierten Zeitalters. In: Jean-Marie Valentin/Elisabeth Rothmund (Hrsg.): Akten des XI. Internationalen Germanistenkongresses Paris 2005 „Germanistik im Konflikt der Kulturen". Bd. 9: Kulturkonflikte in der Reiseliteratur. Bern u.a. 2007: Lang, S. 405 – 411. Gonçalo Vilas-Boas: Von der „Insel" weg in die Welt. Zeitgenössische Schweizer Autoren auf der Reise nach Ost und West (Christoph Geiser und Christian Kracht). In: Isabel Hernández/Ofelia Martí-Peña (Hrsg.): Eine Insel im vereinten Europa? Situation und Perspektiven der Literatur der deutschen Schweiz. Berlin 2006: Weidler, S. 107 – 122, bes. S. 111 – 116. Ulla Biernat: „Ich bin nicht der erste Fremde hier". Zur deutschsprachigen Reiseliteratur nach 1945. Würzburg 2004: Königshausen & Neumann, S. 194 – 198.

Anders liegen die Dinge gut vier Jahre später, als Krachts *Boodhkh*-Text neuerlich abgedruckt wird, und zwar im *New Wave* betitelten *Kompendium 1999–2006*.[6] In diesem Fall sind nur wenige Verfassernamen im Spiel, und diese sind klar hierarchisiert: Volker Weidermann, seit 2003 Feuilletonchef der *Frankfurter Allgemeinen Sonntagszeitung*,[7] steuert, wie bereits dem Titelblatt zu entnehmen ist, ein *Vorwort* bei, das dem *New Wave*-Buch eine Topologie verschafft: Das, was das Vorwort gleichsam in Anführungszeichen setzt, eine Reihe von Texten Christian Krachts, wird als Literatur, als Werk von all den andern Zeichen geschieden, die auf diese Sammlung von Texten hinweisen, ihnen einen Rahmen geben, peritextuell eine Bühne bereiten. Zwar kommt Weidermann auf diese Weise ebenfalls die Funktion der (systemisch sogar übergeordneten) Autorschaft zu,[8] doch lassen die übrigen Paratexte keinen Zweifel daran gelten, dass die in das Buch aufgenommenen Texte vom Vorwort Weidermanns abgesehen entweder ausschließlich aus der Feder Christian Krachts stammen oder von Kracht zusammen „mit Rafael Horzon“, „mit Ingo Niermann“ oder „mit Eckhart Nickel“[9]

6 Christian Kracht: New Wave. Ein Kompendium 1999–2006. Köln 2006: Kiepenheuer & Witsch.

7 Vgl. hierzu die biographischen Daten in: www.tucholsky-gesellschaft.de/index.htm?Ktpreis/Preistraeger/weidermann.htm (23. November 2014).

8 Vgl. hierzu grundlegend Uwe Wirth: Das Vorwort als performative, paratextuelle und parergonale Rahmung. In: Jürgen Fohrmann (Hrsg.): Rhetorik. Figuration und Performanz. Stuttgart und Weimar 2004: Metzler, S. 603–628.

9 Das Theaterstück *Hubbard* (Kracht: New Wave, S. 72–137) ist dem Inhaltsverzeichnis zufolge zusammen „mit Rafael Horzon“, *Der Geist von Amerika* (Kracht: New Wave, S. 213–226) zusammen „mit Ingo Niermann“, *Der Name des Sterns ist Wermut* (Kracht: New Wave, S. 227–243), *Faserland, Treatment* (Kracht: New Wave, S. 244–267) und *Faserland, Drehbuch* (Kracht: New Wave, S. 268–306) sind zusammen „mit Eckhart Nickel“ verfasst worden. In Zeitungen, Zeitschriften oder Magazinen sind zuvor erschienen: Et in Arcadia Ego. Willkommen, deutsche Soldaten, in Djibouti. Ein Besuch am Horn von Afrika. Von Christian Kracht (Text und Fotos). In: Frankfurter Allgemeine Sonntagszeitung, Nr. 7, 17. Februar 2002, S. V1–V2 (vgl. Kracht: New Wave, S. 15–23); Der durstige Krieg. Ein Gespräch in Paraguay mit dem Chaco-Veteranen Bernhard Fischer. In: Frankfurter Allgemeine Sonntagszeitung, Nr. 34, 28. August 2005, S. 26 (vgl. Kracht: New Wave, S. 24–29); Camera Obscura. Eine Kurzgeschichte von Christian Kracht. In: Frankfurter Allgemeine Sonntagszeitung, Nr. 23, 8. Juni 2003, S. 19 (vgl. Kracht: New Wave, S. 34–37); Das ägyptische Furnier. Auf der Buchmesse in Kairo war Deutschland Ehrengast. Eine Arabeske. In: Frankfurter Allgemeine Sonntagszeitung, Nr. 5, 5. Februar 2006, S. 29 (vgl. Kracht: New Wave, S. 38–44); Das Tagebuch der Entsagungen. In: Frankfurter Allgemeine Sonntagszeitung, Nr. 50, 18. Dezember 2005, S. 25 u. 30 (vgl. Kracht: New Wave, S. 45–57); Christian Kracht & Eckhart Nickel: DER NAME DES STERNS IST WERMUT. EINE DEMUTSREISE IN SIEBEN SIEGELN MIT DER EISENBAHN NACH TSCHERNOBYL, DEM ORT DER GRÖSSTEN ATOMKATASTROPHE DES ZWANZIGSTEN JAHRHUNDERTS, DIESEM IMMER NOCH GLÜHENDEN UND LEEREN HERZ EUROPAS, IN DEM ALLE HOFFNUNG DER MODERNE FAHREN GING. UNTERWEGS LERNEN DIE

verfasst wurden und allesamt als literarische Werke gewürdigt werden sollen. Während der Name Christian Kracht in der *Frankfurter Allgemeinen Sonntagszeitung* unter den vielen andern beinahe zum Verschwinden gebracht ist, stellt *New Wave* ihn demonstrativ aus: Mehrfach findet er sich auf dem Schutzumschlag des Buches, einmal auf der Umschlagvorderseite, einmal auf dem Rücken des Umschlags, zweimal auf seiner Innenklappe und dreimal auf seiner Rückenklappe; außerdem ziert er den Rücken des Bucheinbandes und die Titelseite. Die Innenklappe zeigt in Gestalt eines Zitats aus dem *Vorwort* allen näher an dem Band Interessierten – ungefähr zumindest – an, womit sie zu rechnen haben:

> Alles bei Christian Kracht ist präzise, klar und so deutlich beschrieben, wie man es nie zuvor gelesen hat, gleichzeitig ist es unendlich weit entfernt. Jemand hat die Welt hinter Glas gestellt. Kracht erblickt sie dort zum ersten Mal und fährt zärtlich über die kalte Oberfläche dieses Raumes, den niemand je betreten kann.[10]

Außerdem wird darauf hingewiesen, dass diese Orientierungshilfe von Volker Weidermann herrührt, der hier aber nicht als Feuilletonchef der *Frankfurter Allgemeinen Sonntagszeitung* vorgestellt wird, sondern als Literaturhistoriker, als „Autor von ‚Lichtjahre. Eine kurze Geschichte der deutschen Literatur von 1945 bis heute'".[11] Man mag dies als mehr oder minder subtile Marketingstrategie des Verlags *Kiepenheuer & Witsch* einstufen, in dem beide Bücher erschienen sind – zur Eröffnung der Leipziger Buchmesse am 20. März 2006 dasjenige von Weidermann,[12] das von Kracht am 18. September 2006, drei Wochen vor Beginn der Frankfurter Buchmesse.[13] Unabhängig davon legt der zitierte, in Weidermanns

AUTOREN AUCH DIE UKRAINE KENNEN. In: Der Freund, Nr. 5 (2005), S. 34–42 (vgl. Kracht: New Wave, S. 227–243).

10 Kracht: New Wave, Innenklappe. Der Text findet sich vom Einschub „bei Christian Kracht" abgesehen so in: Die Reisen des Christian Kracht. Vorwort von Volker Weidermann. In: Kracht: New Wave, S. 11–14, hier S. 13 f. Deutlicher noch wird *New Wave* literarische Qualität bescheinigt im Klappentext auf der Schmutztitelrückseite der im *Deutschen Taschenbuch Verlag* erschienenen Paperbackausgabe: „Eine Reisereportage über die Mongolei", so heißt es dort, „ist ebensogut eine Erzählung [...]. Die hier versammelten Texte [...] ergeben ein Universum von großer sprachlicher Eleganz" (Christian Kracht: New Wave. Ein Kompendium 1999–2006. München ^{2}2012 (2008): Deutscher Taschenbuch Verlag, o. P.).

11 So der Text auf der Innenklappe von Kracht: New Wave (hier und im Folgenden bezieht sich die Kurzform ausschließlich auf die gebundene Erstausgabe).

12 Vgl. Volker Weidermann: Lichtjahre. Eine kurze Geschichte der deutschen Literatur von 1945 bis heute. Köln 2006: Kiepenheuer & Witsch.

13 Die Erscheinungsdaten entnehme ich der Website des Verlags: www.kiwi-verlag.de/buch/lichtjahre/978-3-462-03693-0/ sowie: www.kiwi-verlag.de/buch/new-wave/978-3-462-03723-4/ (24. November 2014).

Literaturgeschichte führende Hinweis den Akzent nicht auf den Journalisten, sondern auf den Literaten Kracht, der im letzten Kapitel der *Lichtjahre* im Anschluss an „Rainald Goetz / Maxim Biller / Thomas Meinecke / Benjamin von Stuckrad-Barre / Michael Lentz / Feridun Zaimoglu" und „Werner Schwab" gewürdigt wird.[14] Diese Tendenz verfolgt auch die Versoseite des Widmungsblattes. Sie annonciert weitere, zuvor bereits lancierte Buchpublikationen „*vom selben Autor*", und zwar „Faserland / Ferien für immer *mit Eckhart Nickel* / Mesopotamia / Der gelbe Bleistift / 1979 / Die totale Erinnerung".[15] Die Leserinnen und Leser von *New Wave* sollen, was sonst wäre daraus zu schließen, auf literarische Werke vorbereitet werden.

Dass nicht wenige der in den *New Wave*-Band aufgenommenen „*Texte [...] in den letzten Jahren*" andernorts bereits „*erschienen*" waren, und zwar „*in Zeitungen und Zeitschriften*"[16] – dieser Sachverhalt wird nicht eben in den Vordergrund gerückt; ein Hinweis hierauf findet sich am Fußende der ansonsten unbedruckten und nicht paginierten Seite 307, zwischen dem letzten Beitrag und zehn für „NOTIZEN"[17] vorgesehenen leeren Seiten. Das Inhaltsverzeichnis macht nicht darauf aufmerksam, genaue Nachweise sucht man auf der besagten Seite vergeblich. Die Leserinnen und Leser müssen sich vielmehr mit einem pauschalen Hinweis bescheiden. Welche der insgesamt neunzehn in den Band aufgenommenen Texte ‚*in den letzten Jahren*' in welchen ‚*Zeitungen und Zeitschriften*' zuvor schon veröffentlicht worden sind, geht daraus nicht hervor.[18] Weiterführend sind in dieser Frage einzig die die Untertitel der einzelnen Texte ergänzenden Jahresangaben – diejenige zu *Wie der Boodhkh in die Welt kam und warum* lautet „*2003*"[19] – und ist falsch. Es ist dem *New Wave*-Band offenbar nicht daran gelegen, die überwiegend journalistische Provenienz der darin aufgenommenen Texte Krachts ins Bewusstsein der Leserinnen und Leser zu rufen – vielleicht, um dem Anschein vorzubeugen, dass der Band zu weiten Teilen bereits früher Veröffentlichtes kompiliert, vielleicht, um den Eindruck der Kohärenz zu fördern, vielleicht aber auch, um nahezulegen, dass *New Wave* das Produkt eines Literaten ist, nicht das eines Journalisten, dass es auf Dauer angelegte literarische Werke enthält, nicht journalistische Ephemeriden. Diese Rechnung geht *so* allerdings, wie ich zeigen möchte, nicht auf. Und zwar vor allem deshalb nicht, weil der *Boodhkh*-

14 Vgl. Weidermann: Lichtjahre, S. 275 – 305, bes. S. 300 – 305.

15 Kracht: New Wave, o. P.

16 Kracht: New Wave, S. [307].

17 Kracht: New Wave, S. 309 – 318.

18 In Ansätzen aufgeschlüsselt ist dies in Lorenz (Hrsg.): Christian Kracht, S. 50, 52 u. 55.

19 Christian Kracht: Wie der Boodhkh in die Welt kam und warum. Ein Besuch in der Mongolei / 2003. In: Ders.: New Wave, S. 58 – 71, hier S. 58.

Text bereits in der *Frankfurter Allgemeinen Sonntagszeitung* entschieden literarische Qualität für sich in Anspruch nimmt, ja Literarizität *gerade* aus seiner Platzierung an diesem spezifischen Publikationsort gewinnt.

2 Das Versprechen der Fremde: kulturelle Differenz

Beinahe eine Spalte[20] investiert *Wie der Boodhkh in die Welt kam, und warum*, um darzulegen, was das Sprecher-Ich zur Reise in die Mongolei veranlasst hat. Den Ausgangspunkt bildet ein „beim Aufräumen",[21] also zufällig zum Vorschein gekommener, dem Sprecher in früheren Tagen vertrauter, nun aber in Vergessenheit geratener „Zettel, auf dem [...] jemand die Zubereitung für das mongolische Nationalgericht aufgeschrieben hatte".[22] Die Bezeichnung dieses Gerichts – ‚Boodhkh' – habe den Sprecher geradezu magisch affiziert; beim Lesen allein des Namens „kribbelte es mir unwillkürlich unter der Hirnhaut, meine Armhaare stellten sich auf, und ich sagte das Wort leise immer wieder vor mich hin, als sei es eine Beschwörung: Boodhkh, Boodhkh. Die Zubereitung selbst glich einem heidnischen Ritual, es war, als banne man dort einen sehr alten, bösen Zauber".[23] Verstärkt wird dieser Effekt allem Anschein nach von der anschließenden Lektüre des Zettels, auf dem sich das „Rezept für Boodhkh" findet:

> Fangen und töten Sie ein Murmeltier. Am besten nehmen Sie dazu eine Axt und schlagen das Murmeltier zwischen die Augen, dann schneiden Sie ihm die Kehle durch. Nun schlagen Sie den Kopf ab und hängen den Körper irgendwo auf.
>
> Ziehen Sie mit einem scharfen Messer dem Murmeltier sehr vorsichtig das Fell ab. Machen Sie hierbei bitte keine Löcher in die Haut. Brechen Sie dem Tier die Knochen und entfernen Sie die Knochenstückchen und die Innereien aus der Hauthülle, indem sie alles durch die Öffnung des Halses ziehen (dort, wo der Kopf fehlt). Wenn Sie alles richtig gemacht haben, liegt vor Ihnen jetzt eine Art felloser Hautsack.
>
> Die Innereien, das Fett und das Fleisch werden nun auf einem Brett zerkleinert und – je nach Geschmack – mit viel Salz und etwas Knoblauch versehen. Dies ist Ihre Füllung. Geben Sie nun heiße Steine in den Hautsack, danach eine Schicht Füllung, danach wieder ein paar heiße Steine, immer weiter, bis der Boodhkh wieder voll ist. Schließlich können Sie noch eine halbe Flasche Wodka hineingießen, dies ist aber traditionell nicht notwendig.

---

20 Die Schilderung des Reisestimulus nimmt 102 von insgesamt 535 Zeilen ein.
21 Kracht: Wie der Boodhkh in die Welt kam, und warum, S. V1.
22 Kracht: Wie der Boodhkh in die Welt kam, und warum, S. V1.
23 Kracht: Wie der Boodhkh in die Welt kam, und warum, S. V1.

> Nun nähen Sie den gefüllten, heißen Hautsack oben am Hals wieder zu, indem Sie dicken Draht oder ein Kabel verwenden. Traditionell wird der fertige Boodhkh an der Flamme eines Schneidbrenners circa eine viertel Stunde lang geröstet, bis die Haut fast schwarz ist – dies ist der beste Weg, den Geschmack zu versiegeln. Der Boodhkh sollte nun heiß gegessen werden – kalt schmeckt er sehr ölig. Die heißen, fettigen Steine, die Sie zusammen mit dem Fleisch aus dem Boodhkh nehmen, sollten während des Essens in den Händen hin und her gewendet werden – dies ist sehr gut für Ihren Kreislauf.
>
> Die Jagdsaison für Murmeltiere ist nur vom 15. Juli bis 15. September. Vorsicht: Das Murmeltier (sowie fast alle Nagetiere in der Mongolei, vor allem die Zieselmaus) überträgt in dieser Zeit die Beulenpest – dagegen hilft Tetracyclin, oral eingenommen, oder Streptomycin, intramuskulär gespritzt. Beide Antibiotika sind in der Mongolei schwer erhältlich.[24]

Dass die allein durch den Namen ‚Boodhkh' ausgelösten Körperreaktionen des Sprechers in den Entschluss münden, „sofort in die Mongolei zu fahren",[25] ist offenbar auf das Versprechen der Gefahr zurückzuführen, auf die mit Zubereitung und/oder Genuss des Boodhkh verbundenen Risiken einer Pestinfektion. Unterstrichen wird die Anziehungskraft, die davon ausgehe, durch die dem ‚Rezept' vorangestellte Einführung des „kleine[n], fellige[n] Brauntier[s]".[26] Das Murmeltier, so erfährt man, ist dem Sprecher aus seiner Kindheit wohl vertraut. „Oft" habe er „im Berner Oberland" beobachten können, „wie es in der Nähe seiner Erdhöhle stand und alles überwachte, die kurzen Pfoten vor dem Körper haltend, bei Gefahr einen [...] Pfiff [...] ausstoßend, um dann behende in den Unterschlupf zu rennen, zurück zu seinen Murmeltierkindern".[27] Der Vorstellung dieses possierlichen Familienidylls lässt der Sprecher nahezu unvermittelt das ‚Rezept für Boodhkh' folgen, die kalte und ans Despektierliche grenzende Schilderung[28] der

---

24 Kracht: Wie der Boodhkh in die Welt kam, und warum, S. V1.

25 Kracht: Wie der Boodhkh in die Welt kam, und warum, S. V1.

26 Kracht: Wie der Boodhkh in die Welt kam, und warum, S. V1.

27 Kracht: Wie der Boodhkh in die Welt kam, und warum, S. V1.

28 Weniger drastisch fallen die Schilderungen in einschlägigen Reiseführern aus. Weder wird dort erklärt, dass das Tier zu „töten" sei, indem ihm mit einer „Axt" zwischen die Augen geschlagen und anschließend die „Kehle" durchgeschnitten wird, noch wird die zu bratende Hülle als „felloser Hautsack" bezeichnet. „Murmeltierfleisch gehört für Mongolen zu den besonderen Delikatessen, vor allem dann, wenn es nach traditioneller Art im eigenen Fell zubereitet wurde. Es ist vielleicht am ehesten mit Kaninchenfleisch vergleichbar, jedoch weitaus fetter. Der Verzehr der rohen Leber soll die Manneskraft stärken. Die Zubereitung von Murmeltieren erfolgt auf eine ganz besondere Art. Die Tiere werden im Balg ausgenommen und entbeint, und anschließend werden die Leber und die Nieren mit wilden Zwiebeln umwickelt und zusammen mit dem Fleisch, Kräutern und heißen Steinen wieder in den Balg gefüllt. Am Hals wird dieser dann mit einem Draht verschlossen und das Murmeltier als Ganzes gegart. Das so zubereitete Fleisch ist extrem lecker und eine äußerst schmackhafte Abwechslung auf dem Speiseplan." (Fred Forkert/Barbara

Schlachtung und Zubereitung des Murmeltiers in der Mongolei. Dieser an ein „heidnische[s] Ritual“ gemahnenden kulturellen Praxis, nicht mehr dem „kleine[n], fellige[n] Brauntier“ und „seinen Murmeltierkindern“ gehören jetzt die Sympathien des Sprechers.[29]

Die Schilderung des – fast möchte man der Textsuggestion nachgeben und sagen: barbarischen[30] – Umgangs mit der Kreatur bildet offenbar den entscheidenden Stimulus des Aufbruchs.[31] Zwar nicht für den Entschluss, unverzüglich in

---

Stelling: Mongolei. Bielefeld ²1999: Reise-Know-How-Verlag Rump, S. 275). „If you are lucky you may be able to try *boodog*, when an entire goat, or prefarebly marmot, is slowly roasted from the inside out by placing hot rocks inside the skinned carcass, sealing it, and then placing the carcass on the fire. The preparation“, so heißt es hier sogar ausdrücklich, „is not a pretty sight.“ (Bradley Mayhew: Mongolia. Melbourne u. a. ³2001: Lonely Planet Publications, S. 99). „Es dauert auch meistens nicht lange, so kriecht der kurzgeschwänzte, gelbbraune Erdbewohner ganz hervor, setzt sich auf die Hinterfüsse und blickt um sich [...]. Eine Sekunde später kracht der Schuss und das Thierchen stürzt zusammen. Jetzt werden zuerst die Eingeweide herausgelöst, denn diese verderben den Geschmack und falls der Schütze Hunger hat, oder auf Reisen fern von seiner Jurte ist, so sucht er eiligst trockenen Mist zusammen, zündet ihn an und macht ein paar Feldsteine in der Gluth heiss. Diese werden in den Bauchschnitt des Tieres geschoben, dann dasselbe auf die Satteldecke gelegt und nach zwei Stunden ohne alle Zuthaten mit gutem Appetite verzehrt“ (Gustav Radde: Berichte über Reisen im Süden von Ost-Sibirien. St. Petersburg 1861: Buchdruckerei von W. Besobrasoff, S. 398 – 399).

29 Kracht: Wie der Boodhkh in die Welt kam, und warum, S. V1.

30 Was als rohes Alleinstellungsmerkmal der Nahrungsmittelzubereitung in der Mongolei erscheinen könnte, führt nicht nur in das vermeintliche ‚heart of darkness‘ Asiens, sondern auch in dasjenige der Heimat des sich als „Schweizer“ (Kracht: Wie der Boodhkh in die Welt kam, und warum, S. V1) bezeichnenden Sprechers: „Zwar ist das Fleisch“ des Murmeltiers „hart und unverdaulich, auch von widrigem Geruch; allein die Schweizer essen es doch mit Kohl gekocht, – und gebraten sehr gern. [...] Die Alpeneinwohner thun das Thier wie ein Kalb ab, fangen das Blut auf, brühen es mit heißem Wasser, wie ein Schwein ab, nehmen das Eingeweide heraus, füllen den Bauch mit dem Blute, und braten es entweder ganz am Spieße, oder kochen es mit schwarzem Pfeffer“ (D. Johann Georg Krünitz's ökonomisch-technische Encyclopädie, oder allgemeines System der Staats-, Stadt-, Haus- und Landwirthschaft, und der Kunst-Geschichte, in alphabetischer Ordnung. Bd. 98. Berlin 1805: Pauli, S. 162). Auch knapp einhundert Jahre später noch stehe „Murmeltierbraten“ auf dem Speiseplan der Schweizer (Aus meiner Zeit. Lebenserinnerungen von Friedrich Pecht. Zweiter Band. München 1894: Verlag für Kunst und Wissenschaft, S. 147). „Das Fleisch soll ganz gut schmecken, wenn es gekocht oder gebraten ist“ (Entdeckungsreisen in Berg und Thal. Mit seinen jungen Freunden und Freundinnen unternommen von Hermann Wagner. Leipzig ⁴1892: Verlag von Otto Spamer, S. 70). Allzu tief abgesunken ist dieses Wissen nicht; erst im Februar 2002 war in der *Frankfurter Allgemeinen Zeitung* nachzulesen, dass „das Alpenmurmeltier“ nicht zu unrecht scheu sei, „denn Marmotas Fell, Fleisch und Fett schätzt der Mensch“ (Johannes Winter: Das Echo der Murmeltiere. Nach ihrer Pfeife tanzten Plinius, Nietzsche, Goethe und Hollywood. In: Frankfurter Allgemeine Zeitung, Nr. 30, 5. Februar 2002, S. 11).

31 Vor diesem Hintergrund ist dem von Johannes Birgfeld erhobenen Befund zu widersprechen, demzufolge „Krachts Texte [...] Reiseliteratur [sind], in der die Fremde nicht als etwas fremdes, die Mongolei zu reisen, wohl aber für die Wahl des anzustrebenden Reisemodus führt der Sprecher eine weitere Begründung ins Feld: Tiziano Terzanis „Buch ‚Fliegen ohne Flügel'" habe er die Anregung entnommen, in die Mongolei nicht zu fliegen, sondern „mit dem Zug [zu] fahren, langsam ins Land hinein[zu]rollen".[32] Auch dies verspricht nach Maßgabe von Terzanis *Fliegen ohne Flügel* einen hohen Erlebnisreichtum, höher zumindest als ein Flug: Ein Ticket für „den Schnellzug nach Norden, in die Mongolei",[33] ist, so der Reisebericht von Terzani, im chinesischen Huhehot nicht etwa am Schalter, sondern nur noch „auf dem Schwarzmarkt" zu haben. Die Passagiere, „in erster Linie Mongolen", erweisen sich als „seltsame Gestalten", deren teilweise wunderliches Gebaren im Sprecher den Verdacht keimen lässt, er reise zusammen mit den „Kurieren" der „von Yunan, im Süden Chinas, nach Ulan Bator und von dort durch Sibirien und Polen bis nach Deutschland" führenden „mongolischen Drogenstraße".[34] „In der Mongolei" angekommen, verlangsamt sich (genau diesen Umstand greift Krachts *Boodhkh*-Text auf) die Fahrt erheblich: Die Weiterreise entspricht nun nicht mehr länger den mit „einem modernen Fortbewegungsmittel" verbundenen Erwartungen; mehrmals hält der Zug an, einmal, um zwei Stunden auf den „Zug aus der Gegenrichtung" zu warten, und erreicht schließlich „mit achtstündiger Verspätung"[35] Ulan Bator. In den Vorzug einer ebenso fremdartig-authentischen und ebenso entschleunigten Anreise kommt der Sprecher des *Boodhkh*-Textes allerdings nicht: „in Beijing bekam ich", schreibt er, „keinen Platz mehr im Zug, so mußte ich fliegen".[36] Nicht in der Gesellschaft „seltsame[r] Gestalten", „in erster Linie Mongolen", sondern in derjenigen einer neben ihm sitzenden „junge[n] Amerikanerin", deren „schwarze Klappe über dem linken Auge" sie immerhin als bescheidenes Surrogat des imaginierten „einäugige[n] Schamane[n]" erscheinen lässt,[37] erreicht der Sprecher des *Boodhkh*-Textes sein Reiseziel, und er erreicht es nicht nach tagelanger Fahrt, sondern nach nur wenigen Stunden Fluges.

Diese Differenz erweist sich als Grundsignatur seines Aufenthaltes in der Mongolei. Was das Sprecher-Ich mit dem aufgefundenen Rezept, mit dem

---

anderes [...] wahrgenommen wird". Birgfeld: Christian Kracht als Modellfall einer Reiseliteratur des globalisierten Zeitalters, S. 41.

32 Kracht: Wie der Boodhkh in die Welt kam, und warum, S. V1.

33 Tiziano Terzani: Fliegen ohne Flügel. Eine Reise zu Asiens Mysterien. Hamburg 1996: Hoffmann und Campe, S. 361.

34 Terzani: Fliegen ohne Flügel, S. 362.

35 Terzani: Fliegen ohne Flügel, S. 364.

36 Kracht: Wie der Boodhkh in die Welt kam, und warum, S. V1.

37 Kracht: Wie der Boodhkh in die Welt kam, und warum, S. V1. Den Hinweis hierauf verdanke ich Jonas Rausch (Marburg).

„mongolische[n] Wort“ und der an ein „heidnische[s] Ritual“ gemahnenden Zubereitung des Boodhkh verbunden hatte: die haarsträubende Vorstellung „eine[s] sehr alten, bösen Zauber[s]“, ausgeübt von „ein[em] einäugige[n] Schamane[n]“, diese Vorstellung wird als Illusion enttarnt. Keine rohe, archaische, gar lebensgefährliche Fremde erwartet den Reisenden, sondern aus Europa bestens Vertrautes: eine Hauptstadt, die „wie ein zwischen kleinen, grünen Bergkuppen arrangiertes, niedliches Ost-Berlin“ aussieht, über der sich ein „preußischblau[er]“ Himmel wölbt, in der es „Plattenbauten“ gibt, „Opernhäuser und Museen im russischen Stil der Jahrhundertwende, dreistöckige, polnisch anmutende Apartmentblocks“, „postmoderne Monströsitäten“, eine Gaststätte, die aussieht wie der „Biergarten am Wiener Platz in München“ und den Gästen „Curryhuhn und Schnitzel, Rahmgulasch und Kalbsbratwurst, Toast Hawaii, überbackene[n] Camembert mit Preiselbeeren und Toffifee“ anbietet, Mongolen, die „alle aus[sehen] wie Schwinger – Schweizer Ringkämpfer“, „in der DDR Maschinenbau studiert“ haben, sich vorzüglich auf Deutsch verständigen können, einen „weißen Trainingsanzug“ tragen, einen Auftritt von „DJ Bobo“ besuchen, die „Greatest Hits von Boney M.“ kennen, einen „Mercedes 190“ fahren und ihr Ger mit „Stickereien verschöner[n], die Tick, Trick und Track und die Panzerknacker“ zeigen.[38]

3 Kulturelle Globalisierung

Die vom Sprecher unternommene „Reise in die“ für die Augen eines „Schweizer[s]“ weit entlegene und nach Maßgabe Tiziano Terzanis beschwerlich und nur unter Billigung von Risiken zu erreichende „Mongolei“, eine Reise selbst in „one of the last unspoiled travel destinations in Asia“,[39] so ist hieraus zu schließen, hält das ‚Versprochene‘ nicht ein, führt nicht zu den in der Sub-Headline des *Boodhkh*-Textes ausgeflaggten „Dämonen“; die Mongolei ist keine authentische, emphatisch andersartige Fremde, sondern erweist sich als Konglomerat heterogener Kulturzitate, als Sammelbecken aus aller Welt zusammengetragener Konsumartikel.[40] Nach einer langen, von früh morgens bis „fast“ am „Abend“ dauernden,

38 Kracht: Wie der Boodhkh in die Welt kam, und warum, S. V1f.

39 Mayhew: Mongolia, S. 11. Zur kultursoziologischen Bedeutung von Reiseveranstaltern und Reiseführern vgl. grundlegend John Urry: The Tourist Gaze. London, Thousand Oaks und New Delhi ^{2}2002: Sage Publications, S. 1–15.

40 Ausführlich und mit systematischem Anspruch hat diesen Sachverhalt am Beispiel von *1979* analysiert: Björn Weyand: Poetik der Marke. Konsumkultur und literarische Verfahren 1900–2000. Berlin und Boston 2013: De Gruyter, S. 287–345. Zum Umgang mit Waren und Dingen in den Texten Krachts vgl. ferner Eichmanns: Die „McDonaldisierung“ der Welt, bes. S. 268; Christian

von Ulan Bator weit in die Steppe hineinführenden Fahrt mit dem Auto, dorthin, wo der Boodhkh angeblich zu finden sei, lässt der Sprecher des Kracht'schen Textes sich vor einem Ger nieder und gerät, als „eine kleine schwarze Ziege" an ihn herantritt und es zu einem unerwarteten ‚Kulturaustausch' kommt, über die Struktur kultureller Zirkulation „ins Nachdenken". Er gibt der Ziege

> aus Ulan Bator mitgebrachte Diät-Cola [...] zu trinken und etwas Streichkäse, den ich zufälligerweise dabei hatte. Ich dachte an die wundersamen Zusammenhänge in der Welt, daran, daß ich mitten in dieser zentralasiatischen Steppe Schweizer Streichkäse an eine mongolische Ziege verfütterte; der Käse war ja quasi von ihren Artgenossen hergestellt worden, nun schloß sich also ein großer Milchproduktekreis – alles, so schien mir plötzlich, war miteinander verwandt, engstens vertraut und schon immer ein Teil eines untrennbaren Ganzen gewesen.[41]

Diese Einsicht fasst die Erfahrung, anstelle der erhofften Welt der Dämonen lediglich eine Spielart kultureller Globalisierung, nicht Differentes, sondern Entdifferenziertes vorgefunden zu haben,[42] in ein amön-überhöhtes Bild. Bezeichnend ist die Formulierung, die der Sprecher dafür findet, bezeichnend aber nicht nur für die Erfahrung kultureller Vertrautheit der vermeintlich „unspoiled travel destination",[43] bezeichnend ist sie auch für einen poetologischen Sachverhalt. Die Rede von den „wundersame[n] Zusammenhänge[n] in der Welt", die sich beim Verfüttern von heimischem Streichkäse an eine in der Ferne lebende Ziege dartun, während „die Sonne langsam immer tiefer sank", davon, dass „alles [...] miteinander verwandt" ist, diese Rede ist wie die Mongolei: alles, nur nicht „unspoi-

---

Heger: Im Schattenreich der Fiktionen. Studien zur phantastischen Motivgeschichte und zur unwirtlichen (Medien-)Moderne. München 2010: AVM, S. 164–178, bes. S. 170–171; Heinz Drügh: Konsumknechte oder Pop-Artisten? Zur Warenästhetik der jüngeren deutschen Literatur. In: Andrea Geier/Jan Süselbeck (Hrsg.): Konkurrenzen, Konflikte, Kontinuitäten. Generationenfragen in der Literatur seit 1990. Göttingen 2009: Wallstein, S. 158–176; Isabelle Stauffer: Faszination und Überdruss. Mode und Marken in der Popliteratur. In: Alexandra Tacke/Björn Weyand (Hrsg.): Depressive Dandys. Spielformen der Dekadenz in der Pop-Moderne. Köln, Weimar und Wien 2009: Böhlau, S. 39–59, bes. S. 53–55; Frank Degler/Ute Paukolat: Neue Deutsche Popliteratur. Paderborn 2008: Wilhelm Fink, S. 34–42; Friedbert Aspetsberger: *Label*-Kunst, Imitate, neue Naivität. Zu den jung-deutschen ‚Popliteraten' Benjamin von Stuckrad-Barre, Christian Kracht, Elke Naters, Joachim Bessing und andern. In: Ders. (Hrsg.): Neues. Trends und Motive in der (österreichischen) Gegenwartsliteratur. Innsbruck u. a. 2003: StudienVerlag, S. 79–104, bess S. 87–89.

41 Kracht: Wie der Boodhkh in die Welt kam, und warum, S. V2.

42 Vgl. hierzu Hermes: Tristesse globale, S. 188: „Bei Kracht ist ein solches Hierarchieverhältnis schon deshalb nicht auszumachen, weil er überhaupt keine homogenen Kulturen konzipiert, die sich in eine eindeutige Relation zueinander setzen ließen. Seine Ich-Erzähler bewegen sich vornehmlich in Räumen des Hybriden".

43 Mayhew: Mongolia, S. 11.

led" – ruft sie doch die Erinnerung wach an das von Tilie gesungene Lied *Sprich aus der Ferne* aus Clemens Brentanos *Godwi*, das mit der Opposition von sprechendem Ich und erfahrener Ferne spielt und, wenn „das Abendrot niedergesunken", mit der hereinbrechenden Nacht eine Sphäre besingt, in der „Alles [...] freundlich wohlwollend verbunden", „Alles [...] ewig im Jnnern verwandt" ist.[44] Dieser Sachverhalt zeugt allerdings weniger von einer zweihundert Jahre verspäteten Romantisierung der mongolischen Steppe, er führt vielmehr auf die bald deutlich ausgestellte, bald diskreter umgesetzte Faktur des Kracht'schen *Boodhkh*-Textes. Wie in das heterogene Bild der Mongolei nicht nur deren einzigartige Landschaft und deren einzigartige Menschen gehören, sondern eben auch die aus andern, vertrauten Kontexten herrührenden ‚Plattenbauten' und in der ‚DDR' ausgebildete mongolische Ingenieure, ‚Toast Hawaii', ‚Toffifee' und ‚Diät-Cola', ‚DJ Bobo' und ‚Boney M.', ‚Mercedes' und ‚Tick, Trick und Track', so ist auch *Wie der Boodhkh in die Welt kam, und warum* ein überaus heterogenes Gebilde, zusammengestellt aus (vielleicht) einzigartiger, aber auch aus deutlich entlehnter, aus andern, vertrauten Kontexten bezogener Rede. Nicht erst die Brentano-Allusion, schon der Titel macht dies, auf Paul Wegeners 1920 entstandenen Film *Der Golem. Wie er in die Welt kam* anspielend,[45] kenntlich. Auch zitiert der Sprecher mehrfach aus Terzanis *Fliegen ohne Flügel*,[46] gibt sich als Leser einer „Biographie des Baron Roman von Ungern-Sternberg"[47] zu erkennen, desjenigen, der 1921 die chinesischen Besatzer aus der Mongolei vertrieb, den ersten unabhängigen Staat Mongolei ausrief, mit unmenschlich harter Hand Regime führte, den bolsche-

---

44 [Clemens Brentano]: Godwi oder Das steinerne Bild der Mutter. Ein verwilderter Roman von Maria. Bremen 1801: Friedrich Wilmans, S. 285–286.

45 Im Zentrum von Wegeners Film steht Rabbi Löw, der mittels des Golem Schaden von der jüdischen Gemeinde abzuwenden sucht. Was der Golem ist, erklärt eine der vielen Schriften, die der Rabbi zu Rate zieht: „Diese figur, genannt ‚der golem' wurde schon im altertum von einem thessalischen zauberer hergestellt. Wenn man in die kapsel, die in der brust sitzet, das lebenerweckende wort leget, wird er lebendig für die zeit, wo er die kapsel trägt. Dies symbolum heißet ‚Schem'." (DER GOLEM. Wie er in die Welt kam. Bilder nach Begebenheiten aus einer alten Chronik von PAUL WEGENER, fünf Kapitel. Deutschland 1920: UfA-Union, 00:34:14).

46 Zwei Stellen sind als wörtliche Entlehnungen kenntlich gemacht: „Was tut diese Monotonie dem Geist an? Wovon kann ein Volk, das in diesem gleichförmigen Universum lebt, liebt und stirbt, schon träumen – außer von Dämonen?" (S. V1/Terzani, S. 364). „Tiziano Terzani hatte über Ulan Bator geschrieben, es sei ihm, als sei er nun ‚in einer Spielzeugstadt, die ein großzügiger Vater als Zeichen seiner Liebe dem Sohn zu Weihnachten geschenkt hatte'" (S. V1/Terzani, S. 369; dort steht allerdings „schenkte", nicht „geschenkt hatte").

47 Kracht: Wie der Boodhkh in die Welt kam, und warum, S. V2. In Frage kommen hierfür: Nick Middleton: The Bloody Baron. Wicked Dictator of the East. London 2001: Short Books; Vladimir Pozner: Der weiße Baron. Berlin 1966: Verlag Volk und Welt; Bernd Krauthoff: Ich befehle! Kampf und Tragödie des Barons Ungern-Sternberg. Bremen 1938: Carl Schünemann.

wistischen Truppen Russlands unterlag und noch im selben Jahr verurteilt und hingerichtet wurde.

4 Gefährliche Nachbarschaften – im Buch und in der Zeitung

Stärker ins Gewicht als diese in den ‚eigentlichen' *Boodhkh*-Text integrierten, in erster Linie das Bewusstsein für ‚fremde Rede' schärfenden Komponenten fällt allerdings die peri- und paratextuelle Nachbarschaft.[48] Im *New Wave*-Band bilden Autorname, Klappentext, Titelei, Widmung und Weidermanns Vorwort das peri-, die andern von Kracht in alleiniger oder in Ko-Autorschaft verfassten Texte hingegen das paratextuelle Umfeld. Literarizität wird dem *Boodhkh*-Text hier in erster Linie peritextuell zugewiesen. In der *Frankfurter Allgemeinen Sonntagszeitung* bilden Titel und Untertitel, drei Photographien, die zugehörigen Bildunterschriften, eine kurze biographische Notiz zu Christian Kracht, eine Landkarte der und ein Infokasten über die Mongolei die peri-, die paratextuelle Umgebung hingegen sämtliche anderen Texte und Bilder der *Frankfurter Allgemeinen Sonntagszeitung* vom 25. August 2002 (und prinzipiell weitere Ausgaben der Zeitung). Signifikanz kommt in diesem nahezu uferlosen paratextuellen Ensemble zunächst der Platzierung des Kracht'schen Textes in der *Reise*-Rubrik (und nicht etwa im Feuilleton) zu. In den vorigen Ausgaben sind an dieser Stelle Texte abgedruckt, die den Akzent vorrangig auf die referentielle Funktion des Sprechens legen: Berichte darüber, wie der polnische Ort Wadowice sich auf den Besuch des dort geborenen Papstes Johannes Paul II. vorbereitet,[49] über Billigbusfahrten in die Toskana[50] und

48 Begrifflich folge ich hier dem Vorschlag von Nicola Kaminski/Nora Ramtke/Carsten Zelle: Zeitschriftenliteratur/Fortsetzungsliteratur: Problemaufriß. In: Dies. (Hrsg.): Zeitschriftenliteratur/Fortsetzungsliteratur. Hannover 2014: Wehrhahn, S. 7–39, hier S. 32–38. Die Verfasser verstehen „das unmittelbar auf den Text oder die Texteinheit bezogene *peripher* umgebende ‚Beiwerk' als *Peritext*", diesen aber (im Unterschied zu Genette) nicht als Unterkategorie von Paratext. Dafür bezeichnen sie „als *Paratexte* die prinzipiell ahierarchisch nebeneinandergestellten, *parallel* um die Aufmerksamkeit des Lesers konkurrierenden Texte und Texteinheiten innerhalb des Textraums der Zeitschrift zu bezeichnen, sei es synchron innerhalb ein und derselben Zeitschriftennummer, sei es diachron in der Relation verschiedener Zeitschriftennummern oder -jahrgänge. Paratextualität in diesem Verständnis meint das räumliche Verhältnis von Text(einheit)en zueinander, das Aneinandergrenzen von Text(einheit)en" (Kaminski/Ramtke/Zelle: Zeitschriftenliteratur/Fortsetzungsliteratur, S. 35).

49 Vgl. Stefanie Peter: Papa ante portas. Der Ort Wadowice erwartet den Papst: Eine Spurensuche in seiner südpolnischen Heimat. In: Frankfurter Allgemeine Sonntagszeitung, Nr. 32, 11. August 2002, S. V1.

eine kostspielige Automobilreise mit Chauffeur von München nach Prag,[51] über den eintausendsten Geburtstag „der bekanntesten österreichischen Grünfläche", den Wienerwald,[52] von einer „Fahrt über die schönste Stadtautobahn Italiens"[53] und über die Wichtigkeit von Strandburgen.[54] *Wie der Boodhkh in die Welt kam, und warum* setzt demgegenüber einen metasprachlichen Akzent, wirft, und zwar im Austausch mit seinem textuellen Umfeld, poetologische Fragen auf.

Während das unmittelbare paratextuelle Umfeld innerhalb der *Reise*-Rubrik – zahlreiche Werbeinserate[55] und ein weiterer Beitrag über die Mongolei[56] – in erster Linie eine touristische Kontrastfolie bildet für die von Krachts *Boodhkh*-Text präsentierte ‚Reise in die Mongolei', stellen die Peritexte semantisch weitreichende Verbindungen zum ‚eigentlichen' Kracht'schen Text her. *„Fleisch ist ein Mörder, und auf eigenartigen Wegen kommen wir, lauter als Bomben: Kinder in der*

---

50 Vgl. Tobias Rüther: Bloß weg ist das Ziel. Reisen für 99 Euro: Wieviel Toskana bekommt man für so wenig Geld? Und wer sitzt eigentlich mit im Bus? Ein Bericht von der letzten Bank. In: Frankfurter Allgemeine Sonntagszeitung, Nr. 32, 11. August 2002, S. V2.

51 Vgl. Claudius Seidl: Der Weg ist der Stil. Reisen für 999 Euro: Von München nach Prag in der Limousine – Ein Bericht von der Rückbank. In: Frankfurter Allgemeine Sonntagszeitung, Nr. 32, 11. August 2002, S. V3.

52 Till Hein: Heute wird die Lichtung alt. Wir fahren in den Wienerwald: Eine Gratulation zum 1000. Geburtstag der bekanntesten österreichischen Grünfläche. In: Frankfurter Allgemeine Sonntagszeitung, Nr. 33, 18. August 2002, S. V1.

53 Ekkehart Baumgartner: Zwischen Alfas und Omegas. In Rom und um Rom und um Rom herum: Eine Fahrt über die schönste Stadtautobahn Italiens. In: Frankfurter Allgemeine Sonntagszeitung, Nr. 33, 18. August 2002, S. V2.

54 Vgl. Michael Diers: Sand in Sicht. Warum Strandburgen so wichtig sind. In: Frankfurter Allgemeine Sonntagszeitung, Nr. 33, 18. August 2002, S. V3.

55 In der Ausgabe der *Frankfurter Allgemeinen Sonntagszeitung* vom 11. August 2002 werben das *London Tourist Board London*, die *Radisson Edwardian Hotels* und *British Airways* für das Tourismus-Ziel Großbritannien (S. V3), die Ausgabe vom 18. August preist eine „exklusive Reise mit dem Orient Express nach Dresden" an, „zur Semperoper mit Zauberflöte und Sonderkonzert Frauenkirche" (S. V1), in der Ausgabe vom 25. August, in die auch der Kracht'sche Text aufgenommen ist, werben (diesmal) *P&O*, *AVIS* und *Thistle Hotels* (S. V3) für einen Aufenthalt auf den britischen Inseln. Jede Nummer bietet zudem Platz für Kleininserate, die Fahrradtouren durch Luxemburg (vgl. S. V2) anbieten und Ferienwohnungen überall in Europa, in Griechenland, Österreich, Frankreich, Portugal, Großbritannien, Spanien, Holland, Skandinavien und Deutschland (vgl. Frankfurter Allgemeine Sonntagszeitung, Nr. 32, 11. August 2002, S. V2; Nr. 33, 18. August 2002, S. V2; Nr. 34, 25. August 2002, S. V2).

56 Michael Schindhelm sucht und findet tief im Landesinnern zwar ebenfalls von der sowjetischen und westlichen Zivilisation berührtes, gleichwohl aber als authentisch eingestuftes mongolisches Brauchtum: Ringkämpfer, Reiter, „die berühmteste Urtym-Duu-Sängerin der Mongolei", ein „Klosterkonzert in Erdene Zuu". Michael Schindhelm: Das große Ringen. Bei den Nomaden der mongolischen Steppe. In: Frankfurter Allgemeine Sonntagszeitung, Nr. 34, 25. August 2002, S. V3.

Mongolei“[57] sind die beiden auf der zweiten Seite des Kracht’schen Beitrags abgedruckten Photographien unterschrieben. So evident wie tautologisch ist der Hinweis auf die „*Kinder in der Mongolei*“, die auf den Fotografien unschwer zu identifizieren sind. Die übrigen Bestandteile der Bildunterschrift stellen dagegen keinen erkennbaren Bezug zu den beiden Photographien her,[58] eher schon zum *Boodhkh*-Text, in dem fraglos von Fleisch die Rede ist, und dessen Sprecher vielleicht auch die Wahl seltsamer Wege bescheinigt werden kann. Diejenigen Leserinnen und Leser allerdings, die mit den Produktionen der britischen Band *The Smiths* vertraut sind, werden in der wunderlich anmutenden Bildunterschrift eine Kompilation ins Deutsche übersetzter Alben der *Smiths* erkennen:[59] *Meat is murder, Strangeways, here we come* und *Louder than bombs.*[60] Im Unterschied zu *Strangeways, here we come* und *Louder than bombs* bezeichnet *Meat is murder* nicht nur ein Album, sondern auch einen Einzeltitel, dessen Text einen spannungsreichen Kommentar zur blutigen Zubereitung des Boodhkh bildet:

> Heifer whines could be human cries
> closer comes the screaming knife
> this beautiful creature must die
> this beautiful creature must die
> a death for no reason
> and death for no reason is MURDER
> and the flesh you so fancifully fry
> is not succulent, tasty or nice
> it’s death for no reason
> and death for no reason is MURDER
> and the calf that you carve with a smile
> is MURDER
> and the turkey you festively slice
> is MURDER
> do you know how animals die?
> [...]
> NO, NO, NO, IT’S MURDER

---

57 Kracht: Wie der Boodhkh in die Welt kam, und warum, S. V2.

58 Ob das Ladengeschäft („ДЭЛГУУР“/Delguur) im Hintergrund Fleisch feilbietet, mag dahingestellt sein.

59 Dieses Verfahren wiederum ist in der zeitgenössischen deutschsprachigen Literatur durch Benjamin von Stuckrad-Barres 1998 erschienenes *Soloalbum* bekannt. *Soloalbum* zitiert Titel von Oasis. Vgl. hierzu Moritz Baßler: Der deutsche Pop-Roman. Die neuen Archivisten. München 2002: C. H. Beck, S. 109.

60 Veröffentlicht wurde *Meat is Murder* 1985, *Strangeways, here we come* und *Louder than bombs* 1987.

NO, NO, NO, IT'S MURDER
who hears when animals cry?[61]

‚Fleisch ist ein Mörder‘ führt aber nicht nur auf die Spuren einer ethischen Gegenposition zur „einem heidnischen Ritual“ gleichenden Verarbeitung des „kleine[n], fellige[n] Brauntier[s]“ zum „Nationalgericht der Mongolen“;[62] dieser Teil der Bildunterschrift zielt zugleich noch auf einen zweiten Sachverhalt, der sich durch einen Blick auf die weiteren Peritexte erschließt und durch den Übersetzungsfehler (*‚Fleisch ist ein Mörder‘* statt *‚Fleisch ist Mord‘*)[63] möglich wird: Als der Mongole Batta dem Sprecher des *Boodhkh*-Textes augenzwinkernd eine erbeutete Zieselmaus als Murmeltier zu präsentieren sucht, erklärt er

„Der Boodhkh ist nur ein Traum, wissen Sie, nur ein Dämon.“
Und dann warf er das aufgeschnittene Tier auf die Erde.
Der große schwarze Hund von Arumbalt biß in die Zieselmaus und war glücklich. Der Hund war zottig und voller Kletten, es war ein warmer Sommerabend und die Steppe voller Mäuse, und er schob das kleine Ding mit der Schnauze vor sich her und biß immer wieder ein Stück davon ab, vorsichtig.
Dann kamen die Schatten.[64]

So endet der ‚eigentliche‘ *Boodhkh*-Text. „Kein Murmeltier weit und breit“[65] – zu dieser Schlussfolgerung muss kommen, wer *Wie der Boodhkh in die Welt kam und warum* im *New Wave*-Sammelband zur Kenntnis nimmt. Wer indes die *Frankfurter Allgemeine Sonntagszeitung* in Händen hält und nach dem letzten Satz des *Boodhkh*-Textes noch die unmittelbar sich anschließende biographische Notiz über dessen Verfasser liest, wird zu einer anderen Einschätzung gelangen: „Christian Kracht ist Schriftsteller und lebt in Bangkok. Dort bekam er zu seinem Glück auch Streptomycin. Zuletzt erschien sein Roman ‚1979‘ bei Kiepenheuer & Witsch“.[66] Wogegen das Medikament verabreicht wird, dürfte den Leserinnen und Lesern der *Frankfurter Allgemeinen Sonntagszeitung* noch in Erinnerung sein. Im vom Spre-

61 The Smiths: Meat is Murder. In: The Smiths: Meat is Murder, UK, Rough Trade 1985.
62 Kracht: Wie der Boodhkh in die Welt kam, und warum, S. V1.
63 Die Formulierung ‚Meat is Murder‘/‚Fleisch ist Mord‘ arbeitet mit einer nach Auflösung verlangenden metonymischen Verschiebung, setzt anstelle von Fleischproduktion und/oder Fleischverzehr das Verzehrte oder das Produkt: Fleisch. Die Formulierung *„Fleisch ist ein Mörder“* ist dagegen nicht tropisch und setzt das Fleisch selbst als todbringendes Agens ein.
64 Kracht: Wie der Boodhkh in die Welt kam, und warum, S. V2.
65 Steffen Martus: Buffetcrashing in Kairo. Christian Krachts lässiges und überladenes Kompendium *New Wave*. In: Berliner Zeitung, Nr. 21, 25. Januar 2007, S. 36.
66 Kracht: Wie der Boodhkh in die Welt kam, und warum, S. V2.

cher des *Boodhkh*-Textes zitierten ‚Rezept für Boodhkh' wird darauf hingewiesen: „Vorsicht: Das Murmeltier (sowie fast alle Nagetiere in der Mongolei, vor allem die Zieselmaus) überträgt [...] die Beulenpest – dagegen hilft Tetracyclin, oral eingenommen, oder Streptomycin, intramuskulär gespritzt. Beide Antibiotika sind in der Mongolei schwer erhältlich".[67] Sollte es gleichwohl einer Auffrischung der Erinnerung bedürfen, so ist der am Ende platzierte Infokasten dienlich: „Das Auswärtige Amt weist darauf hin, daß es in der Mongolei endemische Pestgebiete gibt – Gefahr besteht bei direktem Kontakt mit infizierten Nagetieren wie Murmeltieren".[68] Die biographische Notiz fordert nachgerade dazu heraus, Sprecher-Ich und ‚Christian Kracht' als Verfasser des *Boodhkh*-Textes miteinander kurzzuschließen.[69] Vor diesem Hintergrund ist das Ende des Textes und damit zugleich seine gesamte Stoßrichtung einer erneuten Bewertung zu unterziehen, legt die Notiz doch nahe, dass das Sprecher-Ich ‚Christian Kracht' während seines Aufenthaltes in der Mongolei „direkte[n] Kontakt" zu einem infizierten Tier gehabt und sich mit dem Pesterreger infiziert hat. Wie der „mongolische[n] Ziege" der „Schweizer Streichkäse"[70] bekommen ist, bleibt im Dunkeln, dem „Schweizer"[71] aber, dies insinuiert die dem Text beigegebene biographische Notiz, haben die mongolischen Flöhe offenbar zugesetzt. Ob er nun doch noch – ein andermal, anderswo – den Boodhkh genossen und sich bei dieser Gelegenheit oder aber im Kontakt mit den Flöhen der Ziege, des zotteligen Hundes oder der von Batta erlegten Zieselmaus infiziert hat, ‚wie' also genau ‚der Boodhkh in die Welt' des Sprechers ‚kam', dies bleibt ebenfalls im Dunkel. Wie er ‚in die Welt' der Leserinnen und Leser ‚kam', liegt dagegen offen zutage – ‚*auf eigenartigen Wegen*' nämlich: peritextuell. Dass das vom ‚Rezept für Boodhkh' in Aussicht gestellte gesundheitliche Risiko keine Chimäre, kein Traum, kein Dämon war, liegt vor dem Hintergrund dieser peritextuellen Einspielung auf der Hand. ‚*Meat is murder*'.

---

67 Kracht: Wie der Boodhkh in die Welt kam, und warum, S. V1.

68 Kracht: Wie der Boodhkh in die Welt kam, und warum, S. V2.

69 Oder aber sie legitimiert deren ohnehin stillschweigend vollzogene Gleichsetzung. Diesen Kurzschluss bisher nicht vollzogen zu haben, erscheint mir vor allem deshalb gerechtfertigt, weil die – im übrigen vielerorts registrierte – Fiktionalität der journalistischen Texte Krachts nicht ohne Auswirkungen auf das bleiben kann, was der Verfassername „Christian Kracht" im jeweiligen Text bezeichnet. Gestützt wird dieser Kurzschluss zudem durch das kurze Avertissement der *Reise*-Rubrik auf der Titelseite des Blattes: „Die Sitten in der Mongolei. Der Autor Christian Kracht und Regisseur Michael Schindhelm unterwegs" (Frankfurter Allgemeine Sonntagszeitung, Nr. 34, 25. August 2002, S. 1).

70 Kracht: Wie der Boodhkh in die Welt kam, und warum, S. V2.

71 Kracht: Wie der Boodhkh in die Welt kam, und warum, S. V1.

5 Medienreflexion und Literarizität

Gemessen am touristischen Sicherheitsversprechen, wie es zum Beispiel die Verfasser des im Infokasten empfohlenen Reiseführers[72] abgeben, die „in all den Jahren unseres Aufenthaltes nie von einem Ausländer gehört [haben], der sich mit Pest infiziert hätte“,[73] erweist sich vor diesem Hintergrund die von ‚Christian Kracht‘ unternommene ‚Reise in die Mongolei‘ als ‚exquisiter‘, emphatischer Austausch mit der Fremde, als (auch für die Leserinnen und Leser der *Frankfurter Allgemeinen Sonntagszeitung* verheißungsvolle)[74] Aufnahme des in Europa nicht Verbreiteten in den eigenen Organismus. Der ‚gemeine‘ Tourist[75] dagegen „is placed at the centre of a strictly circumscribed world“, in der „surrogate parents (travel agents, couriers, hotel managers) relieve the tourist of responsibility and protect him/her from harsh reality“.[76] Von dieser ‚harsh reality‘ nun bleibt der Sprecher des im *New Wave*-Band abgedruckten *Boodhkh*-Textes abgeschirmt: „kein Murmeltier weit und breit“.[77] Gemessen am initiierenden Reise-Movens des

---

72 „Die zwei besten Titel“ seien: „‚Mongolei‘, ein sehr guter Überblick aus dem Reise Know How Verlag Rump (2001, 22,50 Euro), und der englische Band ‚Mongolia‘ (Loneley Planet Publications 2001, 24,80 Euro)“; Wege in die Mongolei. In: Frankfurter Allgemeine Sonntagszeitung, Nr. 34, 25. August 2002, S. V2.

73 Forkert/Stelling: Mongolei, S. 74.

74 Dass die Leserinnen und Leser der *Frankfurter Allgemeinen Sonntagszeitung* zur Teilhabe an dieser ‚exquisiten‘ Erfahrung animiert werden, geht aus einer weiteren peritextuellen Anreicherung des Kracht'schen *Boodhkh*-Textes hervor: Wer eine von „Juulchin“ angebotene „customade Mongoleireise“ antreten wolle, so heißt es im Infokasten, möge „bitte […] Frau Otgonbayer als Reiseführerin [verlangen]“ (Kracht: Wie der Boodhkh in die Welt kam, und warum, S. V2), diejenige, die zusammen mit Batta den Sprecher des *Boodhkh*-Textes in die mongolische Provinz chauffiert, dorthin, wo angeblich der Boodhkh zubereitet würde. „Frau Otgonbayer“ wird im ‚eigentlichen‘ Text eingeführt als „Angestellte des halbstaatlichen Reisebüros Juulchin“ (Kracht: Wie der Boodhkh in die Welt kam, und warum, S. V2); den Hinweis hierauf verdanke ich David Brehm (Marburg).

75 Dieser wird allerdings nicht, wie Ulla Biernat an *Ferien für immer* demonstriert (darin werde die „Touristenschelte aus der Ecke des Elitären“ geführt), aktiv als Kontrastfolie profiliert. Biernat: „Ich bin nicht der erste Fremde hier“, S. 195.

76 Urry: The Tourist Gaze, S. 7. Urry referiert hier den Standpunkt von Louis Turner/John Ash: The Golden Hordes. International Tourism and the Pleasure Periphery. London 1975: Constable. Fast gewinnt es den Anschein, als gelte dies auch für den Sprecher des *Boodhkh*-Textes, der auf der Fahrt zum Boodhkh von „Frau Otgonbayer“ begleitet wird, einer „Angestellte[n] des halbstaatlichen Reisebüros Juulchin“ (Kracht: Wie der Boodhkh in die Welt kam, und warum, S. V2).

77 Martus: Buffetcrashing in Kairo, S. 36. Ähnlich argumentiert Daniel Herbstreit: Reiz des Bösen. Christian Krachts Textsammlung „New Wave“. In: Der Tagesspiegel, Nr. 19362, 5. November 2006, S. 28: „Das Leitmotiv von ‚New Wave‘ ist wie in so vielen Büchern von Kracht: die Reise ins Nichts, das Reisen, ohne anzukommen, das leidenschaftlich sich selbst genügende Suchen, ohne

Sprechers, eine als ursprünglich, roh und unverfälscht empfundene kulturelle Praxis erleben zu können, und zwar unter Billigung persönlicher Risiken, gemessen daran (und nicht etwa an den anderen, durchaus positiv bewerteten Erlebnissen) ist die ‚Reise in die Mongolei' als Fehlschlag zu taxieren. Diejenigen allerdings, die den *Boodhkh*-Text im heterogenen Text-Bild-Milieu der *Frankfurter Allgemeinen Sonntagszeitung* lesen, haben die Möglichkeit, die ernüchternde Aussage des Mongolen Batta, der Boodhkh sei „nur ein Traum [...], ein Dämon", mit den para-, inter- und peritextuellen Verknüpfungsangeboten der *Frankfurter Allgemeinen Sonntagszeitung* zu verrechnen und der desillusionierenden Lesart eine zweite, konkurrierende zur Seite zu stellen. In ihren Augen erweisen sich *histoire* und *discours*[78] des Kracht'schen Textes – die als kulturelle *bricolage* erfahrene Mongolei, und die *bricolage*-artige Faktur des *Boodhkh*-Textes – als in medio- und poetologischer Hinsicht transzendental aussagekräftig. Sie geben nämlich ein Bild von und schärfen so das Bewusstsein für das mit der Platzierung eines Textes im Medium ‚Zeitung' verbundene ästhetische Potential – und sichern Krachts *Wie der Boodhkh in die Welt kam, und warum* gerade auf diese Weise einen medienreflexiven, in erster Linie aber ästhetischen Mehrwert. Zurückzuführen ist dies vor allem auf die spezifische Organisation des Mediums Zeitung: Sie hält an zu einer hin- und herschweifenden, Unterbrechungen und Sprünge in Kauf nehmenden, die Grenzen einzelner Texte gerade überschreitenden und eine Fülle von Konstellationen ermöglichenden Lektüre. Die mit den medienspezifischen Formatbedingungen verknüpfte Erwartung, im als literarisch ausgewiesenen Buch auf einen literarischen, in der eher faktual-pragmatischen *Reise*-Rubrik einer Zeitung dagegen auf einen eher diskursiven Text zu stoßen, diese Erwartung wird hier gerade durchkreuzt. Eine paradoxe Konstellation zeichnet sich damit ab, deren Fluchtpunkt die Leserinnen und Leser bilden: Dort, wo sie die Literarizität reiseliterarischer Prosa vorrangig suchen (und zu suchen ermutigt werden), im *New Wave*-Sammelband, ist deren Entfaltung medienbedingt strenger limitiert als im *Reise*-Teil des ephemeren Mediums Zeitung. Damit ist zumindest eine, nämlich eine rezeptionsästhetische Begründung dafür gefunden, ‚warum' ‚der Boodhkh in die Welt kam'.

---

etwas finden zu müssen. Zumindest in ‚Wie der Boodkh [sic] in die Welt kam und warum' sucht der namenlose Ich-Erzähler etwas ganz Bestimmtes: das Nationalgericht Boodkh [sic], das aus einem mit dem Schneidbrenner gebratenen Murmeltier bestehen soll. Am Schluss erfährt er jedoch, dass der Boodkh [sic] nur ein Traum ist, ein Dämon".

78 Vgl. hierzu Tzvetan Todorov: Les catégories du récit littéraire. In: Communications 8 (1966), S. 125–151.

Stefanie Roenneke

Briefe aus ...

Anmerkungen zur *F.A.Z.*-Kolumne von Christian Kracht (2006–2007)

1 Bewegung als Motiv und Verfahren in Krachts Texten

„So ist das mit Christian Kracht. Er ist immer woanders. Er ist immer unterwegs", schreibt Volker Weidermann in dem Vorwort zu dem 2006 publizierten Kompendium *New Wave.*[1] Er schildert die Schwierigkeit, mit dem Autor ein Treffen zu vereinbaren, um mit ihm persönlich über das Reisen zu sprechen, „und über die Frage, warum er immer davonfährt, niemals bleibt".[2] Die Bewegung, dessen Motivation im Verborgenen bleibt, gehört zu Christian Kracht wie für andere Schriftsteller der immer gleiche Schreibtisch in einem bestimmten Zimmer. Er hat diese Wahrnehmung durch seine populären Reiseberichte in *Der gelbe Bleistift* (2000) oder durch seine stetig wechselnden Aufenthaltsorte selbst geprägt – bis der Akt der Bewegung sogar auf dem Cover des Sammelbandes *Christian Kracht. Zu Leben und Werk* dargestellt wird, der 2009 bei *Kiepenheuer & Witsch* erschienen ist: Christian Kracht wird als gehende Figur abgebildet, die nur von der Seite zu sehen ist und sich mit jedem Schritt vom Leser zu entfernen scheint.[3] Neben den geographischen Veränderungen kennzeichnen sich die Arbeiten von Christian Kracht durch eine kontinuierliche Bewegung auf der Textebene, die den Erwartungshorizont des Lesepublikums bis zu einem „semiotischen Dauerdruck"[4] herausfordern können, wie Moritz Baßler im Zusammenhang mit der von Kracht gemeinsam mit Eckhart Nickel gestalteten Zeitschrift *Der Freund* (2004–2006) herausgestellt hat.

---

1 Volker Weidermann: Die Reisen des Christian Kracht. In: Christian Kracht: New Wave. Ein Kompendium 1999–2006. Köln 2006: Kiepenheuer & Witsch, S. 11–14, hier S. 12.

2 Weidermann: Die Reisen des Christian Kracht, S. 12.

3 Johannes Birgfeld/Claude D. Conter (Hrsg.): Christian Kracht. Zu Leben und Werk. Köln 2009: Kiepenheuer & Witsch, Cover.

4 Moritz Baßler: Zur Poetik und Semiotik des Dandyismus am Beginn des 21. Jahrhunderts. In: Alexandra Tacke/Björn Weyand (Hrsg.): Depressive Dandys. Spielformen der Dekadenz in der Pop-Moderne. Köln, Weimar und Wien 2009: Böhlau, S. 199–218, hier S. 212.

https://doi.org/10.1515/9783110532159-007

Christian Kracht *reist*. Er reist durch ‚Faszinationsbereiche' der Hoch- und Popkultur, referiert auf bekannte Materialien, und strickt daraus sein vielschichtiges Werk: ein Vorgehen, das durch wiederkehrende Objekte, Widersprüche und Brüche in seinen Texten zum Durchscheinen kommt. Das gilt für die auffälligen Widerholungssequenzen in den Romanen sowie für „wiederkehrende Motive und vor allem Gegenstände in Krachts Texten, [die] darauf hinweisen, dass Materialien und Motive der Hoch- und Populärkultur kompiliert werden, ohne dass ihnen ein fester semiotischer Gehalt zukommt".[5] Dieses Spiel mit Zeichen und Verweisen hat in der Vergangenheit zu einer ästhetizistischen Lesart seiner Arbeiten geführt und wird ebenso auf das Leben des Autors ausgeweitet, der gemäß Ingo Niermann „ein kompliziertes Schelmentum" verfolge, dessen Dechiffrierung erschwert wird, indem Kracht selbst ein Leben als Literatur führe, in dem dieser „zur Verwirrung auch Schriftsteller von herkömmlichen Romanen" ist.[6] Demnach sind biographische Details des Autors selbst Teil des Zeichenmaterials, mit dem nicht-eindeutig verfahren wird.

Diese kontinuierliche Bewegung zwischen Fakt und Fiktion sowie zahlreichen verschiedenen Motiven und Materialien kennzeichnet die dreiundzwanzig Kolumnen für die *Frankfurter Allgemeine Zeitung*, in denen Christian Kracht literarische Reiseberichte und Miniaturen verfasst, sowie vermeintliche Erinnerungen und Dokumente teilt, bekannte Realitätseffekte einbaut, zugleich zwischen erster und dritter Person wechselt, sowie die Kolumne in Gegenwart, Vergangenheit und Zukunft ansiedelt.

2 Krachts Kolumnen *Briefe aus…* und die Nicht-Beschreibung der Ferne

Mitte der 2000er Jahre war es ruhig um Christian Kracht. Wer ihn zwischen 2005 und 2007 als Autor erleben wollte, musste entweder *Der Freund*, dessen Herausgeber er zugleich war, oder Zeitungen und Magazine aufschlagen. Dazu zählten das Modemagazin *Qvest*, die *Süddeutsche Zeitung am Wochenende* und die *Frankfurter Allgemeine Sonntagszeitung*.[7] In der *Frankfurter Allgemeinen Zei-*

---

5 Stefanie Roenneke: Camp als Konzept. Moers 2017: Posth Verlag, S. 208.

6 Ingo Niermann: Die Erniedrigung im Werk und Leben Christian Krachts. In: Birgfeld/Conter (Hrsg.): Christian Kracht. Zu Leben und Werk, S. 179–186, hier S. 183 u. 184.

7 Vgl. Matthias N. Lorenz (Hrsg.): Christian Kracht. Werkverzeichnis und kommentierte Bibliografie der Forschung. Bielefeld 2014: Aisthesis, S. 52f.

tung erschienen zudem mehrere Texte wie *Der durstige Krieg,*[8] die im September 2006 in dem Kompendium *New Wave,* einem literarischen Querschnitt der Jahre 1999 bis 2006, zweitveröffentlicht wurden.

Im November 2006 wurde die erste *F.A.Z.*-Kolumne von Christian Kracht in der reaktivierten Beilage *Bilder und Zeiten* publiziert, die 2001 zunächst eingestellt worden war.[9] Neben ausführlichen Reportagen, Interviews und Essays sowie der *Frankfurter Anthologie* war die Beilage durch Kolumnen wie das *Stadtgespräch* auf der Aufmacherseite sowie durch eine wöchentlich wechselnde Kolumne auf der Seite Z4 geprägt. Christian Kracht teilte sich den Kolumnenplatz zunächst mit der amerikanischen Autorin Nicole Krauss und ab dem März 2007 mit der deutschen Schriftstellerin Jenny Erpenbeck. Nicole Krauss verfasste ihre Kolumne *Meine Straßen in New York* im Geiste des Buches *A Walker in the City* von Alfred Kazins und wollte „auf Kazins Spuren durch die Straßen gehen – gehen und Erinnerungen wecken, gehen und staunen, gehen und schreiben".[10] Ihre acht veröffentlichten Texte stellen eine autobiographisch gefärbte Annäherung an ihr urbanes Umfeld dar. Jenny Erpenbeck widmete sich darauf Dingen, die verschwinden: das Verschwinden des Palasts der Republik,[11] von Socken, Freunden oder Sperrmüll waren in ihrer Kolumne der Ausgangspunkt für persönlich gefärbte Beiträge; 2009 erschienen die Kolumnen unter dem gleichen Titel *Dinge, die veschwinden* bei *Galiani.*[12]

Im Gegensatz zu den Texten seiner Kolleginnen verschließen sich Christian Krachts Kolumnen bei der Lektüre zunächst einem offensichtlichen Motto und einer eingängigen Stilistik – trotz der wiederkehrenden Betitelung *Brief.* Zwar folgen auf den ersten *Brief aus Kagbeni*[13] weitere aus Schanghai, München, Uruguay oder Borneo, jedoch sind sie oftmals als Briefe oder Gespräche aus der Vergangenheit überschrieben. Eine Kolumne wird zudem mit *Brief aus der Zukunft* betitelt. Trotz des Titels kommt die Kolumne ohne typische Briefform aus, die durch Anrede und Grußformel hergestellt werden könnte. Lediglich sechs Ko-

---

8 Christian Kracht: Der durstige Krieg. Ein Gespräch in Paraguay mit den Chaco-Veteranen Bernhard Fischer. In: Frankfurter Allgemeine Zeitung, 28. August 2005, S. 26.

9 *Bilder und Zeiten* erschien von 1952 bis 2001 als Tiefdruckbeilage in der Samstagsausgabe der *Frankfurter Allgemeinen Zeitung.* Die Neuauflage bestand von November 2006 bis Ende 2012.

10 Nicole Krauss: Meine Straßen in New York. In: Frankfurter Allgemeine Zeitung, 9. Dezember 2006, S. Z4.

11 Vgl. Jenny Erpenbeck: Dinge, die verschwinden. In: Frankfurter Allgemeine Zeitung, 3. März 2007, S. Z4.

12 Jenny Erpenbeck: Dinge, die verschwinden. Berlin 2009: Galiani.

13 Christian Kracht: Brief aus Kagbeni. In: Frankfurter Allgemeine Zeitung, 18. November 2006, S. Z4.

lumnen stechen heraus, in denen kommentarlos ‚Briefe' von oder an Christian Kracht wiedergeben werden.

Die sieben Kolumnen, die einen Stadt- oder Landesnamens im Titel tragen, bestechen weder durch ausführliche Reisebeschreibungen noch durch eine bedeutende Schilderung der Fremde oder des Anderen. Der Ort und die Reise bilden nur den Rahmen für Exkurse und stehen damit in der Erzähltradition von *Faserland* (1995) sowie den Reiseberichten in *Der gelbe Bleistift* (2000) oder *Ferien für immer* (1998). In *Brief aus Schanghai* räsoniert der Erzähler über die Bedeutung des *iPhones*, das 2007 von *Apple* eingeführt wurde.[14] In dem ersten *Brief aus Uruguay* wird zunächst der Besuch der Berliner *Scientology*-Zentrale mit Rafael Horzon beschrieben, die den Erzähler Kracht dazu treibt, nach Südamerika zu fliegen, um darauf die Inneneinrichtung der *McDonald's*-Restaurants in Uruguay zu loben.[15] In dem zweiten *Brief aus Uruguay* wird das Album *Fortpflanzungssupermarkt* der Hamburger Band *Die Zimmermänner* im Zusammenhang mit der Erzählung *Das unerbittliche Gedächtnis* von Jorge Luis Borges besprochen, die ebenfalls in Uruguay angelegt ist.[16]

Lediglich die Orte im Titel sowie wenige Reise- und Umgebungsbeschreibungen mit abstrusen Details stellen einen Hinweis auf die Bewegung und den Aufenthalt des Autors dar. Am deutlichsten wird das im *Brief aus Borneo:*

> Nahe dem großen Telekommunikationsmast, im Schatten des Jacarandabaumes, im Garten des Bungalows sitzen Christian Kracht und Frauke Finsterwalder und essen von einem großen Block Kraft-Cheddarkäses im Wert von 350 US-Dollar. Kolibris schieben ihre langen Zungen in die dargebotenen Kelche der Trompetenblumen, die dicht bewachsenen Hügel des Urwaldes verlieren sich in der malvenfarbenen Ferne Borneos.[17]

Im *Brief aus München* wird der Aufenthalt in der Stadt zudem deutlicher in den Vordergrund gerückt: „Jetzt, Mitte Dezember, herrschen hier in München, in der schönsten Stadt Deutschlands, 21 Grad, die Sonne scheint schräg und grell; ein Teerkocher, der die Tumblingerstraße repariert, wird fast überfahren deshalb".[18] Doch auch der Besuch des *Hofbräuhauses* und des Tabakwarengeschäfts *Pfeifen*

---

14 Vgl. Christian Kracht: Brief aus Schanghai. In: Frankfurter Allgemeine Zeitung, 2. Dezember 2006, S. Z4.

15 Vgl. Christian Kracht: Brief aus Uruguay. In: Frankfurter Allgemeine Zeitung, 27. Januar 2007, S. Z4.

16 Vgl. Christian Kracht: Brief aus Uruguay. In: Frankfurter Allgemeine Zeitung, 10. März 2007, S. Z4.

17 Christian Kracht: Brief aus Borneo. In: Frankfurter Allgemeine Zeitung, 28. Juli 2007, S. Z4.

18 Christian Kracht: Brief aus München. In: Frankfurter Allgemeine Zeitung, 16. Dezember 2007, S. Z4.

Huber sind nur Anlass für Überlegungen zu Schnellrestaurants und Tabakmarken.[19]

3 Textbewegungen zwischen den Kolumnen und Krachts Büchern

Trotz des steten thematischen Wechsels wird der Erwartungshorizont des Lesers im Zusammenhang mit den Kindheits- und Jugenderinnerungen in den Briefen aus der Vergangenheit ebenfalls bestätigt, weil sie einen Vergleich zu *Faserland* zulassen. Wie in dem 1995 veröffentlichten Roman werden in der Kolumne keine positiven oder verklärenden Sequenzen der Jugend und Kindheit geschildert, sondern fokussieren auf unangenehme Begebenheiten – und werden mit Körperausscheidungen in Verbindung gesetzt.[20] Der Protagonist Christian Kracht wird als „Klischeebild des Klassenlöli"[21] beschrieben, der beim Sport zwar beliebt ist, jedoch bei den Mädchen negative Reaktionen hervorruft:

> Und wenn er die Mädchen mit zerkautem Papier – das durch die leere Röhre eines Bic-Kugelschreibers gepustet wurde – bespuckte, kreischten und kicherten sie nicht wie sonst, sondern fingen an zu weinen. Einmal erbrach sich sogar eines der Mädchen und wurde nach Hause geschickt.[22]

Da die Kindheits- und Jugenderinnerungen aus einer auktorialen Erzählperspektive präsentiert und in einer anderen Kolumne als „*faux*-archivierte[n] Kindheit des Autors"[23] beschrieben werden, wird eine Distanz zur Biographie des Autors aufgebaut, doch aufgrund der Wahl des Charakters Christian Kracht wird zugleich die Nähe bewahrt. Gleiches gilt für die Listen *Was Christian Kracht früher mochte* und *Was Christian Kracht früher nicht mochte*, in denen zahlreiche in Krachts Werken wiederkehrende Marken und Namen wie die Barbourjacke oder

---

19 Vgl. Kracht: Brief aus München, S. Z4.

20 Zum Vergleich: „Ich mache also das Licht am Nachttisch an, Knips macht das, und ich gucke an mir herunter und sehe, daß ich ins Bett gekotzt habe, aber das ist nicht alles, nein, ich habe auch noch ins Bett geschissen. In diesem Moment wird alles dunkel." Christian Kracht: Faserland. München 1997: Goldmann, S. 29.

21 Christian Kracht: Brief aus der Vergangenheit. In: Frankfurter Allgemeine Zeitung, 30. Dezember 2006, S. Z4.

22 Kracht: Brief aus der Vergangenheit, S. Z4.

23 Christian Kracht: Brief aus der Zukunft. In: Frankfurter Allgemeine Zeitung, 24. Februar 2007, S. Z4.

The King of Luxembourg auftauchen. Doch auch hier wird eine Zweideutigkeit bewahrt, indem die Barbourjacke in beiden Listen genannt wird.[24]

Dieses (Verwirr-)Spiel wird insbesondere im Umgang mit dem Buch *Metan* deutlich, das eine zentrale Rolle in der Kolumne einnimmt. Im *Brief aus Kagbeni* wird der Aufenthalt der Autoren Christian Kracht und Ingo Niermann in Nepal kolportiert, der Grundlage für eine Bildreportage in dem Modemagazin *Qvest*[25] und für das gemeinsam verfasste Buch war, das im März 2007 im Berliner Verlag *Rogner & Bernhard* veröffentlicht wurde: „Während draußen der eisige Nachtwind durch die tiefste Schlucht der Welt – der Kali Gandaki – zu uns heraufheult, sitzen die Schriftsteller Ingo Niermann und ich an den letzten Notizen zum neuen Buch, das ‚Metan' heißen wird."[26] Die Docu-Fiction *Metan,* die „einen faktischen Wahrheitsbegriff" vernachlässigt, „ohne ein wirklich fiktionaler Text zu sein", wurde von Till Huber bereits als Ausdruck einer „ästhetische[n] Autonomie" besprochen, für die alle Zeichen „literarästhetisch produktiv" gemacht würden.[27] Zu diesem Zeichenrepertoire gehört in *Brief aus Kagbeni* ebenfalls der Verweis auf den Comic *Tim in Tibet* und den Charakter Kapitän Haddock: „Der arktische Wind bläst uns heimwärts, immer links herum an den Chörten vorbei, nicht wie Kapitän Haddock, der fälschlicherweise rechts herum läuft und zur Strafe mitsamt seiner zum Munde erhobenen Loch-Lomond-Whiskeyflasche an die Stupa knallt".[28] Diese Szene wird ebenfalls in *Gebrauchsanweisung für Kathmandu und Nepal* (2009/2012) erwähnt.[29]

Die Einbindung von *Metan* erfolgt in vier weiteren Kolumnen: Neben der geschilderten Trennung von Ingo Niermann auf dem Weg nach Schanghai[30] wird ein Besuch bei der Agentur *Herburg Weiland* in München genannt, die zahlreiche Bücher von Christian Kracht gestaltet hat.[31] Zudem wird eine Lesung in *Brief aus Soest* beschrieben, die am 21. März 2007 auch stattgefunden hat.[32] Neben diesen

---

24 Vgl. Christian Kracht: Brief aus der Vergangenheit. In: Frankfurter Allgemeine Zeitung, 21. April 2007, S. Z4.

25 Christian Kracht/Ingo Niermann: Kilimanjaro [Bildreportage]. In: Qvest, Heft 23, Dezember/Januar 2006/2007, S. 59–71.

26 Kracht: Brief aus Kagbeni.

27 Till Huber: Ausweitung der Kunstzone. Ingo Niermanns und Christian Krachts ‚Docu-Fiction'. In: Tacke/Weyand (Hrsg.): Depressive Dandys, S. 218–233, hier S. 226 u. 229.

28 Kracht: Brief aus Kagbeni.

29 Christian Kracht/Eckhart Nickel: Gebrauchsanweisung für Kathmandu und Nepal. München 2012 (2009): Piper, S. 20.

30 Vgl. Kracht: Brief aus Schanghai.

31 Vgl. Kracht: Brief aus München.

32 Vgl.: Christian Kracht: Brief aus Soest. In: Frankfurter Allgemeine Zeitung, 24. März 2006, S. Z4.

‚Realitätseffekten' platziert Christian Kracht, der zum damaligen Zeitpunkt in München und Argentinien lebte, sich und das Buch in eine alternative Gegenwart. Im *Brief aus der Zukunft* schöpft er dafür aus Motiven, die mit dem südamerikanischen Land in Verbindung gebracht werden und die im Falle des Falklandkrieges wiederum auf ein Thema aus *Metan* rekurrieren:

> Krachts 2007 vorgelegtes Buch ‚Metan' ist vor vielen Jahren erschienen; es gab einen Falkland-Krieg; Borges ist inzwischen gestorben; große Mengen an Methanklathrat sind aus dem antarktischen Eis in die Erdatmosphäre freigesetzt worden; dies ist in diesem Moment der Kolumne [...].[33]

4 Textbewegungen zwischen Fakt, Fiktion und Metareflexion

Dieser Umgang mit Fakt und Fiktion wird ebenfalls bei der Nennung von Orten, Personen und Projekten deutlich, bei denen Kracht keinen Unterschied macht zwischen real existierenden Menschen und tatsächlichen Ereignissen[34] sowie ‚Figuren' wie dem Fotografen Anthony Shouan-Shawn, der im *Brief aus München* erwähnt wird.[35] Denn der Name taucht zudem als Urheber des Autorenfotos auf, das über der Kolumne abgedruckt ist und wird als Fotograf für das Autorenfoto in *Metan* angegeben.[36] Anthony Shouan-Shawn ist weiterhin Urheber einer Fotografie, die 2007 auf Wikipedia[37] eingestellt wurde und den Autor beim Selbstporträt zeigt. Darüber hinaus wird der Fotograf von der Agentur *Herburg Weiland* vertreten.[38] Ob es sich hierbei tatsächlich um einen Fotografen gehandelt hat, um ein Pseudonym für eine andere Person, eine fiktive Figur oder um ein Alter Ego des Autors Christian Kracht selbst, kann nicht eindeutig verifiziert werden.

---

33 Kracht: Brief aus der Zukunft. Christian Kracht greift den Falkland-Krieg in einem Fernsehinterview mit Denis Scheck zu *Ich werde hier sein im Sonnenschein und im Schatten* in der Sendung *Druckfrisch* wieder auf, vgl. https://www.youtube.com/watch?v=p9qy1HlmPJw (4. August 2017).
34 Dazu gehören unter anderem das Projekt *Die große Pyramide*, dessen Verein Christian Kracht angehört hat. Weitere Personen, die in der Kolumne auftauchen sind unter anderem Eva Munz, Johanna Adorján, Janis Vougioukas, Stephanie Ising, Rafael Horzon, Alfred Hilsberg und die Band *Die Zimmermänner* um Detlef Diederichsen, Timo Bluck sowie Christian Krachts Ehefrau Frauke Finsterwalder.
35 Kracht: Brief aus München.
36 Christian Kracht/Ingo Niermann: Metan. Berlin 2007: Rogner & Bernhard, Umschlagseite.
37 Siehe hierzu https://de.wikipedia.org/wiki/Datei:Christian_Kracht.JPG (4. August 2017).
38 Spiegelungen der Website shouan-shwan.com sind über den Onlinedienst *Wayback Machine* des Internetarchivs archive.org zu erreichen.

Literatur und Leben scheinen einen gleichwertigen Teil eines Zeichenrepertoires darzustellen, zu dem mutmaßliche Dokumente innerhalb der Kolumne gehören, die ebenfalls auf andere Texte des Autors referieren. In einer Kolumne werden drei kurze Anschreiben mit identischen Inhalten wiedergegeben, die Christian Kracht gemeinsam mit Rafael Horzon an den Regisseur Wim Wenders, die Musikerin Björk und den Künstler Jonathan Meese 2005 verfasst haben. Darin bekunden Kracht und Horzon ihre Bewunderung und den Hinweis auf 1000 Euro, die dem Brief beigelegt sind.[39] Des Weiteren wird ein in Englisch verfasstes Anschreiben von Christian Kracht abgedruckt, in dem dieser die fehlende Installation eines Telefonzugangs gegenüber dem Vorsitzenden der *Telecom Commission of India* beklagt.[40] Die letzte Kolumne besteht aus einem E-Mail-Wechsel zwischen Christian Kracht und Felicitas von Lovenberg, die redaktionell für die Beilage *Bilder und Zeiten* verantwortlich war.[41]

Doch insbesondere durch die Wiedergabe von Briefen an Christian Kracht wird ein Bezug zur Rubrik *Briefe, die wir noch nicht beantwortet haben* aus *Der Freund*[42] sowie auf den Beitrag *Fünf Briefe, die ich noch nicht beantwortet habe* möglich, der 1998 in dem Erzählband *Wenn Kopf und Buch zusammenstoßen* veröffentlicht wurde.[43] Dieser Text besteht aus fünf Briefen, die an ‚Christian' und ‚Christian Kracht' gerichtet sind: Eine Suse teilt ihre Gedanken über Wehrdienstverweigerung, Anna aus der Sowjetunion bittet um ein Autogramm von Dieter Bohlen, Dr. Gerda Basse fordert Renovierungskosten für eine Wohnung ein, Tim fragt in schlechtem Englisch nach einer Antwort, Fotos und einem *Sony*-Stereosystem, und Robert von Ostenkampf sendet Christian Kracht den Anfang der Drogen-Geschichte *Isabellas Red-Bull-Party* zu.[44] Die Briefe von Robert von Ostenkampf, Dr. Gerda Basse und Tim sind erneut in der ersten Ausgabe von *Der*

---

39 Vgl. Christian Kracht: Drei Briefe aus der Vergangenheit. In: Frankfurter Allgemeine Zeitung, 16. Juni 2007, S. Z4.

40 Vgl.: Christian Kracht: Brief aus der Vergangenheit. In: Frankfurter Allgemeine Zeitung, 11. August 2007, S. Z4.

41 Vgl. Christian Kracht: Brief aus der Vergangenheit, letzter Teil. In: Frankfurter Allgemeine Zeitung, 20. Oktober 2007, S. Z4.

42 Siehe hierzu: Der Freund, 2004 – 2006, jeweils S. 3 ff. Ebenso wie in *Der Freund* werden in der Kolumne Serien begonnen und nicht weitergeführt: Die Nummerierung von *Brief aus der Vergangenheit* erfolgt nur zwei Mal (30. Dezember 2006 und 13. Januar 2007) und der Hinweis *Aus der Serie: Verpasste Chancen, Teil 1* wurde lediglich im *Brief aus der Vergangenheit* vom 6. Oktober 2007 hinzugefügt.

43 Christian Kracht: Fünf Briefe, die ich noch nicht beantwortet habe. In: Thomas Tebbe (Hrsg.): Wenn Kopf und Buch zusammenfallen. Ein Lesebuch übers Lesen. München 1998: Piper, S. 174 – 185.

44 Vgl. Kracht: Fünf Briefe, die ich noch nicht beantwortet habe.

Freund unter der oben genannten Rubrik wiedergegeben. Hierfür wurden lediglich der Einstieg in den Brief von Robert von Ostenkampf sowie die Währung in der Zahlungsaufforderung von Dr. Gerda Basse angepasst.[45]

In seiner letzten Kolumne schreibt Kracht:

> Ich habe versucht, wie Sie zweifellos bemerkt haben, mich ein Jahr lang in der Kolumne mit der Selbstreferenzialität zu beschäftigen, mit der Rückkoppelung und den Effekten der Spiegelung, sowohl im Raum als auch in der Zeit. Das ist meiner Ansicht nach das Vertrackte; den Text im *Dinglichen* so zu unterwandern, dass eine Auflösung kaum mehr möglich ist.[46]

Der Kommentar in dem E-Mail-Dialog zwischen Felicitas von Lovenberg und Christian Kracht im *Brief aus der Vergangenheit, letzter Teil* erhält eine besondere Bedeutung. Die wiederkehrenden Bezüge und das stete Pendeln zwischen verschiedenen Paradigmen um den Autor Christian Kracht werden als Methode formuliert. Da sie innerhalb der Kolumne zum Ausdruck kommt, ist die Aussage zugleich Teil dieses Zeichenreservoirs. Folglich wird auch in der Kolumne „die größtmögliche Aufmerksamkeit auf die Zeichen selbst“[47] gerichtet.

45 Der Freund, 1 (2004), S. 4–6.
46 Kracht: Brief aus der Vergangenheit, letzter Teil.
47 Huber: Ausweitung der Kunstzone, S. 227.

2 Kunsträume

Moritz Baßler

Neu-Bern, CobyCounty, Herbertshöhe

Paralogische Orte der Gegenwartsliteratur

1 Fiktion in der entzauberten Welt

„Paradise / is exactly like / where we are right now / only much much / better“, singt Laurie Anderson.[1] Es mag Zeiten gegeben haben, in denen man den Paradiesgarten irgendwo auf dieser Erde vermutet hat, so wie es ja auch bekannte Eingänge in die Unterwelt und die Hölle gab. Acheron, Styx und Olymp sind *auch* reale Orte in Griechenland.[2] Durch Zufall, indem man sich im Wald verlief, durch einen Sturm, aber auch durch geeignete Riten konnte man an Orte gelangen, die genauso aussahen wie die alltäglichen, aber völlig anderen Gesetzen unterworfen waren. Diese magische Topographie der Songlines und Quellnymphen ist der neuzeitlichen Vermessung der Welt gewichen. Wenn um 1900 die letzten weißen Flecken aus den Atlanten verschwunden sind, dann setzt das ja längst eine vorgängige Homogenisierung der Erdoberfläche voraus. Im Raster des globalen neuzeitlichen Koordinatensystems sind die Orte, Positionen und Wege eindeutig bestimmbar. In den Grids amerikanischer Städte und Suburbs ist das Modell Realität geworden, mit GoogleMaps ist auch vor unserem Heim-Computer jeder Ort auf dieser Welt gleich.

Götter und Elementargeister aller Art mussten also ins Exil, und das gewährten ihnen Kunst und Literatur gern. Fiktionale Literatur kann ein solches Exil anbieten, weil sie strukturell paralogisch ist. Ihre erzählte Welt (Diegese) ist die Welt, in der wir leben, nur ganz, ganz anders. Sie gleicht zwangsläufig der unseren, weil Literatur ihre Diegese nur vermittels der kulturellen Enzyklopädie simulieren kann, die wir alle im Kopf haben: „[A]lles, was im Text nicht ausdrücklich als verschieden von der wirklichen Welt erwähnt oder beschrieben wird, muß als übereinstimmend mit den Gesetzen und Bedingungen der wirklichen Welt verstanden werden.“[3] Und sie gleicht ihr, selbst in realistischer Literatur,

1 Laurie Anderson: Language Is a Virus. Auf: Home of the Brave. Soundtrack. Warner Bros. 1986.

2 In der deutschen Gegenwartsliteratur schlägt Frank Schulz mit seinem Roman *Das Ouzo-Orakel* (Frankfurt am Main 2006: Eichborn Verlag) daraus einigen Gewinn, der in einem Ferienort am Acheron spielt.

3 Umberto Eco: Im Wald der Fiktionen. Sechs Streifzüge durch die Literatur. München [3]2004: Deutscher Taschenbuch Verlag, S. 112.

https://doi.org/10.1515/9783110532159-008

zugleich nicht insofern, als es 1928 in Berlin zwar einen Ort namens Alexanderplatz gegeben hat, aber niemals einen Transportarbeiter namens Franz Biberkopf, der auf ihm Krawattenhalter verkauft hätte, und weil Aramis von den *Drei Musketieren* in der Rue Servandoni wohnt, einer Straße, benannt nach einem Architekten, der zur Zeit der Romanhandlung noch nicht einmal geboren war. Dazu bemerkt Umberto Eco: „[D]er Text liegt vor uns, wir gehorsamen Leser müssen seine Instruktionen befolgen, und wir befinden uns in einem ganz realen Paris, das genau dem von 1625 gleicht, nur gibt es darin eine Straße, die damals jedenfalls unter diesem Namen noch nicht existiert haben konnte.“[4]

Selbstredend würde sich die fiktionale Literatur auf Verhandlungen mit dem Mythos nicht einlassen, wenn sie nicht auch davon profitierte. Mag die Natur auch längst kein *Haunted House* mehr sein, der zweite Teil des bekannten Diktums von Emily Dickinson gilt weiterhin: „– but Art – a House that tries to be haunted“.[5] Wenn, mit anderen Worten, die Literatur sich die Mühe macht, die Welt im Modus der Fiktion noch einmal zu schaffen, dann gern mit dem Versprechen, damit eine irgendwie sinn-vollere, stärker auf ein Wesentliches hin getrimmte, mit Bedeutung durchtränkte Version der Welt zu liefern. Bereits mit Homer, schreibt Curtius, „beginnt die abendländische Verklärung der Welt, der Erde, des Menschen. Alles ist von göttlichen Kräften durchwaltet“,[6] jetzt aber eben nur noch im Literarischen. Die Diegese ist nicht einfach da, sondern muss, als Zeichen zweiter Ordnung, selbst lesbar sein – und das heißt, Bedeutung tragen über das hinaus, was Common Sense, Journalismus und Wissenschaft von der Welt wissen. In einem „House that tries to be haunted“ sind Götter, Geister und Avatare also besonders willkommen.

Selbst der Poetische Realismus des neunzehnten Jahrhunderts kommt nicht ohne zumindest die Anmutung von Gespensterwesen aus, die stets ortsgebunden sind (der Chinese in *Effi Briest*, das Schimmelgerippe auf der Jevershallig im *Schimmelreiter*), und noch in der emphatischen Moderne stattet Bretons *Nadja* das Gegenwarts-Paris mit einem ganzen Netz unheimlicher und bedeutender Orte aus. Solche Stellen sind sozusagen in einem emphatischeren Sinne ‚Orte‘ als ihre Umgebung, ganz wie in vormoderner Zeit heilige Orte, Spukorte oder auch Stellen, an denen ein Verbrechen stattgefunden hat.

---

4 Eco: Im Wald der Fiktionen, S. 138.

5 „Nature is a Haunted House – but Art – a House that tries to be haunted.“ Emily Dickinson: Brief an T. W. Higginson (1876). In: The Letters of Emily Dickinson. Bd. 2. Hrsg. von Thomas H. Johnson. Cambridge (Massachussetts) 1958: Harvard University Press, S. 554 (Nr. 459 A).

6 Ernst Robert Curtius: Europäische Literatur und lateinisches Mittelalter. Tübingen und Basel [11]1993: Francke, S. 192.

Dem Bedürfnis der Literatur nach sinntragenden Stellen korrespondiert in der entzauberten Moderne das Bedürfnis der Leser nach literarischer Sinnstiftung für ihre alltägliche Umgebung. Dies mag immer schon ein Antrieb für die lokale Verehrung von Autoren und Autorinnen gewesen sein. So wurde, um dies anekdotisch zu illlustrieren, vor einigen Jahren im Wilhelm-Raabe-Museum Eschershausen der lokale Führer überaus emphatisch, als seine Rede auf das nahegelegene Odfeld kam. In Raabes gleichnamigem Roman *Das Odfeld* (1888) ist diese Ebene Ort einer Schlacht im Siebenjährigen Krieg, die allerdings so und vor allem dort nie stattgefunden hat; schließlich handelt es sich um Fiktion. Gleichwohl erschien der reale Ort dem lokalen Raabe-Verehrer auf Grund des Romans als ein geschichtsträchtiger, ja magischer Ort, an dem ihm sogar die Verbindung von der fiktiv-magischen Rabenschlacht, die im Roman als Vorzeichen der richtigen Schlacht dient, zu den alliierten Bombern im Zweiten Weltkrieg legitim erschien. Manifester und weniger idiosynkratisch ist das touristische Phänomen, das Dan Browns Roman *The Da Vinci Code* (2003) und seine Verfilmung (USA 2006, Regie: Ron Howard) hervorgerufen haben. Vorher ungeahnte Massen wollen seither die Kirchen Saint-Sulpice in Paris und Rosslyn Chapel bei Edinburgh besichtigen, die im Roman wesentliche Rollen in einer magisch-realistischen Fiktion um heutige Nachkommen Jesu und ihre Verfolgung durch die Kirche spielen; teilweise werden vor Ort schon entsprechende Führungen angeboten. Indem Fiktion reale Orte mit Bedeutung auflädt, nährt sie die These, auch unsere postreligiöse Welt sei „a House that tries to be haunted" und brauche daher Kunst.

2 Magischer Realismus als International Style: Kehlmanns *Die Vermessung der Welt*

Auch der bekannte Umschlag von Daniel Kehlmanns Bestseller *Die Vermessung der Welt* (2005) flaggt ein Koordinatensystem aus. Der Roman über zwei prototypische deutsche Wissenschaftler ist Musterbeispiel eines neueren populären Realismus, der, wie jeder literarische Realismus seit der Romantik, natürlich nicht einfach nur Realismus sein darf, sondern immer schon „[g]ebrochener", in diesem Fall ausdrücklich „magischer Realismus" in der lateinamerikanischen Tradition sein will.[7] Das „Manko" der Aufklärer Gauß und Humboldt sei es gewesen, so Kehlmann in seinen Göttinger Poetikvorlesungen, „daß sie in einer Welt leben, in der Kunst keine Rolle spielt. Das ist das eigentlich Inhumane an ihnen. Und

---

7 Daniel Kehlmann: Diese sehr ernsten Scherze. Poetikvorlesungen. Göttingen 2007: Wallstein, S. 20 und 22.

dem setze ich, auch formal, Südamerika entgegen".[8] Im Roman geschieht das allerdings weniger formal, sondern inhaltlich, und zwar dadurch, dass ausgerechnet dem supernüchternen Alexander von Humboldt auf seiner Südamerikareise magische Dinge widerfahren, die der Erzähler in gleicher Manier notiert wie alles andere, während die Figur sie einfach ignoriert: „Unweit der Mission, in der Höhle der Nachtvögel, lebten die Toten. Der alten Legende wegen weigerten sich die Eingeborenen, sie dorthin zu begleiten."[9]

Es handelt sich also um einen magischen Ort der Eingeborenen im vormodernen Sinne, den Humboldt und sein Begleiter aber aus rein naturwissenschaftlichem Interesse erforschen wollen:

> Die Fackeln, zu schwach, um das Gewölbe auszuleuchten, warfen ihre Schatten übergroß an die Wände. Humboldt sah auf das Thermometer: Es werde immer wärmer, er bezweifle, daß Professor Werner daran Freude hätte! Dann sah er die Gestalt seiner Mutter neben sich. Er blinzelte, doch sie blieb länger sichtbar, als es sich für eine Sinnestäuschung gehörte. Den Umhang unter dem Hals festgeknotet, den Kopf schief gelegt, geistesabwesend lächelnd, Kinn und Nase so dünn wie an ihrem letzten Tag, in den Händen einen verbogenen Regenschirm. Er schloß die Augen und zählte langsam bis zehn.
>
> Wie bitte, fragte Bonpland?
>
> Nichts, sagte Humboldt und hämmerte konzentriert einen Splitter aus dem Stein.[10]

Die auktoriale Allegorie dieses Höhlengleichnisses ist klar: Das Licht der Aufklärung reicht nicht hin, alles zu erfassen. Dann lässt der Erzähler naturwissenschaftliches Nerdtum und Geistererscheinung direkt aufeinander prallen, mit ironisierendem Effekt. Das ist nett zu lesen, aber man bedenke den ungeheuren Anspruch: Das ‚Inhumane' des neuzeitlich-wissenschaftlichen Weltbildes zeige sich in der Negation des Magisch-Mütterlichen, erst indem Kunst das Bewusstsein für das Magische in der Welt restituiert, entstehe folglich eine wahre, humane Literatur. Nun mag im *realismo magico* die Geisterwelt Teil einer volksreligiösen Wahrheit sein; in der deutschen Gegenwartsliteratur bleibt das Magische ein bloßer Erzähltrick. „Ich fand Literatur immer am faszinierendsten, wenn sie nicht die Regeln der Syntax bricht, sondern die der Wirklichkeit", erklärt Kehlmann.[11] Tatsächlich geschieht dies aber hier ja nicht, oder vielmehr: Es geschieht nur in der Fiktion und wird, wie auch die übersinnlichen Kontakte zwischen Gauß und Humboldt während des letzteren Russlandreise, über den Rahmen des Textes

8 Kehlmann: Diese sehr ernsten Scherze, S. 40.
9 Daniel Kehlmann: Die Vermessung der Welt. Roman. Reinbek [10]2009 (2005): Rowohlt, S. 72.
10 Kehlmann: Die Vermessung der Welt, S. 73f.
11 Kehlmann: Diese sehr ernsten Scherze, S. 15.

hinaus nicht als historische Wahrheit behauptet. Wir akzeptieren die Mutter im Rahmen der üblichen *suspension of disbelief*, unsere außerliterarischen Frames bleiben davon unberührt.

Insofern bleibt diese Spielart von Magischem Realismus letztlich tautologisch: Eine Realität ohne Übersinnliches sei inhuman und kunstfern, also erzählt man eine Realität mit Übersinnlichem und schwupp: hat man qua Kunst das Transzendenzproblem gelöst – einfach mehr Wunder wirken! Diese Art von Magischem Realismus findet man ähnlich auch bei Harry Mulisch, Haruki Murakami, Helmut Krausser, aber eben auch bei Dan Brown und vielen anderen. Sie gehört, neben dem historischen, dem Fantasy- und dem Kriminalroman, zu den erfolgreichsten Varianten des International Style gegenwärtiger Erzählliteratur. Was sie freilich nicht einlösen kann, ist das Versprechen des Magischen selbst[12] – es einfach auktorial als Dimension der erzählten Welt zu behaupten, verleiht der Literatur selbst eben noch lange kein höheres Wesen. Die Heteronomie des historischen Romans, der *Die Vermessung der Welt* ja auch ist, bleibt bestehen: Die historische Wahrheit bleibt die historische Wahrheit, und das komplementäre Über-Realistische verbleibt vollständig im Rahmen der Diegese und damit letztlich von Genrekunst.

3 Parahistorische Parodie: Krachts *Imperium*

Christian Krachts Roman *Imperium* (2012) liest sich über weite Strecken wie eine Kehlmann-Parodie. Als Engelhardt, der Protagonist, auf einer Australienreise ein Hotelzimmer neben dem zukünftigen Vegemite-Erfinder Halsey bezieht, heißt es:

> Möglich ist es, daß beide Vegetarier sich erfühlten, ohne dass sie voneinander wußten, so, als sei die dünne Spanplatte zwischen ihren Köpfen eine Art elektrischer Konduktor. Halsey war natürlich ein Genie und Engelhardt ebenfalls.[13]

Kracht überträgt hier die magische Sympathie, die *Die Vermessung der Welt* zwischen Gauß und Humboldt inszeniert, auf die beiden Reformkost-Spinner. Das (natürlich ironische) ‚natürlich' könnte man durchaus als Kritik an Kehlmanns Hypostasierung der beiden National-Genies lesen. Deren Genialität gehört ja zu den unbefragten Übereinstimmungen mit unserer Enzyklopädie, den kulturellen

12 Oder auch des Genialen, das an seine Stelle treten kann bzw. in übersinnlichen aisthetischen Fähigkeiten mit ihm zusammenfällt (z. B. Riechen in Patrick Süskinds *Das Parfüm*, Hören in Robert Schneiders *Schlafes Bruder*).

13 Christian Kracht: Imperium. Roman. Köln 2012: Kiepenheuer & Witsch, S. 105.

Bildungs-Codes, zu jener Vulgata eines naturalisierten Wissens, das realistische Literatur nicht noch einmal neu erzählen kann und will, sondern immer schon als Wahrheit voraussetzt.[14] Gerade diese Naturalisierung als Zeichen zweiter Ordnung fasst Roland Barthes bekanntlich als Mythos, definiert als „*sekundäres semiologisches System*";[15] und Kehlmanns magische Supplemente tasten diesen eigentlichen Mythos seiner Literatur wie gesagt nicht an. Sein Roman eröffnet dadurch die Möglichkeit einer identifikatorischen Lesart nach dem Erfolgsrezept: ‚Wir Deutschen und unsere Genies!'

Im persönlichen Gespräch im März 2012 freute sich Kracht, man habe ihm nachgewiesen, dass kein einziges der historischen Ereignisse und Zusammentreffen in seinem Roman stimme. Und dies, obwohl die Figur des Kokosnuss-Apostels August Engelhardt ja durchaus eine historische ist. Seine Begegnungen z. B. mit Thomas Mann, Franz Kafka oder Sigmund Freud – für ein bildungsbürgerliches Lesepublikum leicht entschlüsselbar – parodieren die entsprechende Geniedichte bei Kehlmann. Ansonsten wird der bewusst paralogische Charakter des Buches geradezu überdeutlich festgemacht an einem Ort: Herbertshöhe, die Hauptstadt der kleinen deutschen Kolonie an der Blanchebucht, wird im Verlauf des Romans einfach mal verlegt. Bei der Rückkehr aus Fidji bemerkt Engelhardt plötzlich,

> daß er sich gar nicht im ihm vertrauten Herbertshöhe befand, sondern die Häuser, Palmen und Alleen auf höchst irritierende Weise verschoben zu sein schienen. [...] [D]ie Gesichtszüge entglitten ihm, da war doch die Kirche, meine Güte, nun stand sie verkehrt herum, er riß mit beiden Händen an seinem Bart, dort drüben lag das Kaiserliche Postamt, aber gegenüber fehlte die Forsaythsche Faktorei, die sich vor wenigen Wochen noch dort befunden hatte, während sie nun, da er wie planlos durch Rabaul stolperte, nächst dem Hotel Fürst Bismarck stand.[16]

Die Spontanverlegung von Herbertshöhe ist ein parahistorisches Ereignis, das eben nicht als Magie innerhalb der Diegese behauptet, sondern als Willkür auf der Zeichenebene vollzogen wird. Der Umbau der Kulisse verweist auf den Ursprung des Diegese-Begriffs aus der Filmtheorie bei Souriau,[17] er ent-naturalisiert die

---

14 Vgl. Roland Barthes: S/Z. Frankfurt am Main ³1988: Suhrkamp, S. 101.

15 Roland Barthes: Mythen des Alltags. Berlin 2010: Suhrkamp, S. 258.

16 Kracht: Imperium, S. 145 f.

17 „Diegetisch ist alles, was man als vom Film dargestellt betrachtet und was zur Wirklichkeit, die er in seiner Bedeutung *voraussetzt*, gehört. Man könnte versucht sein, hier von der Wirklichkeit der Tatsachen zu reden; der Ausdruck wäre nicht falsch, wenn man sich dabei vor Augen hält, daß es hier um eine fiktionale Wirklichkeit geht. Jeder wird verstehen, was gemeint ist, wenn man sagt, daß zwei Kulissen (sagen wir: ein Schloß und eine Hütte) im Studio nebeneinander dargestellte Welt.[18] Und es kommt alles darauf an, den Unterschied zum Magischen Realismus Kehlmanns zu sehen: Krachts realistisches Erzählen verdoppelt nicht die bekannte Welt und Historie, um ihr eine zusätzliche magisch-bedeutsame Dimension anzudichten, die dann auch seine Literatur mit tieferem Sinn ausstatten soll. Er verdoppelt die bekannte Welt und Historie in einer paralogisch verschobenen Version. Dadurch bestätigt er nicht einfach unser kulturelles Wissen, sondern etabliert zu dessen bekannten kulturellen Frames und Skripten neben- und gleichgeordnete Äquivalenzstrukturen. Literarische Bedeutung entsteht hier folglich erst im Vergleich zwischen der erzählten und der immer schon bekannten Version der Welt.

4 Parahistorischer Roman: Krachts *Ich werde hier sein im Sonnenschein und im Schatten*

Dies ist ein komplexer, man könnte sagen, ein *tricky* Modus, in dem sich das paralogische Potential, das fiktionaler Literatur insgesamt eigen ist, offenkundig anders aktualisiert als etwa im Realismus des neunzehnten Jahrhunderts. Statt wahrscheinliche, wenn auch nicht wahre Geschichten in der bekannten Welt zu erfinden, entstehen hier äquivalente Diegesen, paralogische Wirklichkeitsentwürfe, die dennoch nicht einfach allegorisch gelesen werden wollen. Allegorien übersetzen verstandene Wirklichkeit in einen Metaphernkomplex, Paralogien erfinden ähnliche Wirklichkeiten und setzen durch die Differenz einen Verstehensprozess erst in Gang, der sich auf beide Ebenen gleichermaßen bezieht. Am deutlichsten ist das im parahistorischen Roman verwirklicht:

> Ich war Parteikommissär in Neu-Bern, an meiner Mütze steckte das weiss-rote Abzeichen. Unsere 5. Armee hatte die Stadt vor einer Woche wieder eingenommen. [...] Man erinnerte sich nicht mehr. Es waren nun fast einhundert Jahre Krieg. Es war niemand mehr am Leben, der im Frieden geboren war.[19]

---

stehen, daß die Orte aber in Wirklichkeit (in der Geschichte) fünfhundert Meter voneinander entfernt sind; daß der Streit und das Rendez-vous der Liebenden am selben Tag in der Hütte gedreht wurden, in Wirklichkeit (in der Geschichte) aber ein Jahr zwischen beiden Szenen liegt. Gleiches gilt für Orte: Diegetisch liegt Blaubarts Burg in Frankreich, der geographisch tatsächliche (profilmische) Standort des Schlosses aber ist in Bayern. Ein diegetisches Tahiti kann profilmisch von den Iles d'Hyères dargestellt werden.“ (Étienne Souriau: Die Struktur des filmischen Universums und das Vokabular der Filmologie. In: montage/av 6.2 (1997), S. 140–157, hier S. 151 f.).

18 Entsprechend ist die gesamte Romanhandlung von *Imperium* im Rahmen als Film entworfen.

19 Christian Kracht: Ich werde hier sein im Sonnenschein und im Schatten. Köln 2008: Kiepenheuer & Witsch, S. 12.

Ich werde hier sein im Sonnenschein und im Schatten (2008) entwirft ein Europa, in dem Lenin, statt nach Russland zu fahren, direkt in der Schweiz (bei den Eid-Genossen!) seine Sowjetrepublik ausgerufen hat und das seither im Kriegszustand ist. Der Roman etabliert starke intertextuelle Bezüge unter anderem zu Texten von Friedrich Dürrenmatt, Ernst Jünger, Philipp K. Dick und Thomas Pynchon.[20] Das Bern in dieser Welt heißt Neu-Bern, weil es zerstört und wiederaufgebaut wurde. Das ‚echte' Bern ist dagegen eine geradezu notorisch alte, unzerstörte Stadt[21] – und gerade indem Krachts Roman diese Wirklichkeit durch die parahistorische Äquivalenz ent-naturalisiert, entfaltet er seine paralogische Semiose.[22] Das Faktische – hundert Jahre Krieg oder hundert Jahre Frieden – führt stets dazu, dass man sich an Alternativen nicht mehr erinnern kann. Ohne paradigmatische Achse aber verliert der Ort, wie jede Stelle der Wirklichkeit, an Bedeutung; Naturalisierung und Automatisierung setzen ein. „So wahrgenommen", heißt es in Viktor Šklovskijs klassischem Aufsatz *Kunst als Verfahren*, „vertrocknen die Dinge, zuerst in der Wahrnehmung, später dann auch in der Wiedergabe";[23] sie verlieren an Wirklichkeit wie das Sofa, von dem Tolstoi nicht mehr weiß, ob er es bei seinem Putz-Durchgang durch die Wohnung schon abgestaubt hat oder nicht: „So kommt das bedeutungslos gewordene Leben abhanden. Die Automatisierung verschlingt die Dinge, die Kleider, die Möbel, die Frau und den Schrecken des Krieges."[24] Insofern ließe sich etwas zugespitzt sagen, dass auch das wirkliche Bern im Zuge der Kracht-Lektüre zu einem Neu-Bern entautomatisiert wird, indem es in neuen paradigmatischen Bezügen lesbar wird.

Wenn Šklovskij sich mit seinem Begriff von Kunst gegen eine sogenannte „algebraische Denkweise" richtet, dann erscheint Kehlmanns Kritik einer rein

---

20 Siehe dazu ausführlicher Moritz Baßler: „Have a nice apocalypse!" Parahistorisches Erzählen bei Christian Kracht. In Reto Sorg/Stefan Bodo Würffel (Hrsg.): Utopie und Apokalypse in der Moderne. München 2010: Fink, S. 257–272.

21 Es steht damit in Opposition zu dem „im Roman erwähnte[n] und tatsächlich nach 1794 nach einem Großbrand komplett am Reißbrett entworfene[n] und neu aufgebaute[n] Ort La Chaux-de-Fonds" (vgl. Claude D. Conter: Christian Krachts posthistorische Ästhetik. In: Ders./Johannes Birgfeld (Hrsg.): Christian Kracht. Zu Leben und Werk. Köln 2009: Kiepenheuer & Witsch, S. 24–43, hier S. 37 f.).

22 Krachts Texte zeigen also keineswegs „das diffuse Subjekt im beliebigen Raum", wie Bronner (mit Joseph Vogl) argumentiert (vgl. Stefan Bronner: Vom taumelnden Ich zum wahren Übermenschen. Das abgründige Subjekt in Christian Krachts Romanen *Faserland, 1979* und *Ich werde hier sein im Sonnenschein und im Schatten*. Tübingen 2012: Francke, S. 129). Die fiktiven Para-Räume verdanken sich nicht der Statistik, sondern immer schon der Semantik und sind alles andere als beliebig.

23 Viktor Šklovskij: Kunst als Verfahren. In: Fritz Mierau (Hrsg.): Die Erweckung des Wortes. Essays der russischen Formalen Schule. Leipzig 1991: Reclam, S. 11–32, hier S. 17.

24 Šklovskij: Kunst als Verfahren, S. 17.

wissenschaftlichen Weltwahrnehmung davon gar nicht weit entfernt. Was jedoch die Kritiker von Christian Kracht und verwandten Gegenwartserzählern oft nur unzureichend realisieren, ist der spezifische Modus, in dem hier erzählt wird: Die (wie Herbertshöhe) leicht verschobene Realität ihrer Diegese behauptet nicht, wie wir das von Günter-Grass-artiger Literatur gewohnt sind, ‚die' Wirklichkeit besser und auf ihre wesentlichen Aspekte hin transparent zu machen. Wer hingeht und die Welt von *Imperium*[25] mit Hilfe einer Hermeneutik des Misstrauens daraufhin auslegt, was für geheime – ob nun politisch rechte oder doch eher emanzipatorische – Botschaften in ihr codiert sein mögen, hat diesen Modus bereits verfehlt.

5 Poetologie des Parahistorischen: Krachts *Faserland*

Der Titel von Krachts Debütroman *Faserland* (1995) bezeichnet nicht nur einen Ort, sondern markiert per Alveolarisierung des th in diesem Ortsnamen bereits die leichte Verschiebung von *Fatherland* (1992), dem Titel eines parahistorischen Thrillers von Robert Harris. Rückblickend kann man tatsächlich bereits diesem frühen Text Krachts, der als Initialzündung der neueren Popliteratur in die Literaturgeschichtsbücher eingegangen ist, eine Poetologie paralogischen Erzählens entnehmen. Der Ich-Erzähler imaginiert eine entrückte Existenz mit Isabella Rossellini in den Schweizer Bergen:

> [U]nd dann würde ich mit den Kindern Ausflüge machen bis an die Baumgrenze, durch die dunklen Wälder streifen, und wir würden uns Ameisenhaufen ansehen, und ich könnte so tun, als würde ich alles wissen. Ich könnte ihnen alles erklären, und die Kinder könnten niemanden fragen, ob es denn wirklich so sei, weil sonst niemand da oben wäre. Ich hätte immer Recht. Alles, was ich erzählen würde, wäre wahr.[26]

Die konstitutive Heteronomie historisch-realistischen Erzählens ist in diesem Modus überwunden zugunsten einer wie auch immer prekären Autonomie, lokalisiert an der Baumgrenze des ‚Natürlichen'. Die Wahrheit dieser Prosa entscheidet sich nicht referentiell (daran, ‚ob es denn wirklich so sei'), sondern immanent. Bereits im Jahre 1986 befindet der kommende Popautor Joachim Lottmann angesichts der frühen Prosa von Thomas Meinecke in *Spex:* „Von einer

25 Oder, um einige andere skandalisierte Titel zu nennen, von *Endstufe* von Thor Kunkel (Berlin 2004: Eichborn) oder *Deutscher Sohn* von Ingo Niermann und Alexander Wallasch (Berlin 2010: Blumenbar).
26 Christian Kracht: Faserland. München 1997: Goldmann, S. 148.

bestimmten Schreibqualität an ist Literatur Wahrheit, was immer sie transportiert."[27]

Kracht transponiert also den parahistorischen Modus von Harris' Thriller in einen schwieriger zu decodierenden paralogischen, und zwar mit offenkundiger Affinität zu Pop. Der große Unterschied zu Kehlmann, Grass oder einem Poetischen Realisten wie Otto Ludwig besteht darin, dass sich der Wahrheitsanspruch dieser Prosa von einer Referenzlogik autonomisiert. Traditioneller Realismus, ob poetisch oder magisch, setzt eine immer schon aus anderen Quellen bekannte Wirklichkeit voraus und behauptet, über einige ihrer Aspekte oder gar über deren Wesen besser Bescheid zu wissen. Der Modus, auf den ich hier abziele, aktiviert dagegen das paralogische Potential fiktionaler Literatur auf andere Weise. So schreibt schon Umberto Eco:

> Abgesehen von vielen ästhetischen Gründen, die zweifellos sehr wichtig sind, glaube ich, daß wir Romane lesen, weil sie uns das angenehme Gefühl geben, in Welten zu leben, in denen der Begriff der Wahrheit nicht in Frage gestellt werden kann, während uns die wirkliche Welt sehr viel tückischer vorkommt.[28]

Anders als vielleicht in manchen Fantasy- und Computerspielwelten geht in dieser Literatur der Bezug zur wirklichen Welt jedoch nicht verloren, er hat nur nicht mehr den Charakter eines realistischen Zeichens mit dem Signifikat ‚Diegese' und dem Signifikanten ‚wirkliche Welt'. Es verhält sich etwas komplexer, denn „die Art, wie wir die Darstellung der realen Welt akzeptieren, unterscheidet sich wenig von der Art, wie wir die Darstellung der möglichen Welt einer fiktiven Geschichte akzeptieren".[29] Mit anderen Worten: Die Welt der Kinder an der Baumgrenze ist eine ebenso ‚natürlich' in sich geschlossene wie unsere. Erst im Nebeneinander beider Versionen wird durch die fiktionale Autonomie der ersten auch die Bedingtheit der zweiten erkennbar.[30]

---

27 Joachim Lottmann: Realitätsgehalt: Ausreichend. In: Spex 11 (1986), S. 65.
28 Eco: Im Wald der Fiktionen, S. 121 f.
29 Eco: Im Wald der Fiktionen, S. 120.
30 In einem verwandten Modus stehen die ‚Solutions' Ingo Niermanns, der etwa vorschlägt, Dubai und Düsseldorf zusammenzulegen, wobei der resultierende Ort eine adäquate neue Heimat für das *World Trade Center* wäre: „The New New York is a Twin." (Ingo Niermann: Solution 186–195. Dubai Democracy. Berlin und New York 2010: Sternberg Press, S. 79.)

6 Fiktiver Ort als Marke: Randts *Schimmernder Dunst über Coby County*

„Ich würde ihnen [den Kindern] von Deutschland erzählen“, heißt es in *Faserland* weiter,

> von dem großen Land im Norden, von der großen Maschine, die sich selbst baut, da unten im Flachland. Und von den Menschen würde ich erzählen, von den Auserwählten, die im Innern der Maschine leben, die gute Autos fahren müssen und gute Drogen nehmen und guten Alkohol trinken und gute Musik hören müssen, während um sie herum alle dasselbe tun, nur eben ein ganz klein bißchen schlechter.[31]

Es ist dann die Rede noch von anderen Bevölkerungsgruppen, von SPD- und anderen Nazis, Gewerkschaftlern, Rentnern usw., ehe das Ich am Ende der Suada innehält:

> Vielleicht bräuchte ich das alles nicht zu erzählen, weil es die große Maschine ja nicht mehr geben würde. Sie wäre unwichtig, und da ich sie nicht mehr beachte, würde es sie nicht mehr geben, und die Kinder würden nie wissen, daß es Deutschland jemals gegeben hat, und sie wären frei, auf ihre Art.[32]

Hier zeigen sich zwei Möglichkeiten paralogischer Differenzästhetik: Sie führt entweder in eine Kultur der feinen Unterschiede, in der ‚alle dasselbe tun‘, manche besser, manche schlechter, oder sie führt in eine absolute, in sich geschlossene Para-Realität, die keinen referentiellen Bezug mehr auf andere Zustände nimmt – mit anderen Worten: Pop oder Utopie. CobyCounty, der ewige Ort entspannter Freizeit und Kreativität aus Leif Randts Roman *Schimmernder Dunst über Coby County* (2011), realisiert nun sozusagen diese beiden Möglichkeiten gleichzeitig oder hält sie ununterscheidbar.

„*‚Als wir die Kinder von CobyCounty waren, wussten wir noch nicht, dass wir an einem der besten Orte der Welt lebten. Heute ahnen wir es, aber das macht es nicht leichter.*‘“ Diese Aussage der Hauptfigur „*Wim Endersson, 26, Literaturagent“, ist dem Text als Motto vorangestellt.[33] Wie überall im Buch (außer im Titel der gebundenen Ausgabe) ist der Name des fiktiven Ortes ohne Spatium geschrieben, und nicht umsonst erinnert er mit seinen zwei Initial-Cs an die Weltmarke Coca Cola – die paralogische Diegese präsentiert sich als Marke. Mit einem Literatur-

---

31 Kracht: Faserland, S. 148f.

32 Kracht: Faserland, S. 149f.

33 Leif Randt: Schimmernder Dunst über Coby County. Berlin ^{2}2011: Berlin Verlag, S. [5].

agenten als Ich-Erzähler entsteht auch hier ein Meta-Roman: „In der internationalen Presse“, heißt es im Text, „kursiert seit Jahren die Ansicht, dass die Texte aus CobyCounty stilistisch zwar perfekt seien, dass ihnen jedoch der Bezug zu existenzieller Not fehle.“[34] Indem der popliterarische Text diese Standardkritik an neuerer Popliteratur als *idée reçue* in die eigene Diegese integriert, unterläuft er antizipierend die Haltung derjenigen Rezensenten, die ihn als „Satire auf die ‚westliche Wohlstandsgesellschaft‘“ (FAZ) und „herrliche Parodie auf unsere Sehnsucht nach störungsfreiem Leben“ (NZZ) gelesen haben; der Roman zeige, „wie Kreativität sich unter den Verhältnissen der absoluten Saturiertheit in Abstumpfung verwandelt“ (taz) und man ahne „die nahende Apokalypse [...] auf jeder Seite“ (so die FR selig).[35]

Solche Lesarten bleiben unterkomplex, weil sie den paralogischen Status des Textes und seiner Diegese verfehlen. Randts Roman parodiert nicht unsere Gesellschaft, sondern simuliert einen anderen Zustand. Wenn PeterLicht auf seinem Album *Lieder vom Ende des Kapitalismus* (2006) so tun kann, als sei der Kapitalismus „endlich vorbei“,[36] dann führt *Schimmernder Dunst über Coby County* eine Welt vor, in der sich der Kapitalismus friedlich vollendet hat. Wenn der Roman also die Frage stellt ‚What’s wrong with westliche Wohlstandsgesellschaft?‘, dann zumindest gut Paul de Man’sch in unentscheidbar doppelter Weise, als echte Frage (die für die Kritiker freilich immer schon beantwortet ist[37]), aber eben auch als rhetorische Frage. Auch Wim macht sich selbstredend Gedanken über die wahre Qualität seiner Welt, muss dann aber immer wieder einsehen:

> Die Wahrheit: Ich esse eine phänomenal gute Pizza und bekomme fantastische Spielzüge von den besten Vereinsmannschaften der Welt präsentiert. Das Bild auf meinem TV-Schirm ist hochauflösend, und durch die geöffnete Balkontür weht ein milder Wind.[38]

Dies *ist* die Wahrheit des Buches: „wenn einem nicht übel ist, dann ist einem eben nicht übel“,[39] und die vermeintliche Apokalypse, auf die die FR-Rezensentin wartet, erweist sich am Ende als harmloses Unwetter. Hier wie öfters in guter

---

34 Randt: Schimmernder Dunst über Coby County, S. 30.
35 Alle Pressestimmen zitiert nach: www.perlentaucher.de/buch/leif-randt/schimmernder-dunst-ueber-cobycounty.html (16. Mai 2017).
36 PeterLicht: Lied vom Ende des Kapitalismus. Auf: Lieder vom Ende des Kapitalismus. Motor Music 2006.
37 Mit der Kehrseite, dass sie Romane bevorzugen, die von ‚existenzieller Not‘ handeln; deren inhaltliche Darstellung freilich, wie die von magischer Bedeutung oder Genie, noch nichts über die literarische Qualität des Textes aussagt, in dem sie vorkommt.
38 Randt: Schimmernder Dunst über Coby County, S. 68.
39 Randt: Schimmernder Dunst über Coby County, S. 124.

Literatur gilt, „daß die buchstäbliche Lektüre nicht unbedingt einfacher ist als die figurative".[40] Die paralogische Welt der Marke CobyCounty *ist* auf ihre Weise perfekt. Was sie, recht besehen, ent-naturalisiert, ist aber nicht unsere Wohlstands- und Konsumgesellschaft, wie sie die Popliteratur vermeintlich kritiklos propagiert, sondern eine gängige Kritik an dieser, die immer schon zu wissen meint, hier fehle das Wesentliche, und der ihre Auffassung, Konsum sei oberflächlich und schlimm, längst zur zweiten Natur geworden ist. Dagegen ist die CobyCounty-Haltung die reflektiertere, gerade weil sie sich selbst stets wahrnimmt und in Anführungszeichen setzt:

> Das erste Treffen zwischen Carla und mir fand in einem Eiscafé statt. Wir hielten das beide für etwas lachhaft, deshalb fühlten wir uns wohl. Wir bestellten jeweils einen Becher mit zwei Kugeln unter Sahne und Schokoladensplittern. Extrem simple Eissorten: Vanille und Himbeere. [...] Wir sprachen darüber, dass wir beide Phasen hinter uns hatten, in denen wir Eissorten wie ‚After Eight' oder ‚Maracuja Sunrise' bestellten, dass wir jetzt aber zu den Basics zurückgekehrt seien. Wir sprachen ernst darüber, das war uns wichtig. Harmlose Konsumentscheidungen dominierten schließlich große Teile des Alltags und noch größere Teile des Nicht-Alltags, also der Ferien, dessen waren wir uns beide bewusst, also führten wir solche Gespräche seriös.[41]

Leif Randts Buch ist selbst stilistisch perfekte Popliteratur. Sie stellt aus, was Kehlmanns populär-magischer Realismus verschleiert – dass sie nämlich eine fiktionale Welt unter den Bedingungen der Markt- und Mediengesellschaft anbietet und also warenförmig ist. Paralogien sind in der Tat Markenprodukte, so wie umgekehrt, folgt man Wolfgang Ullrich, viele Markenprodukte wie etwa Coca Cola Träger von Fiktionen, von alternativen Lebensentwürfen sind: „Warenästhetik und Marken-Images" eröffnen „den Traum von zusätzlichen Möglichkeiten"[42] und werden damit zu Konkurrenzprodukten von Literatur und anderen fiktionalen Formaten. Was Ullrich über Markenartikel schreibt, gilt demnach *mutatis mutandis* auch für Literatur:

> Der Wunsch nach Überhöhung und Fiktionalisierungen ist [...] nie endgültig erfüllbar. Die standardmäßig vorgebrachte Kritik, daß nur Enttäuschungen ansammle, wer sich dem Konsum hingibt, ist daher ebenso trivial wie an der Sache vorbei, bleibt doch ein Fiktionswertversprechen anders als ein Gebrauchswertversprechen, das sich vollständig einlösen oder das klar gebrochen werden kann, generell unerfüllbar.[43]

---

40 Paul de Man: Allegorien des Lesens. Frankfurt am Main 1988: Suhrkamp, S. 41.

41 Randt: Schimmernder Dunst über Coby County, S. 94.

42 Wolfgang Ullrich: Habenwollen. Wie funktioniert die Konsumkultur? Frankfurt am Main 2008: Wagenbach, S. 51.

43 Ullrich: Habenwollen, S. 47.

Interessanterweise spricht der Konsumtheoretiker in diesem Zusammenhang von ‚Möglichkeitssinn' und zitiert dabei die Poptheoretiker Holert und Terkessidis.[44] Wir Literaturwissenschaftler denken hier vermutlich eher an Robert Musils *Der Mann ohne Eigenschaften.* Indem paralogisches Erzählen heute literarische Orte schafft, fiktionale Diegesen, die der unseren nebengeordnet sind, aktiviert es ein uraltes magisches Potential von Literatur, um unseren Möglichkeitssinn zu wecken. Ich sehe hier eine intelligente Form realistischen Erzählens am Werk, die nicht behauptet, die Welt wesentlicher zu verstehen und richtiger darzustellen als andere – es war ja immer schon unklar, inwiefern ausgerechnet Schriftsteller dazu in der Lage sein sollten – und die uns dennoch hilft, sie neu und anders zu verstehen, wie Ulrich im *Mann ohne Eigenschaften:* „Und plötzlich sagte er halblaut: ‚Man hat eine zweite Heimat, in der alles, was man tut, unschuldig ist.'"[45] Ob wir diese zweite Heimat nun heute Kunst nennen wollen oder Pop – nur im paradigmatischen Vergleich zu ihr kann, jenseits der Vulgata unseres naturalisierten Wissens, auch das Wesen unserer ersten aufscheinen: „Paradise / is exactly like / where we are right now / only much much / better."

44 Ullrich: Habenwollen, S. 45.
45 Robert Musil: Der Mann ohne Eigenschaften. Bd. I. Hrsg. von Adolf Frisé. Reinbek 1987: Rowohlt, S. 119.

Simone Brühl

Jenseits von Oberfläche und Tiefe

Christian Krachts *1979* und *Die totale Erinnerung*

1 Prolegomena zu einer Ästhetik des „umgedrehten Feldstechers“[1]

> [D]er Blick durch den umgedrehten Feldstecher ist der Blick des Autors und des Reisenden Christian Kracht. Alles ist präzise, klar und so deutlich beschrieben, wie man es nie zuvor gelesen hat, gleichzeitig ist es unendlich weit entfernt. Jemand hat die Welt hinter Glas gestellt. Kracht erblickt sie dort zum ersten Mal und fährt zärtlich über die kalte Oberfläche dieses Raumes, den niemand je betreten kann.[2]

Folgt man Volker Weidermanns Darstellung der *Reisen des Christian Kracht* in dem Kompendium *New Wave*, so ist das Spannungsfeld zwischen Nähe und Distanz das vorherrschende Paradigma in den Reisetexten des Schweizer Autors. Die Genauigkeit der Beschreibung bei gleichzeitiger Entfernung von ihrem Gegenstand ist programmatisch für die Annäherung des Schriftstellers an ‚fremde‘ Kulturen und Welten. Krachts Reiseliteratur scheint sich – immer einen gebührenden Abstand wahrend – an der obersten Schicht der Dinge abzuarbeiten, ohne diese durchdringen zu wollen. Statt in der Fremde von „Sitten und Gebräuche[n] [ange]fallen“[3] zu werden, wie Joachim Bessing in seinem Vorwort zu der Reisereportagen-Sammlung *Der gelbe Bleistift* gegen den herkömmlichen Reisejournalismus polemisiert, bevorzugt Kracht in seiner Auseinandersetzung mit einem anderen Land das vermeintlich Marginale, scheinbar „unnütze Informationen und Beobachtungen“.[4] An die Stelle von Authentizität tritt die immer nur mittelbare Erfahrung des ‚Anderen‘. Es bleibt eine nicht einholbare Entfernung zum ‚Eigenen‘ und zum ‚Fremden‘, die ein ‚tiefes‘ Verstehen unmöglich macht.

Diese Haltung reflektiert, so meine These, eine grundlegende Problematik in der Auseinandersetzung mit anderen Kulturen. Geht man mit Michel Foucault

---

1 Volker Weidermann: Die Reisen des Christian Kracht. In: Christian Kracht: New Wave. Ein Kompendium 1999 – 2006. Köln 2006: Kiepenheuer & Witsch, S. 13 f.

2 Weidermann: Die Reisen des Christian Kracht, S. 13 f.

3 Joachim Bessing: Vorwort. In: Christian Kracht: Der gelbe Bleistift. Reisegeschichten aus Asien. Köln 2000: Kiepenheuer & Witsch, S. 13.

4 Bessing: Vorwort, S. 14.

https://doi.org/10.1515/9783110532159-009

davon aus, dass jede Formulierung eines Wissens über das ‚Andere' einer Manifestation hegemonialer Machtverhältnisse gleichkommt, offenbart sich ein Spannungsverhältnis zwischen dem vermeintlich intuitiven Verständnis und der semantischen Machtergreifung.[5]

> Wir müssen uns nicht einbilden, daß uns die Welt ein lesbares Gesicht zuwendet, welches wir nur zu entziffern haben. Die Welt ist kein Komplize unserer Erkenntnis. Es gibt keine prädiskursive Vorsehung, welche uns die Welt geneigt macht. Man muß den Diskurs als eine Gewalt begreifen, die wir den Dingen antun; jedenfalls als eine Praxis, die wir ihnen aufzwingen.[6]

Foucault stellt hier den hermeneutischen Akt zur Disposition: Bedeutung ist den Dingen nicht inhärent – vielmehr setzt erst die ‚Lektüre' den Signifikationsprozess in Gang. Objekte der Erkenntnis sind Produkte rezenter Konstitutionen des Sag- und Denkbaren. Indem das Unbekannte also in eine sprachliche Ordnung überführt, indem es gemäß eines *master discourse* strukturiert und klassifiziert wird, vollzieht sich ein Prozess der Domestizierung;[7] es erfolgt „eine schrittweise Reduktion des Anderen und [eine] Negation der Verschiedenheit".[8] Die Wissensproduktion wird somit zu einer Methode, sich das ‚Fremde' anzueignen, es mit eigenen Begriffen zu belegen und es auf diese Weise dem hegemonialen Diskurs unterzuordnen.

Aber gibt es eine Alternative zur Wahrnehmung der „Fremde [...] als etwas fremdes, exotisches, anderes, zu beherrschendes"[9]? Kann man über das ‚Andere' sprechen, ohne es verfügbar und kommensurabel zu machen? Vor dem Hintergrund dieser Fragen sollen im Folgenden zwei Texte von Christian Kracht diskutiert werden, die sich mit gänzlich auf die Oberfläche ausgerichteten Systemen auseinandersetzen: das Vorwort des Bildbandes *Die totale Erinnerung. Kim Jong Ils Nordkorea* und der Roman *1979*. Beiden Texten ist eigen, dass sie sich in der von

---

5 Zum Begriff der ‚semantischen Machtergreifung' vgl. Jochen Dubiel: Manifestationen des ‚postkolonialen Blicks' in kultureller Hybridität. In: Axel Dunker (Hrsg.): (Post-)Kolonialismus und Deutsche Literatur. Impulse der angloamerikanischen Literatur- und Kulturtheorie. Bielefeld 2005: Aisthesis, S. 50.

6 Michel Foucault: Die Ordnung des Diskurses. Frankfurt am Main 2010: Fischer, S. 34 f.

7 Zum Begriff der Domestizierung vgl. Hayden V. White: Tropics of Discourse. Essays in Cultural Criticism. Baltimore und London 1994: The Johns Hopkins University Press, S. 21.

8 Joseph Vogl: Für eine Poetologie des Wissens. In: Karl Richter/Jörg Schönert/ Michael Titzmann (Hrsg.): Die Literatur und die Wissenschaften 1770 – 1930. Stuttgart 1997: Metzler, S. 114.

9 Johannes Birgfeld: Christian Kracht als Modellfall einer Reiseliteratur des globalisierten Zeitalters. In: Annakutty V. K. Findeis/Hans-Wolf Jäger/Françoise Knopper (Hrsg.): Akten des XI. Internationalen Germanistenkongresses Paris 2005: Germanistik im Konflikt der Kulturen. Bd. 9: Kulturkonflikte in der Reiseliteratur. Bern 2007: Peter Lang, S. 411.

Foucault implizierten Dichotomie von Zeichen und Semantisierung scheinbar affirmativ auf der Seite des Zeichens, der Oberfläche verorten. Ziel ist es, diese Fokussierung der Oberfläche zu analysieren und gleichzeitig Momente des Widersprüchlichen stark zu machen, die – und das ist die Hauptthese meines Aufsatzes – darauf hindeuten, dass die Gegenüberstellung von Oberfläche und Tiefe in Krachts Werken transzendiert und schließlich verabschiedet wird.[10] Inwiefern etabliert Krachts ‚Weltliteratur' also eine alternative Poetologie des Wissens über das ‚Andere' (und über das ‚Eigene')?

2 „Kann das wirklich wahr sein?"[11] *Die totale Erinnerung. Kim Jong Ils Nordkorea*

Im Jahr 2006 veröffentlichte Christian Kracht zusammen mit der Regisseurin Eva Munz und dem Fotografen Lukas Nikol den Bildband *Die totale Erinnerung. Kim Jong Ils Nordkorea*. Neben einem programmatischen Essay von Kracht, der dem Band vorangestellt ist, enthält das Buch knapp 100 Fotografien, die Munz und Nikol bei ihrer Reise nach Nordkorea gemacht haben.

Nordkorea selbst erscheint in der Darstellung Christian Krachts als der von Wirklichkeit entfremdete Raum schlechthin. Das öffentliche Leben wird ebenso wie die Architektur und Infrastruktur in seiner Kulissenhaftigkeit demaskiert. Da werden Passanten zu Statisten, Verkehrspolizistinnen zu Pantomiminnen, Filmproduzenten zu Schauspielern:[12] „Kim Jong Ils Volksrepublik ist eine gigantische Installation, ein manisches Theaterstück, das sich anschickt, in seiner hermeti-

---

10 Auf die Bedeutung von Oberfläche und Tiefe in Christian Krachts Werk geht auch Frank Finlay ein; seine Untersuchung der Romane *Faserland*, *1979*, *Ich werde hier sein im Sonnenschein und im Schatten* sowie *Imperium* sucht, die von vielen Kritiker/-innen postulierte Wende Krachts zur ‚Ernsthaftigkeit' zu revidieren: „I contend that for all their apparent engagement with historical, philosophical and socio-cultural issues [...] highly ludic elements [...] run through all the texts. These serve Kracht's self-conscious intent to alienate and entertain the reader in order to playfully insist on his novels' status as artefacts, thereby deliberately debunking their seriousness." (Frank Finlay: Surface is an Illusion but so is Depth: The Novels of Christian Kracht. In: German Life and Letters 66 (2013) 2, S. 213). Der Fokus von Finlays Darstellung scheint mir hier auf einer Rehabilitierung der (Text-)Oberfläche zu liegen, sodass er letztlich an einer dichotomischen Argumentationsstruktur festhält. Im Gegensatz dazu würde ich dafür optieren, den Binarismus *Oberfläche vs. Tiefe* zugunsten eines alternativen Verständnisses von Krachts spezifischer Welt- und Fremderfahrung zu suspendieren.

11 Christian Kracht/Eva Munz/Lukas Nikol: Die totale Erinnerung. Kim Jong Ils Nordkorea. Mit einem Vorwort von Christian Kracht. Berlin 2006: Rogner & Bernhard bei Zweitausendeins, S. 11.

12 Vgl. Kracht/Munz/Nikol: Die totale Erinnerung, S. 8 u. 11.

schen Akribie und seiner perfekten Potemkinisierung einen ganzen Staat zu simulieren."[13] Simulation und Projektion werden zu herrschenden Paradigmen, die an die Stelle einer immer nur vermeintlich authentischen Wirklichkeitserfahrung treten. Krachts Essay reflektiert diese Absage an das Versprechen einer einfachen Verfügbarkeit des ‚echten' Nordkoreas ebenso wie die Fotografien von Munz und Nikol. Im Kontrast zu der ohnehin vergeblichen Suche nach dem ‚echten' und ‚unverfälschten Anderen' reagiert *Die totale Erinnerung* auf die Rahmenbedingungen, die die Herrschaft Kim Jong Ils etabliert, und entwickelt davon ausgehend einen alternativen Zugang zu Nordkorea.

Zentral ist dabei die Prämisse der Mittelbarkeit: Immer wieder betonen die Autoren, dass jegliche Repräsentation des Landes auf „morceaux choisis"[14] im mehrfachen Sinne des Wortes basiert. Zum einen sind die Aufnahmen von Pjöngjang als Bestandteile eines Bildbandes naturgemäß kuratiert, arrangiert, kontextualisiert, sodass der Blick einem medialen Dispositiv unterworfen ist. Darüber hinaus sind auch die Bedingungen, unter den die Bilder überhaupt entstehen konnten, reglementiert. Die Wahrnehmung der ausländischen Gäste ist durch das Regime Kim Jong Ils gesteuert. „Das heißt nichts anderes, als daß [...] unser [...] Sehen zensiert, maskiert, ja erneut projiziert wird."[15] Was zunächst die einseitige Einschränkung westlicher Sehgewohnheiten zu akzentuieren scheint – die Zensur des Blickes durch die Auflagen der nordkoreanischen Diktatur – erweist sich auf einen zweiten Blick als Problematisierung der Hervorbringung von ‚Wirklichkeit' schlechthin: Ein ‚erneut projiziertes' Sehen macht die distinkte Unterscheidung zwischen Subjekt und Objekt des Blickes sowie der Projektion unmöglich. In diesem Sinne ist das Bild von Nordkorea niemals ein natürlich gegebenes. Vielmehr wird sein Konstruktcharakter im Verweis auf die ideologischen, gesellschaftlichen und künstlerischen Diskurse, die ihm zugrunde liegen, ausgestellt.

Gleichzeitig deutet die Verwendung des Bildbegriffes auf die semiotische Dimension der Vorstellung vom ‚Anderen' und lenkt die Aufmerksamkeit auf deren mehrfach mediale Bedingtheit: Der Blick auf Nordkorea ist vermittelt – sowohl durch die klassischen Medien als auch durch die bildhafte Disposition des Landes selbst. Kracht beschreibt diese doppelte Mittelbarkeit, indem er auf die

13 Kracht/Munz/Nikol: Die totale Erinnerung, S. 7.

14 Antonio Tabucchi: Indisches Nachtstück und Ein Briefwechsel. München 1994: Deutscher Taschenbuch Verlag, S. 105.

15 Kracht/Munz/Nikol: Die totale Erinnerung, S. 7. Zur Lenkung des Blickes ausländischer Gäste vgl. auch Felix Müller: „Machen Sie doch ein sehr schönes Foto". In: Die Welt, 1. September 2006, http://www.welt.de/print-welt/article149431/Machen-Sie-doch-ein-sehr-schoenes-Foto.html (20. Oktober 2014).

Materialität der Bilder Nordkoreas verweist: „fast scheinen jene Bilder in der Tagesschau selbst überstrahlt, verseucht und leicht grünstichig.“[16] Die als *Bilder* markierten Bilder erzeugen in der Betonung des Mediums – des Bildträgers, der seiner defizitären Materialität und dem zeitlichen Verfall unterworfen ist – eine uneinholbare Distanz zwischen dem Signifikat und seinem Signifikanten. Niemand würde auf die Idee kommen, die ‚überstrahlten‘, ‚grünstichigen‘ Bilder Nordkoreas, die uns über die Fernsehgeräte vermittelt werden, als dokumentarische, gleichsam ‚mimetische‘ Abbilder der Realität des Landes zu verstehen. In diesem Sinne reflektiert auch Krachts Vorwort den hier verhandelten Bildbegriff und seine Implikationen für die Repräsentation des Landes. „Bilder – wie alle Mediation überhaupt – [haben] die Tendenz [...], den Weg zu dem durch sie vermittelten zu versperren“[17]. Entsprechend ermöglicht es die Reflexion Nordkoreas *als Bild*, die Unterscheidung zwischen Referent, Signifikant und Signifikat aufrecht zu erhalten und dabei die mediatisierte Hervorbringung der Nordkorea-Imagination zu untersuchen. So verweist etwa Till Hubert darauf, dass es sich bei den Aufnahmen von Nordkorea teilweise auch um abfotografierte Fotos handelt, die nicht nur „matter und grobkörniger“ erscheinen als herkömmliche Reisefotografien, sondern auch „die Aufmerksamkeit auf die allgegenwärtige Täuschung und die Abwesenheit des Authentischen im ‚Schattenreich‘“[18] lenken. Es ist auch dieses Ausgestelltsein der Gemachtheit des Bildes, das Munz’ und Nikols Fotografien kennzeichnet.

Wo Huber Nordkorea jedoch noch in den Kategorien ‚Täuschung‘ und ‚Abwesenheit von Authentizität‘ fasst, geht Krachts Auseinandersetzung mit Kim Jong Ils ‚Demokratischer Volksrepublik‘ noch einen Schritt weiter. Hier werden die Kategorien zugunsten einer Totalisierung der Oberfläche verabschiedet. Ausgehend vom Primat des visuell Wahrnehmbaren stellt der Band eine künstlerische Annäherung an ein Land dar, das sich weitestgehend gegen die Weltöffentlichkeit abschottet und vor allem in der ‚westlichen‘ Imagination ein Vakuum bildet: „Das Bild Nordkoreas, das wir uns machen, ist dadurch geprägt, daß wir aus diesem Land so wenige Bilder haben.“[19] Der Bildbegriff, den Kracht hier stark macht, löst das ‚Konzept Nordkorea‘ von jeglichen Realitäten ab: Es sind Phantasmen und Träume,[20] die die europäische Vorstellung von Nordkorea prägen. Sie setzen sich

16 Kracht/Munz/Nikol: Die totale Erinnerung, S. 5.

17 Kracht/Munz/Nikol: Die totale Erinnerung, S. 11.

18 Till Huber: Im Herzen der Uneigentlichkeit. Überlegungen zu Christian Krachts Nordkorea. In: Johannes Birgfeld/Claude D. Conter (Hrsg.): Christian Kracht. Zu Leben und Werk. Köln 2009: Kiepenheuer & Witsch, S. 227.

19 Kracht/Munz/Nikol: Die totale Erinnerung, S. 6.

20 Vgl. Kracht/Munz/Nikol: Die totale Erinnerung, S. 6.

zu einem gewissermaßen virtuellen Wissen über das Land zusammen, das durch keine ‚Wirklichkeit' eingeholt werden kann:

> Die Koreanische Demokratische Volksrepublik könnte eine totale, in die Zukunft und in die Vergangenheit gehende holographische Projektion sein, ebensogut der Handlungsort eines noch ungeschriebenen Romans des Science-fiction-Autors Philipp K. Dick; weiter als Nordkorea, so scheint es, kann man sich auf diesem Planeten nicht von der Realität entfernen.[21]

Nordkorea ist ein Ort, der aus der Wirklichkeit herausgefallen ist. Als heterotopischer „Ort[ ] außerhalb aller Orte"[22] kennzeichnet er sich durch seine Virtualität; er macht die Unterscheidung zwischen Fakt und Fiktion, Innen und Außen unmöglich, wenn nicht gar hinfällig. Krachts Entwurf der Volksrepublik Kim Jong Ils zeigt deutlich, dass dem Land nicht mit ontologischen Begriffen beizukommen ist. Die Vorstellung von Authentizität, vom ‚Kern' Nordkoreas ist also obsolet, weil alles Projektion – Oberfläche – ist: „projizierte Realität ist die einzige Wahrheit in der Demokratischen Volksrepublik".[23] Die Repräsentation Nordkoreas *als Projektion* eröffnet einen neuen Bedeutungshorizont für die Wahrnehmung des Landes, der die Unterteilung in Subjekt und Objekt des Blickes ebenso brüchig macht wie die Gegenüberstellung von Eigenem und Fremdem: Kim Jong Il ist gleichermaßen Urheber, Medium und Adressat der Projektion,[24] die ausländischen Gäste agieren als Schauspieler und als Zuschauer des Spektakels,[25] das Land ist Projektion und Projektionsfläche. Was Kracht als „mediale Möbiusschleife"[26] beschreibt, verdeutlicht eine Verschiebung im Sprechen über das ‚Andere'. Es unterscheidet nicht mehr zwischen Innen und Außen, Echtem und Inszeniertem, sondern hebt dichotomische Strukturen der Weltwahrnehmung in der bedingungslosen Affirmation der Bildhaftigkeit auf. Wenn sich jede *Re*-Präsentation aus Bildern speist und immer nur leicht modifizierte *images* erzeugen kann, bleibt der Rückzug auf die (selbstreferentielle) Oberfläche die letzte konsequente Reaktion. In seiner auf die ‚Projektion Nordkorea' konzentrierten Lesart führt der Essay die Vorstellung von einer wie auch immer gearteten Essenz *ad absurdum:* Statt beim Leser die Illusion der Möglichkeit einer authentischen Er-

---

21 Kracht/Munz/Nikol: Die totale Erinnerung, S. 6.

22 Michel Foucault: Andere Räume. In: Karlheinz Barck/Peter Gente/Heidi Paris (Hrsg.): Aisthesis. Wahrnehmung heute oder Perspektiven einer anderen Ästhetik. Leipzig 2002: Reclam, S. 39.

23 Kracht/Munz/Nikol: Die totale Erinnerung, S. 6.

24 Vgl. Kracht/Munz/Nikol: Die totale Erinnerung, S. 12.

25 Vgl. Kracht/Munz/Nikol: Die totale Erinnerung, S. 11.

26 Kracht/Munz/Nikol: Die totale Erinnerung, S. 11.

fahrung zu erzeugen, verzichtet Kracht auf jegliche Tiefendimension. Das Wissen, das über das unbekannte Land vermittelt werden kann, muss sich notwendiger Weise auf das Sichtbare – damit das Mediatisierte – beschränken.

Das Sprechen über Kim Jong Ils Nordkorea ist nur in Anführungszeichen möglich: Es gibt keine Wohnungen, Fabriken, Spitale, sondern nur „Wohnungen", „Fabriken", Spitale".[27] In dieser sprachlichen Markierung der Mittelbarkeit, die ein jedes Sprechen über Nordkorea bedingt, reflektiert Kracht die unvermeidbare Uneigentlichkeit, die der Wahrnehmung des Landes innewohnt. Wie in Susan Sontags *Anmerkungen zu ‚Camp'* wird das Dasein hier als ein permanentes Schauspiel betrachtet. „It is the farthest extension, in sensibility, of the metaphor of life as theater."[28] Die wesentliche Verschiebung, die Kracht in seinem Text jedoch vollzieht, ist die Negation eines Daseins hinter den Masken – es gibt keine Unterscheidung zwischen Rolle und ‚wahrem Ich'. Hierbei handelt es sich nicht nur um eine Reaktion auf die „gigantische 360-Grad-3-D-Inszenierung des Geliebten Führers Kim Jong Il"[29], die die Frage nach dem ‚eigentlichen' Nordkorea aufgrund ihrer Totalität obsolet macht. Vielmehr steht hinter Krachts eigenwilliger Nordkorea-Repräsentation auch die Einsicht, dass das ‚westliche' Nordkorea-Imago – und somit auch die Bilder in Krachts Essay sowie in Munz' und Nikols Fotografien – das Produkt einer Reihe von Bildern ist, hinter denen keine ‚realen' Referenten stehen. Als Theater- oder Filmkulisse verweisen die nordkoreanischen Bauwerke immer nur auf *virtuelle* Referenten, ohne jemals selbst zu bedeuten. Dem „*Es-ist-so-gewesen*"[30] tritt die künstlerische Akzentuierung der Oberfläche entgegen. Und mehr noch: Die Gegenüberstellung von Fassade und Essenz wird in einem permanenten Changieren zwischen Bild und Nachbild aufgehoben.

3 „Es gibt keine Seiten mehr. Machen Sie sich keine Sorgen."[31] *1979*

Als Christian Kracht seinen zweiten Roman, *1979*, im Jahr 2001 nur wenige Tage vor den islamistischen Terror-Anschlägen auf das World Trade Center veröffentlichte, kündete ein Großteil der Kritik von einem Paradigmenwechsel: Vorbei

---

27 Vgl. Kracht/Munz/Nikol: Die totale Erinnerung, S. 7.
28 Susan Sontag: Notes on ‚Camp'. In: Dies.: Against Interpretation and Other Essays. London 1967: Eyre & Spottiswoode, S. 280.
29 Kracht/Munz/Nikol: Die totale Erinnerung, S. 12.
30 Vgl. Roland Barthes: Die helle Kammer. Bemerkung zur Photographie. Frankfurt am Main 1985: Suhrkamp, S. 87.
31 Christian Kracht: 1979. Köln 2001: Kiepenheuer & Witsch, S. 113.

sollte es sein mit der Spaßgesellschaft der 1990er Jahre; man meinte, den Einzug einer neuen Ernsthaftigkeit in die Literatur der jüngeren Generation feststellen zu können. Christian Kracht, der Urvater der sogenannten Popliteratur, schien sich von markenfetischistischen Äußerlichkeiten abgewandt zu haben, die in seinem Debüt *Faserland* noch so präsent gewesen seien.[32] „Sechsundsiebzig Markennamen", so rechnet etwa Harald Jähner in der *Berliner Zeitung* vor, „tauchten in ‚Faserland' auf, in ‚1979' sind es neben ein paar Popbands nur noch drei[.]"[33] Der neue Roman wurde als eine Läuterungsphantasie des postmodernen Subjektes aufgefasst, als „Abgesang auf den dekadenten Individualismus des Westens",[34] Heilung des westlichen Dandys von seinem Ästhetizismus,[35] Weg in die Askese.[36] Auffällig ist dabei vor allem die sowohl explizite wie implizite Gegenüberstellung von Orient und Okzident. Angesichts der fortschreitenden Entfernung des erzählerischen Ichs von der als westlich angenommenen Zivilisation akzentuierten nicht wenige Rezensenten den Kontrast zwischen dem ‚tiefgründigen' Osten und dem ‚oberflächlichen' Westen. Tatsächlich lädt Krachts Roman auf den ersten Blick dazu ein, die althergebrachte Dichotomie von Orient und Okzident aufrecht zu erhalten: auf der einen Seite stehen die homosexuellen Ästheten und die dekadente ‚westliche' Partygesellschaft Teherans, auf der anderen der religiöse Fanatismus der iranischen Revolutionäre, das spirituelle Heilsversprechen Tibets und die totalitäre Ideologie des chinesischen Lagers. Betrachtet man den Text jedoch genauer, so wird deutlich, dass es sich hierbei um einen Scheingegensatz handelt, um ein ironisches Spiel, das der Roman inszeniert. Tatsächlich zitiert *1979* Hetero- und Autoimages, Klischees von Orient und Okzident. Gleichzeitig unterläuft der Text diese Diskurse, indem das ihnen zugrundeliegende Konzept – die binäre Opposition von Oberfläche und Tiefe – ausgehöhlt wird.

An der Figur des namenlosen Ich-Erzählers wird diese Aufhebung nahezu paradigmatisch sichtbar. Bereits sein Beruf als Innenarchitekt verhandelt in einem semantischen Spiel die Opposition zwischen Innen und Außen und offenbart

32 Die beinahe einhellige Ansicht der Feuilletons, dass *1979* das endgültige Ende der Popliteratur markiere, referiert ausführlich Heinz Drügh: „... und ich war glücklich darüber, endlich seriously abzunehmen". Christian Krachts Roman *1979* als Ende der Popliteratur? In: Wirkendes Wort 1 (2007), S. 31–51.

33 Harald Jähner: Dandys Straflager. In: Berliner Zeitung, 9. Oktober 2001.

34 Ingo Arend: Der Gesang des Pennälers. In: Der Freitag, 7. Dezember 2001, https://www.freitag.de/autoren/der-freitag/der-gesang-des-pennalers (20. Oktober 2014).

35 Vgl. Hubert Spiegel: Wir sehen uns mit Augen, die nicht die unseren sind. In: Frankfurter Allgemeine Zeitung, 9. Oktober 2001, http://www.faz.net/aktuell/feuilleton/buecher/rezensionen/belletristik/christian-kracht-1979-wir-sehen-uns-mit-augen-die-nicht-die-unseren-sind-142299.html (20. Oktober 2014).

36 Vgl. Jähner: Dandys Straflager.

die fließenden Grenzen dieses nur scheinbaren Gegensatzes. Liest man Innenarchitektur als Allegorie, so ist sie nichts anderes als eine Ausstellung des Oberfläche-Werdens des Inneren; sie verkehrt die Bedeutungsebenen der Kategorien ‚Oberfläche' und ‚Tiefe'. Das Arbeitsfeld des Erzählers erschließt dem Leser zunächst im wahrsten Sinne des Wortes die Innenräume des Irans. In den Villen, die er gemeinsam mit seinem Lebensgefährten Christopher besucht, interessiert ihn vor allem die exquisite Ausstattung. Tatsächlich liefert der Text eine detaillierte Beschreibung des Interieurs: kein Dekor, kein Möbelstück, kein Lichtarrangement bleibt unkommentiert.[37] Doch wird gerade die Konzentration auf die Ausstattung des Inneren bei gleichzeitiger Ausblendung des politischen und gesellschaftlichen Außen zum Vexierspiegel. Statt über die Darstellung des Innenraumes zur ‚Authentizität', zum ‚echten' Iran vorzudringen, wirft der Text den Leser nicht nur auf Äußerlichkeiten, sondern auch auf Bekanntes zurück: „Die Räume waren exakte, genaue Ausdrücke Europas [...] sie drückten die äußere Opulenz perfekt aus, die Oberfläche, das Ausgeleuchtete, die Alte Welt und den unfehlbar guten Geschmack".[38] Teheran repräsentiert hier gerade nicht den „orientalisierende[n] Tuntenbarock[ ]",[39] den Gustav Seibt in der ersten Hälfte des Romans ausmachen möchte, sondern offenbart sich vielmehr als Abbild des Westens – in der Dominanz des Ästhetischen treffen sich ‚Orient' und ‚Okzident'; das ‚Andere' scheint hier gar nicht so fremd. Hier zeichnet sich eine Tendenz des Textes ab, die im weiteren Verlauf des Romans immer deutlicher sichtbar wird: der Verzicht auf Orientalisierung und *othering*.[40] Wie Johannes Birgfeld in einem Überblick über Krachts Reiseliteratur zeigt, lassen sich die Texte nicht auf die „Dualität von fremd und eigen"[41] reduzieren – „Krachts Texte sind Reiseliteratur,

---

37 Vgl. z. B. Kracht: 1979, S. 32ff. u. S. 58f.
38 Kracht: 1979, S. 33.
39 Gustav Seibt: Dunkel ist die Speise der Aristokraten. In: Süddeutsche Zeitung, 12. Oktober 2001.
40 Der Begriff ‚Orientalisierung' verweist mit Edward Said auf ein konstruktivistisches Verständnis der Hervorbringung von ‚Eigenem' und ‚Fremdem': „The Orient was almost a European invention, and had been since antiquity a place of romance, exotic beings, haunting memories and landscapes, remarkable experiences." (Edward W. Said: Orientalism. Reprinted With a New Preface. London 2003: Penguin Books, S. 1). Der Neologismus *othering* bezeichnet in der postkolonialen Theorie die Dynamik der verfremdenden „Konstitution des Anderen durch Abgrenzung vom Anderen und damit Konstitution des Selbst" (Eberhard Berg/Martin Fuchs: Phänomenologie der Differenz. Reflexionsstufen ethnographischer Repräsentation. In: Dies. (Hrsg.): Kultur, soziale Praxis, Text. Die Krise der Repräsentation. Frankfurt am Main 1995: Suhrkamp, S. 35).
41 Birgfeld: Christian Kracht als Modellfall einer Reiseliteratur des globalisierten Zeitalters, S. 409.

in der die Fremde nicht als etwas fremdes, exotisches, anderes, zu beherrschendes wahrgenommen wird."[42] Es deutet sich an, dass die Dichotomie von *Orient vs. Okzident* ebenso wenig aufrechterhalten lässt wie jene von *innen vs. außen*.

Indem der perfekte Innenraum mit der Oberfläche kurzgeschlossen wird, wird auch die Frage nach einer tieferen Bedeutung *ad absurdum* geführt. Im Interieur, seit dem neunzehnten Jahrhundert Sinnbild des Seelen*innen*raumes des Bürgers,[43] zeigt sich – ironisch genug – die reine Oberfläche der Dinge. Relevant ist in diesem Kontext die im gesamten Text präsente Verhandlung des Ästhetizismus'. Als Innenarchitekt scheint der Erzähler sämtliche Klischees des Ästhetizisten zu verkörpern. Er besitzt ein untrügliches Gespür für Raumkompositionen und bewertet das von ihm Gesehene ausschließlich nach ästhetischen Kriterien – das Portrait des iranischen Schahs „in einem sehr schlichten, schönen Rahmen aus Ebenholz"[44] wird im Zuge dessen zu einem weiteren Kunstwerk neben einer Plastik von Hans Arp und den Bildern von Willi Baumeister. Sein eineinhalbjähriges Mandarin-Studium – offenbar die einzige intellektuelle Tätigkeit, die er je ausgeübt hat – ist lediglich seinem Interesse für „chinesische Keramik und Seide"[45] und seinem Bedürfnis nach Anerkennung durch Christopher geschuldet. Diese Konzentration auf Äußerlichkeiten macht ihn in den Augen Christopher zum Ignoranten: „Du siehst nichts, gar nichts. Du bist nicht nur dumm, sondern auch blind."[46] Für Christopher impliziert der Begriff des Sehens die Initiation eines hermeneutischen Prozesses – er ersetzt ihn durch Verstehen. Er verspottet den Erzähler, der – scheinbar naiv – immer nur die äußere Ordnung der Dinge wahrnimmt und spricht ihm damit die Fähigkeit ab, Zeichen zu lesen und ihre Bedeutung zu erfassen. „Es wäre ja wirklich zuviel verlangt, daß ein Inneneinrichter das versteht."[47] Dieser Einschätzung folgten auch zahlreiche Kritiker und Literaturwissenschaftler, die den beschränkten Blick auf die politischen Verhältnisse des Irans der späten 1970er Jahre und die innere Leere des Erzählers akzentuierten und seine Liebe zum ‚schönen Schein' als Indiz für seinen Mangel

42 Birgfeld: Christian Kracht als Modellfall einer Reiseliteratur des globalisierten Zeitalters, S. 411.

43 Vgl. Jens Malte Fischer: Imitieren und Sammeln. Bürgerliche Möblierung und künstlerische Selbstinszenierung. In: Hans Ulrich Gumbrecht/K. Ludwig Pfeiffer (Hrsg.): Stil. Geschichten und Funktionen eines kulturwissenschaftlichen Diskurselementes. Frankfurt am Main 1986: Suhrkamp. Zum Zusammenhang von Innenräumen und Psyche in *1979* vgl. auch Leander Scholz: Ein postmoderner Bildungsroman. Christian Krachts *1979*. In: Gegenwartsliteratur. Ein germanistisches Jahrbuch 3 (2004), S. 213.

44 Kracht: 1979, S. 35.

45 Kracht: 1979, S. 55.

46 Kracht: 1979, S. 48.

47 Kracht: 1979, S. 48.

an ‚Tiefgang' deuteten.[48] Und schließlich glaubt auch der Erzähler selbst an seine Minderwertigkeit: „Ich wünschte mir in diesem Moment, ich hätte etwas gelernt. Nicht mich mit Interieurs zu beschäftigen, sondern richtig viel zu wissen, so wie Christopher, Bildung zu haben, denken zu können."[49] Auf den ersten Blick liegt es nahe, dieser Lesart zu folgen und an der stereotypen Gegenüberstellung des naiven Ästhetizisten und des „hochintelligente[n] Architekturkenner[s], Alleskenner[s], Alleswisser[s]"[50] festzuhalten. Jedoch verkennt man damit die Ironie des impliziten Autors, der die Bemühungen der dekodierenden Lektüre der Zeichen des Orients ins Leere laufen lässt. Dies zeigt sich in einer näheren Betrachtung der Verweisungsstrukturen des Romans. Die Erzählung entfaltet eine Vielzahl an Bezugsystemen. Die Popkultur, die klassische Reiseliteratur in Nachfolge Byrons sowie die der Ästhetizismus sind nur einige davon.[51] Auffällig ist dabei jedoch, dass gerade die Strukturen, die in die historische oder literaturtheoretische Tiefe zu deuten scheinen, selbstreferentiell bleiben. Besonders deutlich wird dies am Beispiel jener Passage, die oftmals als Reminiszenz an Joris-Karl Huysmans Roman *À rebours* gelesen wird: Das Mahl mit schwarzen Speisen, das der Erzähler gemeinsam mit dem geheimnisvollen Rumänen Mavrocordato[52] einnimmt. Wer das Zitat erkennt, scheint zur literarhistorischen Deutungsarbeit eingeladen zu sein. Doch faltet sich der Text auf sich selbst zurück, wenn sich mit *À rebours* ein Intertext einschreibt, der ausgerechnet die reine Oberfläche feiert.

---

48 Vgl. z. B. Wolfgang Lange: Snob auf Morgenlandfahrt. Christian Krachts hyperrealistischer Roman *1979*. In: Neue Zürcher Zeitung, 23. Oktober 2001. Weiterhin Steffen Schneider/Miriam Schneider: Zerstörung des Selbst, Erwartung des Anderen. Opferfiguren in den imaginären Orientreisen *Der Sandmann* von Bodo Kirchhoff und *1979* von Christian Kracht. In: Rüdiger Görner/Nima Mina (Hrsg.): „Wenn die Rosenhimmel tanzen". Orientalische Motivik in der deutschsprachigen Literatur des 19. und 20. Jahrhunderts. München 2006: Iudicium, S. 233. Sowie Stefan Hermes: „Ich habe nie Menschenfleisch gegessen". Interkulturelle Begegnungen in Christian Krachts Romanen *1979* und *Ich werde hier sein im Sonnenschein und im Schatten*. In: Mark Arenhövel/Maja Razbojnikova-Frateva/Hans-Gerd Winter (Hrsg.): Kulturtransfer und Kulturkonflikt. Dresden 2010: Thelem, S. 273.

49 Kracht: 1979, S. 55.

50 Kracht: 1979, S. 69.

51 Ausgearbeitet werden die Bezüge u. a. in Spiegel: Wir sehen uns mit Augen, die nicht die unseren sind; Schneider/Schneider: Zerstörung des Selbst, Erwartung des Anderen; Drügh: „... und ich war glücklich darüber, endlich seriously abzunehmen"; sowie Gonçalo Vilas-Boas: Krachts *1979*. Ein Roman der Entmythisierungen. In: Edgar Platen/Martin Todtenhaupt (Hrsg.): Mythisierungen, Entmythisierungen, Remythisierungen. Zur Darstellung von Zeitgeschichte in deutschsprachiger Gegenwartsliteratur (IV). München 2007: Iudicium, S. 86.

52 Übrigens ebenfalls eine mit Scheinbedeutung aufgeladene Figur, deren Verweisungsstrukturen ins Leere laufen – man denke an die Anspielungen auf D'Annunzio und Karl Mannheim. Vgl. Kracht: 1979, S. 50 f. u. 116.

Wie Björn Weyand in einem ähnlichen Kontext zeigt, erweist sich der „Eindruck [...], der Text verlange nach ‚hermeneutischen Tiefenoperationen'" als falsch – stoßen diese doch „stets aufs Neue auf Theorien der Oberfläche".[53]

Beispielhaft für dieses Spiel mit Oberfläche und Tiefe ist auch der „alchemistische[ ] Trick",[54] den Mavrocordato mit den Überwachungskameras aufführt. Der Rumäne koppelt einen Fernsehapparat mit der Kamera, richtet die Kamera auf das Gerät und lässt sie „sich selbst während ihres eigenen Aufzeichnens"[55] zusehen. Die hundertfache Verkleinerung des Fernsehers im eigenen Bild ist eine klassische *mise en abyme*, die die Rahmung von Wahrnehmung reflektiert. Gleichzeitig stellt das Verfahren den „autoreferentiell[en] und antimimetisch[en]"[56] Charakter des Textes aus. Man kommt nicht umhin, in dieser Konstellation einen Vorgriff auf die Problematisierung der Vorstellung von Ontologie und deren Abhängigkeit von medialen Dispositiven im Nordkorea-Bildband zu erkennen. Darüber hinaus wird die Dialektik von Sichtbarmachen und Verbergen als metapoetische Kommentierung des Verfahrens des Kracht'schen Textes lesbar. Das Bild bzw. das Zeichen verweist hier nur noch auf sich selbst. In einer umfassenden Ausstellung der medialen Bedingtheit der Wahrnehmung tritt die Distanz zwischen Signifikant und Objekt deutlich hervor und markiert abermals die Mittelbarkeit der Erschließung von Welt, die gerade die Überwachungskamera und ihren Anspruch an absolute Transparenz an ihre Grenzen bringt. Wir haben es abermals mit einer „medialen Möbiusschleife"[57] zu tun. Gleichzeitig lenkt das Prinzip der Selbstbespiegelung, die in der unendlichen Brechung zwar eine Tiefe simuliert, diese jedoch niemals einlösen kann und möchte, den Blick auf die Funktionsweise des Romans selbst. Die „hermetische[n] Zustände",[58] die in dieser Handlung erzeugt werden, eröffnen eine Alternative zur ausdeutenden, hermeneutischen Lektüre der ‚Welt als Text' und des ‚Anderen' – sie erweisen sich als paradigmatisch für die intradiegetische Weltwahrnehmung sowie die literaturwissenschaftlichen Signifikationsbemühungen.

---

53 Björn Weyand: Poetik der Marke. Konsumkultur und literarische Verfahren 1900 – 2000. Berlin und Boston 2013: De Gruyter, S. 290.

54 Kracht: 1979, S. 110.

55 Kracht: 1979, S. 111.

56 Werner Wolf: Art. Mise en abyme. In: Ansgar Nünning (Hrsg.): Metzler Lexikon Literatur- und Kulturtheorie. Ansätze – Personen – Grundbegriffe. Dritte, aktualisierte und erweiterte Auflage. Stuttgart und Weimar 2004: Metzler, S. 461. Wolf bezieht sich hier auf die Funktion der *mise en abyme* im Allgemeinen.

57 Kracht/Munz/Nikol: Die totale Erinnerung, S. 11.

58 Kracht: 1979, S. 113.

Die Auswirkungen, die die Absage an das hermeneutische Ideal des ‚tiefen' Wissens auf die Erfahrung des ‚Anderen' hat, zeigen sich in der zweiten Hälfte des Romans. Die hier vollzogene Reisebewegung des Erzählers wird oftmals als fortschreitende Distanzierung von der westlichen Oberflächlichkeit gelesen. Tatsächlich drängen sich die Topoi ‚fernöstlicher' Weisheit und Spiritualität nahezu auf. Die Umrundung des Berges Kailasch wird bereits in der Darstellung durch Mavrocordato mystisch aufgeladen[59] und bedient auf den ersten Blick zahlreiche Stereotype des Orientalismus. „Es ist so: Eine einzige Umrundung wäscht die Sünden eines gesamten Lebens rein. Wenn Sie das schaffen, dann haben Sie etwas Großes getan, etwas, um das aus den Fugen geratene Gleichgewicht wiederherzustellen."[60] Die Phantasmen der spirituellen Reinigung, der kosmischen Harmonie und der Essenz bestimmen die in Tibet und China situierte Handlung und spiegeln prominente Topoi der ‚westlichen' Imagination des fernen Ostens. Claudia Breger verweist in diesem Zusammenhang auf Edward Saids Ausführungen zur ‚westlichen' Konzeption vom „(klassischen) Indien, Persien oder Tibet [...] als europäische ‚Ursprungslandschaften'".[61] Das Pathos der europäischen Selbstfindungsbestrebungen konterkarierend offenbart der Text jedoch bei näherer Betrachtung sein komisches, nahezu groteskes Potential, das die Behauptung der Möglichkeit einer transzendentalen Erfahrung des Protagonisten – sei sie die Umrundung des heiligen Berges oder die Gefangenschaft in einem chinesischen Arbeitslager – ins Leere laufen lässt. Bereits die erste Annäherung des Erzählers an das Ritual der Umrundung des Berges Kailasch zeigt, dass die vermeintlich spirituelle Handlung äußerlich bleibt:

> Ehrlich gesagt fühlte ich mich nicht besonders anders, während ich um den heiligen Berg herummarschierte. [...] Es war, wenn ich das sagen darf, reichlich banal. Ich mußte schauen, daß ich keine Erfrierungen bekam [...] und die Umrundung des Berges, die drei Tage dauerte, kam keiner Befriedigung gleich, sondern sie war mühsam und langweilig dazu. [...] Ich hatte auch keine großartigen Gedanken dabei. Das Einzige, was mir immer klarer wurde war, daß Mavrocordato sich geirrt hatte. [...] Die Reinwaschung, die Mavrocordato erwähnt hatte, war einfach nicht passiert. Meine Reise war kein großes Ereignis.[62]

Die spirituelle Erfahrung bleibt aus. Der Berg Kailasch ist hübsch anzusehen, bleibt aber eben nur ein Berg. Die Überlegungen des Erzählers, die transzen-

---

59 Vgl. Kracht: 1979, S. 114f.

60 Kracht: 1979, S. 117.

61 Claudia Breger: Pop-Identitäten 2001. Thomas Meineckes *Hellblau* und Christian Krachts *1979*. In: Gegenwartsliteratur. Ein germanistisches Jahrbuch 2 (2003), S. 213. Breger zitiert mit dem Begriff der ‚Ursprungslandschaften' Edward Saids *Orientalismus*-Studie.

62 Kracht: 1979, S. 140f.

dentale Dimension seiner Reise durch die Potenzierung der körperlichen Anstrengung aktiv herbeizuführen, bleiben fruchtlos.[63] Und auch als er sich anderen Pilgern anschließt, findet keine wesentliche Veränderung seiner Situation statt. Das Ritual wird deutlich unterhaltsamer für den Erzähler, aber die angekündigte innere Transformation findet nicht statt.[64] Die Suche nach einer inneren Wahrheit oder gar dem „Zentrum des Universums"[65] wird in der Darstellung der Erlebnisse am ‚heiligen Berg' als Farce vorgeführt. Jedoch greift es zu kurz, die Haltung des Erzählers auf ein Defizit an ‚Tiefe' zurückzuführen. Vielmehr offenbart der Text hier eine alternative Epistemologie. Der Gegensatz zwischen außen und innen wird hier aufgehoben – das Streben nach Tiefe wird durch die reine Bewegung in der Horizontalen ersetzt. Es gilt das Primat des Nichtwollens, das mit einem Verzicht auf ein hermeneutisch fundiertes Verstehen des Selbst und des ‚Anderen' einhergeht. Was bleibt, sind die Materialität der Bewegung und die gleichschwebende Aufmerksamkeit für das ‚Fremde'.

Dieser Modus der Welterschließung kulminiert in der Erfahrung des chinesischen Lagers. Oftmals als Ort der Läuterung des dekadenten westlichen Subjektes verstanden, wird es vor dem Hintergrund der oben skizzierten Verschiebung der Oberflächen- und Tiefendimensionen paradigmatisch für das Spiel mit Referenten und Signifikanten. Statt den naiven Ästhetizisten auf das nackte Leben und damit auf eine Essenz des Daseins zurückzuwerfen, erscheint das Lager selbst als hochgradig uneigentlicher Ort. Situiert in der Wüste sind die Lager Nicht-Orte,[66] die jeglichen Bezug zur Wirklichkeit verloren haben. Auffällig ist die Kulissenhaftigkeit, die das Setting prägt und die die Geschehnisse ihrer Referentialität berauben. „Scheinwerfer, die mir wie Filmbeleuchtung erschienen, wurden angestellt."[67] Die Beschreibung der künstlichen Beleuchtung, die mit der Filmproduktion assoziiert wird, hebt die Artifizialität des Geschehens hervor und markiert zugleich die Modi der Hervorbringung von Wirklichkeit. Eine Lichtregie lenkt die Wahrnehmung der Insassen ebenso wie jene der Leser. Gleichzeitig erschweren die Darstellungen des Erzählers die Unterscheidung zwischen Fakt und Fiktion innerhalb der Lagerrealität. Sie bewegen sich jenseits der menschlichen Vorstellungskraft.[68] Auch die Wahrnehmung ist niemals unmittelbar: Oftmals trüben Licht- und Witterungsverhältnisse die Sicht auf die Lager, die Bilder blei-

63 Vgl. Kracht: 1979, S. 144.
64 Vgl. Kracht: 1979, S. 145.
65 Kracht: 1979, S. 114.
66 Zum Begriff vgl. Marc Augé: Orte und Nicht-Orte. Vorüberlegungen zu einer Ethnologie der Einsamkeit. Frankfurt am Main 1994: Fischer.
67 Kracht: 1979, S. 168.
68 Vgl. Kracht: 1979, S. 168.

ben fahl, verschwommen, unwirklich. „Die Gebäude hatten etwas von einem Traum, den man kurz vor dem Aufwachen träumt, wir sahen sie durch einen staubigen und verhangenen Schleier, die Sonne selbst schien wie durch Dunst hindurch, schwach und fahlgelb."[69] Wie auch schon die Fotografien von Nordkorea die Materialität des Mediums in der Ausstellung der Störquellen der Bilder inszenieren, markiert auch hier eine Trübung des Blickes die Mittelbarkeit der Lagererfahrung. Indem der Roman die Mechanismen der sprachlichen und visuellen Hervorbringung des Lagers ausstellt, reflektiert er zugleich seine eigenen literarischen Produktionsbedingungen und markiert die Gemachtheit des Erzählten.

Statt also in den (Un-)Tiefen zu bohren, eröffnen Krachts Texte in ihrem Fokus auf spiegelnde, selbstreferentielle Räume eine alternative Form des Wissens. Die immer nur oberflächliche, da anders nicht mögliche, Anschauung des Anderen verweigert sich der Narrativierung und demaskiert die Idee einer substantiellen Welterschließung als Fiktion – das Zentrum bleibt nicht nur leer,[70] sondern wird ganz verabschiedet. In Krachts Teheran oder Pjöngjang entzieht sich das Andere dem westlichen Verstehen und wirft den Betrachter auf sich selbst zurück. Der Betrachter wiederum entzieht sich dem Drang, die fremden Städte zu durchdringen. Gleichzeitig zeigt sich hier eine epistemologische Modifikation. Das Wissen über das ‚Andere' geht nicht mehr in die Tiefe, sondern bewegt sich in die Breite, an der Oberfläche, sodass ein monolithischer Sinnbegriff durch die Etablierung einer Netz- und Oberflächenstruktur ersetzt wird. Hier liegt die Pointe der Texte: Die Vorstellung vom ‚tiefen', durchdringenden Blick hinter die Fassade ist eine Illusion: es gibt nichts unter der Oberfläche. Selbst der ‚Alleswisser' Christopher *versteht* ja mitnichten – stattdessen überträgt er sein Bild vom Anderen „so lange [...] in die Wirklichkeit [...], bis sie tatsächlich existiert[ ]".[71] Das Wissen über die Wirklichkeit ebenso wie die Vorstellung von einem tieferen Verständnis des ‚Anderen' bleiben demnach ein Trugschluss.[72] Vielmehr muss die Lektüre des

---

69 Kracht: 1979, S. 170.

70 Zum Begriff des ‚leeren Zentrums' bei Kracht vgl. auch Sven Glawion/Immanuel Nover: Das leere Zentrum. Christian Krachts ‚Literatur des Verschwindens'. In: Alexandra Tacke/Björn Weyand (Hrsg.): Depressive Dandys. Spielformen der Dekadenz in der Pop-Moderne. Köln, Weimar und Wien 2009: Böhlau.

71 Kracht: 1979, S. 24.

72 Stefan Bronner verweist in diesem Zusammenhang auch auf die dem Erkenntnistrieb immanenten Gefahren: „In *1979* wird [...] deutlich, dass der Wille zum Wissen nicht – wie er vorgibt – den Menschen glücklich macht, sondern verheerende Folgen nach sich zieht und das Böse im Menschen ans Tageslicht befördert." (Stefan Bronner: Vom taumelnden Ich zum wahren Übermenschen. Das abgründige Subjekt in Christian Krachts Romanen *Faserland*, *1979* und *Ich werde hier sein im Sonnenschein und im Schatten*. Tübingen 2012: Francke, S. 197).

‚Anderen' fehlschlagen, weil sich die Zeichen ihrer Verweisungsstruktur entledigt haben. An die Stelle der Dichotomie von Oberfläche und Tiefe tritt deren Dekonstruktion: Tiefe ist nur eine andere Form von Oberfläche. „Surface is an illusion, but so is depth".[73]

73 David Hockney, zitiert nach: Kracht: Der gelbe Bleistift, S. 9.

Christoph Kleinschmidt

„Auf dem Bild regnete es, oder es regnete nicht."

Christian Krachts *Ich werde hier sein im Sonnenschein und im Schatten* als literarische Welterschließung im Zeichen der Sprachlogik Ludwig Wittgensteins

„Die Welt ist alles, was der Fall ist", lautet der berühmte erste Satz aus Ludwig Wittgensteins *Tractatus logico-philosophicus*, dem er den wenig bescheidenen Anspruch vorweg stellt, die Probleme der Philosophie „im Wesentlichen endgültig gelöst zu haben".[1] Was Wittgenstein damit meint, ist, alles Denk- und Sagbare mithilfe einer Menge von logischen Aussagesätzen formalisieren zu können. Der Eingangssatz versteht sich deshalb nicht als positivistische Beschreibung aller tatsächlichen Sachverhalte, sondern als Ausdruck ihrer Möglichkeiten. „Die Logik", so betont Wittgenstein, „handelt von jeder Möglichkeit und alle Möglichkeiten sind ihre Tatsachen".[2] Ausgehend von dieser Bemerkung könnte man meinen, Logik und Literatur liegen gar nicht so weit auseinander. Denn auch die ästhetische Welterschließung funktioniert nach dem Kriterium des Möglichen, was gerade ein Autor wie Christian Kracht eindrücklich dokumentiert. So lesen sich die bisherigen Schauplätze seiner Romane, Reiseszenen und ‚Doku-Fiktionen'[3] wie der Versuch, einen universalen Möglichkeitsraum zu entfalten, um damit alles das, was jenseits einer eurozentrischen Perspektive der Fall sein kann, in den Blick zu nehmen: von Deutschland in die Südsee, von der Schweiz nach Afrika, von Sylt ins Nirgendwo. Auch der häufig vorgebrachte Unterschied, dass die Welt der Literatur nicht außerhalb ihrer Bezeichnung existiert, während das Zeigen der logischen Sprache eine solche voraussetzt, trifft nicht uneingeschränkt zu. Wenn wie bei Kracht die literarische Welt im Zwischenbereich historischer Fakten und erfundener Szenarien verortet wird, wenn literarische Figuren die

1 Ludwig Wittgenstein: Tractatus logico-philosophicus. In: Ders.: Werkausgabe, Bd. 1: Tractatus logico-philosophicus, Tagebücher, Philosophische Untersuchungen. Frankfurt am Main 1984: Suhrkamp, S. 7–85, hier S. 10f. Der Vollständigkeit halber sei erwähnt, dass Wittgenstein selbstironisch hinzufügt, dass seine Arbeit zeige, „wie wenig damit getan ist, daß diese Probleme gelöst sind" (Wittgenstein: Tractatus logico-philosophicus, S. 10).

2 Wittgenstein: Tractatus logico-philosophicus, S. 11.

3 Vgl. Till Huber: Ausweitung der Kunstzone. Ingo Niermanns und Christian Krachts ‚Docu-Fiction'. In: Alexandra Tacke/Björn Weyand (Hrsg.): Depressive Dandys. Spielformen der Dekadenz in der Popliteratur. Köln, Weimar und Wien 2009: Böhlau, S. 218–223.

https://doi.org/10.1515/9783110532159-010

Namen realer Persönlichkeiten wie August Engelhardt oder Nicholas Roerich tragen, wenn Paratexte auf die freie Erfindung aller Ereignisse hinweisen, nur um gerade damit die Frage nach der Authentizität aufzuwerfen, dann kommt man diesem Verfahren nicht mit dem bloßen Hinweis auf eine Fiktionalisierungsstrategie bei.

Auf der anderen Seite verbürgt auch der logische Diskurs seine Wahrheitsbedingungen nicht ausschließlich anhand einer rekursiven Überprüfung. Zwar stehen Elementarsätze als kleinste logische Einheiten in einem Abbildverhältnis zur Wirklichkeit, aber nach Wittgenstein gibt es einen ‚extremen Fall' von Aussagesätzen – die so genannten Tautologien –, die „bedingungslos wahr"[4] sind. Ein tautologischer Satz gilt als wahr, auch wenn bzw. gerade weil vollkommen offen ist, ob das, was er beschreibt, der Fall ist oder nicht. Konsequenz einer solchen weiten Aussage ist, dass sie in „keiner darstellenden Beziehung zur Wirklichkeit steht"[5]: „Ich weiß z. B. nichts über das Wetter, wenn ich weiß, daß es regnet oder nicht regnet".[6] Eine solch sinnlose, „aber nicht unsinnig[e]"[7] Aussage muss dabei nicht negativ begriffen werden, denn im Umkehrschluss bedeutet sie auch: „Die Tautologie läßt der Wirklichkeit den ganzen – unendlichen – logischen Raum".[8]

Ist aber ein solcher unendlicher Raum von Möglichkeiten nicht charakteristisch für die Literatur, und bildet die Ambivalenz von permanentem Reden über eine Welt, zu der die literarische Sprache in keinerlei Beziehung steht, nicht ihre genuinen Kennzeichen? Es spricht vieles dafür, dass sich in der Denkfigur der Tautologie logischer und literarischer Diskurs einander überlagern. Zu differenzieren ist dabei zwischen dem literarischen Sprechen an sich als Tautologie erster Ordnung, bei der man *per se* nicht sagen kann, ob es sich so verhält oder nicht, und einer Tautologie zweiter Ordnung, bei der es innerhalb des literarischen Diskurses explizit zu tautologischen Sprechakten kommt. Dort, wo Konstruktionen der Erzählwelten dezidiert auf einer Unentscheidbarkeit zweier Sachverhalte aufgebaut sind, verweist der literarische Diskurs seinerseits auf die logischen Voraussetzungen des Sprechens, die allerdings keineswegs zu mehr Verständlichkeit, sondern zu nachhaltigen Irritationen führen. Mit anderen Worten: die Sprache der Logik wird selbst verdächtig.

Eine solche Verstörungsstrategie im Zeichen tautologischer Aussagen lässt sich in der diegetischen Konstruktion der Romanwelt von Christian Krachts *Ich*

---

4 Wittgenstein: Tractatus logico-philosophicus, S. 43.
5 Wittgenstein: Tractatus logico-philosophicus, S. 43.
6 Wittgenstein: Tractatus logico-philosophicus, S. 43.
7 Wittgenstein: Tractatus logico-philosophicus, S. 43.
8 Wittgenstein: Tractatus logico-philosophicus, S. 43.

werde hier sein im Sonnenschein und im Schatten beobachten. Dass in diesem Text eben jenes Beispiel des unentscheidbaren Regnens aus Wittgensteins *Tractatus* hineinmontiert ist, stellt vor dem Hintergrund der Zitatpraxis Krachts keinen Zufall dar. Es deutet vielmehr darauf hin, dass die Logik des Erzählens und die Verfahren der Weltdarstellung selbst Thema des Romans sind. Um dieser These nachzugehen, möchte ich ausgehend von der entsprechenden Passage erläutern, wie sich das tautologische Erzählprinzip auf die Figurenkonstruktion, auf die Diegese und nicht zuletzt auf die Deutungsmöglichkeiten des Romans auswirkt. Zu zeigen sein wird, dass die literarische Welterschließung in *Ich werde hier sein im Sonnenschein und im Schatten* nicht nur auf der Bewegung im Raum oder der Pluralität von Schauplätzen beruht, sondern in einer viel radikaleren Weise auf der Gleichzeitigkeit sich ausschließender Welten.

1 Zitat und Beiwerk

Krachts Zitat von Wittgensteins Tautologie-Beispiel könnte man leicht überlesen. Es ist eingebunden in eine Szene, in der es eigentlich um etwas ganz anderes geht: Der Ich-Erzähler schläft gerade mit der Divisionärin Favre, die – merkwürdig genug – nach Metall riecht und eine Steckdose unter der Achselhöhle hat, als er über dem Bett einen „koreanische[n] Druck“ wahrnimmt, „der eine Welle zeigte, die ein kleines Holzschiff zu erdrücken drohte. Dahinter war ein Berg zu sehen. *Auf dem Bild regnete es, oder es regnete nicht.* Als es vorbei war, rauchte sie eine von meinen Zigaretten, die letzte Papierosy“.[9] Während sich Wittgensteins Tautologie auf die Relation von Aussage und Wirklichkeit bezieht, wird das Beispiel hier um eine mediale Komponente ergänzt. Auch für ein Bild – zumindest wenn es sich nicht um ein Vexierbild handelt – gilt allerdings, dass nichts über es ausgesagt ist, wenn es darauf regnet oder nicht regnet, weshalb dieser Satz in der Krachtforschung als Ausdruck eines unzuverlässigen Erzählers gedeutet wurde.[10] Geht man allerdings davon aus, dass sich hier ein intertextueller Bezug zum *Tractatus* eröffnet, dann muss der Satz als höchst zuverlässige Aussage gewertet werden, weil die Tautologie schließlich ‚bedingungslos wahr‘ ist. Berücksichtigt man überdies, dass die Szene über ein Beobachtungsarrangement funktioniert,

9 Christian Kracht: Ich werde hier sein im Sinnenschein und im Schatten. München 2010: Deutscher Taschenbuch Verlag, S. 45 f. (Hervorhebung C. K.).

10 Stefan Hermes: „Ich habe nie Menschenfleisch gegessen“. Interkulturelle Begegnungen in Christian Krachts Romanen *1979* und *Ich werde hier sein im Sonnenschein und im Schatten*. In: Mark Arenhövel/Maja Razbojnikova-Frateva/Hans-Gerd Winter (Hrsg.): Kulturtransfer und Kulturkonflikt. Dresden 2010: Thelem, S. 270 – 283, hier S. 278, Anm. 52.

das den Erzähler als Bildbetrachter präsentiert, den wir als Leser wiederum beobachten, dann liegt die Einschätzung nahe, dass hier auf subtile Weise die rezeptionsästhetische Grundkonstellation des Romans in Szene gesetzt ist. Dieser Lesart zufolge steht die tautologische Verfasstheit des koreanischen Drucks für die verstörende Organisation des Romans im Ganzen. Es wundert daher nicht, dass das Spiel mit den logischen Grenzfällen der Tautologie als Variation an anderer Stelle wieder auftaucht, dort nämlich, wo Favre über den flüchtigen Oberst Brazhinsky urteilt: „Er ist eine Gefahr für die SSR, oder er ist die Hoffnung der SSR."[11] Auf die Nachfrage des Erzählers, wie er beides sein könne, bekommt er zur Antwort: „Das wiederum liegt in der Natur der Dinge."[12] Diese Entgegnung stellt eine eigenwillige Interpretation der Aussagenlogik dar, denn Tautologien sind – wie gesehen – nach Wittgenstein nicht anhand der Tatsachen überprüfbar, auf die sie verweisen. Wenn nun aber die Sprache selbst zur Wirklichkeit mutiert, wie im Hinblick auf die im Roman erwähnte neue „Rauchsprache"[13] als unmittelbare Vergegenwärtigung des Denkens, dann büßt sie ihre Zeichenhaftigkeit ein und tendiert zum Gegenständlichen: „Sprache", so erklärt es Favre dem Ich-Erzähler, „existiert nicht nur im Raum, sie ist zutiefst dinglich, sie ist ein Noumenon".[14]

Damit eröffnet sich eine ganz neue Dimension, weil im und mit dem Roman eine Welt entworfen wird, in der die Tautologie gewissermaßen vom sprachlogischen zum naturwissenschaftlichen Axiom avanciert. Mehr noch: da bei dieser Sprache Ursache und Wirkung aufgehoben sind,[15] handelt es sich um eine Welt, in der die Aussageform $p \vee \neg p$ für alle Sachverhalte gilt. Das bedeutet ein ganz neues „Zusammendenken der Dinge".[16] In Bezug auf die Beschreibung des koreanischen Drucks gibt es demnach eine Wahrnehmungssituation, in der der Erzähler mit Favre schläft und auf dem Bild erkennt, dass es möglicherweise regnet, und eine Situation, in der der Erzähler mit Favre schläft und auf dem Bild erkennt, dass es möglicherweise nicht regnet. Beides in einer tautologischen Aussage zu verbinden, erhebt den Erzähler dabei nicht in eine Metaposition, spaltet seine Perspektive aber auch nicht, sondern dokumentiert die potentielle Gleichzeitigkeit zweier ausschließlicher Perspektiven. Es handelt sich um eine Denkfigur alternativer Seins- und Zustandsmöglichkeiten, die gewissermaßen

11 Kracht: Ich werde hier sein im Sonnenschein und im Schatten, S. 41.
12 Kracht: Ich werde hier sein im Sonnenschein und im Schatten, S. 41.
13 Kracht: Ich werde hier sein im Sonnenschein und im Schatten, S. 42.
14 Kracht: Ich werde hier sein im Sonnenschein und im Schatten, S. 44.
15 Vgl. Kracht: Ich werde hier sein im Sonnenschein und im Schatten, S. 44.
16 Stefan Bronner: Das offene Buch – Zum Verhältnis von Sprache und Wirklichkeit in Christian Krachts Roman *Ich werde hier sein im Sonnenschein und im Schatten*. In: Deutsche Bücher. Forum für Literatur 39 (2009), H. 2, S. 103–111, hier S. 110.

übereinander gelagert und gegeneinander verschoben sind. Diese Unentscheidbarkeit von konträren, aber simultan gültigen Aussagen zeichnet das narrative Verfahren des Romans aus. Als tautologisches Bauprinzip der Diegese wirkt es in die Konstruktion der Erzähler-Figur, die Verfasstheit der Welt und nicht zuletzt in die Bedingungen und Möglichkeiten der Interpretation hinein.

2 Tautologische Identität

Mit dem Erzähler hat Kracht eine Figur konzipiert, die die Überlagerung verschiedener Seinszustände *in nuce* verkörpert. Dass er den gesamten Roman über keinen Namen erhält, markiert dabei nur das offensichtlichste Moment einer unnahbaren Figur, die uns Lesern im Modus einer Ich-Erzählung und damit über eine Teilhabe an der Innensicht vermittelt wird. Diese Ambivalenz von Nähe und Distanz zeigt sich auch daran, dass seine dunkle Hautfarbe zu Beginn des Romans unausgesprochen bleibt. Mit zunehmendem Verlauf verdichten sich zwar die Hinweise auf seine Herkunft, aber die Wirkung, die das Zurückhalten dieser Information erzeugen soll, ist klar: Der Erzähler agiert als ein Fremder in einem System, dessen Gesetze er gleichwohl internalisiert hat. In diesem Sinne haben wir es mit einer Identitätskonstruktion zu tun, bei der zwei Wahrnehmungsmodi konvergieren: ein persönlicher, der in den Visionen und Herkunftsgeschichten aufscheint, und ein allgemeiner, der durch die Erfahrungen der kommunistischen ‚Umerziehung‘ und des Dauerkriegszustands charakterisiert ist. Strukturell ablesbar ist dies daran, dass der Text die Spaltung von erzählendem und erzähltem Ich als gleichberechtigte und sich widersprechende Perspektiven inszeniert, die unterschiedliche Wertungen und Deutungen der ‚Wirklichkeit‘ vornehmen: Wo sich das Jugend-Ich des Erzählers in die Schweizerische Schneewelt und insbesondere in das Machtzentrum des Bergmassivs sehnt, ist es das sonnige Afrika, das den visionären Fixpunkt des Erwachsenen bildet. Aufgrund des beständigen Kreisens um das Ich liegt es nahe, den Roman als „Suche nach der eigenen Identität“[17] zu verstehen, allerdings setzt dies ein bewusstes Handeln im Sinne eines gesteckten Suchfokus voraus. Davon kann allerdings keine Rede sein.

Sowohl was seinen Auftrag angeht, Brazhinsky zu folgen und festzunehmen, als auch in Bezug auf die Rückkehr des Erzählers nach Afrika haben wir es mit Aktionen eines Ich zu tun, das trotz aller Souveränität im Auftreten fremdge-

17 Gerhard Jens Lüdeker: Die Rückgewinnung der Freiheit aus der Moderne: Zu den Möglichkeiten von Selbstkonstitution und Autonomie in Christian Krachts ‚Triptychon‘. In: Text & Kontext. Jahrbuch für germanistische Literaturforschung in Skandinavien 34 (2012), S. 35–62, hier S. 37.

steuert wirkt bzw. an dem sich etwas ereignet, das sich seiner Kontrolle entzieht. Dieser Kontrollverlust erfolgt bezeichnenderweise an einer Stelle des Romans mit einer Reflexion auf die Gesetze der Logik und rückt somit das eigene Verhältnis zur Welt in die Nähe der neuen Sprache und ihrer tautologischen Ordnung: „Warum dachte ich das? Die Kausalität schien aufgehoben. Was ich gesehen hatte und was passiert war – mit meiner Wahrnehmung stimmte etwas nicht.“[18] Vor diesem Hintergrund stellt der Lebensweg des Erzählers keine Suche und schon gar kein Finden einer neuen, eigenen oder wahren Identität dar, vielmehr fungiert er selbst als Medium eines Anderen: „es war, als würde etwas aus mir geboren, als ob sich etwas abspaltete oder abschälte, es war wie eine Häutung von innen.“[19] Was sich da in der Subjekt- als Alteritätserfahrung gebiert, wird in der Forschung unterschiedlich gesehen. Deutungen, wonach der Ich-Erzähler zum Übermenschen avanciert[20] oder im Aufgehen des Subjekts in die Natur und die Gemeinschaft eine Freiheit jenseits des *principium individuationis* erreicht,[21] sind gleichermaßen stichhaltig, allerdings gehen sie von einer klaren Entwicklung und einem Endpunkt des Romans aus. Dem widerspricht nun erstens, dass der Text zirkulär funktioniert:[22] Insofern der Ich-Erzähler nach Afrika an die Wurzeln der Menschheit zurückkehrt, eröffnet sich das Potential zum zivilisatorischen Neuanfang. Anfangspunkt und Endpunkt fallen aber nicht nur global zusammen, sondern mit den Höhlenzeichnungen im Réduit, die in ihrer höchsten Entwicklungsstufe wieder in die primitiven Malereien von Changoni umschlagen, schließt sich auch der persönliche Kreis zur Jugend des Ich-Erzählers. Der Zustand, den er erreicht, ist folglich das Andere, das er immer schon verkörpert.

Zum zweiten ist bei der Subjektdarstellung jegliche Historizität aufgehoben. „Die Zeit hatte aufgehört zu sein“,[23] lautet eine Selbstauskunft des sich in „kognitive[r] Dissonanz“[24] verlierenden Erzählers. Bereits zuvor überlagern sich jedoch verschiedene Zeitebenen in der perspektivischen Darstellung: So steht die Mitsicht des Offizier-Ichs im epischen Präteritum („Ich war Parteikommissär in

---

18 Kracht: Ich werde hier sein im Sonnenschein und im Schatten, S. 71.

19 Kracht: Ich werde hier sein im Sonnenschein und im Schatten, S. 61.

20 Vgl. Stefan Bronner: Vom taumelnden Ich zum wahren Übermenschen. Das abgründige Subjekt in Christian Krachts Romanen *Faserland, 1979* und *Ich werde hier sein im Sonnenschein und im Schatten*. Tübingen 2012: Francke, S. 333–343.

21 Vgl. Lüdeker: Die Rückgewinnung der Freiheit aus der Moderne, S. 60.

22 Vgl. Ingo Irsigler: World Gone Wrong. Christian Krachts alternativhistorische Antiutopie *Ich werde hier sein im Sonnenschein und im Schatten*. In: Hans-Edwin Friedrich (Hrsg.): Der historische Roman. Erkundung einer populären Gattung. Frankfurt am Main u. a. 2013: Peter Lang, S. 171–186, hier S. 179.

23 Kracht: Ich werde hier sein im Sonnenschein und im Schatten, S. 143.

24 Kracht: Ich werde hier sein im Sonnenschein und im Schatten, S. 32.

Neu-Bern“[25]), wogegen die Fluchtphantasien im Präsens geschrieben sind („Ich komme nur ganz kurz hierher“[26]) und bei den Prophetien des Schweizer ‚Endsieges‘ das Futur verwendet wird („Wir werden goldene Dörfer bauen und goldene Städte“[27]). Mit dieser Diffusion vergangenen, präsentischen und zukünftigen Erzählens erreicht der Roman, dass die lineare Handlungsführung ein Gegengewicht erhält. Dient sie zur Erklärung vom Werden, Sein und Überwinden des Offizier-Ichs, so wirkt ihr die Form des Textes mit der losen Absatzstruktur und dem beständigen Wechsel der Perspektiven entgegen, so dass sich der sichere Ort des Erzählens auflöst.

Wenn sich der Erzähler befragt: „welches Ich fühlte dies?“,[28] dann dokumentiert das keine Entwicklung einer neuen Identität, sondern die Ahnung davon, dass mehrere Subjekte in ihm walten,[29] gewissermaßen als tautologische Varianten seiner selbst. In der Sprache der Logik befindet sich das Erzähl-Ich also in der Schweiz, oder in Afrika, oder an gar keinem eingrenzbaren Ort mehr, oder an allen Orten zugleich.

3 Tautologische Welt

Krachts Roman ist der Hinweis vorweggestellt, dass alle „beschriebenen Personen und alle Begebenheiten [...], von den gelegentlich erwähnten Personen des öffentlichen Lebens abgesehen, frei erfunden“ seien. „Jede Ähnlichkeit mit lebenden Personen oder tatsächlichen Ereignissen ist unbeabsichtigt.“[30] Dient diese Erklärung normalerweise dazu, sich juristisch abzusichern, wo Fiktionales als Faktisches missverstanden werden könnte, so bewirkt sie im Falle des Romans das Gegenteil: Die fingierte Verneinung erzeugt erst eine historisch-politische und damit referenzielle Dimension. Zugleich bleiben beide – Dichtung und Wahrheit – in einem unendlichen Möglichkeitssinn gefangen. Denn die Antwort auf die von der Forschung vielfach diskutierte Frage, ob es sich um einen historischen Roman

25 Kracht: Ich werde hier sein im Sonnenschein und im Schatten, S. 12.
26 Kracht: Ich werde hier sein im Sonnenschein und im Schatten, S. 27.
27 Kracht: Ich werde hier sein im Sonnenschein und im Schatten, S. 27.
28 Kracht: Ich werde hier sein im Sonnenschein und im Schatten, S. 112.
29 Brigitte Krüger beobachtet ähnlich, dass sich im Roman „Ordnungssysteme und Identitäten überlagern“. Brigitte Krüger: Intensitätsräume. Die Kartierung des Raumes im utopischen Diskurs der Postmoderne: Christian Krachts *Ich werde hier sein im Sonnenschein und im Schatten*. In: Gertrud Lehnert (Hrsg.): Raum und Gefühl. Der Spatial Turn und die neue Emotionsforschung. Bielefeld 2011: transcript, S. 259 – 275, hier S. 266.
30 Kracht: Ich werde hier sein im Sonnenschein und im Schatten, S. 7.

handelt oder die Geschichte des zwanzigsten Jahrhunderts nur den Anlass einer umfassenden Fiktionalitätsstrategie bildet, kann vor dem Hintergrund der tautologischen Erzähllogik nur lauten, dass er beides zugleich ist bzw. dass nicht entschieden werden kann, ob das eine oder das andere überwiegt. Eine solche Gleichzeitigkeit von Alternativen bedeutet, den Umgang des Romans mit Politik und Weltgeschichte – ähnlich wie im Hinblick auf die Subjektposition – nicht prozessual zu deuten, also weder von einem „Verschwinden der Geschichte“[31] noch von einem „Eintritt in ein post-humanes Zeitalter“[32] auszugehen, sondern vielmehr die „Spannung zwischen Realitätsbezug und ästhetischer Realitätsnegation“[33] als konstitutiv für die Gesamtstruktur zu betrachten. Ob die Spannung zu einer Sensibilität für die grundsätzliche Konstruiertheit von Geschichte führt,[34] darf bezweifelt werden, denn das würde bedeuten, dass sie nur Mittel zum Zweck wäre. Der Roman macht jedoch im Gegenteil die Spannung zum Prinzip und vermischt verschiedene Diskurse des Politischen, Historischen, Mythischen und Ästhetischen so, dass ihre Geltungsansprüche gleichermaßen plausibel erscheinen und damit das Gesamtgefüge ebenso stimmig wie unstimmig wirkt. Der Effekt eines solchen doppelbödigen Verfahrens markiert daher das Gegenteil von Sensibilität, nämlich eine grundlegende Verstörung.

Konkret festmachen lässt sie sich im Hinblick auf die politische Lektüre zunächst am neuralgischen Punkt des Romans, der Variation der ‚Realhistorie‘. „Wir hörten“, so berichtet es der Ich-Erzähler rückblickend, „die Geschichte des grossen Eidgenossen Lenin, der, anstatt in einem plombierten Zug in das zerfallende, verstrahlte Russland zurückzukehren, in der Schweiz geblieben war, um dort nach Jahrzehnten des Krieges den Sowjet zu gründen, in Zürich, Basel und Neu-Bern“.[35] Was vordergründig als Ursprungsnarrativ daherkommt, wird unterlaufen durch die beiläufige Wendung des ‚Anstatt‘. Mithilfe dieses Partikels liefert der Passus nicht nur eine Information darüber, welches Ereignis zur Gründung der fiktiven Schweizer Sowjetrepublik führte, er transportiert zugleich die historisch verbürgte Information mit, dass Lenin 1917 tatsächlich in einem versiegelten Zug

---

31 Julian Reidy: Sonnenschein oder Schatten? Zur Entwicklung ethischer Reflexion in Christian Krachts *Faserland, 1979* und *Ich werde hier sein im Sonnenschein und im Schatten.* In: Glossen 37 (2013), o. S., http://blogs.dickinson.edu/glossen/archive/most-recent-issue-glossen-372014/julian-reidy-glossen-37-2013/ (4. Februar 2016).

32 Johannes Birgfeld/Claude D. Conter: Morgenröte des Post-Humanismus. *Ich werde hier sein im Sonnenschein und im Schatten* und der Abschied vom Begehren. In: Dies. (Hrsg.): Christian Kracht. Zu Leben und Werk. Köln 2009: Kiepenheuer & Witsch, S. 252–269, hier S. 257.

33 Irsigler: Word Gone Wrong, S. 174.

34 Reidy: Sonnenschein oder Schatten?, o. S.

35 Kracht: Ich werde hier sein im Sonnenschein und im Schatten, S. 57 f.

aus dem Schweizer Exil zurück nach Russland kehrte. Innerhalb der fingierten Welt mit ihrer autodiegetischen Erzählkonstruktion kann allerdings dieser ‚eigentliche‘ Verlauf gar nicht gewusst werden, weshalb das ‚Anstatt‘ ein metaleptisches Element darstellt, das die Fiktion zur ‚Wirklichkeit‘ hin durchbricht. Im ‚Anstatt‘ haben wir es mit einer Variation des tautologischen Erzählens zu tun, bei dem es nicht darum geht, einen bestimmten anderen Geschichtsverlauf zu erzählen, sondern um die Alternative an sich als einen Bruch mit dem Vertrauten. Zum Ausdruck kommt damit, dass immer zugleich mehrere parallele (Oder-) Welten existieren, in denen sich andere, gegenteilige Entwicklungen ergeben. Die Wirklichkeit erweist sich dadurch als eine Realisationsform von unendlich vielen, die als Alternativen stets mitgedacht werden müssen.

Vor diesem Hintergrund wundert es nicht, dass im Modus des historischen Schreibens auch jene Weltdeutung verhandelt wird, die im radikalen Kontrast zu ihm steht: der Aberglaube und das Orakelhafte mit seinen Instanzen der Wahrsager und Schamanen. Als eine dieser Figurationen tritt Favre in Erscheinung, die beim ersten Aufeinandertreffen mit dem Ich-Erzähler die Stäbe des so genannten „I-Ching“ legt, „in denen Eingeweihte die gesamte Geschichte und Zukunft der Welt zu lesen vermochten“.[36] Eine weitere Instanz bildet der uralte Heiler im Geburtsdorf des Erzählers, der aus „dem Kot und dem Blut der Vögel [...] nicht nur die Zukunft des Menschengeschlechts zu lesen [wusste], sondern auch die unerhörte Geschichte von allem, was bis jetzt auf dieser Welt geschehen war“.[37] Dadurch dass beide sowohl in die Vergangenheit als auch in die Zukunft blicken können, verdichtet sich alles Historische wie auch zukünftig Mögliche zu einem Simultanen im Moment der Schau. Wo auf der Figurenebene damit Einsicht und Klarheit herrscht, müssen solche Zeitmodelle im Rezeptionsprozess irritieren, weil sie das als Erkenntnisleistung vorführen, was sich normalerweise in Momenten der Verstörung ereignet: nämlich in einer radikalen Erfahrung von Gegenwärtigkeit das Erlebte nicht in ein verstehendes Weiter auflösen zu können.

Nach dem Prinzip der Gleichzeitigkeit von Heterogenem funktioniert auch die politische Ordnung innerhalb der erzählten Welt. Paradigmatisch stehen hierfür die beiden ideologischen Systeme, die um die Vorherrschaft kämpfen: das faschistische Deutschland mit den verbündeten Engländern auf der einen und die kommunistische Schweiz mit ihren afrikanischen Ausbildungskolonien auf der anderen Seite. Der darin zum Ausdruck kommenden souveränen Perspektive des Ich-Erzählers über die politischen Weltverhältnisse, zumal ihre klare geographische Aufteilung in ein verseuchtes Russland, das Großaustralische Reich, die

---

36 Kracht: Ich werde hier sein im Sonnenschein und im Schatten, S. 30.
37 Kracht: Ich werde hier sein im Sonnenschein und im Schatten, S. 74.

Amexikaner sowie die hindustanischen Armeen am Schwarzen Meer, steht ein Kommentar gegenüber, der dieses distinkte Weltbild unterläuft. So spricht der Erzähler von einer „byzantinischen Verflechtung" der SSR und der „fast surreale[n] Komplexität ihrer militärischen Allianzen und deren Schatten, der Scheinallianzen, und wiederum deren Schatten".[38] Eine solch undurchschaubare Dynamik suggeriert eine Machtapparatur, in die jedes Subjekt des Krieges ausweglos verstrickt ist. Bilden die Faschisten mit ihrem Rassenhass noch ein klares Feindbild, an dem die eigenen humanistischen Ideale profiliert werden können, so gilt für den Rest, dass die Grenze zwischen Freund und Feind in dem über hundert Jahre währenden Kriegszustand nicht nur historisch variabel verläuft, sondern jeder gleichzeitig Verbündeter oder Gegner sein kann. In diese tautologische Logik des Krieges fügt sich der Umstand, dass er im Urteil des Erzählers selbst divergent erscheint. Zum einen sei es notwendig, „dass der Krieg weiterging", weil er den „Sinn und Zweck unseres Lebens"[39] bilde, zum anderen spürt der Erzähler immer wieder „ein Aufflammen des Krieges zu unseren Gunsten"[40] und ist von der Möglichkeit eines Schweizer Endsieges vorbehaltlos überzeugt.[41]

Was die zitathafte Gegenüberstellung markant exponiert, wirkt im Prozess der Lektüre subtiler. Zwischen den aufgezählten Widersprüchen stehen verschiedene andere Szenen, so dass die jeweilige Ausschließlichkeit zunächst gar nicht irritiert, sondern erst im Nachwirken durch das unterlaufen wird, was Seiten zuvor behauptet wurde. Die Logik der Tautologie wirkt insofern dadurch, dass der Text eine politische Einstellung immer wieder stimuliert und zugleich im Unklaren lässt, wie er sich selbst als Ganzer positioniert. Zu jedem Standpunkt existiert eine gegenteilige Stellungnahme, die mit gleichem Absolutheitsanspruch auftritt. Wenn daher kritische Lesarten von einer „affirmierenden emotionalen Bezugnahme auf [...] rassistische[] Motive"[42] sprechen, dann übergehen sie bewusst die

38 Kracht: Ich werde hier sein im Sonnenschein und im Schatten, S. 32.

39 Kracht: Ich werde hier sein im Sonnenschein und im Schatten, S. 21.

40 Kracht: Ich werde hier sein im Sonnenschein und im Schatten, S. 29.

41 Ergänzen ließen sich diese antagonistischen Vorstellungen von der Erzählwelt noch um die Behauptung, dass die SSR keine Hauptstadt mehr benötige, sondern nur noch mithilfe von „fluktuierenden Zentren" (Kracht: Ich werde hier sein im Sonnenschein und im Schatten, S. 29) operiere, wogegen die unablässige Fixierung auf das Réduit steht, das als das heilsgeschichtliche Sinnzentrum der Schweizer erscheint.

42 Jan Süselbeck: „Ich komme nur ganz kurz hierher." Emotionale Strategien der ‚filmischen' Schnitt- und Überwältigungsästhetik in Christian Krachts Kriegsroman *Ich werde hier sein im Sonnenschein und im Schatten* (2008). In: Søren R. Fauth/Kasper Green Krejberg/Jan Süselbeck (Hrsg.): Repräsentationen des Krieges. Emotionalisierungsstrategien in der Literatur und in den audiovisuellen Medien vom 18. bis zum 21. Jahrhundert. Göttingen 2012: Wallstein, S. 236–255, hier S. 244.

Reflexionen auf ein antirassistisches Gesellschaftsmodell, aber auch die Utopie vom neuen Menschen, für den Rassendiskurse ohnehin keine Rolle mehr spielen. Einzelne politische Statements herauszugreifen wird daher dem Roman nicht gerecht, zumal andere Interpretationen sogar angesichts seines Interesses an der Geschichtsschreibung von einer „ethischen Qualität“ und „didaktischen Tendenz“[43] ausgehen und ihn somit in die Nähe engagierter Literatur rücken. Beide Sichtweisen schließen sich aus und doch sind sie aus demselben Roman abgeleitet. Offensichtlich provoziert dessen politische Dimension eine moralische Haltung, die sich sogar gegen ihn selbst richten kann. Dass er dies zulässt, ja sogar heraufbeschwört, macht deutlich, dass es ihm nicht auf Zustimmung ankommt, sondern darum, auch das Politische und seine reflexartigen Reaktionen als tautologisches Möglichkeitsspiel vorzuführen.

4 Tautologisches Verstehen

Wo Literatur auf sich selbst verweist, scheint der Kern ihrer Intentionalität verborgen zu liegen. Autoreferentielle Verfahren bilden von daher wichtige Ausgangspunkte für literaturwissenschaftliche Interpretationen. Krachts Roman macht sich diesen Umstand zunutze, indem er an verschiedenen Stellen subtile Anreize für eine solche Lesart anbietet, um diese dann jedoch über das tautologische Erzählverfahren in die Irre zu führen. Blickt man auf die Faktoren, die zu einer selbstreflexiven Deutung einladen, dann fällt vor allem das Réduit auf. Als mystisches Kraftzentrum bildet es seit der Jugend des Protagonisten einen hochgradig aufgeladenen Anziehungspunkt und spielt daher schon früh im Roman eine wichtige Rolle. Als proleptisches Element tritt es darüber hinaus immer wieder dadurch in Erscheinung, dass es über die Kriegsentwicklungen der Schweiz und den Auftrag des Ich-Erzählers seine Antizipation erfährt. Mehr noch verdichtet sich allerdings seine Topographie zu einer thematischen wie auch formalen Metapher für den Roman. So finden sich in seinem Inneren Höhlenzeichnungen, die in einer linearen „Abfolge von Ereignissen“ die Geschichte der Schweizer Sowjetrepublik abbilden, jedoch „nach und nach von einer sonderbaren Gleichzeitigkeit der Darstellung abgelöst“ werden.[44] Die visuelle Darstellung folgt damit der dialektischen Romanstruktur, deren Charakteristik aus einem doppelten Antagonismus besteht: von Linearität und Simultaneität einerseits und einem zyklischen und radikal offenen Modell andererseits. Formaler Aufbau und

---

43 Reidy: Sonnenschein oder Schatten?, o. S.

44 Kracht: Ich werde hier sein im Sonnenschein und im Schatten, S. 122.

Umschwünge in der Handlungsführung werden daher mithilfe der selbstreflexiven Anspielungen erklärbar.

Nun umfassen diese nicht nur die Konstitution des Textes, sondern auch den Komplex seiner Deutbarkeit,[45] und dessen Thematisierung wirkt dem Erkennen wieder entgegen. Aufschlussreich ist in diesem Zusammenhang vor allem die Figur des Malers Roerich, der die Aufgabe übertragen bekommt, mit seinen Gemälden das „Réduit zu entbergen".[46] „[S]eine Interpretationen der unendlich erscheinenden Bergwelt", heißt es hierzu von Brazhinsky, „seien ein Weg, die uns leider verschlossen gebliebenen Membranen zu durchstossen".[47] Der Roman suggeriert an dieser Stelle, dass es ein adäquates Darstellungsverfahren für das Réduit (und damit ihn selbst) gibt, mit dessen Hilfe die verborgenen Strukturen dekodiert und sichtbar gemacht werden können. So glatt wie es scheint, geht dieser Anspruch allerdings nicht auf. Denn mit ihm werden zwei verschiedene analytische Haltungen kombiniert. So verkörpert die Figur Roerich als „Kunsthandwerker"[48] einen hermeneutischen Typus, der sich jedoch einer dekonstruktivistisch organisierten (Erzähl-)Welt gegenübersieht. Deren postmoderne Topographie als ein rhizomartiges Gebilde[49] und nie „endendes Werk",[50] als welches das Réduit erscheint, entzieht sich eigentlich jeder Fixierung. Mit der Rede vom „Hervorbringen von Nichtanwesendem ins Anwesende",[51] das Roerich mit seinen epiphanischen Bildern leiste, suggeriert der Text allerdings genau das Gegenteil. In dieser Beziehung zwischen deutendem Künstler und undeutbarem Gegenstand passen Erkenntnismethode und Erkenntnisobjekt nicht zusammen. Somit erzeugen die Reflexionsfiguren einen Zerrspiegel, der als Medium der Aufklärung auftritt, aber gerade das nicht zeigt, was er abzubilden vorgibt. Hinzu kommt, dass Brazhinsky, der all diese Qualitäten des Malers hervorhebt, vom Ich-Erzähler

45 Fragen der Art: „Aber welchen Zweck verfolgt denn das Ganze?" (Kracht: Ich werde hier sein im Sonnenschein und im Schatten, S. 110), oder: „Wer hatte nur so eine Szenerie erdacht, aus wessen Intelligenz war diese Maschinerie des Krieges entsprungen?" (Kracht: Ich werde hier sein im Sonnenschein und im Schatten, S. 111), nehmen Bezug auf grundlegende interpretatorische Problemstellungen wie Sinnhaftigkeit und Autorschaft des Textes. Wenn zudem von einem „architektonische[n] Wille[n]" die Rede ist, der „auf sich selbst aufbaut[]" (Kracht: Ich werde hier sein im Sonnenschein und im Schatten, S. 104), dann wird sogar noch die inszenierte Selbstreflexivität als Bestandteil des Romans hervorgehoben.

46 Kracht: Ich werde hier sein im Sonnenschein und im Schatten, S. 118.

47 Kracht: Ich werde hier sein im Sonnenschein und im Schatten, S. 117.

48 Kracht: Ich werde hier sein im Sonnenschein und im Schatten, S. 118.

49 Vgl. Bronner: Vom taumelnden Ich zum wahren Übermenschen, S. 315–323.

50 Kracht: Ich werde hier sein im Sonnenschein und im Schatten, S. 49.

51 Kracht: Ich werde hier sein im Sonnenschein und im Schatten, S. 119.

zwischenzeitlich für verrückt erklärt wird. Von daher stellt sich grundsätzlich die Frage, welchen Wahrheitsgehalt seine Aussagen überhaupt besitzen.

Als Überprüfung bleibt hier nur, den Roman als Ganzen aus beiden literaturtheoretischen Perspektiven in den Blick zu nehmen. Wenn man dabei der hermeneutischen Spur folgt, dann ergibt sich zwar mit den Herkunftserzählungen und dem Reiseverlauf ein relativ abgerundetes Bild, es werden aber immer auch Steine des Unverständlichen in den Weg gelegt, insbesondere im Hinblick auf das akausale Handlungsgefüge. Umgekehrt verhält es sich bei der dekonstruktivistischen Lesart. So verkörpern die Zeit- und Raumkonfigurationen des Romans grundlegende Denkfiguren der Verschiebung und Dezentrierung, allerdings folgt er über weite Strecken einem klaren Ziel und deutet überdies mit dem Ende der Schrift ein Jenseits der Zeichen an, das postmoderne Theorien radikal in Frage stellen. Beide Zugänge sind demnach in sich stichhaltig und werden zugleich von Aspekten des jeweils anderen konterkariert. Was in Bezug auf die Figurenidentität und die Verfasstheit der Welt als Tautologie wirkungsästhetisch zur Entfaltung kommt – die Gleichzeitigkeit und Unentscheidbarkeit von Alternativen –, gilt somit in potenzierter Weise für die Auslegung des Romans. Denn welche interpretatorische Haltung man gegenüber *Ich werde hier sein im Sonnenschein und im Schatten* auch immer einnimmt: Der Roman kann verstanden werden, oder er kann nicht verstanden werden.

Laurenz Schulz

Distinktion durch unnatürliches Erzählen in der Reiseliteratur Christian Krachts

1 Die bisherige Erforschung von Krachts Reiseberichten und ‚Reiseführern'

Die Erforschung des literarischen Werks von Christian Kracht konzentriert sich bisher überwiegend auf die Romane. Im Verhältnis dazu wurden die zusammen mit Eckhart Nickel verfassten, literarischen Reiseführer *Ferien für immer* (1998) und *Gebrauchsanweisung für Kathmandu und Nepal* (2009) sowie die in *Der gelbe Bleistift* (2000) und *New Wave* (2006) veröffentlichten Reiseberichte von Seiten der Forschung bisher deutlich weniger ausführlich behandelt.[1] In den bisher entstandenen Arbeiten stellt die Untersuchung der in den Texten verhandelten binären Opposition von Identität und Alterität einen Schwerpunkt dar.[2] Daneben

---

1 Chronologisch geordnet lassen sich folgende sechs Arbeiten ausmachen, deren Untersuchungsschwerpunkt auf den Reiseführern und/oder Reiseberichten liegt: Ulla Biernat: „Ich bin nicht der erste Fremde hier." Zur deutschsprachigen Reiseliteratur nach 1945. Würzburg 2004: Königshausen & Neumann, S. 194–199; Gonçalo Vilas-Boas: Von der Insel weg in die Welt. Zeitgenössische Schweizer Autoren auf der Reise nach Ost und West (Christoph Geiser und Christian Kracht). In: Isabel Hernández/Ofelia Martí Peña (Hrsg.): Eine Insel im vereinten Europa? Situation und Perspektiven der Literatur der deutschen Schweiz. Berlin 2006: Weidler, S. 107-122; Johannes Birgfeld: Christian Kracht als Modellfall einer Reiseliteratur des globalisierten Zeitalters oder Vorschlag zu einer Neubewertung des angeblichen Dandys und Popliteraten Kracht. In: Annakutty V. K. Findeis/Hans-Wolf Jäger/Françoise Knopper (Hrsg.): Akten des XI. Internationalen Germanistenkongresses Paris 2005. Germanistik im Konflikt der Kulturen. Bd. 9: Kulturkonflikte in der Reiseliteratur. Bern 2007: Peter Lang, S. 405-411; Klaus Bartels: Fluchtpunkt Katmandu. Globaler Nomadismus bei Christian Kracht. In: Hans Richard Brittnacher/Magnus Klaue (Hrsg.): Unterwegs. Zur Poetik des Vagabundentums im 20. Jahrhundert. Köln u. a. 2008: Böhlau, S. 291–302; Gabriele Eichmanns: Die „McDonaldisierung" der Welt. Das Parodieren der Erwartungen des westlichen Lesers in Christian Krachts *Der gelbe Bleistift*. In: Jill E. Twark (Hrsg.): Strategies of Humor in Post-Unification German Literature, Film, and other Media. Newcastle upon Tyne 2011: Cambridge Scholars Publishing, S. 267–292; Anke S. Biendarra: *Germans Going Global: Contemporary Literature* and *Cultural. Globalization*. Berlin und New York 2012: De Gruyter, S. 164–172.

2 Ulla Biernat zufolge werden die „minimale[n]" Reise- und Alteritätserfahrungen in *Ferien für immer* konsequent oberflächlich dargestellt. Zudem trete die „Authentizität des Fremden [...] hinter die Authentizität der ‚richtigen' Pose des Reisenden zurück, der in der Ferne die schöngeistige Zerstreuung sucht und vor der sozialen Realität die Augen verschließt." (Biernat: Zur

https://doi.org/10.1515/9783110532159-011

konzentrierten sich mehrere Arbeiten auf den Themenkomplex Globalisierung, der im Zuge des in der zweiten Hälfte des zwanzigsten Jahrhunderts aufkom-

---

deutschsprachigen Reiseliteratur nach 1945, S. 196 f.). Eine Annäherung an „das Andere" findet ihr zufolge nicht statt, weshalb auch das „Bild vom Fremden [...] gewollt unvollständig" bleibt (Biernat: Zur deutschsprachigen Reiseliteratur nach 1945, S. 197). Im Text gehe es nur darum, die Unterschiede zwischen dem richtigen, elitären „Ästheten-Reisen" und dem falschen, „massentouristischen Spießer-Reisen" herauszustellen (Biernat: Zur deutschsprachigen Reiseliteratur nach 1945, S. 197). Im Zuge hiervon würden im Text mehrfach „bestimmte touristische Klischees" überprüft und durch andere Klischees ersetzt (Biernat: Zur deutschsprachigen Reiseliteratur nach 1945, S. 198). Abschließend urteilt Biernat, dass Kracht und Nickel die bestehenden Grenzen zwischen Eigenem und Fremden affirmieren, indem sie sie bewusst ignorieren (Biernat: Zur deutschsprachigen Reiseliteratur nach 1945, S. 199). *Gonçalo* Vilas-Boas zufolge ermöglicht der Kontakt mit dem Fremden in *Der gelbe Bleistift* „einen schärferen Blick auf das eigene Land" und sich selbst. (Vilas-Boas: Von der Insel weg in die Welt, S. 107 f.). Johannes Birgfeld leitet aus *Faserland* die auch für das restliche Werk geltende Regel ab, dass die „Fremde" nicht „um ihrer selbst willen interessant" ist, „sondern als Nicht-Deutschland." (Birgfeld: Christian Kracht als Modellfall einer Reiseliteratur des globalisierten Zeitalters, S. 408). Birgfeld zufolge lässt sich Krachts Umgang mit der Fremde „in der Dualität von fremd und eigen nicht schlüssig fassen", weil in *Ferien für immer* und *Der gelbe Bleistift* nichts befremdet, nichts als exotisch, minderwertig oder lächerlich bewertet wird (Birgfeld: Christian Kracht als Modellfall einer Reiseliteratur des globalisierten Zeitalters, S. 409); vgl. hierzu auch: „Krachts Texte sind Reiseliteratur, in der die Fremde nicht als etwas fremdes, exotisches, anderes zu beherrschendes wahrgenommen wird" (Birgfeld: Christian Kracht als Modellfall einer Reiseliteratur des globalisierten Zeitalters, S. 411). Gabriele Eichmanns zufolge führt Krachts Betonung von scheinbar trivialen Ereignissen, die von globalisierten Firmen ausgehen, dazu, dass dem Leser in *Der gelbe Bleistift* das jeweilige Land nicht in seiner „vermeintlichen Fremdheit nahe gebracht" wird, sondern der Eindruck von Fremdheit durch gängige Konsumprodukte abgeschwächt wird (Eichmanns: Die „McDonaldisierung" der Welt, S. 268). Sie arbeitet zudem heraus, wie Kracht anhand von vielen Beispielen die Wechselwirkungen zwischen originalem Land und seiner medialen Inszenierung schildert, die oftmals eine Annäherung des realen Landes an seine mediale Simulation bewirke (Eichmanns: Die „McDonaldisierung" der Welt, S. 280 f.). Durch das Aufzeigen dieses reziproken Verhältnisses versuche Kracht „die Suche der Reisenden nach dem Wahrhaften eines Landes" als illusorisches Ziel herauszustellen (Eichmanns: Die „McDonaldisierung" der Welt, S. 284). Er suche dagegen von vornherein nicht das wahrhaftig Fremde, da eine solche Suche nur das Ziel habe, bereits bestehende Bilder zu bestätigen (Eichmanns: Die „McDonaldisierung" der Welt, S. 287). Anke Biendarra zufolge hält die Erzählinstanz in *Der gelbe Bleistift* das Fremde anhand einer gelangweilten Haltung, die oftmals mittels Ironie erreicht werde, fern. Es diene nur als Hintergrund vor dem das Ich schärfer hervortrete (Biendarra: *Germans Going Global*, S. 169). Stefan Bronner zeigt auf, dass die Reise dem Subjekt in *Faserland* nicht nur ermöglicht, sein Angekommensein und seine Vollendung zu negieren, sondern auch seine „eigene Position durch das ‚Andere' immer wieder in Frage zu stellen." Die Reise ist Fluchtlinie „aus dem festen Rahmen der eigenen Existenz" und verhindert die Fixierung des Subjekts. (Stefan Bronner: Vom taumelnden Ich zum wahren Übermenschen. Das abgründige Subjekt in Christian Krachts Romanen *Faserland, 1979* und *Ich werde hier sein im Sonnenschein und im Schatten*. Tübingen 2012: Francke, S. 186 f.).

menden Topos vom ‚Ende des Reisens' bis in die Gegenwart hinein an Wirkmacht gewinnt.[3] Diese zweifellos wichtigen Untersuchungsgegenstände werden in diesem Beitrag jedoch nicht weiter verfolgt.

---

3 Krachts „Reiseliteratur ohne Kulturkonflikte" und die Negation des Fremden wird Johannes Birgfeld zufolge durch die Globalisierung ermöglicht, die „urbane Lebensräume" uniformiere sowie Kommunikation und Transport verbillige und so intensiviere (Birgfeld: Christian Kracht als Modellfall einer Reiseliteratur des globalisierten Zeitalters, S. 411). Klaus Bartels zeigt auf, wie in Krachts Texten *Faserland, Ferien für immer, Der gelbe Bleistift, Der Gesang des Zauberers* und *1979* Elemente kultureller Invasion verhandelt werden (Bartels: Fluchtpunkt Katmandu, S. 294 f.). Gabriele Eichmanns untersucht Elemente der Globalisierung in *Der gelbe Bleistift* in Hinblick auf die theoretischen Überlegungen der Soziologen George Ritzer und Allan Liska, wonach das Reisen vor allem durch hohe Vorhersehbarkeit und Effizienz- und Kontrollstreben geleitet sei, was zu einer immer größeren Konformität und Homogenisierung der Urlaubsziele führe, die Kracht bedauere (Eichmanns: Die „McDonaldisierung" der Welt, S. 271 f.). Eichmanns weist des Weiteren nach, dass Kracht dem „alternativen Reisen äußerst kritisch, wenn nicht gar zynisch gegenüber" stehe, weil es im Grunde auch nur eine „Verkaufsstrategie" sei. Der Alternativreisende ist im selben Maße Globalisierungsträger wie der Pauschalurlauber und zeichnet sich oftmals durch ein hedonistisches, rücksichtsloses und moralisch fragwürdiges Verhalten gegenüber den Einheimischen aus (Eichmanns: Die „McDonaldisierung" der Welt, S. 274 ff.). Der Aspekt der Globalisierung wird von Klaus Bartels in Hinblick auf die in Krachts Werk thematisierte Transkulturalität aufgezeigt. Er sieht Krachts Werk geprägt von den „nomadischen Identitätsform[en]" der Figuren, deren Dasein vom „Driften" – dem mit örtlichen Wechseln korrelierenden, dauerhaften Übergang von nicht klar abgrenzbaren und unbeständigen Lebenssituationen – und ihrem Aufwachsen in transkulturellen Verhältnissen geprägt ist (Bartels: Fluchtpunkt Katmandu, S. 291–302, hier S. 293 u. 297). Die Geschichten in *Der gelbe Bleistift* geben Biendarra zufolge keine spezifischen ökonomischen Gegebenheiten der besuchten Länder oder soziale Auswirkungen der Globalisierung auf sie wieder und liefern dem Leser stattdessen kurze, unterhaltsame, impressionistische Darstellungen, die sich auf eigenartige Aspekte konzentrieren und oftmals aus der Populär- oder Konsumkultur stammen (Biendarra: *Germans Going Global,* S. 166). Dieser Einschätzung Biendarras lässt sich entgegenhalten, dass Kracht die sozialen Auswirkungen der Globalisierung sehr wohl in manchen Kapiteln darstellt. So beschreibt er in *Ko Samui™*, dass die Insel erst seit zehn Jahren per Flugzeug erreicht werden kann, davor touristisch so gut wie überhaupt nicht erschlossen war und finanziell stark vom Export von Kokosnüssen abhing. Zwar gebe es noch „die Mönche in ihren orangefarbenen Roben" und „die Frauen mit den spitzen Hüten", die man bei der Ernte beobachten kann, doch die sich rasant beschleunigende Globalisierung und Kommerzialisierung – kurz „Vermarktung" der Insel – sorge dafür, dass das „rapide Verderben Ko Samuis" fast so schnell beobachtet werden kann, wie die Fotos, „die man zur 1-Stunde-Entwicklung" gegeben hat (Kracht: Der gelbe Bleistift, S. 139 ff.). Als weitere Beispiele lassen sich die Kapitel *Ein Jahr vor der Übergabe*, *Après nous le déluge* und *Zu spät, zu spät* heranziehen (Kracht: Der gelbe Bleistift, S. 85–91, 93–102 u. 131–134). Krachts Literatur ist Biendarra zufolge ein gutes Beispiel für Literatur, die die Mobilität und Zeit-Raum Verdichtung, die mit der Globalisierung einhergeht, begrüßt. *Der gelbe Bleistift* sei zudem eine literarische Umsetzung des ‚ästhetischen Kosmopolitismus' – einer Lust am Konsum fremder Orte, die sich in der letzten Phase der Globalisierung gesteigert hat. Dieser ästhetische Kosmopolitismus habe sich im Zuge der gestiegenen Mobilität

Mit der Distinktion soll dagegen im Folgenden ein Aspekt im Fokus stehen, der ein konstitutives Merkmal des Dandyismus ist, wie sich leicht an der von idealtypischen Dandys wie George ‚Beau' Brummell oder Oscar Wilde praktizierten Abgrenzung von der Gesellschaft anhand von extravagantem Auftreten, Konsum, nonkonformistischer und ironischer Haltung gegenüber der bürgerlichen Gesellschaft ablesen lässt. Nicht nur in zahlreichen Feuilleton-Rezensionen, sondern auch in der Forschung wurde der Dandyismus in Hinblick auf die Selbststilisierung des Autors Kracht sowie auf die Verarbeitung dandyistischer Elemente in seinen Romanen diskutiert.[4] Daneben wurde die Präsenz dandyistischer Elemente auch in *Ferien für immer* und *Der gelbe Bleistift* analysiert. So macht Ulla Biernat Elemente des Dandyismus in der „Selbststilisierung der beiden Ich-Erzähler als gelangweilte Puristen" aus, die sich elitär gegenüber „*dem* Touristen" anhand ihrer Reiseattitüde abgrenzen.[5] Die in der Langeweile anklingende Dandyismus-Konstituente des *Ennui* sieht sie des Weiteren im Adressieren des „gelangweilten Postmoderne-Touristen" erfüllt.[6] Das Distinktions-

der Touristen entwickelt und weise eine offenere Haltung gegenüber abweichenden Erfahrungen anderer Nationalkulturen auf und suche eher nach Kontrasten zwischen Gesellschaften als nach Uniformität und Überlegenheit zu verlangen (Biendarra: *Germans Going Global*, S. 166). Biendarra arbeitet zudem anhand von Beispielen heraus, dass Kracht in *Der gelbe Bleistift*, wo die Zeichen ökonomischer und kultureller Globalisierung allgegenwärtig sind, die Effekte der globalen Konsumkultur kritisiert (Biendarra: *Germans Going Global*, S. 170 f.).

4 Fabian Lettow: Der postmoderne Dandy. Die Figur Christian Kracht zwischen ästhetischer Selbststilisierung und aufklärerischem Sendungsbewusstsein. In: Ralph Köhnen (Hrsg.): Selbstpoetik 1800–2000. Ich-Identitäten als Literarisches Zeichenrecycling, Frankfurt am Main u. a. 2001: Peter Lang, S. 285–305; David Clarke: Dandyism and Homosexuality in the Novels of Christian Kracht: In: Seminar 41.1 (2005), S. 36–54; Moritz Baßler: „Der Freund". Zur Poetik und Semiotik des Dandyismus am Beginn des 21. Jahrhunderts. In: Alexandra Tacke/Björn Weyand (Hrsg.): Depressive Dandys. Spielformen der Dekadenz in der Pop-Moderne. Köln, Weimar und Wien 2009: Böhlau, S. 199–217; Björn Weyand: Poetik der Marke. Konsumkultur und literarische Verfahren 1900–2000. Berlin und Boston 2013: De Gruyter, S. 287–345; Klaus Bartels: Trockenlegung von Feuchtgebieten. Christian Krachts Dandy-Trilogie. In: Olaf Grabienski/Till Huber/Jan-Noël Thon (Hrsg.): Poetik der Oberfläche. Die deutschsprachige Popliteratur der 1990er Jahre. Berlin und Boston 2011: De Gruyter, S. 207–226.

5 Biernat: Zur deutschsprachigen Reiseliteratur nach 1945, S. 195. Dass Kracht und Nickel eine elitäre, auf Abgrenzung hin bedachte Haltung einnehmen, ist natürlich prinzipiell korrekt, bloß verschleiert das pauschalisierende „dem Touristen", dass sich Kracht und Nickel besonders entschieden von ‚alternativen' Touristen wie den vielgescholtenen *Lonely Planet*-Reisenden abgrenzen.

6 Biernat: Zur deutschsprachigen Reiseliteratur nach 1945, S. 195. Jener *Ennui* wird überwunden, indem entgegen der Suggestion des Untertitels auch viele Orte bereist werden, deren Schilderungen nicht den Eindruck des Angenehmen hervorrufen. Sie zeichnen sich dafür aber meistens durch die Darstellung von interessanten bis hin zu skurrilen Ereignisse aus.

prinzip wird Biernat zufolge jedoch nicht nur gegenüber anderen Reisenden praktiziert, sondern auch der Fremde selbst gegenüber, indem sich anhand von „Markenbewußtsein“ und der „Betonung von Äußerlichkeiten“ vom fremden Raum abgegrenzt wird, zu dem entsprechend kein Bezug entsteht.[7] Wie Biernat sieht auch Gonçalo Vilas-Boas Kracht als Dandy an, belegt diese Einschätzung nur leider ungenau. Denn in „Christoph [sic] Krachts“ Text trägt nicht „das textuelle *alter ego*“ Krachts „Prada-Sandaletten“, sondern dessen Begleiterin.[8] Johannes Birgfeld widerspricht im Gegensatz zu Biernat und Vilas-Boas der Einordnung von Kracht und seinen Figuren, indem er anhand von *Faserland* die nach Baudelaire zutreffenden Dandyismus-Kriterien – reich, müßig, blasiert und vom Wunsch nach Distinktion getrieben, ist die Hauptfigur ihm zufolge – den nicht zutreffenden Kriterien – Affektkontrolle, Bonmots, geistreiche Spitzen, Sicherheit der Manieren und Leichtigkeit der Allüren – gegenüberstellt.[9] Zuletzt rechnete Anke Biendarra Kracht aufgrund seiner Wahrnehmung der Welt als einem rein ästhetischen Phänomen dem Dandyismus zu.[10]

Von der Verknüpfung mit dem Dandyismus-Komplex gelöst, förderte die bisherige Forschung weitere Aspekte der Distinktion heraus. So betonte Biernat beispielsweise, dass Kracht und Nickel „keine ‚Geheimtips‘ wie traditionelle Reiseführer“ geben, sondern „fremde Räume“ zeigen, „an denen exklusive Klischees von Fremdheit genießerisch-niveauvoll zelebriert werden können“.[11] Hiergegen lässt sich jedoch einwenden, dass viele Orte und Lokalitäten sehr wohl als Geheimtipps angepriesen werden.[12] Dass manche Orte wie der im Kapitel *Prinz von Bayern* beschriebene Biergarten zwar geschildert, aber explizit nicht empfohlen werden, spricht wiederum dafür, dass das potentielle Erleben interessanter, absurder oder grotesker Ereignisse letztlich das ausschlaggebende Kriterium für eine Aufnahme in den Band dargestellt hat und ihn so von gewöhnlichen Reiseführern unterscheidet.[13] *Ferien für immer* unterscheidet sich Biernat zufolge

7 Biernat: Zur deutschsprachigen Reiseliteratur nach 1945, S. 196.

8 Biernat: Zur deutschsprachigen Reiseliteratur nach 1945, S. 111 f. Vgl. Kracht: Der gelbe Bleistift, S. 44.

9 Birgfeld: Christian Kracht als Modellfall einer Reiseliteratur des globalisierten Zeitalters, S. 405 f.

10 Biendarra: Germans Going Global, S. 152, 169 f.

11 Biernat: Zur deutschsprachigen Reiseliteratur nach 1945, S. 196.

12 Hierfür sprechen Bewertungen wie „die beste Küche Mitteleuropas“, der beste „Harvey Wallbanger aller Zeiten“, „das beste Pfeffersteak der Welt“, ungetoastete Käsetoasts, die „die Erleuchtung“ sind, der beste „Apfelsaft Asiens“, die „beste aller Discotheken Lissabons“ oder das beste und schönste Hotel Thailands (Christian Kracht/Eckhart Nickel: Ferien für immer. Die angenehmsten Orte der Welt. Köln 2000: Kiepenheuer & Witsch, S. 41, 63, 67, 119, 126, 135 u. 147).

13 Kracht/Nickel: Ferien für immer, S. 92–93.

des Weiteren von gewöhnlichen Reiseführern, insofern „[d]as Bild vom Fremden [...] gewollt unvollständig" bleibt.[14] Diese Einschätzung konkretisiert Vilas-Boas und weitet sie auf die Reiseberichte aus *Der gelbe Bleistift* aus, in denen der Leser ebenfalls „kaum Informationen über die bereisten Länder" erhalte.[15] *Der gelbe Bleistift* unterscheide sich von gewöhnlichen Reiseberichten außerdem dahingehend, dass „die durchreisten Länder weder vom ethnologischen noch vom politischen Standpunkt her" betrachtet werden.[16] Auf stilistischer Ebene unterscheide sich *Ferien für immer* durch seinen „saloppen Schnodder-Ton" von gutbürgerlichen Reiseführern, deren Vokabular veralbert werde.[17] Auf formaler Ebene wurde als Distinktionsmerkmal dagegen bisher lediglich die Ironie ausführlich behandelt, die Kracht einerseits dazu diene, die Erwartungshaltung der Leser zu brechen und stereotype Vorstellungen Asiens zu unterlaufen[18] und andererseits die eigene ausschnitthafte Darstellung der bereisten Länder reflektiere.[19] Auf der Ebene der formellen Gestaltung bleibend wird im Folgenden der These nachgegangen, dass die ‚Reiseführer' und Reiseberichte Krachts neben der Ironie noch weitere erzählerische Besonderheiten und Unnatürlichkeiten auf-

14 Biernat: Zur deutschsprachigen Reiseliteratur nach 1945, S. 197.

15 Vilas-Boas: Von der Insel weg in die Welt, S. 112; Birgfeld: Christian Kracht als Modellfall einer Reiseliteratur des globalisierten Zeitalters, S. 409; Biendarra: Germans Going Global, S. 165. Gabriele Eichmanns bestätigt diese Einschätzung bezogen auf *Der gelbe Bleistift* und sieht hierin sowie in der Betonung scheinbar trivialer Ereignisse Unterscheidungskriterien gegenüber „traditionellen Reiseberichten", die „umfassend über Land und Leute informieren" (Eichmanns: Die „McDonaldisierung" der Welt, S. 267).

16 Vilas-Boas: Von der Insel weg in die Welt, S. 112. Dieser Einschätzung lässt sich zumindest in Hinblick auf den Text *Lob des Schattens* widersprechen, in dem ein Obdachloser in Anzug zuerst als reflektierter Ästhet gedeutet wird, bevor sein Äußeres und Verhalten als gesellschaftliche Folgeerscheinung einer geplatzten Wirtschaftsblase erkannt werden (Kracht: Der gelbe Bleistift, S. 171 f.).

17 Biernat: Zur deutschsprachigen Reiseliteratur nach 1945, S. 195. Hinsichtlich des von Kracht verwendeten Stils widerspricht Birgfeld Biernat, wenn er ausführt, dass der Tonfall in *Ferien für immer* nicht schnodderig sondern „höflich korrekt" ist. Er stimmt mit Biernat dahingehend überein, dass *Ferien für immer* den Tonfall anderer Reiseführer imitiere und variiere (Birgfeld: Christian Kracht als Modellfall einer Reiseliteratur des globalisierten Zeitalters, S. 409).

18 Eichmanns betont zudem, dass Kracht die Erwartungshaltung der Leser auch in Hinblick auf den Umgang mit dem Phänomen des Massentourismus unterläuft, wenn er seine Kritik auf Alternativreisende konzentriert, die „es sich angeblich zum Ziel gesetzt" haben, „die Ursprünglichkeit eines Landes zu ergründen und zu bewahren" und bei ihrem Versuch den Massentourismus zu vermeiden, ihn verbreiten (Eichmanns: Die „McDonaldisierung" der Welt, S. 268, S. 273).

19 Vilas-Boas zufolge sind die Texte oftmals „voller Ironie", die teilweise „in den Mund des implizierten Lesers" gelegt wird (Vilas-Boas: Von der Insel weg in die Welt, S. 111 ff.).

weisen, die sie von gewöhnlichen Reiseführern und Reiseberichten unterscheiden.

2 „Wir vermuteten, daß Boa hierfür den ‚United Pub' mißbrauchte [...]": Unnatürliche Erzählformen in Christian Krachts Reiseliteratur

Ferien für immer, Krachts erster zusammen mit Eckhart Nickel verfasster ‚Reiseführer', zeichnet sich in erzähltechnischer Hinsicht dadurch aus, dass in seinen zahlreichen kurzen Kapiteln keine einheitliche Erzählform vorliegt. Dieser Umstand allein stellt noch kein handfestes Abgrenzungskriterium dar, lassen sich in gutbürgerlichen Reiseführern doch ebenfalls wechselnde Erzählformen ausmachen. Doch schon die in vielen Kapiteln genutzte heterodiegetische Er-Erzählform, die als Referenten zwischen der „Reisende" und der „Gast" wechselt, unterscheidet Kracht und Nickels Reiseführer von gewöhnlichen Reiseführern.[20] Denn beide Begriffe zielen darauf ab, den realen Leser aufgrund der Kongruenz seines temporären Status' als Gast oder Reisender implizit zu adressieren.[21] Anhand der Tatsache, dass in zeitgenössischen Reiseführern überwiegend nicht die Er-Erzählform, sondern die Man-Erzählform genutzt wird und die realen Leserinnen und Leser insgesamt selten adressiert werden, lässt sich dieser formelle Teilbereich als eindeutig distinktionsfördernd klassifizieren.[22] Dies wird noch deutlicher, wenn die Stellen, in denen vom Reisenden oder Gast gesprochen wird, gesondert betrachtet werden: Sie zeichnen sich durch das Erzähltempus Präsens sowie die vielfache Nutzung lokaler und temporaler Deiktika aus, die den generischen Eindruck, den ein Reiseführer in seinen Adressierungen immer hervorzurufen bestrebt sein sollte – insofern sich ja prinzipiell jede Leserin bzw. jeder

20 Zu „Reisende" siehe Kracht/Nickel: Ferien für immer, S. 26, 36, 44, 51, 60, 63, 88, 94, 98, 102, 104, 112, 116, 118, 130, 154, 159, 167 u. 175. Zu „Gast" siehe Kracht/Nickel: Ferien für immer, S. 38, 42, 56, 74, 83, 88, 94, 100, 108–109, 112, 115, 134, 148, 168, 171, 174 u. 175.

21 Moritz von Uslar sieht in der Verwendung der Phrase „[d]er Reisende" eine Anlehnung an Reiseführer des neunzehnten Jahrhunderts und bewertet ihre Wahl als „gleichermaßen poetisch wie manieriert" (Kracht/Nickel: Ferien für immer, S. 20). Überprüft man Uslars Einschätzung exemplarisch am Beispiel von Theodor Fontanes *Wanderungen durch die Mark Brandenburg*, so kann man durchaus mit ihm übereinstimmen und hierin ein Pastiche-Element historischer Reiseliteratur sehen.

22 In einer stichprobenartigen Überprüfung von Reiseführern der Reiseführer-Serien *Baedeker*, *Marco Polo*, *Merian*, *Polyglott* sowie *Reise Know-How* fiel auf, dass der Leser einzig in der *Marco Polo*-Serie direkt in der Höflichkeitsform Sie adressiert wird.

Leser potentiell angesprochen fühlen soll –, unterlaufen, da sie konkrete singuläre Ereignisse und Handlungen implizieren.[23] Zeitgenössische Reiseführer nutzen zwar genauso das Präsens als Erzähltempus, adressieren den Leser aber, wenn überhaupt, in der dritten Person Plural und verwenden Formulierungen, die die überzeitliche Gültigkeit der Handlungsmöglichkeiten klar markiert.[24]

Neben der Er-Erzählform, die eine solch intrikate Mischung von generischen und konkret singulären Handlungsmöglichkeiten auszeichnet, wird in *Ferien für immer* zudem über weite Strecken in der Wir-Erzählform erzählt.[25] Sie ist neben der Du-Erzählform eine der populäreren ungewöhnlichen und unnatürlichen Erzählformen,[26] die sich durch eine inhärente semantische Instabilität aus-

23 Eine Textstelle wie „zwei Wege stehen dem Gast offen" lässt sich problemlos generisch auffassen (Kracht/Nickel: Ferien für immer, S. 38). Textstellen, die konkrete Ereignisse oder Handlungen des Gastes wiedergeben und diese temporal und lokal fixieren, widersprechend der Immersion eher, weil sie dem realen Leser in offensiver Weise die Inkongruenz mit der eigenen Situation während des Lesens zu erkennen geben: „Der Blick des in den bequem gepolsterten Rattanstühlen lümmelnden Gastes wandert über den Nil, hinüber zur Kitchener Island und zur Elephantine Island, [...] Dahinter endet der schmale Kulturstreifen, und die unendliche Ödnis der Wüste beginnt. Vorsicht! Nicht zu genau rüberschauen: Auf der anderen Seite des Stromes entlädt sich keuchend ein alter, müde vor sich hin onanierender Fellache" (Kracht/Nickel: Ferien für immer, S. 56–57). „Wenn die Zungen vom dazu gereichten Anker-Bier genug gelockert sind, wird der Gast gerne aufgefordert, wahlweise auf der Bongo-Trommel oder an der Farfisa-Orgel die Hotelcombo zu begleiten" (Kracht/Nickel: Ferien für immer, S. 83). „Heute indes erwartet den müden Gast, der nach Colombo kommt, nur der sich mit einem Zahnstocher im Mund herumschabende Rezeptionist" (Kracht/Nickel: Ferien für immer, S. 94).

24 „Um lange Warteschlangen zu umgehen, sollten Sie Florenz am besten in [sic] Winter besuchen [...]". (Ursula Römig-Kirsch: Florenz. Ostfildern 2010: Mairdumont, S. 23). „Wenn Sie die Uffizien nicht eigenständig betrachten wollen, bietet sich eine Führung an" (Römig-Kirsch: Florenz, S. 30).

25 Kracht/Nickel: Ferien für immer, S. 24–25, 30, 35, 37, 41–42, 44–45, 47–48, 51–54, 56–57, 59, 60, 63–64, 66–70, 77–78, 81–82, 84–85, 92–93, 101–102, 103–104, 106, 114, 118, 121–122, 124–125, 131–132, 136–137–140, 141–143, 144–147, 150–152, 157–158, 159–161, 162, 169, 175 u. 177–178.

26 Die Abgrenzung von ‚natürlichen' und ‚unnatürlichen' Erzählungen und ihre Diskussion in der aktuellen narratologischen Forschung geht maßgeblich auf Monika Fluderniks Monographie *Towards a ‚Natural' Narratology* sowie Brian Richardsons Monographie *Unnatural Voices. Extreme Narration in Modern and Contemporary Fiction* zurück. Schon 1996 hatte Fludernik die ungewöhnlichen Erzählformen der 2. Person Singular (du), 1. Person Plural (wir), 3. Person Plural (sie) und das Indefinitpronomen ‚man' untersucht. Ihre damalige Einschätzung, dass es sich bei der Wir- und Sie-Erzählform um die realistischsten der ungewöhnlichen Erzählformen handelt und diese den narrativen Realismus nicht stören, hat sie inzwischen revidiert (Monika Fludernik: Towards a ‚Natural' Narratology. London und New York 2001: Routledge, S. 222–249. Vgl. Monika Fludernik: The Category of ‚Person' in Fiction: *You* and *We* Narrative-Multiplicity and Indeterminacy of Reference. In: Greta Olson (Hrsg.): Current Trends in Narratology. New York 2011: De zeichnet. Diese beruht darauf, dass Umfang und Zusammensetzung einer Wir-Gruppe stark variieren kann und die Referenz des Wir zusätzlich entweder inklusiv, den Leser mit einschließend, oder exklusiv, den Leser ausschließend, sein kann. Wir setzt sich dementsprechend in seinen Minimalausprägungen aus Ich +Du (inklusiv) oder Ich+Er/Sie (exklusiv) zusammen.[27] Kracht und Nickel nutzen in *Ferien für immer* ausnahmslos die exklusive Variante des Wir. Zur Referenz des Wir werden nur selten konkrete Angaben gemacht. Die spärlichen Informationen, die zum Beispiel im Kapitel *China Room* gegeben werden, legen allerdings nahe, dass das Wir für gewöhnlich zwei Personen umfasst, da hier nur ausnahmsweise ein Gast die Gruppe vergrößert, sodass „zu dritt" gegessen wird.[28] Dass es sich bei diesen Personen um Kracht und Nickel handeln soll, wird in den Kapiteln des Bandes zwar nicht explizit markiert, lässt sich aber beispielsweise aus dem Paratext der Taschenbuchausgabe ablesen, in dem es heißt „Christian Kracht und Eckhart Nickel haben sich [...] aufgemacht, für uns die angenehmsten Orte der Welt zu suchen"[29] sowie aus dem Vorwort Moritz von Uslars, in dem er eine Kurzbeschreibung der „Jungs" Kracht und Nickel liefert.[30] Daneben spricht die Gattungskonvention des Reiseführers dafür, eine Kongruenz zwischen Autor und Erzählinstanz anzunehmen,[31] was in erzähltheoretischer Perspektive Alternationspotential schafft, auf das im folgenden Kapitel eingegangen wird.

Die von Kracht und Nickel fast ausschließlich genutzte exklusive Variante ist weniger unnatürlich als die inklusive Variante, weil ihr das metaleptische Po-

Gruyter, S. 101–122; Brian Richardson: Unnatural Voices. Extreme Narration in Modern and Contemporary Fiction. Columbus 2006: The Ohio State University Press).

27 Neben dem inklusiven und exklusiven Wir gibt es verschiedene stark an konkrete Sprechsituationen oder Publikationsformen gebundenen Nutzungsmöglichkeiten, bei denen das Wir rhetorisch genutzt wird und – entgegen der inhärenten Logik – jeweils nur auf eine Person verweist: Im Fall von *pluralis majestatis* oder *pluralis modestatis* wird – entgegen der deiktischen Funktion des Wir – nur auf den Sprecher verwiesen (Amit Marcus: We are you: The Plural and the Dual in „we" Fictional Narratives. In: Journal of Literary Semantics. 37.1 (2008), S. 1–21, hier S. 10). Im Fall des sogenannten „Krankenschwester"-Wir ist der Sprecher dagegen überhaupt nicht Teil der Gruppe. Die deiktische Funktion entspricht hier der zweiten Person Singular und soll in der Regel die soziale Distanz zwischen Sprecher und Angesprochenem mindern, um die Gefahr eines Gesichtsverlusts auf Seiten des Angesprochenen zu verringern (Johannes Helmbrecht: Grammar and function of we. In: Anna Duszak (Hrsg.): US and Others. Social identities across languages, discourses and cultures. Amsterdam und Philadelphia 2002: Benjamins, S. 31–49, hier S. 45).

28 Kracht/Nickel: Ferien für immer, S. 23–25, 24.

29 Kracht, Christian/Nickel, Eckhart: Ferien für immer. Die angenehmsten Orte der Welt. München 2001: Deutscher Taschenbuch Verlag, S. 2.

30 Kracht/Nickel: Ferien für immer, S. 19–20.

31 Diese Kongruenz lässt sich beispielsweise gut in den Reiseführern des Michael Müller Verlags ausmachen.

tential fehlt.[32] Sie ruft den Eindruck des Unnatürlichen durch die vom nicht-rhetorisch genutzten Wir implizierte Synchronie sämtlicher Handlungen aller Mitglieder der Gruppe hervor[33] und wirkt umso unnatürlicher je größer die Gruppe ist, je größer die zeitliche oder räumliche Distanz zwischen den Gruppenmitgliedern ist und je länger dieser Darstellungsmodus aufrechterhalten wird.[34] Die explizite Wiedergabe von mentalen Vorgängen wie Gedanken, zu denen die restlichen Gruppenmitglieder keinen Zugang haben können, steigert den Eindruck des Unnatürlichen außerdem besonders.[35] Da in *Ferien für immer* suggeriert wird, dass es sich bei der Gruppe um Kracht und Nickel selbst handelt und sich nur wenige Stellen entdecken lassen, in denen mentale Vorgänge wiedergegeben werden, kann die Nutzung der Wir-Erzählform als nicht stark unnatürlich klassifiziert werden.[36]

---

32 Monika Fludernik hat Beispiele diskutiert, bei denen nicht eindeutig entschieden werden kann, ob das Wir nur auf den Erzähler oder auf den Erzähler und den Leser verweist und somit inklusiv ist. Zudem zeigt sie auf, wie das Wir zusammen mit Reisemetaphern, die auf die fiktionale Topographie verweisen, genutzt werden kann, um den Leser auf implizite, relativ lose Weise in die fiktionale Welt hinein zu ziehen. Dieses lose Einbeziehen des Lesers kann durch eine kontinuierliche „Re-Ontologisierung der Metapher" verfestigt werden, wodurch die Grenze der Fiktionalität weiter destabilisiert wird und die metaleptische Qualität der Texte steigt (Monika Fludernik: The Category of ‚Person' in Fiction, S. 120 f.). In *Ferien für immer* lässt sich im Kapitel *Villa Maroc* eine dem von Fludernik beschriebenen Phänomen weitestgehend entsprechende Textstelle finden, in der lokale Deiktika bei gleichzeitiger Nutzung des Erzähltempus Präsens eine gewisse Re-Ontologisierung der Reisemetapher leisten: „Wandern wir weiter durch die Gassen. Immer noch spielt dieses merkwürdige Lied. Gehen wir den Tönen nach, es wird immer lauter. Hier, aus einem der Zimmer, dort oben im Hotel, muß es kommen." (Kracht/Nickel: Ferien für immer, S. 162.)

33 Die Darstellung von physischen Handlungen und direkter Rede in Wir-Erzählungen ist Uri Margolin zufolge aufgrund der durch das Wir implizierten Gleichzeitigkeit und Gleichheit der Handlungen problematisch. Die implizierte Gleichheit wirkt besonders bei längerem Andauern eindeutig unrealistisch. Die implizierte Gleichzeitigkeit und Gleichheit wirken bei der Wiedergabe von Gedanken und Gefühlen besonders unrealistisch, weil diese, im Gegensatz zu physischen und sprachlichen Handlungen, durch die anderen Gruppenmitglieder nicht wahrgenommen werden können (Uri Margolin: Telling in the Plural: From Grammar to Ideology. In: Poetics Today 21.3 (2000), S. 591–618, hier S. 602).

34 Margolin: Telling in the Plural, S. 605.

35 Brian Richardson sieht die Wiedergabe von Gedanken anderer Figuren durch eine homodiegetische Figur nicht zwingend als problematisch an, wenn zum Beispiel relativ weit gefasste, generelle Gefühle wiedergegeben werden. Auch die Wiedergabe von Gedanken und konkreten mentalen Handlungen sieht er nicht zwingend als problematisch an, wenn diese als Verkürzung verstanden werden (Richardson: Unnatural Voices, S. 57).

36 Nach Richardsons vorgeschlagener Kategorisierung der Wir-Erzählform nach ihrem Grad der Abweichung von einer realistischen Poetik liegt in *Ferien für immer* die 2. Kategorie, Standard, vor (Richardson: Unnatural Voices, S. 59 f.).

Abgesehen von der vorherrschenden Ich-Erzählform wird in *Der gelbe Bleistift*, Krachts zweitem Reiseband, wie in *Ferien für immer* passagenweise in der Wir-Erzählform erzählt.[37] Es handelt sich hier ebenfalls überwiegend um ein exklusives Wir, dessen Referenz aber im Gegensatz zu *Ferien für immer* im Text selbst klar markiert wird. So wird das Ich mehrmals eindeutig als „Kracht" bezeichnet[38] und in den meisten Reiseerzählungen klar markiert, dass sich die Wir-Gruppe – abgesehen von wenigen Ausnahmen[39] – aus dem Ich und seiner „Begleiterin" zusammensetzt.[40] Die Unnatürlichkeit der genutzten Wir-Erzählform unterscheidet sich graduell eigentlich nicht von der in *Ferien für immer* genutzten, da auch hier kleine Wir-Gruppen vorherrschen und sich die Darstellung mentaler Vorgänge im kleinen Rahmen bewegt. Im Gegensatz zu *Ferien für immer* gibt es hier jedoch zwei Stellen, in denen die unnatürlichere inklusive Variante des Wir ge-

---

Vgl. relativ unproblematische Stellen wie: „[...] wir drehten uns nach dem heranröhlenden Gefährt um [...]" und „Wir probierten zum Beispiel Chefkoch Werners ‚Middag', [...] Den bezopften italienischen Kellner des mit Spiegeln völlig zugeklebten Saales fragten wir nach einem mehr Spaß verheißenden Ort als diesem." (Kracht/Nickel: Ferien für immer, S. 24 u. 35). Im Unterschied dazu gibt es nur wenige Stellen, die durch die Wiedergabe von mentalen Vorgängen den realistischen Rahmen dehnen: „[...] wir denken hier an Robert Leicht [...]" (Kracht/Nickel: Ferien für immer, S. 30); „[...] so erinnern wir uns, [...]" (Kracht/Nickel: Ferien für immer, S. 48); „[...] bemerkten wir, [...]" (Kracht/Nickel: Ferien für immer, S. 52); „Wir vermuteten, daß Boa hierfür den ‚United Pub' mißbrauchte, [...]" (Kracht/Nickel: Ferien für immer, S. 157); „Der Papaasi zog uns am Ärmel auf einen großen Platz, auf dem Männer aus dem Norden der Insel gegen Männer aus dem Süden der Insel sich ein erbittertes Gefecht lieferten, indem sie sich mit Bananenstauden blutig schlugen. ‚Irgendwie wie Hörnum gegen List', ging uns durch den Kopf, aber das sagten wir dem Papaasi nicht" (Kracht/Nickel: Ferien für immer, S. 161).

37 In *Im Land des schwarzen Goldes*, *Auf der deutschen Botschaft*, *Disneyland mit Prügelstrafe*, *Zu früh, zu früh* und *Wie ich einmal sehr sportlich war* gibt es keine Wir-Passagen. (Christian Kracht: Der gelbe Bleistift. Reisegeschichten aus Asien. München 2009: Deutscher Taschenbuch Verlag, S. 19–37, 103–107, 109–114, 115–130 u. 151–157). In *Kill 'em all, let god sort em out*, *Danger who love*, *Der Besuch des Klempners*, *Das neue Licht von Myanmar*, *Der Islam ist eine grüne Wiese, auf der man sich ausruhen kann*, *Hello kitty Goethe*, *Mit meiner Mutter im Eastern & Oriental Express* und *Lob des Schattens* wird neben der Ich-Erzählform passagenweise auch in der Wir-Erzählform erzählt (Kracht: Der gelbe Bleistift, S. 39–42, 43–47, 49–53, 55–60, 61–71, 73–76, 77–84 u. 159–182).

38 Kracht: Der gelbe Bleistift, S. 103, 111 u. 174–175. Daneben signalisiert auch die Publikationsform als Kolumne der *Welt am Sonntag* die Kongruenz von Erzählinstanz und Autor.

39 Ausnahmen hiervon stellen die Reiseerzählungen *Der Islam ist eine grüne Wiese, auf der man sich ausruhen kann*, *Hello kitty Goethe*, *Mit meiner Mutter im Eastern & Oriental Express* und *Tristesse Royale* dar, in denen die Wir-Gruppe durch Hinzukommen des Pakistanis Ibrahim, des Schriftstellers Benjamin von Stuckrad-Barre, von Krachts Mutter oder der an *Tristesse Royale* beteiligten Schriftsteller Alexander von Schönburg, Benjamin von Stuckrad-Barre, Eckhart Nickel und Joachim Bessing entsteht (Kracht: Der gelbe Bleistift, S. 61–71, 73–76, 77–84 u. 135–138).

40 Vgl. Kracht: Der gelbe Bleistift, S. 39–42 usw.

nutzt wird. In *Im Land des schwarzen Goldes* wird Transkaukasien, Rudyard Kipling zitierend, als „sehr verwirrend" bewertet und mit dem Nachsatz „wie wir schauen werden" versehen, wodurch der Leser implizit adressiert und auf metaphorische Weise physisch in die erzählte Welt versetzt wird.[41] Noch deutlicher wird dieses Verfahren in *Ko Samui*^{TM} genutzt, wo der Leser nicht nur implizit anhand des Wir, sondern auch explizit adressiert und eingeschlossen wird: „Heute, lieber Leser, fliegen wir zusammen ins Paradies".[42] Da das metaleptische Potential des inklusiven Wir in der Folge nicht weiter genutzt wird, insofern keine weiteren inklusiven Stellen mehr hinzukommen, eine „Re-Ontologisierung" vermieden und die immersive Suggestion somit nicht weiter gesteigert wird, wirkt dieses Verfahren nicht stark distinktionsfördernd.

In *New Wave*, das ein breites Spektrum an verschiedenen Texten der Jahre 1999 bis 2006 enthält, sind mit *Et in Arcadia Ego*, *Das ägyptische Furnier*, *Wie der Boodhkh in die Welt kam und warum*, *Alles Vergessene sammelt sich an der Decke*, *Der Geist von Amerika* und *Der Name des Sterns ist Wermut* sechs Reiseerzählungen enthalten, von denen die ersten drei zuerst in der *Frankfurter Allgemeinen Zeitung* und der *Frankfurter Allgemeinen Sonntagszeitung* veröffentlicht wurden. In *Et in Arcadia Ego* und *Wie der Boodhkh in die Welt kam und warum* wird in für einen Reisebericht konventioneller Weise in der Ich-Erzählform vom Aufenthalt in Djibouti und dem Zusammentreffen mit Angehörigen der deutschen Marine sowie einer Reise in die Mongolei, deren Pointe die geteilte Referenz von Murmeltier, Dämon und Traum ist, berichtet.[43] In *Das ägyptische Furnier* wird zu Beginn zwar deutlich, dass es sich um eine autodiegetische Erzählinstanz handeln muss,[44] bloß wird hier die sprechende Erzählinstanz, das Ich, unnatürlich lange nicht genannt,[45] bevor die Erzählform als gewöhnliche, natürliche Ich-Erzählform

41 Kracht: Der gelbe Bleistift, S. 19.

42 Kracht: Der gelbe Bleistift, S. 139.

43 Christian Kracht: New Wave. Ein Kompendium. 1999–2006. Köln 2006: Kiepenheuer & Witsch, S. 15–23 u. 58–71. Tiziano Terzani folgert in seinem Buch *Fliegen ohne Flügel*, dass die Monotonie der endlosen grünen Wiesen die Mongolen nur dazu veranlassen könne, von Dämonen zu träumen. Kracht denkt, dass sie vom Murmeltier träumen (Kracht: New Wave, S. 60). Als ihm am Ende das vermeintliche Boodhkh zubereitet wird, das nicht wie ein Murmeltier aussieht, erklärt ihm Batta, dass der Boodhkh nur ein Traum bzw. nur ein Dämon sei, wodurch sich die verwirrende Zirkularität ergibt, die so verstanden werden kann, dass der Signifikant Boodhkh auf mindestens drei Signifikate – Dämon, Erdhund, Traum – verweist, was wiederum Terzanis und Krachts Einschätzung rückwirkend als übereinstimmend ausweist (Kracht: New Wave, S. 71).

44 Kracht: New Wave, S. 38–40.

45 „Im ‚Hotel Flamenco' auf der Bettkante gesessen, etwas ratlos versucht, die Phantasmen zu ordnen. Im Bad in den Spiegel gesehen" (Kracht: New Wave, S. 38). Die Ähnlichkeit mit dem Anfang von *Zu spät, zu spät* aus *Der gelbe Bleistift* ist nur eine scheinbare, da hier die sprechende

sichtbar wird.[46] Sogar gänzlich vermieden wird das Ich im Reisebericht *Alles Vergessene sammelt sich an der Decke*, der vom Besuch in Afghanistan und am Set der Dreharbeiten des Regisseurs Christophe de Ponfilly berichtet.[47] Die Ich-Erzählinstanz ist lediglich im nicht-rhetorischen, exklusiven „wir" zu Beginn des Textes präsent.[48] Abgesehen hiervon wird überwiegend konventionell heterodiegetisch in der 3. Person Singular und 3. Person Plural erzählt, wobei lediglich die zitierte direkte Rede, die die Erzählinstanz auf dem nächtlichen Heimweg vernimmt, ungewöhnlich wirkt, weil ihre Sprecher nicht markiert werden.[49] In *Der Name des Sterns ist Wermut*, dem zusammen mit Eckhart Nickel verfassten Bericht über die Reise nach Kiew, Tschernobyl und Odessa, wird die Wir-Erzählform genutzt, deren Referenz durch die paratextuelle Markierung Krachts und Nickels im Inhaltsverzeichnis relativ eindeutig als exklusives Wir, vergleichbar dem in *Ferien für immer* genutzten, klassifiziert werden kann.[50] Die Reiseberichte aus *New Wave* weichen insgesamt hinsichtlich der in ihnen genutzten Erzählformen folglich nur moderat von gewöhnlichen Reiseberichten ab.

Im ebenfalls mit Eckhart Nickel zusammen verfassten Reiseführer *Gebrauchsanweisung für Kathmandu und Nepal* wird – stärker noch als in *Ferien für immer* – fast ausschließlich in der Wir-Erzählform erzählt. Das exklusive, Kracht und Nickel umfassende Wir tritt zwar immer wieder über weite Strecken des Textes zugunsten von scheinbar heterodiegetischen Schilderungen historischer und gegenwärtiger Ereignisse und Personen in der dritten Person Singular oder Plural zurück, dominiert den Band jedoch insgesamt und erweitert das Spektrum der genutzten Erzählformen nicht weiter.

Erzählinstanz anhand des Indefinitpronomens man markiert wird, das von seiner deiktischen Funktion her in der Regel für ich oder du steht (Kracht: Der gelbe Bleistift, S. 131–132).

46 Kracht: New Wave, S. 42.

47 Kracht: New Wave, S. 138–150.

48 Kracht: New Wave, S. 138.

49 Kracht: New Wave, S. 143–144.

50 Kracht: New Wave, S. 9.

3 „Auch bleibt dem dank einiger im schicken Barwagen eingenommener Biere tief Schlummernden verborgen, daß [...]“: Unnatürliches Erzählen anhand von Paralepsen in Christian Krachts Reiseliteratur

Wird *Ferien für immer* auf formeller Ebene auf erzählerische Verfahren hin untersucht, die sich von den gängigen Verfahren der Ober- und Untergattung unterscheiden, so fällt neben der moderat unnatürlichen Nutzung der Wir-Erzählform besonders die Nutzung von deutlich unnatürlicheren Paralepsen – Alternationen des dominanten Fokalisierungstyps, bei denen mehr Informationen gegeben werden, als es der Fokalisierungsmodus eigentlich zulässt – auf.[51] Alternationen dieses Typs lassen sich in *Ferien für immer*, *Der gelbe Bleistift*, den Reiseerzählungen aus *New Wave* und *Gebrauchsanweisung für Kathmandu und Nepal* aufgrund von zwei erfüllten Kriterien ausmachen. Das erste und wichtigste Kriterium ist, dass es sich bei *Ferien für immer* und *Gebrauchsanweisung für Kathmandu und Nepal* um Texte handelt, die der Untergattung Reiseführer innerhalb der Obergattung Reiseliteratur angehören.[52] Die Gattung Reiseführer impliziert aufgrund ihres Anspruchs, für den Leser reproduzierbare Ereignisse zu

---

51 Die Paralepse wurde als erzählerisches Phänomen erstmals vom französischen Narratologen Gérard Genette in der Untersuchungsklasse des Modus unter dem Oberbegriff der Alternation systematisch erfasst und benannt. Neben ihr gibt es als zweiten Alternationstyp noch die Paralipse, bei der im Gegensatz zur Paralepse Informationen ausgelassen werden, die basierend auf dem Fokalisierungsmodus eigentlich zur Verfügung stehen (Gérard Genette: Die Erzählung. München 1998: Wilhelm Fink, S. 139). Paraleptische Brüche des Fokalisierungscodes können sowohl in extern als auch in intern fokalisierten Erzählungen vorkommen: In extern fokalisierten Erzählungen führt beispielsweise jeder Einblick in die mentalen Vorgänge einer Figur zu solch einem Bruch; in intern fokalisierten Erzählungen liegt ein solcher Bruch dann vor, wenn „Gedanken einer nicht-fokalen Figur“ wiedergegeben werden oder über ein Ereignis berichtet wird, das „die fokale Figur nicht beobachtet hat“ (Genette: Die Erzählung, S. 140).

52 In *Ferien für immer* wird dies besonders durch die am Ende jedes Kapitels stehenden Adressen und Kontaktdaten betont, die einem realen Reisenden die Kontaktaufnahme und das Aufsuchen des Ortes erlauben. Die *Gebrauchsanweisung für Kathmandu und Nepal* weist rein formell eine geringere Nähe zur Untergattung Reiseführer auf, da weniger konkrete Empfehlungen gegeben werden und beispielsweise zwei Interview-Kapitel enthalten sind, was für Reiseführer – neben Ausnahmen wie den Autoren-Interviews in den Reiseführern des Marco Polo Verlags – relativ untypisch ist (Christian Kracht/Eckhart Nickel: Gebrauchsanweisung für Kathmandu und Nepal. München 2009: Piper, S. 86 – 94 u. 139 – 160).

beschreiben, eine besonders hohe Faktizität und somit Bindung an die physikalischen Gegebenheiten der empirischen Welt.[53] Das zweite, hiermit zusammenhängende Kriterium ist, dass nicht nur in den der Gattung Reiseführer nahe stehenden Texten *Ferien für immer* und *Gebrauchsanweisung für Kathmandu und Nepal*, sondern auch in den eher der Untergattung Reisebericht bzw. Reiseerzählung einzuordnenden Texten aus *Der gelbe Bleistift* und *New Wave* die Kongruenz von Erzählinstanz(en) und Autor(en) markiert wird, was die Bindung der Erzählinstanz an die physikalischen Gesetze der empirischen Welt zur Folge hat.[54]

Basierend auf diesen zwei Prämissen lassen sich diverse Stellen in *Ferien für immer* finden, in denen der Fokalisierungsmodus paraleptisch gebrochen wird. Als exemplarisches Beispiel soll folgender Satz aus dem Kapitel *Old Cataract Hotel* dienen:

> Auch bleibt dem dank einiger im schicken Barwagen eingenommener Biere tief Schlummernden verborgen, daß der vertrauensvolle Schlafwagenschaffner Achmed dann in Luxor plötzlich von seinem fundamentalistischen Cousin abgelöst wird, der auftragsgemäß ab den frühen Morgenstunden ordentliche Ladungen Grippe- und Tuberkelviren durch die Belüftungsanlage in die Abteile hustet.[55]

In dieser das Generische mit dem Singulären mischenden Stelle wird der einer homodiegetischen Erzählinstanz zur Verfügung stehende Wissensrahmen anhand der Wiedergabe von sehr spezifischen Informationen wie der politischen Prägung des Cousins des Schlafwagenfahrers sowie der genauen Bestimmung der auf die Touristen gehusteten Viren eindeutig durchbrochen. Als weiteres gutes Beispiel lässt sich das Kapitel *Restaurant Alt Heidelberg* heranziehen, in dem vom Schicksal „Birte Härtlings" berichtet wird, das darin besteht, in einem deutschen Restaurant in Colombo eine große Menge eines vermeintlich badischen Tresterschnapses zu trinken, den sie vom Restaurantbesitzer als Entschädigung für dessen Verkauf des nicht-deutschen Biers Carlsberg erhalten hat, und sich dar-

---

53 Anne Fuchs sieht in der empirischen Ausrichtung der Gattung Reiseliteratur das entscheidende Definitionskriterium (Anne Fuchs: Reiseliteratur. In: Dieter Lamping (Hrsg.): Handbuch der literarischen Gattungen. Stuttgart 2009: Kröner, S. 593–600, hier S. 593). Allein die durch die Gattung signalisierte Faktizität verhindert eine Klassifizierung von *Der gelbe Bleistift* als Autofiktion (Frank Zipfel: Autofiktion. In: Lamping (Hrsg.): Handbuch der literarischen Gattungen, S. 31–36, hier S. 31).

54 Vilas-Boas zufolge muss in Hinblick auf die Reiseliteratur „etwas Ähnliches" wie der von Philippe Lejeune formulierte autobiografische Pakt angenommen werden, der dem Leser die Übereinstimmung von Erzählinstanz und Autor suggeriert, und garantiert, „dass die ‚wahre' Sicht der bereisten Gegenden wiedergegeben wird und der Leser sie als wahr lesen darf." (Vilas-Boas: Von der Insel weg in die Welt, S. 109).

55 Kracht/Nickel: Ferien für immer, S. 55.

aufhin übergeben zu müssen.[56] Für die Kenntnis dieses Wissens sind noch natürliche, plausible Erklärungen denkbar. Es folgt daraufhin jedoch in einer Analepse die Schilderung der Vorgeschichte dieser Szene. Sie liefert wiederum eine solche Vielzahl weiterer detaillierter Informationen,[57] die bewirken, dass es wahrscheinlicher ist, anzunehmen, dass es sich hierbei um erfundenes Wissen handelt, als anzunehmen, dass Kracht und Nickel diese Informationen von der Ehefrau des Restaurantbesitzers erhalten haben.[58] Analysiert man die Paralepsen in *Ferien für immer* in Hinblick auf Ihre spezifische Beschaffenheit und Funktion, so fällt auf, dass sie sich überwiegend durch ihre kumulierte Wiedergabe hochspezifischen Wissens auszeichnen, das oftmals dazu genutzt wird, humoristische Effekte hervorzurufen. Dies wird auch im Kapitel *Hotel zum Sperrgebiet* deutlich, in dem in einer verhältnismäßig langen Paralepse mit mehreren Wissensteilgliedern von einem Lastwagenfahrer berichtet wird, der Barbiturate geladen hat und „unglücklicherweise auf halber Strecke aus Langeweile auf die dumme Idee [kommt], seine Ladung selbst probieren zu wollen", was dazu führt, dass er „immer mehr dem Eindruck" erliegt, „die Einförmigkeit der Straße sei Teil eines großen, nicht enden wollenden kosmischen Planes", und am Steuer einschläft.[59] Hieraufhin wechselt die Fokalisierung zu zwei alten neben der Straße sitzenden schwarzen Männern, die denselben Fahrer sich übergebend an ihnen vorbeirasen sehen, was von einem von ihnen nur mit dem trockenen Verweis auf den baldigen Erhalt neuer Schuhe kommentiert wird.[60]

In *Der gelbe Bleistift* wird das durch Paralepsen ermöglichte Distinktionspotential im Vergleich zu *Ferien für immer* weniger genutzt, wie sich an der deutlich

---

56 Kracht/Nickel: Ferien für immer, S. 74–76.

57 Der Leser erfährt, dass es sich bei dem vermeintlichen badischen Tresterschnaps in Wirklichkeit um ein Gemisch aus dem „übelriechende[m] Brackwasser aus dem Aquarium des vor einigen Wochen an Sauerstoffmangel gestorbenen Zierfischs" mit dem vom Bruder der Frau des Besitzers illegal „im Keller der Chemiefabrik, wo er als Müllmann tätig war," hergestellten, „unverschnittenen hochprozentigen Kokosschnaps" handelt. Dieses Gemisch soll der Frau des Besitzers dazu dienen, sich für einen Ehestreit zu rächen (Kracht/Nickel: Ferien für immer, S. 75).

58 Erklärungen für die Herkunft oder Verlässlichkeit des wiedergegebenen Wissens werden in *Ferien für immer* meistens übergangen – lediglich in den Kapiteln *Café Odeon*, *Ye Olde Rock Bar*, *The American Colony Hotel* und *Gaststätte Oma Rink* wird explizit auf das den Erzählinstanzen nicht bekannte Wissen eingegangen sowie der Wahrheitsanspruch des Wiedergegebenen von den Erzählinstanzen selbst explizit angezweifelt (Kracht/Nickel: Ferien für immer, S. 30, 33, 63f. u. 65f.).

59 Kracht/Nickel: Ferien für immer, S. 61.

60 Kracht/Nickel: Ferien für immer, S. 61. Weitere Beispiele für paraleptisches Erzählen in *Ferien für immer* finden sich in den Kapiteln *Gran Hotel*, *Café Opera*, *Bissau Palace Hotel* und *Woodville Palace Hotel* (Kracht/Nickel: Ferien für immer, S. 31–32, 34–35, 45 u. 128–129).

geringeren Anzahl paraleptischer Stellen zeigt.[61] Des Weiteren fällt auf, dass dort, wo überhaupt paraleptisch erzählt wird, die Paralepsen weniger die Funktion ausüben, humoristische Effekte hervorzurufen. So werden beispielsweise in *Ein Jahr vor der Übergabe* in einem paraleptischen Abschnitt die vermuteten Gedanken der neuen chinesischen Eliten wiedergegeben, die „keine Lust mehr haben, *Comme des Garçons* oder Paul Smith zu tragen" und sich fragen „[w]ie lange hält das noch mit Gucci [...] Und: Kann ich die Schuhe vorher bekommen, bevor es zu spät ist, bevor Prada die Stilzone zwischen 1967 und 1972 besser interpretiert?"[62] Die Wiedergabe dieser vermuteten bzw. angenommenen Gedanken, zielt weniger darauf ab, einen humoristischen Effekt auszulösen und lässt sich dagegen eher als Kritik an der Trendhörigkeit der neuen chinesischen Elite lesen. Ähnlich funktioniert die paraleptische Wiedergabe der Gedankengänge verschiedener auf Ko Samui hängen gebliebener Personen in *Ko Samui™*, deren Handlungsmaximen und Entscheidungen ironisch verspottet werden.[63] Ein in Hinblick auf paraleptisches Erzählen diskutables Kapitel ist *Postminister Bötschs letzte Reise*, das entweder als komplette Paralepse oder als überhaupt nicht paraleptisch bewertet werden kann.[64] Dies hängt damit zusammen, ob man ausgehend von der heterodiegetischen Erzählform die

---

61 Noch deutlicher als in Hinblick auf die Frequenz der Paralepsen unterscheiden sich die zwei Bände insofern, da in *Ferien für immer* mehrfach die Verlässlichkeit der gegebenen Informationen angezweifelt wird. In *Der gelbe Bleistift* wird dagegen in *Im Land des schwarzen Goldes* und *Lob des Schattens* der Wahrheitsgehalt und die Verlässlichkeit der gegebenen Informationen betont: „Unten am Meer spazierte ich die Promenade entlang, die mich an Cannes erinnerte, aß ein etwas mehliges Sandwich von einem Stand, der sich, ich lüge nicht, Baku's Boogie-Burger nannte [...]" (Kracht: Der gelbe Bleistift, S. 29). Die Betonung, nicht zu lügen, wäre für sich genommen nicht weiter auffällig, würden im Text nicht auch noch Informationen wie beispielsweise, dass die Busse Bakus aus „offenbar alle in Schleswig-Holstein ausrangiert und dann hierher importiert worden" sind, gegeben, die aufgrund ihrer Skurrilität an der Verlässlichkeit und Faktizität der gegebenen Informationen zweifeln lassen (Kracht: Der gelbe Bleistift, S. 29). Vgl. „Ja, so war es bei der Weltfirma Sony, es ist kein Wort erfunden, [...]" nach der Wiedergabe des Gesprächs mit einem Sony-PR-Mitarbeiter (Kracht: Der gelbe Bleistift, S. 176).

62 Kracht: Der gelbe Bleistift, S. 88.

63 „Dann die alternden Hippies, denen Ibiza zu kommerziell geworden ist, die dann in Katmandu ein Internet-Café eröffnet haben, danach eines auf Bali und eines in Goa, und nun in Ko Samui sitzen und sich wundern, daß sich alles um sie herum so schnell verändert. Oder den faltigen Bubenfreund aus Bergen-Enkheim, der sich, jahrelang auf der Flucht vor der Polizei erst im thailändischen Kindersex-Nirvana Pattaya herumgetrieben hat und sich dann, mit einem Zwischenstop in Sri Lanka, nun endlich in Ko Samui niederläßt, als Pensionär, sozusagen. Oder die kleine Neuseeländerin mit den lustigen Bo-Derek-Zöpfchen im Haar, die in Japan als Model für Bier und Shampoo gearbeitet hat und einfach ein halbes Jahr auf der Insel ausspannen wollte, wenn da nicht die freie Stelle als Kellnerin in der *Batman-Bar*, Chaweng gewesen wäre" (Kracht: Der gelbe Bleistift, S. 142).

64 Kracht: Der gelbe Bleistift, S. 145–149.

Wiedergabe der Gedanken und mentalen Vorgänge von Bötsch und seinen Mitarbeitern als dem Fokalisierungsmodus natürlich entsprechend bewertet oder durch die in den vorherigen Reiseberichten markierte Kongruenz von Erzählinstanz und Autor eine eigentlich homodiegetische Erzählinstanz annimmt, die ihren natürlichen Fokalisierungsmodus paraleptisch überschreitet.

Eine vergleichbare Diskussion lässt sich anhand der in *New Wave* enthaltenen Reiseerzählung *Der Geist von Amerika*, die von der Entstehung des vanuatischen Cargo-Kultes und dessen Aufsplitterung in zwei verschiedene Lager erzählt, führen, da hier ebenfalls eine Vielzahl von Informationen gegeben werden, die nur einer heterodiegetischen Erzählinstanz zugänglich sein können.[65] Im Gegensatz zu *Postminister Bötschs letzte Reise* wird die homodiegetische Erzählinstanz hier sogar in Form eines exklusiven Wir in einer Fußnote markiert.[66] Da sich die heterodiegetischen Darstellungen des Bewusstseins der vanuatischen Männer so als Projektionen von Annahmen der homodiegetischen Erzählinstanz(en) herausstellen, kann der Fokalisierungsmodus der Reiseerzählung mit Richardson als Pseudo-Fokalisierung klassifiziert werden.[67] Neben diesem Reisebericht zeichnet sich vor allem *Der Name des Sterns ist Wermut* durch unnatürliches Erzählen aus, insofern hier in einer sehr filmisch erzählten Szene, die zukunftsungewisses proleptisches und paraleptisches Erzählen verschränkt, von einem Geschäftsmann berichtet wird, der in der „Wirklichkeit der nahen Zukunft" vermutlich von einem Kollegen durch Gift umgebracht wird.[68] Von einer Pseudo-Fokalisierung kann in diesem Reisebericht nicht gesprochen werden, weil der Fokalisierungsmodus durch das klar markierte exklusive Wir von Anfang an eindeutig als homodiegetisch markiert wird. Neben diesen Reiseberichten gibt es in *New Wave* keine weiteren eindeutigen oder betont paraleptischen Textpassagen.[69]

In *Gebrauchsanweisung für Kathmandu und Nepal* nimmt die Frequenz paraleptischen Erzählens gegenüber *Der gelbe Bleistift* und den Reiseberichten aus *New Wave* wieder zu. Im Kapitel *Wege nach Nepal* werden beispielsweise den historischen Fakten hinsichtlich der Uneinnehmbarkeit Nepals aufgrund seiner

---

65 Kracht: New Wave, S. 213–226.

66 Kracht: New Wave, S. 223.

67 Kracht: New Wave, S. 214–215. Richardson: Unnatural Voices, S. 89.

68 Kracht: New Wave, S. 234.

69 In *Wie der Boodhkh in die Welt kam und warum* und *Alles Vergessene sammelt sich an der Decke* lassen sich zwar noch Textpassagen finden, die paraleptisch wirken, aber nicht als eindeutige Beispiele klassifiziert werden können, da entweder natürliche und plausible Erklärungen für den Bruch des Fokalisierungsmodus denkbar sind oder das wiedergegebene Wissen zwar von der Erzählinstanz selbst nicht erlebt worden sein kann, es aufgrund der Prominenz des Ereignisses jedoch hinlänglich medial tradiert und der Erzählinstanz somit zugänglich gemacht wurde (Kracht: New Wave, S. 67 u. 139).

geographischen Lage Informationen hinzugefügt, die der Erzählinstanz aufgrund ihrer Historizität nicht bekannt gewesen sein können.[70] In *Linsen und mehr* wird zuerst paraleptisch von den Fertigungsbedingungen der in Kathmandu an Touristen verkauften gefälschten Bergsteigerausrüstungen berichtet,[71] bevor in einer Textpassage, die – wie die vorher genannte Szene aus *Der Name des Sterns ist Wermut* – zukunftsgewisses proleptisches und paraleptisches Erzählen verschränkt, die ungute Zukunft eines Touristen geschildert wird, der sich bei seiner Bergbesteigung auf besagte Fälschungen als Ausrüstung verlässt:

> Die Karabinerhaken und Zeltstangen werden indes aus eingeschmolzenen Aluminiumkleiderbügeln gegossen, und bei den neonfarbenen Seilen löst sich just in dem kritischen Moment, da der Alpinist über der Gletscherspalte hängt, die vermeintliche Polymer-Karbonverbindung auf wie ein seit Stunden im Munde behaltener Kaugummi. Also Obacht vor diesen mehr als kruden Imitaten.[72]

Wie sich leicht erkennen lässt, dient die Paralepse hier der Beförderung von situativer Ironie, die einen humoristischen Effekt hervorruft.

Das Kapitel *Barney Kessel im ‚New Orleans' oder Wie der Jazz nach Kathmandu kam* ähnelt dagegen dem Reisebericht *Der Geist von Amerika*, da hier zu Beginn scheinbar heterodiegetisch in der Er-Erzählform davon erzählt wird, wie der Musiker Barney Kessel und mit ihm die Musikrichtung Jazz nach Kathmandu kam und dort Verbreitung fand. Schon zu Beginn des Kapitels wird durch den Zusatz „so ist überliefert"[73] der unzuverlässige Status des wiedergegebenen Wissens markiert, bevor durch die Verwendung eines exklusiven Wir der heterodiegetische Fokalisierungsmodus als Pseudo-Fokalisierung ausgewiesen wird,[74] die den Leser noch stärker den Wahrheitsgehalt von skurrilen Ereignissen wie dem gemeinsamen Swingen des thailändischen Königs Bhumibol Adulyadej mit dem nepalesischen König Birendra bezweifeln lässt.[75] Neben dem Verweis auf die Überlieferung als unzuverlässige Quelle des wiedergegebenen Wissens wird in *Matthias in Lumbini* vergleichbar zu einigen Stellen aus *Ferien für immer* betont, dass die Erzählinstanz(en) keinen Zugriff auf die Gedanken des interviewten Matthias haben und seine Reaktion auf Ihre Frage deshalb nicht zuverlässig einschätzen

70 „Bald verlangsamte sich der Treck – nicht durch Kämpfe, sondern durch unzählige Malariatodesfälle, die von den hinter Wegbiegungen versteckten Magar-Nepalis hocherfreut beobachtet wurden" (Kracht/Nickel: Gebrauchsanweisung für Kathmandu und Nepal, S. 21).

71 Kracht/Nickel: Gebrauchsanweisung für Kathmandu und Nepal, S. 60.

72 Kracht/Nickel: Gebrauchsanweisung für Kathmandu und Nepal, S. 61.

73 Kracht/Nickel: Gebrauchsanweisung für Kathmandu und Nepal, S. 67.

74 Kracht/Nickel: Gebrauchsanweisung für Kathmandu und Nepal, S. 74.

75 Kracht/Nickel: Gebrauchsanweisung für Kathmandu und Nepal, S. 67.

können.[76] In *Fly the friendly sky with Agni Air* wird zu Beginn in impliziterer Weise als in *Matthias in Lumbini* das Wissen der Erzählinstanz(en) durch eine nachgestellte Korrektur als nicht-zuverlässige Annahme herausgestellt.[77] Die durch dieses Herausstellen geschaffene Rezeptionshaltung wird jedoch kurz darauf gebrochen, indem geschildert wird, wie der „Chapatti-Mann" bei sich „zu Hause" die Herstellung durch das Bestreichen des Teigfladens mit sehr altem Fett, wofür er einen Lumpen nimmt, „den er 1998 im Keller der Chemiefabrik, in dem sein Bruder als Müllmann arbeitet, hinter einem Wandschrank gefunden hat," vollendet, bevor den Pfannkuchen in auf dem Platz gesammeltes altes Zeitungspapier einschlägt.[78] Diese Schilderung, bei der offensichtlich paraleptisches Wissen als zuverlässiges Wissen ausgegeben wird, folgt relativ eindeutig dem Nutzungsmuster des Kapitels *Restaurant Alt Heidelberg* aus *Ferien für immer*, in dem ebenfalls in paraleptischer Weise, stark kumuliert über die übertrieben unhygienische ‚Produktion' eines Lebensmittels und die Folgen dessen Verzehrs berichtet wird, um einen humoristischen Effekt zu bewirken.[79] Hinsichtlich paraleptischen Erzählens fällt des Weiteren das Kapitel *Ira Cohen, der letzte Beatnik von Kathmandu* auf, in dem vermeintlich Cohen selbst als Quelle zur Rekonstruktion seiner Zeit in Nepal gedient haben soll: „Als wir ihn in seiner Zweizimmerwohnung in der New Yorker Lower Eastside aufsuchten, wurden wir Zeugen eines gewaltigen elefantinischen Erinnerungsprozesses".[80] Die hierdurch verbürgte Authentizität soll die Wahrhaftigkeit der Schilderung von skurrilen Ereignissen wie Cohens Wachjodeln des Regisseurs Jack Smith, um ihm ein „oranges Kostüm mit einem riesigen dazugehörigen Hut" zu schenken,[81] verbürgen, weshalb das Kapitel den Eindruck unnatürlichen paraleptischen Erzählens eher vermeidet als befördert. Zugleich werden stellenweise paraleptische nicht durch Cohen verbürgte Annahmen über die Beschaffenheit Kathmandus in den 1970er Jahren geäußert, die überwiegend Gewissheit suggerieren – „Sicher, der Himmel war blauer als heute"[82] – und nur ein Mal als ungewisse Annahme markiert werden – „Es mußte gewirkt haben [...]"[83] –, bevor die Erinnerungen Cohens zum Vergleich hinzugezogen werden.[84] Weitere Ausprägungen paralep-

76 Kracht/Nickel: Gebrauchsanweisung für Kathmandu und Nepal, S. 87.
77 Kracht/Nickel: Gebrauchsanweisung für Kathmandu und Nepal, S. 96.
78 Kracht/Nickel: Gebrauchsanweisung für Kathmandu und Nepal, S. 105.
79 Kracht/Nickel: Ferien für immer, S. 75–76.
80 Kracht/Nickel: Gebrauchsanweisung für Kathmandu und Nepal, S. 114.
81 Kracht/Nickel: Gebrauchsanweisung für Kathmandu und Nepal, S. 112.
82 Kracht/Nickel: Gebrauchsanweisung für Kathmandu und Nepal, S. 113.
83 Kracht/Nickel: Gebrauchsanweisung für Kathmandu und Nepal, S. 114.
84 Kracht/Nickel: Gebrauchsanweisung für Kathmandu und Nepal, S. 116–124.

tischen Erzählens sind in *Gebrauchsanweisung für Kathmandu und Nepal* mit Ausnahme einer kurzen Textstelle im Kapitel *Dekonstruktion eines Putsches* nicht vorhanden.[85] Da nach *Gebrauchsanweisung für Kathmandu und Nepal* von Seiten Krachts keine weiteren genuin-reiseliterarischen Texte wie Reiseberichte oder Reiseführer mehr verfasst sind, ist ein vorläufiger Endpunkt erreicht, von dem ausgehend die gemachten Beobachtungen abschließend rekapituliert werden.

4 Zusammenfassung und Ausblick

Die vorherige Analyse hat gezeigt, dass Kracht – und zum Teil auch Eckhart Nickel – in seinen ‚Reiseführern' und Reiseberichten diverse erzähltechnische Verfahren nutzt, die sich dem Bereich des unnatürlichen Erzählens zuordnen lassen, um sich von gängigen Reiseberichten und Reiseführern innovativ abzugrenzen. In *Ferien für immer* hat die Analyse der Erzählformen beispielsweise ergeben, dass sich gegenüber der in gängigen Reiseführern vorwiegend genutzten Man-Erzählform einerseits anhand der als Pastiche historischer Reiseführer und Form impliziten Adressierens klassifizierbaren Er-Erzählform und andererseits anhand der unkonventionellen, unnatürlicheren Wir-Erzählform abgegrenzt wird. Die weitere Untersuchung von *Der gelbe Bleistift*, *New Wave* und *Gebrauchsanweisung für Kathmandu und Nepal* hat gezeigt, dass die Wir-Erzählform neben den ebenfalls ausführlich genutzten und nur teilweise leicht variierten Ich- und Er-Erzählformen fast ausschließlich in ihrer exklusiven Variante, auf die Erzählinstanzen verweisend, genutzt wird. Lediglich in *Der gelbe Bleistift* ließen sich zwei kurze Abschnitte finden, die in der unnatürlicheren inklusiven Variante verfasst worden sind, den Grad an Unnatürlichkeit in Hinblick auf die in allen Reiseführern und Reiseberichten genutzten Erzählformen aufgrund ihrer geringen Quantität jedoch nicht nachhaltig gesteigert haben.

Die Analyse von Krachts Reiseführern und Reiseberichten hat zudem sichtbar gemacht, dass der Eindruck des Unnatürlichen, der in allen Bänden anhand paraleptischer Brüche des Fokalisierungsmodus hervorgerufen wird, sich aufgrund der von Band zu Band wechselnden Quantität – *Ferien für immer* und *Gebrauchsanweisung für Kathmandu und Nepal* weisen mehr Paralepse auf als *Der*

85 In diesem Kapitel wird in paraleptischer Weise die Kaufmotivation des nepalesischen Premierministers Bahadur Deubas geschildert, der sich von dem Kauf eines billigeren Automodells einerseits „die Gewinnung seiner bis dato ausgebliebenen *street credibility*" verspricht und andererseits seine „Vertraut- und Verbundenheit mit Indien" demonstrieren will (Kracht/Nickel: Gebrauchsanweisung für Kathmandu und Nepal, S. 127).

gelbe Bleistift und *New Wave*[86] – und qualitativen Variation – die Sonderform der proleptischen Paralepse wird beispielsweise nur in *New Wave* und in *Gebrauchsanweisung für Kathmandu und Nepal* genutzt – nicht immer gleicht. Als Schnittstelle mehrerer Paralepsen, die die Distinktion gegenüber anderen Reiseführern stark akzentuieren, hat sich jedoch das Hervorrufen humoristischer Effekte anhand von hochgradig kumuliertem, hochspezifischem Wissen erwiesen.

Wird abschließend versucht, die in Hinblick auf die Nutzung unnatürlicher Erzählformen in Krachts Reiseberichten und Reiseführern gewonnenen Erkenntnisse mit den Romanen zu vergleichen, was in der hier gebotenen Kürze nur ansatzweise vollzogen werden kann, so fällt auf, dass sich neben der unzuverlässigen autodiegetischen Erzählinstanz in *Faserland*[87] besonders die homodiegetische Erzählinstanz in *Imperium* durch ein Spiel mit dem unnatürlichen Erzählen auszeichnet. So gibt die, überwiegend ein adeiktisches rhetorisches Wir nutzende Erzählinstanz zuerst ihre Allwissenheit deutlich zu erkennen,[88] nur um die Leseerwartung in der Folge zuerst durch eine paraliptische Andeutung zu beeinflussen[89] und dann vollends paraliptisch den Tod von Aueckens nur schlaglichtartig darzustellen, den vermeintlichen ‚Verlust' der eigenen Allwissenheit selbstreferenziell mit dem Verweis auf die „erzählerische[] Unsicherheit"

86 Als Ursache für die geringere Quantität in *Der gelbe Bleistift* und den Reiseberichten aus *New Wave* die Ko-Autorschaft mit Eckhart Nickel anzunehmen, ist auf den ersten Blick naheliegend, lässt sich aber im Vergleich mit den grundlegend ähnlich angelegten Kapiteln *Postminister Bötschs letzte Reise*, *Der Geist von Amerika* und *Barney Kessel im ‚New Orleans' oder Wie der Jazz nach Kathmandu kam* eher nicht halten, da sich die Autorschaft einmal aus Kracht alleine, einmal aus Kracht und Ingo Niermann sowie einmal aus Kracht und Nickel zusammensetzt.

87 Sehr konzise hat Niels Werber, der *Faserland* als eine Pikareske interpretiert, Widersprüchlichkeiten der Erzählinstanz nachgewiesen, die deren Unzuverlässigkeit deutlich zeigen (Niels Werber: Krachts Pikareske. *Faserland*, neu gelesen. In: Zeitschrift für Literaturwissenschaft und Linguistik 44 (2014), S. 119–129, hier S. 127 f.). Den umgekehrten Weg ist Stefan Bronner gegangen, der seine aus *Faserland* gewonnenen Erkenntnisse auf die Reiseberichte bezieht, indem er herausstellt, dass es sich bei der in *Faserland* geäußerten „Begeisterung über die Richtungs- und Ziellosigkeit", um einen Topos handelt, der sich im Reisebericht *Der Name des Sterns ist Wermut* aus *New Wave* als Kritik am „Angekommensein" fortsetzt, das stets ein „Unbehagen" hervorruft (Bronner: Vom taumelnden Ich zum wahren Übermenschen, S. 188).

88 „Da wir uns nun bemüht haben, von der Vergangenheit unseres armen Freundes zu erzählen, werden wir im Folgenden also, einem ausdauernden und stolzen Seevogel gleich, dem das Überfliegen der Zeitzonen unseres Erdenballs vollends konsequenzlos erscheint, ja diese weder wahrnimmt noch darüber reflektiert, einige Jährchen überspringen und August Engelhardt dort wieder aufsuchen, wo wir ihn vor einigen Seiten verlassen haben; [...]" (Christian Kracht: Imperium. Köln 2012: Kiepenheuer & Witsch, S. 93).

89 „Die ersten dunklen Wolken jedoch waren schon im Anmarsch, und zwar zügig, wie wir nun sehen werden" (Kracht: Imperium, S. 122).

kommentierend.[90] Der im Roman enthaltene Verweis auf die „ceylonesische Analepse" spricht ebenfalls für einen spielerischen und selbstreferenziellen Umgang mit den eigenen erzähltechnischen Verfahren.[91] Krachts zuletzt veröffentlichter Roman *Die Toten* weist dagegen aufgrund des sehr geringen Vorkommens von Paralipsen darauf hin, dass er erzähltechnische Verfahren, die mit den Möglichkeiten des Wissens von Figuren und Erzählinstanzen spielen, womöglich vorerst nicht weiter ergründen will.[92] Da es sich hierbei aber lediglich um eine Momentaufnahme handelt, die durch kommende Publikationen leicht widerlegt werden kann, lässt sich erst zukünftig wirklich verifizieren, ob *Die Toten* einen Paradigmenwechsel in der Nutzung unnatürlicher Erzählformen markiert. Die zwangsläufig abzuwartende Zeit bis zur Klärung dieser Frage könnte die vorbildlich rege Kracht-Forschung dazu nutzen, um die formellen Besonderheiten seines Werks stärker und detaillierter zum Vorschein zu bringen.

90 „Wir sehen beide Männer nackend am Strand gehen. [...] Wir sehen den jungen Makeli, der über die Insel streift, [...] Wir sehen Aueckens erst tot wieder, [...]" (Kracht: Imperium, S. 128–129). „Ob Engelhardt dem Antisemiten selbst eine Kokosnuß auf den Kopf schlug oder ob Aueckens [...] zufällig von einer herabfallenden Frucht erschlagen wurde, oder ob die Hand des Eingeborenenjungen aus Notwehr einen Stein erhoben hat, verschwindet im Nebel der erzählerischen Unsicherheit" (Kracht: Imperium, S. 129–130). Weitere Stellen, die gegen die Allwissenheit oder Zuverlässigkeit der Erzählinstanz sprechen: „Derweil schlich ein Schatten um das Haus und stahl mit flinker, sicherer Hand die dort in der Sonne blinkende Schere – anzunehmen, daß es Makeli war" (Kracht: Imperium, S. 152); „Ob Slütter wohl sehr in Pandora verliebt ist?" (Kracht: Imperium, S. 195); „Während Engelhardt drüben auf Kabakon im Schutze der einsetzenden Dunkelheit damit begonnen hat, mit seiner Axt vier Meter tiefe Löcher auszuheben (einige am Strand, andere tief im Urwald), deren Zweck nur er kennt [...]" (Kracht: Imperium, S. 208–209).

91 Kracht: Imperium, S. 48.

92 Da in *Die Toten* so wie *Imperium* konsequent eine heterodiegetischen Erzählinstanz erzählt, die über eine 0–Fokalisierung verfügt, können keine Paralepsen vorkommen. Die wenigen Paralipsen, die im Roman enthalten sind, werden im Vergleich zu *Imperium* weitaus weniger akzentuiert. Vgl. „Ob er [Nägeli] wohl seinen Vater dafür verachtete, am Lebensende plötzlich so machtlos gewesen zu sein, als sei,der von der schwarzen Tarantel des Schlafes und des Vergessens gebissen worden?" (Christian Kracht: Die Toten. Köln 2016: Kiepenheuer & Witsch, S. 33). „Ob Doktor Nägeli selbst oder etwa seine Frau entschieden hatte, dem kleinen Emil einen Hasen zu schenken, ist nicht mehr wirklich nachzuvollziehen" (Kracht: Die Toten, 52). „Schon möglich, daß er [Nägeli] wieder angefangen hat zu weinen" (Kracht: Die Toten, S. 182). „Amakasu hat Ida an der Mole gefragt, ob sie wirklich mit wolle, danach gäbe es nämlich erst einmal kein Zurück mehr, und sie hat ihn angelächelt, verliebt ist zuviel gesagt, vielleicht aber auch nicht" (Kracht: Die Toten, S. 187 f.). „Vielleicht vermißt sie [Ida] aber auch Nägeli" (Kracht: Die Toten, S. 211).

Stefan Bronner

Die Anwesenheit der Götter in Christian Krachts Roman *Die Toten*

„[W]e prefer the soft voice, the understatement. Most important of all are the pauses. Yet the phonograph and radio render these moments of silence utterly lifeless. And so we distort the arts themselves to curry favor for them with the machines. These machines are the inventions of Westerners, and are, as we might expect, well suited to the Western arts. But precisely on this account they put our own arts at a great disadvantage.“[1]

„Poetry is not a turning loose of emotion, but an escape from emotion; it is not the expression of personality, but an escape from personality. But, of course, only those who have personality and emotions know what it means to want to escape from these things.“[2]

1 Der Übermensch

Mit dem Roman *Die Toten* setzt sich konsequent fort, was im Jahr 1995 mit *Faserland* begann. Während sich Krachts Schreibstil stetig entwickelt, bestehen Ideen über das Schreiben, Denken, die Schönheit und Existenz fort. Man kann gewiss argumentieren, *Imperium* markiere als historische Farce eine kleine Zäsur in Form einer faktionalen Auseinandersetzung mit deutscher Wirklichkeitswahrnehmung und -durchdringung, die sich mit dem Roman *Die Toten* fortsetzte.[3] Seit Claude Conters und Johannes Birgfelds Aufsatzsammlung zu Christian Krachts Leben und Werk aus dem Jahr 2009 ist das referenzielle Spiel der Zeichen ein beliebter Topos in der Kracht-Forschung.[4] Gleichwohl bestehen weitere Verbindungen zu den frühen Romanen, zu *Imperium* sowie den Reiseberichten. *Die Toten* findet eine dem Metier zugleich entsprechende und auch gegenläufige Sprache, ohne die doppelbödige Unnahbarkeit der ersten Romane zu suspendieren. Stellenweise zoomt der Erzähler in naturalistischer Manier an den Gegenstand der Betrachtung heran, beispielsweise beobachten wir eine

1 Jun'ichiro Tanizaki: In Praise of Shadows. Translated by Thomas J. Harper and Edward G. Seidensticker. Sedgwick 1977: Leete's Island Books, S. 9.

2 Thomas Stearns Eliot: The Sacred Wood. Tradition and the Individual Talent. New York 1921: Alfred A. Knopf. Bartleby.com 1996: www.bartleby.com/200/sw4.html [22. November 2017].

3 *Ich werde hier sein im Sonnenschein und im Schatten* greift bereits in die Geschichte ein, wenn auch auf offensichtliche Weise.

4 Einen ausführlichen Forschungsüberblick liefert Matthias N. Lorenz (Hrsg.): Christian Kracht. Werkverzeichnis und kommentierte Bibliografie der Forschung. Bielefeld 2014: Aisthesis.

https://doi.org/10.1515/9783110532159-012

Motte vergrößert, die „von Anzug zu Pullover und zurück“[5] fliegt, an anderer Stelle zeitigt die Erzählstimme, sei es durch syntaktische Verschachtelung oder durch den Ton, eine unüberbrückbare Distanz.

Zentrales Motiv bleibt das Reisen – nach Paris, Skandinavien, durch Japan, nach Hollywood, in die Eingeweide der deutschen Vergangenheit und Geistesgeschichte, in die Tiefen des Ichs, durch das kollektive Unbewusste hindurch. Vor dem Horizont der Bewegung im Raum werden, ähnlich dem während des Spazierengehens geführten philosophischen Gespräch, bewegte, ganz und gar durchgestylte Bilder an die Wand geworfen, die vom Körper, von Ästhetik, Tod, Metaphysik, Technologie und der Schönheit des Vergessens erzählen. Sie erzählen auch vom Erzählen und der ihnen eigenen wesenhaften Mittelbarkeit.[6] Im Gegensatz zum Film nimmt sich diese Sprache aus, als sei sie nie ganz eins mit sich selbst, zumal die Syntax zu umständlich und verschachtelt ist, um ein harmonisches Bild entstehen zu lassen.

Die Bewegung der Schrift entspricht nicht nur den Reisebewegungen der Romanfiguren und der Kamera- bzw. Federführung, sondern auch ihrem Sound, dem Zerhacken des Realen, dem Rattern der Apparaturen, einschließlich der im Studio vorgenommenen Nachbearbeitung wie dem Schnitt. Während Hollywood-Filme in der Regel ihr technisch-materielles Apriori zu verschleiern suchen, das, was wir als die Metaphysik des Erzählens betrachten, pflegt Krachts Erzählstimme einen nonchalanten Umgang mit ihrer stofflichen Natur. Man denke zurück an *Imperium*, als die ‚Filmrolle‘, die natürlich in Wahrheit *nur* Schrift ist und gerade aus diesem Grund immer auch *poetisch-smooth* bleibt, ins Stocken gerät und die Bilder zu flackern beginnen. Schließlich wird die Handlung zurückgespult, und der Leser findet Engelhardt rauchend im Hotelfoyer vor, als wäre alles nur eine Sinnestäuschung, ein böser Traum gewesen. Allein aus dem Traum der Schrift gibt es kein vollständiges Erwachen. Bedeutet dies, dass die Episode, in der Engelhardt von seinem tamilischen Reisepartner getäuscht wurde, innerhalb der Logik der erzählten Welt in einem epistemologischen Sinne wahr ist? Es ist vielmehr diese Frage selbst, die durch Intermezzi, wie wir sie in Krachts Texten vorfinden, in Zweifel gezogen wird. Literatur ist hier unwiderruflich von ihren Verpflichtungen gegenüber der Wirklichkeit entbunden. Ob sich das Erzählte in

5 Christian Kracht: Die Toten. Köln 2016: Kiepenheuer & Witsch, S. 39.

6 Anders als bei zahlreichen deutschsprachigen Schriftstellern der Gegenwart wird die Metaebene, weil sie immer Teil der Rede bleibt und damit immer auch der Verschleierung, nicht als theoretische Reflexion oder als Stream of Consciousness im Modus einer vermeintlichen Eigentlichkeit vorgebracht, sondern selbst poetisiert.

ironischem, ernstem oder manieriertem Stil darbietet,[7] das Geschehene relativiert oder gar gänzlich zurückgenommen wird, ist irrelevant. Vielmehr wird hier eine spezifisch ästhetische Haltung zum Wirklichkeitsdiskurs in Stellung gebracht.

Krachts Stimme besingt die Schönheit ihrer eigenen ephemer-materiellen Existenz, archiviert als Effekt einer körperlichen Metaphysikmaschine. Sie wuchert über die Erzählung hinaus, durchströmt das Muster des Papiers, setzt sich fort in Auftritten und Interviews der Autor-Persona und manifestiert sich in Posts auf Facebook und Instagram. Ihr Sound legt Zeugnis ab vom Modus des Sprechens über Kunst und Leben in der Moderne. Überdies entsteht eine Schreibstrategie, die vergangene poetologische Diskurse mitdenkt und in die Zukunft weist. Im Spannungsgefüge eines unentschiedenen Repräsentationsmodus, einschließlich mehr oder weniger kaschierter Hinweise auf die hochgradige Künstlichkeit des narrativen Unterfangens und der poetisch-metaphysischen Dimension des Erzählten, tritt Krachts Poetik *in a nutshell* zutage. Während die Figuren, begleitet von körperlichen Nebenwirkungen, unbefangen über Metaphysik parlieren, wird paradoxerweise die eigene medientechnische Vermitteltheit ausgesprochen, die Kunst nicht mehr als Vermögen erscheinen lässt, sondern als „ein Verfahren der Speicherung und eines der Übertragung von Nachrichten".[8] Gleichwohl wird der Leser Teil jener Metaphysikmaschine, die trotz autoreflexiver Strategien funktioniert, da wir jeden Tag dichten, auch wenn es nur die Dichtung von der Künstlichkeit und Unwahrheit der Dichtung ist. Sprechen ist hier immanent-transzendental,[9] im Nietzsche'schen Sinne *tänzerisch*. „Literatur, von der Erkenntnis entkoppelt, tritt in Bezug zum Körper und zur Macht."[10] Zugleich er-

---

7 „Die Projektion wurde abgebrochen, der Vorführer trat [...] aus der Kabine, nachdem er dort ungeschickt mit einem Feuerlöscher hantiert und Schaum versprüht hatte, der nur zaghaft und schüchtern von innen am kleinen Fenster des Projektionsraumes hinunterrann" (Kracht: Die Toten, S. 80).

8 Friedrich Kittler: Die Wahrheit der technischen Welt. Essays zur Genealogie der Gegenwart. Berlin 2013: Suhrkamp, S. 88.

9 Die vorplatonische Imitatio ritualisiert, so Kittler, die selbstreferenzielle Nachahmung einer Handlung im Sinne der Einübung. Die Götter sind der abstrahierte Mensch, ein vermeintliches Außen, aufgeführt als Pastiche-Stück in dem Wissen um seine mediale Vermitteltheit. So versöhnt Pastiche Ironie mit Eigentlichkeit, indem es als Figur der autoreflexiven Erkenntnis, dass alles bereits war, deren Gegensatz auflöst. In der Verkleidung der Dorfschönheit als Nymphe entäußert der Mensch zunächst sein eigenes Göttliches, um es vermeintlich zu imitieren. Indem es sich erstens als Schreibstrategie dem Text überstülpt, um während der identifikatorischen Lektüre schließlich verdrängt zu werden, und zweitens offen daherkommt (als Hommage, Parodie etc.), versinnbildlicht dieses Als-ob nicht nur den Bruch im Denken zu sich selbst, es legitimiert klammheimlich die Eigentlichkeit. (Vgl. Friedrich Kittler: Philosophien der Literatur. Berliner Vorlesung 2002. Berlin 2013: Merve).

10 Kittler: Die Wahrheit der technischen Welt, S. 26.

öffnet die Kunst unscharfe Anschauungsräume, die bestehende Aufteilungen des Sinnlichen umstürzen und neu anordnen.[11] Aufs Neue beschwört Kracht den Übermenschen.

2 Die Wanderer

Die Handlung des Romans wird vom ritualisierten Selbstmord eines japanischen Soldaten und Idas Ende eingefasst, die zunächst das ‚H' des ‚Hollywood'-Schriftzuges erklimmt, um sich in die Tiefe zu stürzen, in letzter Sekunde zögert und schließlich aufgespießt von den Stacheln eines Kaktus zu Tode kommt. *Die Toten* liegt dem Leser in Buchform vor, nicht wie Nägelis Propagandafilm für die UFA, der zum Gegenteil gerinnt, einem Kunstfilm. Krachts Roman gelingt, was Nägelis modernistischen Meisterwerken *Die Windmühle* und *Die Toten* – bei der Premiere schlafen einige Besucher ein[12] – möglicherweise versagt bleibt: Er versöhnt Metaphysik und Körperlichkeit, bringt gesellschaftskritische Analyse durch die ostentative Zurschaustellung der Verbindungen von Ästhetik und Macht und ästhetisch hochwertige sowie unterhaltsame Bilder zusammen. Sein eigen- und wirkungsmächtiger Stil bringt den Roman gegenüber dem Film in Stellung.[13] Besonders kraft seiner ethisch-ideologiekritischen Relevanz und, aus medientheoretischer Sicht, seinem ephemeren Stil, der zwischen Imaginärem und Rea-

11 Roland Meyer, der zwar Jacques Rancières Denken des Politischen der Kunst mangelndes Potenzial vorwirft, die Gegenwart differenziert fassen zu können, sieht den Wirkungsbereich für eine Politik des Ästhetischen allerdings nicht auf den Bereich der zeitgenössischen Kunst beschränkt. „Insofern es sich um zwei Weisen der ‚Aufteilung des Sinnlichen' handelt, herrscht also eine Analogie von Kunst und Politik – beide machen wahrnehmbar, was zuvor nicht wahrnehmbar war, sie rekonfigurieren das Feld dessen, was denkbar, sichtbar und sagbar ist. Hieran könnte sich ein durchaus politisch verstandener Begriff von Alltagsästhetik anschließen, der jedoch Rancière gerade kein Anliegen zu sein scheint." (Roland Meyer: Politik der Unbestimmtheit. Jacques Rancière und die Grenzen des ästhetischen Regimes. In: Kritische Berichte Jg. 38 (2010), H. 1: Das Politeske. Hrsg. von Joseph Imorde, S. 4). Über ästhetisch-politische Einmischungen des Romans in Gegenwartsdiskurse werde ich am Ende dieses Aufsatzes spekulieren.

12 Vgl. Kracht: Die Toten, S. 207.

13 Aus medientheoretischer Perspektive bescheinigt Oliver Jahraus dem Roman metareflexives Potenzial, als dessen Quelle er sowohl die kontrafaktische Diegese als auch einen spezifischen Stil ausmacht, der sich selbst feiere: „So zeigt der Beitrag, wie Kracht abermals einen Roman geschrieben hat, in dem stilistische und narrative Qualitäten sich zu einem Meisterwerk zusammenfügen." (Vgl. Oliver Jahraus: Amakasu, für Film zuständig. Stil und Medienreflexion in Christian Krachts *Die Toten* (2016) mit einem Seitenblick auf Bertoluccis *Der letzte Kaiser* (1987), S. 1, vgl. auch S. 7 f., http://www.medienobservationen.uni-muenchen.de/artikel/literatur/literatur_pdf/jahraus_kracht_die_toten.pdf [3. Januar 2017]).

lem oszilliert, wird *Die Toten* im Goethe'schen,[14] kosmopolitischen Sinne zur Weltliteratur. Ohne sie ihres Geheimnisses zu berauben, im Gegensatz zu den voyeuristischen Kameras, die das Grausame bis ins banalste Detail ausleuchten und archivieren, umspannt Kracht die Welt mit einem feingliedrigen Netz aus Zeichen. Denn im Gegensatz zum Film repräsentiert die Schrift, sei sie noch so in sich verschlungen, rein gar nichts und behält so das Privileg, die Welt lebendig zurückzulassen.[15]

Von Anfang an ist der Tod omnipräsent, sei es in Form des störrischen Kaninchens, das dem kleinen Emil aufgrund seiner brutalen emotionalen Indifferenz zum traumatischen Lehrstück über die Welt gerät, um schließlich vom Nachbarn kaltblütig geschlachtet zu werden, oder als sadomasochistisch motiviertes Beerdigungsszenario, das sich Amakasu als kleiner Junge ausmalt und sexuell erregt an den Lindenbaum ejakuliert. In jenem Lindenbaum, dem Leser als Dingsymbol für Schicksalhaftigkeit und Tod aus dem Nibelungenlied bekannt, zeichnet sich das düstere Schicksal des Wunderkinds ab, das von Charlie Chaplin genötigt wird, in den Ozean zu springen. In einer weiteren Episode, die dem Leser wie eine Mischung aus Horrorfilm und Comic anmutet, wird Nägelis Vater zum lebendigen Toten, zum abstoßenden Zombiekörper, bevor er seinen letzten Atem aushaucht:

> Und während der Wind mit beständiger Unheimlichkeit vor dem Fenster pfiff, fragte er Emil, ob jemand dort, an der ganz offensichtlich leeren Krankenhauswand hinter ihm, wohl arabische Schriftzeichen aufnotiert habe, doch, dort, sieh nur Philip, mein Sohn [...]. Fest umklammerte er Emils Handgelenk, ja, sagte er, komm noch näher [...] Nägeli vermochte nun

14 Für Dieter Borchmeyer liegt der deutsche Beitrag zur Weltliteratur in einem kosmopilitischen Humanismus. Das Deutsche sei „mithin eine transpolitische, rein geistige, humanistisch weltbürgerliche Idee. In ihr gründet auch die Idee der ‚Weltliteratur', die Goethe sich in seinen letzten Lebensjahren zu eigen gemacht hat." (Dieter Borchmeyer: Was ist deutsch? Die Suche einer Nation nach sich selbst. Berlin 2017: Rowohlt, S. 46). „National-Literatur will jetzt nicht viel sagen, die Epoche der Welt-Literatur ist an der Zeit, und jeder muß jetzt dazu wirken, diese Epoche zu beschleunigen." (Johann Wolfgang von Goethe: Sämtliche Werke. Münchner Ausgabe. Hrsg. von Karl Richter. München 1985 ff.: Hanser, Bd. XIX, S.207).

15 Folgt man Kittler, ist die Kamera wie das Maschinengewehr neben der gemeinsamen technologischen Herkunft Werkzeug zur unbegrenzten Ausdehnung der Totenreiche, indem die Toten, wie der Soldat am Anfang des Romans und Ida am Ende, deren entstellter Körper nach ihrem Tod für ein Splattermagazin festgehalten wird, auf immer unsterblich gemacht werden. Sprache ist immer und in jeder Form Fiktion, deren eigentümliches Wesen es ist, ihre eigene Natur und ihren Ursprung vergessen zu machen. Dies erfolgt nicht zuletzt durch den Schritt von der mündlichen Überlieferung zum Schriftlichen, verstanden als Abstraktion vom Körperlich-Lautlichen der Stimme zur Schrift als vermeintlichem Instrument der Erkenntnis. (Kittler: Die Wahrheit der technischen Welt, S. 27 f.).

> den modrigen, alraunigen Atem des Alten zu riechen, bildete sich absonderlicherweise ein, dessen schwarze Zähne würden nach ihm schnappen, [...] dann rasselte es käfergleich aus des Vaters kaminöser Kehle, und er schied dahin [...].[16]

Der Tote lässt seinen Sohn mit einer mysteriösen Lautbotschaft ratlos zurück, die exakt das bedeutet, was sie besagt. Ferner kommen der japanische Innenminister, Amakasus Lehrer um, Ida begeht Selbstmord, Amakasu und Nägeli scheinen in der Schleife der ewigen Wiedergeburt gefangen,[17] und alle historischen Figuren, denen im Roman Leben eingehaucht wird, sind ohne jeden Zweifel bereits tot. Als Nägelis Vater beerdigt wird, schwebt „grobfüßig, leicht hinkend und mit flatternden schwarzen Rockschößen" Gevatter Tod, nachdem er vom Pfarrer des Friedhofs verwiesen wurde, hinab zum Fluss, „als müsse er lediglich das Gletscherwasser der Aare unten berühren, denn nur so [...] könne der unaufrichtige lutheranische Sermon, den Tod des alten Nägeli betreffend, wieder ungeschehen gemacht werden".[18]

Das Figurenarsenal in Krachts Roman *Die Toten* setzt sich hauptsächlich aus Militärs und Künstlern zusammen, die gleichermaßen kriegerisch-politisch wie symbolisch in die Ausübung von Macht involviert sind. Die Abstraktionsbewegung, die sich zunächst in der statistischen Erfassung des Lebens durch die Biomacht realisiert, führt auf einer weiteren Ebene der filmischen Repräsentation zur Steigerung ihrer Effizienz durch die absolute Beherrschung des Subjekts über den Tod hinaus. Die Kameras dehnen die Totenreiche aus, halten das „entmenschte[...] Imago des Realen"[19] schonungslos für immer fest, erschaffen Archive mit Untoten. Während der am Anfang des Romans gefilmte Selbstmörder in das Archiv der UFA gebannt wird, fotografiert ein Reporter eines Splattermagazins Idas von Kakteen durchbohrten Körper und macht sie unsterblich. Amakasu und Nägeli, die kraft ihres Genius zwischen Vergangenheit, Gegenwart und Zukunft wandeln,[20] bewegen sich mehr oder weniger wie die „delikate[n] Geister"[21] des No-Theaters durch die Romanwelt:

---

16 Kracht: Die Toten, S. 21 ff.

17 Möglicherweise sind Amakasu und Nägeli Vampire, vgl. Kracht: Die Toten, S. 118.

18 Kracht: Die Toten, S. 35.

19 Kracht: Die Toten, S. 23.

20 „Der reine Infinitiv ist Äon, die gerade Linie, die leere Form oder die Distanz; er beinhaltet keine Unterscheidung von Momenten, sondern teilt sich ständig auf formale Weise in die gleichzeitige Doppelrichtung der Vergangenheit und Zukunft. [...] Er bringt die Innerlichkeit der Sprache mit der Äußerlichkeit des Seins in Kontakt." (Gilles Deleuze: Logik des Sinns. Aus dem Französischen von Bernhard Dieckmann. Frankfurt am Main 1993: Suhrkamp, S. 230).

21 Kracht: Die Toten, S. 104.

> Amakasu und Nägeli haben sich eben im Flur sozusagen im Traum anamnetisch beschnuppert und sich ihres wahren Seins vergewissert; [...] der Weg von Wiedergeburt zu Wiedergeburt ist viel zu anstrengend und grausam, um ihn mit anderen Eingeweihten teilen zu müssen. Die Toten sind unendlich einsame Geschöpfe, es gibt keinen Zusammenhalt unter ihnen, sie werden alleine geboren, sterben und werden auch alleine wiedergeboren.[22]

Die Wiedergänger wandeln auf den Nahtstellen der Story, die im Zuge der Handlung sowohl verdinglicht als auch als leere Signifikanten wiederholt aufblitzen. „Risse in der Zeit"[23] legen den Ursprung einer jeden Geschichte frei: Dunkelheit, die weiße Seite, das Nichts des Storyboards, unvorstellbar, beunruhigender als das Szenario, das sich Masahiko als jungem Mann darbietet, als er in einer der zahlreichen sich nicht bruchlos einfügen lassen wollenden Szenen mit einer Amazone kämpft:

> [D]a wuchsen Schlingpflanzen um eine koloßhafte Statue des steinernen Buddha, geflügelte, von einem Kind gezeichnete Tiere, halb Maus, halb Drache, einige liefen verkehrt herum auf dem Kopf; es roch allerorten ätzend nach Ammoniak; ein hochgewachsener, dunkler Baum von einem Mann, dessen Gesicht im Schatten lag, hauchte ein paarmal: *Hah.*[24]

Mit einem bedeutungsschwangerem ‚Hah' haucht Nägelis Vater am Sterbebett im dicht verzweigten Wirklichkeitsgefüge des Romans seinen letzten Atem aus.[25] Ironischerweise bedient sich das Magazin, das sich auf „spektakuläre Todesfälle spezialisiert hat",[26] einer Hyperion-Referenz, wohl um exaltiert auf Idas Persönlichkeit hinzuweisen, deren Vielschichtigkeit zu erfassen, wie eines der beiden Eingangszitate des Romans nahelegt, uns niemals gegönnt sein wird. Hyperion klagt Bellarmin von der Einsamkeit und Schicksalhaftigkeit des Gefängnisses des Lebens, aus dem es kein Entrinnen gibt. Alle Figuren im Roman erleben dieses Dilemma, wie alles Seiende als Welten unerkannt im ewigen Schweigen des Todes zu versinken, wie es das Zitat aus Tanizakis Essay *Lob des Schattens* nahelegt. In seiner komplexen Schichtenarchitektur ist das Innerste nur dem eigenen Selbst zugänglich und nicht einmal im avantgardistischen Film vorstellbar: „Ich habe nur ein Herz, niemand kann es kennen außer ich selbst."[27] Dennoch gibt es für Hyperion Momente der Befreiung, „wo das Göttliche den Kerker sprengt, wo die

---

22 Kracht: Die Toten, S. 167.
23 Kracht: Die Toten, S. 76.
24 Kracht: Die Toten, S. 76.
25 Vgl. Kracht: Die Toten, S. 22f.
26 Kracht: Die Toten, S. 211.
27 Kracht: Die Toten, S. 7.

Flamme vom Holze sich löst und siegend emporwallt über der Asche, ha!"[28] Es ist der Triumph des Moments, und seine Anrufung ist bezeichnenderweise jenes ‚Hah', gleichermaßen leeres wie absolutes Zeichen, Laut und Beschwörung. Hyperion scheint es, „als kehrte der entfesselte Geist, vergessen der Leiden, der Knechtsgestalt, im Triumphe zurück in die Hallen der Sonne." Die Rückkehr ist eine Rückkehr um der Illusion des Moments willen, in dem sich die Schönheit des Absoluten offenbart.

3 Viele Stimmen, die sich an der Decke sammeln

Tiefenverbindungen, wie beispielsweise der violette Bleistift, der durch Raum und Zeit reist, lassen sich nicht nur intradiegetisch herstellen, sie existieren auch zwischen den Texten. Teile eines zunächst kaum auffällig erscheinenden Satzes sind dem Leser noch aus dem Reisebericht *Alles Vergessene sammelt sich an der Decke* im Ohr, der im Jahr 2006 in *New Wave* erschien: „Wohin nur mit dem *imawashii* Blick, hinauf zur Decke, an der sich ohnehin alles sammelte [...]".[29] Zusammen mit einer Gruppe Deutscher besucht der Erzähler das vom Krieg gepeinigte Afghanistan und berichtet von der Ermordung des Taliban-Bezwingers Ahmed Massoud, der in den von ihm kontrollierten Gebieten demokratische Strukturen installiert hatte: „Zwei Araber, die sich als marokkanisches Filmteam ausgegeben hatten, sprengten sich und die mitgebrachte Filmkamera in nächster Nähe von Massoud, der eine halbe Stunde später an seinen Verletzungen starb, in die Luft."[30] Massoud stirbt buchstäblich durch die Kamera, woraufhin es wenig später heißt:

> Anderntags fuhr Général Morillon wieder ab, der Held von Srebrenica. Massoud, der Held des Panjshir. Sacha Bourdo, der französisch-russische Held des Films. Christophe de Ponfilly, die Mujs, die Komparsen, die Militärberater, die Kameramänner. Alle waren sie Helden hier [...].[31]

---

28 Friedrich Hölderlin: Hyperion. In: Ders.: Sämtliche Werke. Frankfurter Ausgabe, historisch-kritische Ausgabe. Band 11. Hyperion: II. Hrsg. von Michael Knaupp und D. E. Sattler. Frankfurt am Main 1982: Roter Stern, S. 643.

29 Kracht: Die Toten, S. 19.

30 Christian Kracht: Alles Vergessene sammelt sich an der Decke. Ein Besuch in Afghanistan (2006). In: Ders.: New Wave. Ein Kompendium 1999–2006. Köln 2006: Kiepenheuer & Witsch, S. 139.

31 Kracht: Alles Vergessene sammelt sich an der Decke, S. 149.

Im Krisengebiet wird die Verbindung zwischen Militär und Film besonders deutlich. Die Wesensverwandtschaft beider Komplexe manifestiert sich in Massouds Tod, aber auch in der pathetischen Äußerung über das Heldentum derjenigen, die Leichen und Bilder produzieren. Am Ende der Erzählung verflucht Christophe de Ponfilly das raue Land und fantasiert vom „noble[n] Afghanen“[32] von einst, der von der Raffgier der nachfolgenden Generation verdrängt worden sei. Der Erzähler dagegen, der anfangs über taube Hände klagt, ist geheilt. Militär und Filmleute bestimmen gleichermaßen über Leben und Tod, werden zu Verbrechern, Helden und Opfern, mit Ausnahme des Schweizers Nägeli, der nichts von alldem ist. Alles scheint auf der Oberfläche miteinander verbunden: Amakasu und Nägeli, beide mit dem ‚Weltgeist‘, Militär und Film, die Texte untereinander, der Autor mit dem Erzähler, mit den Figuren, mit dem Leser usw. Der Leser mäandert im Inneren eines luziden Traums, so grell, dass nicht mehr zu entscheiden ist, was Faktum, was Fiktion ist:

> Es war eine dunkle Stadt, sehr reizvoll, sehr arm, und wer nachts spazierenging, [...] der hörte auf dem Nachhauseweg die Stimmen, zu Hunderten dringen sie ans Ohr, aus den Ecken, aus den Ginsterbüschen, hinter den hohen Mauern: [...] Wer spricht? Wer erinnert sich? Wessen Stimme ist das? [...] Und wenn morgens die Alpträume vorbei und Kabul wieder hell war[,] [...] dann waren die Stimmen wie weggeweht [...].[33]

Es sind die Stimmen der Toten Kabuls, der Vergangenheit, Gegenwart und Zukunft, der Vergessenen, die dem durch die Nacht wandelnden Erzähler zur heilsamen Kakophonie anheben. Unweigerlich denkt der Leser hier an Walter Benjamins Beschreibungen der geschichtsträchtigen Straßen von Paris, die den Flaneur beim nächtlichen Spaziergang bis zur Erschöpfung durchdringen. Stimmen, die einmal jemandem gehörten, *etwas* sagten und jetzt ins kollektive Gedächtnis hinabgerutscht sind. Der Erzähler ist vielmehr Geist als ironisch distanzierter Zeitgenosse. Er ist viele Stimmen, die sich an der Decke sammeln.

4 Spooky Pencils

Der violette Bleistift markiert nicht nur die Grenze zu einem naiven Realismus, er ist vornehmlich Zeichen für eine metaphysisch-spirituelle Poetik, an die der Leser glauben muss. Variationen dieses Motivs, meist in Form eines sich zufällig durch Raum und Zeit hindurch manifestierenden Bleistifts, aber auch als violette Pa-

32 Kracht: Alles Vergessene sammelt sich an der Decke, S. 150.
33 Kracht: Alles Vergessene sammelt sich an der Decke, S. 142 ff.

pierschnipsel, die aus dem glückverheißenden Locher von Amakasus Vater rieseln, tauchen die Welt für kurze Zeit in ein zartes violettes Licht. Mit einem zartvioletten Bleistift, „der nur ihm exzentrisch"[34] erschien, bestellt Nägelis Vater brieflich in einem vornehmen Pariser Restaurant einen Tisch. Für den Parvenü und seinen sensiblen Sohn Emil wird der Abend zur Demütigung. Zunächst wird der Vater als Gernegroß verspottet, um schließlich einen Tisch direkt neben den Toiletten zugewiesen zu bekommen: „Ammoniakgeruch umwehte Emil, darunter lag lauernd schwer und zuckrig das Bouquet von Exkrementen".[35] Die schriftliche Vorbestellung in Form eines mit zartviolettem Bleistift sorgsam aufgesetzten Briefes erweist sich als ästhetisch überfeinerter Akt, der nicht nur ignoriert, sondern gar als kleinbürgerlich-lächerliche Hybris desavouiert wird. Bevor sich die Fantasiegebilde des Vaters in einen Haufen zäher Schnecken und stinkender Exkremente verwandeln, schwingen sie sich zu unwirklichen Höhen auf.

Schrift, so Kittler, produziert nicht nur fiktionale Gebilde, ein wesentliches Merkmal besteht in der Verschleierung der eigenen Medialität.[36] Der alte Nägeli malt sich den Abend buchstäblich in bunten Farben aus, woraufhin seine Erwartungen, wie die der meisten Figuren im Roman, bitter enttäuscht werden. Als der kleine Amakasu von seinem Vater mit einem Faustschlag ins Gesicht für das Abkauen seiner Nägel bestraft wird,

> sanken die kleinen, runden, zartvioletten Papierschnipsel, die der väterliche Knipslocher jahrelang zur Freude des Kindes ausgespien, und die er sich zum Probieren bereits als Säugling immer in den Mund geschoben hatte, unmerklich tiefer in die Ausbuchtungen der Schreibtischplatte hinab, als schämten sie sich.[37]

Beide Situationen markieren Stationen des gleichermaßen psychisch wie physisch gewaltsamen Eintritts in die Adoleszenz und der notwendig folgenden Ablösung vom Imaginären. Zartviolett verweist auf die imaginär-kindliche Sphäre, die an den semantischen Komplex des Schreibens angeschlossen ist. Die Tatsache, dass hier das Imaginäre in das Reale *sensu litterali* eingespeist wird, ist insofern bemerkenswert, als das Imaginäre trotz seiner im Laufe des Romans wiederholten Rückführung auf das Medial-Körperliche eher Kraft zu gewinnen als

34 Kracht: Die Toten, S. 40.
35 Kracht: Die Toten, S. 42.
36 „Wie Hegels Geist, der ja ebenfalls als Sieger aus der Unmöglichkeit hervorging, das Buchpapier, auf dem er selber stattfand, zu bezeichnen, wäre Software die einzige Weise, Hardware zu wissen." (Friedrich Kittler: Hardware, das unbekannte Wesen. In: Sybille Krämer (Hrsg.): Medien. Computer. Realität. Wirklichkeitsvorstellungen und Neue Medien. Frankfurt am Main 1998: Suhrkamp, S. 127).
37 Kracht: Die Toten, S. 52.

einzubüßen scheint. Als Nägeli viel später von Hugenbergs Vorzimmerdame, „als sei er ein kleiner [...] zu bestrafender Junge“,[38] auf einen Stuhl mitten im Raum gesetzt wird, erscheint ein zartvioletter Bleistift, „der sich von irgendwoher durch den Äther dorthin manifestiert hat [...]“.[39] Trotz des fortschreitenden Alters, das sich im Falle Nägelis durch zahlreiche körperliche Defizite bemerkbar macht, vermag sich der möglicherweise etwas peinlich wirkende Filmemacher eine gewisse spirituelle Kindlichkeit zu bewahren, die sich im zartvioletten Bleistift verdinglicht. In Hugenbergs Vorzimmer wird das Schreibgerät zum subversiven Zeichen gegen die Willkür und Liederlichkeit der Macht und antizipiert Nägelis Coup, der darin besteht, das Geld der Nazis anzunehmen, ihnen aber auf immer einen Film schuldig zu bleiben. Obendrein produziert der Schweizer einen Kunstfilm, das Gegenteil der symbolischen Festschreibung von Eigenem und Fremdem. Der mit den Toten in gespenstischer Verbindung stehende Bleistift reist nicht nur durch die Zeit, er ist zudem violett, die Farbe der Spiritualität und Mystik. Im christlichen Kontext symbolisiert Violett die liturgische Farbe des Advents und der Fastenzeit.

„Viele, viele Jahre, ja, eine halbe Unendlichkeit später“[40] stellt der Lagerarzt den bei minus 36 Grad Celsius seine Haft in einem Lager in Ontario verbüßenden Ernst ‚Putzi‘ Hanfstaengl mit einem zartvioletten Bleistift von der Arbeit frei. Der Stift wird zum Ausdruck der Gnade gegenüber dem Verbrecher, der sich noch im Lager keiner Schuld bewusst ist. Angekommen in Tokio besteigt Nägeli in Vorfreude auf das baldige Wiedersehen mit seiner Verlobten Ida ein Taxi, nichts ahnend vom „mnemonischen Zusammenhang“,[41] der sich durch den sich am Boden manifestierenden violetten Bleistift ergibt. Dieser, Synekdoche für die spirituelle Sehnsuchtsfarbe der Kunst, kontrastiert den Bleistift der sich gegenseitig denunzierenden Schweizer, die als gewissenhafte Bürger das Schreibgerät zur Hand nehmen, um den Falschparker aufzuschreiben,[42] schwarz auf weiß. Nägelis violetter Stift dagegen, ein Farbgemisch aus Blau und Rot, versinnbildlicht die Ambivalenz und Gnade der Kunst. Rot und Blau vereinen sich im Violett als das eigentlich Unvereinbare, gebunden in einem explosiven Gemisch.[43] Distanz,

38 Kracht: Die Toten, S. 127.
39 Kracht: Die Toten, S. 128.
40 Kracht: Die Toten, S. 140.
41 Kracht: Die Toten, S. 152.
42 Vgl. Kracht: Die Toten, S. 153.
43 Zur mehrfach ummantelten Flamme des Alkoholikers im Kontext von *Faserland* siehe das Kapitel *Alkoholismus und der Kristall des Ichs* in Stefan Bronner: Vom taumelnden Ich zum wahren Übermenschen. Das abgründige Subjekt in Christian Krachts Romanen *Faserland, 1979* und *Ich werde hier sein im Sonnenschein und im Schatten*. Tübingen 2012: Francke, S. 139–144.

Traum, Weite und Rationalität im Blau gehen ein Bündnis ein mit Feuer, Exzess, Vernichtung und ungebändigtem Trieb.

5 Natur + X = Neuer Realismus

Im gespenstisch hoch entwickelten Japan begegnet Nägeli nicht nur dem zur Kunst geronnenen demütigenden Spitznamen wieder, mit dem ihn sein Vater einst als Kind bedacht hatte. Es ist das absolute Künstliche, der totalitäre Höhepunkt des Ästhetischen, über das Nägeli ins Staunen gerät. Leutnant der japanischen Armee, Masahiko Amakasu, durch und durch Genie und Ästhet, der bei Kracht den Tod im Pazifik findet, als historische Figur jedoch Selbstmord begeht, glaubt an das Künstliche: „Allmählich wurde er zu jener Sorte Mensch, die allen Glauben verloren hat, außer vielleicht den Glauben an das Unechte."[44] Menschenverachtung, außergewöhnliches Talent und überfeinerter Sinn für Ästhetik gehen bei Amakasu Hand in Hand. Im Roman erfährt der Leser keine Details über Gräueltaten, in die der Militär möglicherweise involviert war. Dennoch wird seine Kaltblütigkeit angedeutet, als er sich an einem Mitschüler im Internat rächt:

> Jener Junge litt danach an widerwärtigen Alpträumen, schrie im Schlaf so laut und beängstigend auf, daß die Lehrer Dutzende Male in der Nacht nach ihm sehen mußten [...] und [er] die nächsten Jahre in einer Nervenheilanstalt für Kinder bei Osaka verbringen sollte.[45]

Wie Nägeli widerfahren auch Amakasu traumatische Erlebnisse in der Kindheit, die dem Schweizer in den Willen zur Kunst und dem Japaner in Maßlosigkeit sowie einen stark ausgeprägten Willen zur Macht umschlagen. Wie Nägeli lebt Amakasu für die Schönheit jenseits des Menschlichen und wird – anders als der Schweizer – zu einem gefährlichen Zyniker, der das Künstliche mehr schätzt als das Lebendige. Aus diesem Grund eskaliert auf dem Schiff in die USA die Situation zwischen Amakasu und Charlie Chaplin, den die Arroganz des Japaners gegenüber dem vermeintlichen amerikanischen Banausentum rasend macht. Die Episode endet mit Amakasus Sprung in den Ozean.[46]

Künstlichkeit und Natürlichkeit schließen sich im Horizont des Romans keineswegs aus. Vielmehr scheint die Künstlichkeit einer Hochkultur, bis über ihren Höhepunkt hinaus gesteigert, Natürlichkeit nach sich zu ziehen: „Wie mühsam sind doch diese dreifachen Verdrehungen, denkt Nägeli bei sich, doch sind sie

---

44 Kracht: Die Toten, S. 26.
45 Kracht: Die Toten, S. 64 f.
46 Vgl. Kracht: Die Toten, S. 191 ff.

auch vollendeter Ausdruck einer Hochkultur, die es versteht, sich gleichzeitig hochartifiziell sowie unter größter Natürlichkeit zum Ausdruck zu bringen".[47] Nägeli bewundert Tokio, eine restlos künstliche Stadt, scheinbar frei von jeglicher Banalität des Lebens, in der sogar Unfälle würdevoll vonstattengehen. Ein von einem Auto angefahrener Mann setzt sich in aller Bescheidenheit Blut spuckend an den Straßenrand:

> [E]ine elektrisierende Polyphonie, [...] eine Stadt, die vollkommen frei scheint vom Makel des Vulgären. Am Seitenfenster [...] ziehen vornehme Frauen vorbei, die emotionslos im Schatten zweier Parasols spazierengehen; melancholische Ginkobäume [...] so perfekt arrangiert, als seien sie dort wie von einem Kunstmaler inszeniert worden.[48]

Repräsentationen mehr oder weniger realer Orte oder reine Fiktion, Krachts Narrative funktionieren *kunstmalerisch*, indem sie durch ihre Künstlichkeit natürlich werden. Dieser auf den ersten Blick paradox erscheinende Aphorismus indiziert das Gegenteil eines naiven Dualismus von Realität versus Fiktion. Die eigene Medialität ist hier immer mitgedacht, ohne – das unterscheidet Kracht von einer Vielzahl zeitgenössischer deutschsprachiger Autoren – reduktionistisch Sprache als Instrument zur Wirklichkeitsdurchdringung misszuverstehen oder ihre metaphysisch-spekulative Dimension zu verkennen. Menschsein ist exakt jenes metaphysische Tönen, das die Wahrheit selbst ist und mitnichten *als* Wahrheit von ihrem eigenen Präsentationsmodus abgezogen wird. Die Wahrheit der Sprache liegt nicht in ihrem Signifikat, sondern darin, *dass wir so und in diesem Moment sprechen, auf Reisen gehen, um nach der Wahrheit zu suchen, die wir immer schon gefunden haben oder erst noch finden werden.*[49] In Japan angekommen, fühlt sich der alternde impotente Filmemacher „beständig an etwas lange Vergessenes erinnert, das er selbst nicht erlebt haben kann [...]"[50] und denkt dadurch angeregt über die Kunst nach, bevor er sich eine alberne Perücke anfertigen lässt, um seiner geliebten Ida zu gefallen:

> Er muß sich etwas Neues ausdenken [...] es muß fehlerhaft sein, ja, exakt das ist die Essenz; es reicht nicht mehr, durch den Film eine transparente Membran erschaffen zu wollen, die vielleicht *einem* von tausend Betrachtern vergönnt, das dunkle, wunderbare Zauberlicht hinter den Dingen erkennen zu können. Er muß etwas erschaffen, das sowohl in höchstem Maße künstlich ist, als sich auch auf sich selbst bezieht. [N]un aber muß er tatsächlich etwas

47 Kracht: Die Toten, S. 147.
48 Kracht: Die Toten, S. 151.
49 Vgl. Giorgio Agamben: Die Sprache und der Tod. Ein Seminar über den Ort der Negativität. Aus dem Italienischen von Andreas Hiepko. Frankfurt am Main 2008: Suhrkamp, S. 174 ff.
50 Kracht: Die Toten, S. 152.

> Pathetisches herstellen, einen Film drehen, der erkennbar artifiziell ist und vom Publikum als manieriert und vor allem als deplatziert empfunden wird. [...] Nägeli müsse es statt dessen schaffen, eine Metaphysik der Gegenwart zu gestalten, in all ihren Facetten, vom Inneren der Zeit heraus.[51]

Kurz darauf erhält Nägeli Einsicht ins metaphysische Zauberlicht, das keineswegs hinter den Dingen zu finden ist, sondern in eben jenem kunstvoll-brüchigen Schreiben über das Schreiben. Die auf dem Lenkrad ruhenden weißen Handschuhe seines Fahrers erinnern ihn an seinen Albinohasen Sebastian, dem das Fell abgezogen wurde: „[U]nd in diesem Augenblick empfindet er es so, als könne er sich die Pein der Welt und ihre Grausamkeit für kurze Zeit borgen und sie umkehren, sie in etwas anderes, etwas Gutes verwandeln, als könne er durch seine Kunst heilen“.[52]

6 Stift und Maschinengewehr

Kurz vor dem Zweiten Weltkrieg paktieren zwei Nationen, deren kulturelles Substrat gleichermaßen ähnlich wie grundverschieden ist, um gegen den Filmhegemon Amerika zu bestehen. Imperien, so Friedrich Kittler, werden durch die Attribute Omnipräsenz, Auswendigkeit und Allgegenwart beschreibbar.[53] Obgleich Nägeli Hugenberg für übergeschnappt hält, wenn dieser das Kino zum Kriegsgerät erklärt, liegen die Omnipräsenz der bewegten Bilder und deren Effekte auf die Gehirne auf der Hand. *Die Toten* forciert die bereits in der Reisereportage *Alles Vergessene sammelt sich an der Decke* anklingende Wesensverwandtschaft von Film und Militärgerät:

> [U]nd Amakasu bemerkte, wie außerordentlich charismatisch und intelligent Chaplin doch schien, und wie gefährlich dieser Feind sein würde, und wieviel Macht dessen Kultur auszuüben imstande war, und vor allem wie eng verwandt Kamera und Maschinengewehr waren.[54]

Die semantische Verknüpfung mit dem Militärischen bleibt vor dem Hintergrund der erzählten machtpolitischen Ereignisse trotz der Wiederherstellung der ver-

---

51 Kracht: Die Toten, S. 153ff.
52 Kracht: Die Toten, S. 155.
53 Vgl. Agamben: Die Sprache und der Tod, S. 89.
54 Kracht: Die Toten, S. 94.

meintlichen Unschuld des Films evident.[55] Kittler referiert Nietzsches Hohn für all jene, die den Nutzen von Dichtung bestreiten, indem er feststellt, dass das Eindringen des Rhythmus in die Rede den Gedanken neu forme, ihn ferner und dunkler erscheinen ließe:

> Es sollte vermöge des Rhythmus den Göttern ein menschliches Anliegen tiefer eingeprägt werden, nachdem man bemerkt hatte, daß der Mensch einen Vers besser im Gedächtnis behält als eine ungebundene Rede: ebenfalls meinte man durch das rhythmische Ticktack über größere Fernen hin sich hörbar zu machen; das rhythmisierte Gebet schien den Göttern näher ans Ohr zu kommen. Vor allem aber wollte man den Nutzen von jener elementaren Überwältigung haben, welche der Mensch an sich beim Hören der Musik erfährt: der Rhythmus ist ein Zwang; er erzeugt eine unüberwindliche Lust, nachzugeben, mit einzustimmen; nicht nur der Schritt der Füße, auch die Seele selber geht dem Takte nach – wahrscheinlich, so schloß man, auch die Seele der Götter! Man versuchte sie also durch den Rhythmus zu zwingen und eine Gewalt über sie auszuüben: man warf ihnen die Poesie wie eine magische Schlinge um.[56]

Lyrik ist das ganz und gar irdische Unternehmen der rhythmischen Nachrichtenspeicherung und -übertragung, die ohne Bezugnahme auf den alles durchwirkenden Weltgeist auskommt. Bevor technische Medien erfunden waren, fungierten Körper als Medien, als Resonanzkörper für Melodie und Rhythmus, die das Subjekt an seine Umwelt koppelten:

> Das rhythmische Ticktack folgte beim quantitierenden Versmaß bekanntlich durchaus keinem Sinn, wie er über die Wortbedeutung den qualitativen Akzent moderneuropäischer Lyrik regiert: es koppelte den Versfuß, um seine Speicherung und Übertragung zu sichern, einfach an die Füße von Tänzern. Deshalb ist dieser Rhythmus, der einst Lyrik und Musik unlösbar verband, auch durchaus verloren gegangen. Speicher- und Übertragungseinrichtungen aus Fleisch überdauern es nicht.[57]

Als der schüchterne schweizerische Regisseur zusammen mit Ernst ‚Putzi' Hanfstaengl und Heinz Rühmann in Berlin ein Varieté besucht, mischt sich sein Auftraggeber Hugenberg heimlich unters Publikum, während die auf der Bühne tanzenden Körper im Begriff sind, sich zunächst in eine Schreibmaschine und schließlich ein Maschinengewehr zu verwandeln:

55 „Vorerst bleibt also nur, Geheimwaffen des Zweiten Weltkriegs für Decodierungen zu mißbrauchen, die frei nach Deleuze/Guattari Medienmächte wie das Radio in Unschuld und Unsinn zurückversetzen." (Kittler: Die Wahrheit der technischen Welt, S. 99).

56 Kittler: Die Wahrheit der technischen Welt, S. 87 f.

57 Kittler: Die Wahrheit der technischen Welt, S. 88.

> […] Kunstnebel, erst vereinzeltes Klicken, jetzt ein stetig sich beschleunigendes Klacksen, die rhythmisch tänzelnden Füße des Mannes werden zur Schreibmaschine, zum Maschinengewehr, und so achtet niemand im Publikum auf die Ankunft des Reichsministers Hugenberg […].[58]

Die Toten erweckt nicht nur einen signifikanten Moment in der jüngsten deutschen Geschichte zum Leben – einschließlich komödiantisch-schrecklicher Puppets –, sondern spielt in der Übergangszeit von Stummfilm zu Tonfilm, von Frieden zu Krieg. Der Roman zeigt den kurzen Weg von einem weltoffenen Berlin in die Provinzbarbarei.[59]

Krachts Schreibstil – seitenfüllende, verschachtelte Sätze, wiederholt von Parenthesen unterbrochen – archiviert und rhythmisiert Geschichte in besonderer Form: als *stoffliche Mediengeschichte des Geistes*. Kunst ist jenseits von Stellungnahmen zu tagespolitischen Themen oder Ideologemen alles andere als harmlos. Amakasu und Ida kopulieren, während Nägeli schonungslos mit der Kamera auf ihre Körper hält, sich an ihnen rächt, indem er sie für immer auf Zelluloid bannt, das Reale ins Imaginäre verwandelnd:

> Marey griff diesen Einfall auf und entwickelte seine chronophotographische Flinte, die das Visieren und Photographieren von im Raum bewegten Gegenständen erlaubte. Die Geschichte der Filmkamera fällt also zusammen mit der Geschichte automatischer Waffen. Der Transport von Bildern wiederholt nur den von Patronen. Um im Raum bewegte Gegenstände, etwa Leute, visieren und fixieren zu können, gibt es zwei Verfahren: Schießen und Filmen. Im Prinzip von Kino haust der mechanisierte Tod, wie das neunzehnte Jahrhundert ihn erfunden hat: ein Tod nicht mehr des Gegners, sondern serieller Unmenschen.[60]

Serielle Unmenschen, die es filmkriegerisch niederzuringen gelte, seien über den gesamten Erdball verteilt, monologisiert Reichsminister Hugenberg, als Nägeli mit ihm über das Filmprojekt für das Deutsche Reich verhandelt:

> [M]an müsse den Erdball überziehen mit deutschen Filmen, kolonialisieren mit Zelluloid. Film sei ja nichts anderes als Zellulosenitrat, Schießpulver für die Augen. Kino, sagt Hugenberg und steckt sich eine von Putzis Zigarren an, Kino sei Krieg mit anderen Mitteln.[61]

---

58 Kracht: Die Toten, S. 111.
59 Alle Romane Krachts mischen sich in Situationen des Übergangs ein. In jedem einzelnen wird ein gewisses, in der Situation und/oder im Subjekt schlummerndes Potenzial sichtbar. Vgl. dazu Bronner: Vom taumelnden Ich zum wahren Übermenschen.
60 Friedrich Kittler: Grammophon. Film. Typewriter. Berlin 1986: Brinkmann und Bose, S. 190.
61 Kracht: Die Toten, S. 114.

Hugenberg wirkt größenwahnsinnig und doch behält er recht, denn die Hirne der Rezipienten werden zu Gegenstücken der technischen Medien, die Trugbilder stimulieren, nach Kittler nur Derivationen ihres medientechnischen Apriori.[62] „Erst mit dem Ende von Literatur wird die Seele neurophysiologischer Apparat."[63] Das Militärisch-Technische, Schreibmaschine und Filmkamera sind allgegenwärtig, so stellt bereits die Eingangsszene des Romans, in der ein japanischer Soldat rituellen Selbstmord begeht, während das Auge der Kamera auf ihn zielt, eine existentielle Verbindung zwischen Film und Tod her.

> Mit der chronophotographischen Flinte wurde der mechanisierte Tod perfekt: Seine Transmission fiel zusammen mit seiner Speicherung. Was das Maschinengewehr vernichtete, machte die Kamera unsterblich. [...] Film ist eine unermeßliche Ausweitung der Totenreiche, während und schon bevor die Kugeln treffen. Ein einziges MG erledigt (nach Jüngers Bemerkung über den *Arbeiter*) das studentische Heldentum ganzer Langemarck-Regimenter von 1914, eine einzige Kamera die Sterbeszenen danach.[64]

Bevor er das Messer mit chirurgischer Präzision in seine Eingeweide bohrt, hält der Soldat inne, dem Regen lauschend, aber er hört nur das Rattern[65] des mechanischen Apparats, der das Reale sequenziert, um es in Visionen zu verwandeln. Geistesgeschichtliche Trugbilder und deren medientechnisches Apriori bestehen nebeneinander, nuancieren sich gegenseitig. Es rattert, bis in der Welthauptstadt des Films alles eskaliert. „Zerhackung oder Schnitt im Realen, Verschmelzung oder Fluß im Imaginären – die ganze Forschungsgeschichte des Kinos spielte nur dieses Paradox durch."[66] Unter ostentativer Zurschaustellung der Zerstückelung realer Kontinuität, obgleich das eigentliche Ziel darin bestehen sollte, eben jenes Unterlaufen der Wahrnehmungsschwelle zu verschleiern,[67]

---

62 „Hirngespinste aber, ‚glühende Visionen', die wie der Schützengraben ‚auf bangen Hirnen lasten' –: sie alle gibt es nur als Korrelate technischer Medien." (Kittler: Grammophon. Film. Typewriter, S. 199).

63 Kittler: Grammophon. Film. Typewriter, S. 199.

64 Kittler: Grammophon. Film. Typewriter, S. 190 f.

65 „Das Kino, im Unterschied zur Schallaufzeichnung, begann mit Rollen, Schneiden, Kleben." (Kittler: Grammophon. Film. Typewriter, S. 177).

66 Kittler: Grammophon. Film. Typewriter, S. 187.

67 Nägeli reflektiert in einer Vorführung sitzend über die Filmkamera, die er mit einer Art ausgelagertem Gehirn vergleicht: „[E]s war doch sinnfällig, daß eine Abbildung der Realität mit einem so metaphysischen Instrument (diesem außerkörperlichen Zentralorgan) wie der Filmkamera immer schwarz-weiß sein müsse" (Kracht: Die Toten, S. 81). Die gleiche Problematik, die Nägeli in seinem wiederkehrenden Traum sieht, in dem er zugleich hinter und vor der Kamera steht, zeigt sich im Paradox des sich selbst denkenden Gehirns.

schreibt Kracht einen Roman im Kinostil[68] über das deutsche Imaginäre mit dem Ziel, trotz des Lärmens der Apparaturen Geister zu erschaffen:

> Aber frühneuzeitliche Körpertechniken haben ausgedient, militärisch wie choreographisch. Beim Zusammenfall von Krieg und Kino wird die Etappe zur Front, das Propagandamedium zur Wahrnehmung, der Lichtspielraum von Douchy zum Schema oder Schemen eines ansonsten unsichtbaren Feindes.[69]

Die metaphysische Geistesgeschichte wird, unter elegantem Schnitt, als kriegerisch-technologische und körperliche Mediengeschichte aufgeführt, ohne eben jenen Geist aufgrund seiner Künstlichkeit ausklammern zu müssen. Die Wahrheit kann nur im Medium selbst zu Hause sein, nicht in der spezifischen Message.[70] Folglich verwundert es kaum, dass Nägelis Vater die wichtigste aller Botschaften an seinen Sohn, den Herrensignifikanten, nicht ausspricht,[71] sondern allenfalls anhaucht, während er sein Leben aushaucht. Im wörtlichen Sinne liegt die Wahrheit im stinkenden Odem des Verfalls. Das jenseitige Außen von Literatur fällt im Krachtschen Kosmos, der Roman, Autorfigur, Internetauftritte, Soziale Medien, Bilder, Filme usw. umfasst, radikal mit dem Innen zusammen. Die scheinbar aus den Untiefen der Weltenpsyche teils luziden, zuweilen verwackelten Bilder unergründlicher, hochartifizieller und sensibler Figuren, die Kracht an die Wand wirft, sind keinesfalls dem Zufall geschuldet, behält man einerseits die Technologiegeschichte und andererseits die ideologischen Verbindungen im Blick, die Kunst und das Militärische wiederholt miteinander eingingen – man denke an die Expressionisten, die mit Sturz und Schrei in den Krieg zogen, bis die ersten unter ihnen im besten Falle traumatisiert von langwierigen und aufreibenden Materialschlachten des Ersten Weltkrieges zurückkehrten. Besonders bemerkenswert erscheint die paradoxe Spannung zwischen imaginär-körperlosen

---

68 Kittler spricht im Hinblick auf Ernst Jüngers *In Stahlgewittern* von einem Schreiben, das „selber [...] in den Lichtspielraum von Douchy" umziehe. „Deshalb und nur deshalb ‚erschlossen sich' dem ‚wandernden Hirn' von Grabenkriegern noch in der sensory deprivation ihrer dunkelsten Unterstände ‚die Blüten der Welt, grell und betäubend, Großstädte an den Gewässern des Lichts, südliche Küsten, an denen leichte, blaue Wellen zerschäumten, in Seide gegossene Frauen, Königinnen des Boulevards' undsoweiter durch die Spielfilmarchive innerer Erlebnisse." (Kittler: Grammophon. Film. Typewriter, S. 199 f.).

69 Kittler: Grammophon. Film. Typewriter, S. 201.

70 Kittler: Grammophon. Film. Typewriter, S. 95.

71 Vgl. Kracht: Die Toten, S. 22 f. Die Tatsache, dass Amakasu später, aus der Zeit gefallen, in einer Vision einem Riesen begegnet, der dreimal ‚Hah' haucht, bestärkt nicht nur die oben genannte These dadurch, dass die Szene im metaphysisch-ahistorischen Raum stattfindet, sie bezeugt überdies die in Krachts Werk omnipräsente deleuzianische Idee eines rhizomorphen Wirklichkeitsgefüges. (Vgl. Kracht: Die Toten, S. 76).

Höhen,[72] zu denen sich die Figuren in ästhetisch-poetologischer Reflexion aufschwingen, und den somatischen Begleiterscheinungen Onychophagie und Erbrechen:

> [E]in Regisseur müsse an die absolute Wirklichkeit seines Stoffes glauben, ja er müsse an Vampire und an Geister glauben und an Wunder glauben. [...] Nägeli nickt, schluckt den scharfen Geschmack des eben Erbrochenen hinunter, ja, sie haben recht, seine neuen Freunde.[73]

Nägeli kaut wie Engelhardt an seinen Fingernägeln. Angekommen in Tokio bewundert er die Schönheit und Künstlichkeit der Stadt, während der Erzähler einen irritierenden Hinweis auf Nägelis Zahnbelag gibt.[74] Die Parallelführung von philosophischer Reflexion über Kunst und Körper ist als Hinweis auf die notwendige Verdrängung des Körpers zugunsten des Geistes zu begreifen. Die Gleichzeitigkeit von Jenseitigkeit und Diesseitigkeit, von metaphysischer Geisterwelt im „Inneren der Zeit“[75] – die Toten/Vampire sind gleichermaßen im Hier und Dort zu Hause – und von ‚Realität‘, von Gegenwart und Vergangenheit, Geist und Körper markieren die Konturen der erzählten Welt. In dem fiktionalen, von metaphysischen Untiefen verzerrten Moment fallen das unmittelbar bevorstehende Ereignis des Zweiten Weltkrieges und das Aufkommen des Tonfilms zusammen.

7 Die Musikalität der Seele

Im Roman wird nicht nur deutlich, dass die Filmkunst für die Politik zu Propagandazwecken unverzichtbar ist. Überdies zeigt der Roman, dass sich in eben jener Ablehnung des Tonfilms der Japaner ein Seelenpanorama *en miniature* abzeichnet, das in der Figur Amakasus exemplarisch wird und Parallelen zur „deutschen Psyche“ erkennen lässt, wie sie Thomas Mann beschreibt.[76] Obgleich in Amakasus Auslegung ein gleichermaßen alles und nichts bedeutendes Schweigen das imaginäre Signifikat der japanischen Kultur verkörpert, erweist sich die Disposition beider Nationen zur Metaphysik als Gemeinsamkeit. Es wird insbesondere dann brisant, wenn metaphysische Elemente in der jeweiligen

72 Der imaginäre Blick wird an dieser Stelle im Lacan'schen Sinne als ein Blick in die Sphäre des Signifikats verstanden.
73 Kracht: Die Toten, S. 118.
74 Kracht: Die Toten, S. 152.
75 Kracht: Die Toten, S. 154.
76 Vgl. Thomas Mann: Deutschland und die Deutschen. Essays 1938 – 1945. Hrsg. von Hermann Kurzke und Stephan Stachorski. Frankfurt am Main 1996: S. Fischer.

Realitätswahrnehmung, seien sie spiritueller oder auch poetischer Natur,[77] eine gefährliche Verbindung mit dem Militärischen eingehen.[78] Dem Hang zur Schönheit und dem Erhabenen seitens der staatlichen Vertreter und Künstler beider Seiten entspricht ein ausgeprägter Sinn fürs Grausame und gleichsam Banale, das sich deutlich in Figuren wie Hugenberg, Fritz Lang, Heinz Rühmann etc. zeigt. Masahiko, ein feingeistiger sowie abgründiger, offenbar hochrangiger Mitarbeiter des japanischen Außenministeriums, wird parallel geführt mit dem etwas trägen, durchaus genialen alternden Schweizer Filmregisseur Emil Nägeli.

Die Toten wird zur faktionalen Fallstudie, die kulturelle Abgründe im sowohl japanischen wie deutschen Welt- und Selbstverständnis aufdeckt. In beiden Figuren tritt eine Dekadenz zutage, die sich allerdings unterschiedlich manifestiert. „Wo der Hochmut des Intellekts sich mit seelischer Altertümlichkeit und Gebundenheit gattet, da ist der Teufel",[79] resümiert Thomas Mann in seiner Rede *Deutschland und die Deutschen* im Jahr 1945. Im Weiteren spricht der deutsche Exildichter von den (Un-)Tiefen der deutschen Seele und dem aus ihr deduzierten

77 Botho Strauß spricht in seinem *Spiegel*-Beitrag *Der letzte Deutsche* von einer Art metaphysischem Kanon, von Tradition, die jenseits von Nation und Vernichtungslager existiere. Wollte man geschichtsphilosophische Ideen mit Begriffen aus der Natur oder den Naturwissenschaften fassen, könnte man von phänotypischer Varianz sprechen, von individueller Ausprägung eines theoretischen Potenzials. (Vgl. Botho Strauß: Der letzte Deutsche. In: Der Spiegel 41 (2015), 2. Oktober 2015, http://www.spiegel.de/spiegel/print/d-139095826.html [10. Mai 2017]).

78 Ziel dieses Aufsatzes ist es nicht, eine empirische Untersuchung des Buchmarktes zum Thema nationale Identität und ihre diskursiven Ausdrucksformen zu leisten. Dennoch sollen selektiv einige Titel genannt werden, die Deutschland und den Deutschen eine abgründige Mann'sche Seelentiefe attestieren: Moritz von Uslar möchte in seinem Buch *Deutschboden* im Jahr 2010 die Seele des wilden Ostens erkunden, Frauke Finsterwalder und Christian Kracht verhandeln im Jahr 2013 ein ästhetisches, eiskaltes Deutschland in *Finsterworld*, gefolgt von Krachts Roman *Imperium*, in dem eskapistische Utopie und Nationalismus in der deutschen Seele begründet liegen, Botho Strauß ‚reagiert' auf die ‚Flüchtlingskrise' mit dem Aufsatz *Der letzte Deutsche*, in dem ein ästhetisch-metaphysischer Hallraum der Überlieferung beschworen wird, der dem letzten deutschen Intellektuellen als Ort der inneren Emigration dienen soll. 2012 präsentiert David Schalko mit seiner TV-Serie *Braunschlag* eine ähnliche ‚Fallstudie' für Österreich, die Identität an Heimat und Natur metaphysisch rückbindet. Im Jahr 2016 legt Kracht mit den *Toten* einen Roman vor, der nicht nur bis zum heutigen Zeitpunkt verehrte Idole stürzt (Heinz Rühmann, Fritz Lang), sondern ein Sittenbild und eine historische Studie der Abgründe der deutschen Seele in den 1930er Jahren ist. Obwohl, wie bereits vielfach festgestellt, sein Werk zwischen Uneigentlichkeit und Eigentlichkeit changiert, legt er einen Pastiche vor, der als ironisch gebrochenes Werk dennoch metaphysischem Denken und Schreiben verhaftet bleibt. Schreiben ist wie Filmemachen der Versuch, das Unsagbare auszusprechen, das Nichtrepräsentierbare zu repräsentieren, mit oder ohne Augenzwinkern. Die Transzendenz ist wie bei Kittlers Imitatio des Fruchtbarkeitsrituals immer schon präsent.

79 Mann: Deutschland und die Deutschen, S. 264.

Überlegenheitsgefühl gegenüber der Welt. Denken wir an Amakasus unheimliches Genie, sehen wir die Faustfigur vor uns:

> Soll Faust der Repräsentant der deutschen Seele sein, so müsste er musikalisch sein; denn abstrakt und mystisch, i. e. musikalisch, ist das Verhältnis der Deutschen zur Welt, – das Verhältnis eines dämonisch angehauchten Professors, ungeschickt und dabei von dem hochmütigen Bewusstsein bestimmt, der Welt an ‚Tiefe' überlegen zu sein. Worin besteht diese Tiefe? Eben in der Musikalität der deutschen Seele, dem, was man ihre Innerlichkeit nennt, das heißt: dem Auseinanderfallen des spekulativen und des gesellschaftlich-politischen Elements menschlicher Energie und der völligen Prävalenz des ersten vor dem zweiten. Europa hat das immer gefühlt und auch das Monströse und Unglückliche davon empfunden.[80]

Während er angewidert den gefilmten Selbstmord eines japanischen Soldaten ansieht, um den Film schließlich als Zeichen einer tiefen, spirituell-ästhetischen Verbundenheit nach Hitler-Deutschland zu schicken, denkt der Zyniker Amakasu, den die ‚Tiefe' seiner eigenen Kultur geradeso abstößt, über das barbarische Ausland nach:

> Allmählich wurde er zu jener Sorte Mensch, die allen Glauben verloren hat, außer vielleicht den Glauben an das Unechte. [...] Die eisernen Geheimnisse seines Landes, jene Schweigsamkeit, die alles meint und nichts sagt, war ihm zuwider, aber gleichermaßen waren ihm, wie jedem Japaner, die Ausländer aufgrund ihrer Seelenlosigkeit zutiefst suspekt – wenn man sie und ihre aufdringliche Irrelevanz jedoch für die eherne Plicht dem Kaiser und der Nation gegenüber benutzen konnte, nun, dann mußte man das wohl tun.[81]

Die Kehrseite der deutschen Genialität und Seelentiefe, von der Thomas Mann spricht, zeigt sich als das Unvermögen der Deutschen zu einer interessengeleiteten Weltpolitik, deren weltliche Niederungen er aufgrund seiner Anlagen zum Höheren, zum Geistigen zutiefst verachtet. Jener deutsche sowie japanische fanatische Glaube an die eherne Pflicht, eine Art Nibelungentreue, ist es, die, übersetzt in ein politisches Narrativ, fatale Konsequenzen zeitigt. Der Deutsche, so Mann weiter, betreibt demgemäß Politik nur unter falschen Vorzeichen, da sie für ihn nichts weiter als „Lüge, Mord, Betrug und Gewalt"[82] bedeutet:

> Die zur Politik berufenen und geborenen Völker wissen denn auch instinktiv die politische Einheit von Gewissen und Tat, von Geist und Macht wenigstens subjektiv immer zu wahren; sie betreiben Politik als eine Kunst des Lebens und der Macht, bei der es ohne den Einschlag von Lebensnützlich-Bösem und allzu Irdischem nicht abgeht, die aber das Höhere, die Idee,

80 Mann: Deutschland und die Deutschen, S. 265.
81 Kracht: Die Toten, S. 26.
82 Mann: Deutschland und die Deutschen, S. 273.

> das Menschlich-Anständige und Sittliche nie ganz aus den Augen lässt: eben hierin empfinden sie ‚politisch' und werden fertig mit der Welt und mit sich selbst auf diese Weise. Ein solches auf Kompromiss beruhendes Fertigwerden mit dem Leben erscheint dem Deutschen als Heuchelei. [...] Der Deutsche, als Politiker, glaubt sich so benehmen zu müssen, dass der Menschheit Hören und Sehen vergeht – dies eben hält er für Politik. Sie ist ihm das Böse, – so meint er denn um ihretwillen recht zum Teufel werden zu sollen.[83]

Zu einer Politik, verstanden als Austausch von Interessen in einer unvollkommenen Welt, deren Ziel es sein muss, die Verhältnisse mindestens zu verbessern, sind die Deutschen unfähig. In *Die Toten* trifft Japans abgründige, hochartifizielle und fein ziselierte Kultur auf deutsche Barbarei und Größenwahn. Emil Nägeli, ein funkelnder und zugleich schüchterner Künstler aus der Schweiz, ist sicher kein Politiker. Obwohl er über die Metaphysik der Kunst nachdenkt und wie Amakasu als Toter durch die Welten reist, lehnt er dennoch die zutiefst böse Verbindung von Kunst und Macht, wie sie ihm in Nazideutschland in den Figuren Rühmanns und Hugenbergs begegnet, angewidert ab.

8 Es gibt keine Literatur oder: Die Anwesenheit der Götter

Zu Zeiten Homers fielen, so Friedrich Kittler, „[d]as Medium der Dichtung, wie wir sie kennen, und das der Philosophie [...] von vornherein"[84] zusammen. Philosophie und Literatur waren sowohl undenkbar ohne den „bestimmten geographischen Ort und eine bestimmte Geschichtszeit"[85] als auch begrifflich und damit ontologisch ineinander verschlungen. Demgemäß standen vor Plato das Göttliche und das Menschliche auf der Erde in Einklang, die Musen waren Dorfmädchen, „die nur wir nach langer christlicher Einübung in Engel und andere transzendententrückte Wesen" umdeuteten.[86] Liebesspiel und Geschlechtsakt wurden spielerisch ritualisiert, miteinander eingeübt und von Jünglingen und Dorfschönheiten zum Übertritt in die Adoleszenz performt. Der Junge *war* Dionysos, die Mädchen die Nymphen. Sie imitierten den göttlichen Akt, nein, sie machten den Akt zu einem göttlichen:

---

83 Mann: Deutschland und die Deutschen, S. 273.
84 Kittler: Philosophien der Literatur, S. 21.
85 Kittler: Philosophien der Literatur, S. 10.
86 Kittler: Philosophien der Literatur, S. 19.

> Was zählt, ist nur, dass die Musen und der Gott alle zwei Geschlechter auf dieser unserer dörflichen Erde vertreten und dass der junge unverheiratete Dorfjunge, um den es geht, in seiner Entrückung zum tanzenden Gott aus den besten Gründen der Welt eine Maske getragen haben wird.[87]

Kittlers Lesart eines immanent-transzendenten Griechenlands ist nicht nur an den spezifischen historischen Moment rückgebunden, sie hebelt zugleich die Sinnverschiebung hin zu einem transzendenten Außen aus: „Denken Sie von den Göttern Griechenlands nicht zu abstrakt."[88] Das beschriebene vorplatonische Griechenland, wo Staatskunst, Kunst und Musik eins waren, Philosophie nicht von Literatur getrennt gedacht werden konnte, erscheint hier als *locus amoenus:* „Epische Gesänge, dramatische Staatsfeste und lyrische Tänze waren das allgemeine Medium, in dem alle Griechen [...] webten, lebten und waren."[89] Wie Foucault begreift Kittler das ‚Über-die-Dinge-Sprechen' der abendländischen Philosophie als repressiven Akt des Überschreibens lebendiger Wirklichkeit mit toten Begriffen: „[A]ber keiner von ihnen schrieb über Homer, sondern eben aus seinem Geist oder Begriffsschatz heraus. Erst mit dem Denken und Schreiben über etwas betreten wir aber den Raum der Philosophie."[90] Der im Jahr 2011 verstorbene Medienphilosoph weist das tradierte Narrativ des ‚Übergangs' vom Mythos zum Logos als Mär von sich und stellt fest, dass die Übersetzungen der griechischen Originaltexte ins Lateinische problematisch seien, da sie das Musikalische und Rhythmische der griechischen Sprache zugunsten des ‚Inhalts' unberücksichtigt ließen: „In den Vokalen, die sich rhythmisch als lange und kurze, harmonisch als hohe und tiefe artikulierten, haust nun aber die Musikalität einer Sprache."[91] Die griechische Seinsweise lässt eine Abstraktionsebene unvorstellbar erscheinen, im Zuge derer das Menschliche vom Göttlichen abgezogen, oder umgekehrt, das Menschliche zum Göttlichen potenziert werden würde. Analog unterlaufen die Kracht'schen Texte innerhalb des ontologischen Horizonts die Kategorien Ernst und Ironie. Der Leser kollidiert mit einer unmöglichen Immanenz, die auch das vermeintliche Außen der Ironie selbst einschließt, ohne eine identifikatorische oder leidenschaftliche Lektüre auszuschließen. Richard Dyer schreibt über Pastiche als innovative Schreibstrategie, deren Kern darin besteht, das Original zu imitieren:

87 Kittler: Philosophien der Literatur, S. 19.
88 Kittler: Philosophien der Literatur, S. 19.
89 Kittler: Philosophien der Literatur, S. 22.
90 Kittler: Philosophien der Literatur, S. 25.
91 Kittler: Philosophien der Literatur, S. 30.

> In many ways I have begun to specify what kind of imitation pastiche is – it imitates other art in such a way as to make consciousness of this fact central to its meaning and affect. [...] I especially want to argue that against the notion that pastiche is incompatible with affect; indeed, the reason for being interested in it is that it demonstrates that self-consciousness and emotional expression can co-exist, healing one of the great rifts in Western aesthetics and allowing us to contemplate the possibility of feeling historically.[92]

Betrachten wir Pastiche als Schreibstrategie, soll es uns nicht um den Aspekt der Originalität von Kunstwerken oder um intertextuelle Aspekte gehen, die man unscharf in direkte, implizite und stilistische Zitate differenziert. In seinem Essay *Tradition and the Individual Talent* verlangt T. S. Eliot dem Dichter einen Sinn für die Historizität der Dinge ab, indem dieser das Historische mit dem Überzeitlichen verbindet, um dem ästhetischen Vergleich mit den Vorgängern, den Toten, standzuhalten.

> This historical sense, which is a sense of the timeless as well as of the temporal and of the timeless and of the temporal together, is what makes a writer traditional. And it is at the same time what makes a writer most acutely conscious of his place in time, of his contemporaneity. No poet, no artist of any art, has his complete meaning alone. His significance, his appreciation is the appreciation of his relation to the dead poets and artists. You cannot value him alone; you must set him, for contrast and comparison, among the dead.[93]

Man könnte die Ähnlichkeiten zu Erich Kästners und Thomas Manns Stil herausstellen oder zahlreiche Referenzen im Kanon der Weltliteratur aufzeigen. Uns soll es dagegen um die Dimension der Historizität von Erfahrung und die Ermöglichung einer emotionalen Lektüre trotz des unmöglichen reinen Ersten gehen:

> Pastiche articulates this sense of living permanently, ruefully but without distress, within the limits and potentialities of the cultural construction of thought and feeling. Pastiche articulates this not through intellectual reflection on it but by conveying it affectively. It imitates formal means that are themselves ways of evoking, moulding and eliciting feeling, and thus in the process is able to mobilise feelings even while signaling that it is doing so. Thereby it can, at its best, allow us to feel our connection to the affective frameworks, the structures of feeling, past and present, that we inherit and pass on. That is to say, it can enable us to know ourselves affectively as historical beings.[94]

---

92 Richard Dyer: Pastiche. London und New York 2007: Routledge, S. 4.
93 T. S. Eliot: The Sacred Wood. Tradition and the Individual Talent. www.bartleby.com/200/sw4.html [22. November 2017].
94 Richard Dyer: Pastiche, S. 180.

Von Krachts Sprache lässt sich nichts abziehen, das Eigentliche oder der Normalzustand, gemessen am imaginären Außen, ist immer schon abwesend. Wie Kittlers Figur einer immanent-transzendenten Imitatio ermöglicht Pastiche als Schreibstrategie einen schuldbewussten, dennoch entspannten Umgang mit der kulturellen Konstruiertheit von Gefühl und Gedanke, ohne *darüber* theoretisch zu reflektieren. Pastiche schafft die Voraussetzung für eine leidenschaftlich-identifikatorische Lektüre, obgleich die apriorischen Mechanismen offengelegt sind. Dadurch sind wir in der Lage, unser kulturell ererbtes Affektgefüge, die strukturelle Grammatik von Gefühl zu verstehen, die wir schließlich weitergeben werden. Wir erleben uns selbst affektiv als geschichtliche Subjekte, indem wir der Bewegung der Sprache folgen.

In Krachts Romanen findet der Leser keine philosophischen Streitgespräche wie die zwischen Naphta und Settembrini über Todessehnsucht und Rationalismus in Manns *Zauberberg*, vielmehr begegnen wir Engelhardt, der sich fingernägelkauend in seiner eigenen gedanklichen Hermetik verliert. Die Erzählstimme findet einen gleichermaßen autoreflexiven wie leidenschaftlichen Ton, der den zuweilen grausamen Inselbewohner lächerlich-liebenswert erscheinen lässt. Man könnte von einer Strategie sprechen, die die Artikulation des Pathos (Rock) durch die Warnung vor der Unmöglichkeit ästhetischer Wiederholung abzukühlen sucht und eben dadurch – auf ontologischer Ebene – potenziert. Denn der Gedanke der Geschichtlichkeit unseres Daseins und dessen kulturelle Bedingtheit führen ein Element der Schicksalhaftigkeit in Form einer latenten Todesdrohung in den ästhetischen Diskurs ein, das eben jene Distanz mindestens in sich aufhebt, wenn nicht sogar den ursprünglichen Affekt mit neuer Intensität anreichert. Die Distanz verweist auf die Ausweglosigkeit der *conditio humana*, auf die Unmöglichkeit eines Außen, das ein ahistorisches, authentisches Erleben, Schreiben, Fühlen ermöglichen würde. Kurz, Pastiche ist eine ästhetische Operation, die ihre eigene Geschichtlichkeit mitdenkt und zugleich das Pathos klammheimlich legitimiert. Das Sich-Verkleiden, Gott*werden*, ist die Lust, trunken an sich selbst herabzublicken. Eine historische Strategie, die an den Affekten rührt, zu zitieren, bedeutet, die mediale Vermitteltheit eines jeden Gedankens und Gefühls mit*schwingen* zu lassen, wie die jungen dionysischen Tänzer ganz selbstverständlich des Dionysos Kleider überstreifen. Das Tanzen selbst, die ästhetische Herstellung von Fiktionen, ist weder echt noch unecht, weder irdisch noch göttlich. Es ist die sinnliche Bedingung unseres Daseins, wie das Fragen nach dem ‚Was ist?' und die damit einhergehende Verschleierung ihres eigenen Ursprungs im Wesen der Sprache liegen. Paradoxerweise – und aus eben jenem (Un-)Grund erwachsen gleichermaßen die Philosophie und die Reflexion über die Schönheit – ist es uns gegeben, darüber nachzudenken. Es geht nun darum, das Spirituelle und Schöne dieses sprachlich-tänzerischen Weges zu erkennen.

Krachts Sprache besingt sich selbst und den Menschen, der beim dionysischen Tanz ein verlegenes Lächeln auf den Lippen hat. Durch das Zitat, die Zurschaustellung der eigenen Medialität des emotionalen Erlebens, können wir gelassen am Göttlichen teilhaben, ohne Gefahr zu laufen, zu Epigonen zu werden oder dem Kitsch anheimzufallen. Noch vor seiner Bedeutung der Nachahmung der Natur durch die Kunst, die uns seit Aristoteles Poetik bis hin zur Aufklärung geläufig ist, bedeutet Mimesis das Genießen, ein anderer zu sein.[95]

> Im altindischen Sanskrit entspricht diesem *mîmos* [...] das berühmte Wort Maya, ursprünglich wohl im Sinn von Tausch oder Gestalttausch, in der späteren indischen Mystik dann der Schleier dieser Welt, wie er sich als Illusion unserer Sinne vor die reine Leere legt.[96]

Die jungen Griechen tauschten sich selbst für den Moment gegen die Götter ein und wurden damit Teil des Schleiers der Welt selbst, wie sich der Leser gegen die Kunst eintauscht. *Imitatio* ist die Art und Weise, durch die der Stil seine eigene Fiktionalität inszeniert. Die Metaphysik der Kunst, wie sie Nägeli vom Film fordert, wird im Stil des Romans als eine diesseitige Metaphysik des Tausches inszeniert, die gleichwohl rauschhaft ist. So bleibt der dionysische Tanz noch immer möglich, vielleicht nicht durch lange Kameraeinstellungen auf einen zertretenen Pappbecher, aber möglicherweise durch das Schreiben über eben jene Szene.[97]

Als Nägeli in Japan eintrifft, filmt er Masahiko und Ida beim Geschlechtsverkehr und wird so selbst zum eifersüchtigen und verletzten Voyeur, der die viel zu echte Szene in seinem Film später zu Kunst verdichten wird. Während Nägeli im Inneren des Hauses, „*in* den Kulissen eines Theaters",[98] die beiden *aufnimmt*, beobachtet der Leser die Szene, sich seine eigene Zerrissenheit vergegenwärtigend. Für den Moment wird Nägeli selbst zum Objektiv, die „hellblaue Iris seines Auges am Loch, beleuchtet durch die Szenerie im Zimmer, fast so, als sei sein Blick selbst der Projektor dieser Abscheulichkeit"[99] Sein ihn vormals wiederholt überwältigender Albtraum – interessant ist hier die passivische Konstruktion „ihm träumte" – vom simultanen Vor-und-hinter-der-Kamera-Stehen wird für ihn zur erniedrigenden Wirklichkeit.[100] Die Episode spiegelt zugleich die Selbstmordszene des Romanbeginns wider, in der das Objektiv ebenfalls schallisoliert in der Wand angebracht wird. Richtet der Leser/Betrachter den sensationslüs-

---

95 Vgl. Kittler: Philosophien der Literatur, S. 50 f.
96 Kittler: Philosophien der Literatur, S. 51.
97 Vgl. Kracht: Die Toten, S. 207.
98 Kracht: Die Toten, S. 176.
99 Kracht: Die Toten, S. 177.
100 Kracht: Die Toten, S. 15.

ternen Blick auf die vollständig ausgeleuchtete Szene, wozu er im Falle der Schrift indes nicht in der Lage ist, wird er korrumpiert, denn „es gab bestimmte Dinge, die man nicht abbilden durfte, nicht vervielfältigen, es gab Geschehnisse, an denen wir uns mitschuldig machten, wenn wir deren Wiedergabe betrachteten".[101]

Auf einer weiteren Ebene verkörpert der Schweizer eben jene Poetik der sich selbst musternden und zugleich involvierten Schrift. Für kurze Zeit lässt er sich gehen, reist durch Japan, „kreuz und quer",[102] um schließlich, nach Zürich zurückgekehrt, sein Trauma zu überwinden. Während seiner Reise, die an den gewaltigen kathartischen Sturm in *Imperium* erinnert, fühlt er sich notabene von seinem kindlichen Alter Ego, das ihn wie er zuvor den Vater bei der Hand nimmt, vom Vater selbst und zuletzt vom Leser beobachtet. Aus der weitverzweigten Geschichte der Herstellung eines Filmes wird schließlich ein Buch. Als Möglichkeit der Fiktion – wenn man so will, als „Nachbildeffekt"[103] – ist der Schleier des Seins immer schon in uns präsent und nahm im Laufe der Geschichte vielerlei, zum Teil angsteinflößende Formen an, die sich im Roman am Horizont abzuzeichnen beginnen. Der metaphysische Trieb des Menschen *ist* jener Schleier:

> Endlich frühmorgens eingenickt, betritt sie, nachdem sie eine lange blumenumrankte Straße hinabgewandert ist, an deren abruptem Ende sie unter einigen Mühen eine schwere, zisilierte [sic] Holztür aufgezogen hat, für ganz kurze Zeit etwas ängstlich das Totenreich, jene Zwischenwelt, in der Traum, Film und Erinnerung sich gegenseitig heimsuchen, und sie hört dort ein wesenloses Hauchen, es klingt wie ein langgezogenes *hah.*[104]

Diese Form der Entzauberung selbst ist in Krachts Sprache ästhetisiert. Wir müssen lediglich verlernen, nach dem ‚Dahinter' zu fragen. Krachts Sprache leistet genau dies. *Die Toten* beweist aufs Neue die Unübersetzbarkeit großer Kunst.

---

101 Kracht: Die Toten, S. 24.

102 Kracht: Die Toten, S. 197.

103 „Was Wunder, daß auch die Ästhetik des Nachbildeffekts einem Halbblinden zu verdanken ist. Nietzsche, der Philosoph mit minus 14 Dioptrien, lieferte unter den zwei kunstverliebten Vorwänden, erstens die *Geburt der* Tragödie bei den Griechen und zweitens ihre deutsche Wiedergeburt in Wagners Schau-Hör-Spielen zu beschreiben, eine Filmtheorie vor der Zeit. Aus Theateraufführungen, die in attischer Wirklichkeit einst unterm schattenlosen Mittagslicht gestanden hatten, wurden bei Nietzsche Halluzinationen berauschter oder visionärer Zuschauer, deren Augennerven Weißschwarz-Filmnegative völlig unbewußt zu Schwarzweiß-Filmpositiven entwickelten." (Kittler: Grammophon. Film. Typewriter, S. 184).

104 Kracht: Die Toten, S. 173.

9 Ausblick: Ästhetische Politik

Durch die momenthafte Aussetzung der bestehenden Aufteilung des Sinnlichen hält die Kunst im Zuge der Rezeption für den Betrachter ein demokratisches Potenzial bereit, da sie Ordnungssysteme und Hierarchien auflöst und neu anordnet. An dieser Stelle sollen schlaglichtartig einige mögliche politische Anknüpfungspunkte beleuchtet werden. Jenseits der abstrakten temporären Suspension von Identität und Zweckmäßigkeit greift der Kracht'sche Diskurs in die tradierte Dichotomie Künstlichkeit versus Natürlichkeit in Form eines Kurzschlusses ein.[105] Im Horizont des Buches wird durch einen hohen Grad an Künstlichkeit die höchste Form der Natürlichkeit greifbar, was stark an Kittlers Zukunftsvisionen einer absoluten Natur erinnert, die sich mit dem Supercomputer kurzschließt. Es scheint, dass das im Roman beschriebene Japan in seiner absoluten Künstlichkeit die größtmögliche Harmonie mit der Natur erreicht hat. Das schreibstrategische Plädoyer für ein Pathos, ein metaphysisches Trotzdem, greift insofern in die Identitätspolitik ein, als es einerseits ein Bekenntnis zu einer fiktionalen ästhetisierenden Sicht auf die Welt darstellt und andererseits einem naiven Realismus eine Absage erteilt.

Ida, deren Nase beim Dinner beim Niesen einer Comicfigur gleich tropft, überbrückt nicht nur die Differenz zwischen *high and low*. Die verdeckte Einbettung derartiger Passagen untergräbt die Vorstellung einer künstlichen Comicwelt als dem Anderen dieser Welt. Deren Aufgabe besteht eigentlich darin, unsere Wirklichkeit *ex negativo* mit Wirklichkeitsgehalt zu speisen, was hier nicht der Fall ist. Gleichermaßen verhält es sich mit der metaphysischen Welt der Toten, die *in* unsere Welt eingelassen ist. Krachts Kurzromane greifen durch Form, Stil etc. das gegenwärtig dominante Medium Film an, bzw. flankieren die kürzeren TV-Serien. Diese Tatsache erkennt, spiegelt, begleitet, karikiert die Umwertung des Buches vom immateriellen ‚Ideenlieferanten' zum ästhetisierten, fetischisierten Sammelobjekt in der Gegenwart. Kracht zu lesen, ist nicht nur cool. Stil, Sujets, Weltwahrnehmung, Buchgestaltung und Marketing bieten Identifikationspotenziale an, die dem George-Kreis ähnlich eine ästhetische Gemeinschaft der Eingeweihten konstituieren. Ferner stellt sich die fiktionale Welt als eine Welt der Kunst dar, des Intellekts und des Films. Im Hinblick auf das Ästhetische werden hier die Schlachten geschlagen und nicht auf dem Felde der Politik.

---

105 Für Rancière läge hier ein Verrat der Kunst an ihrem eigenen Potenzial, das im Kosmos dieses Denkens immer nur momenthaft, in Form einer punktuellen Unterbrechung eingreifen darf. Dennoch möchte ich an dieser Stelle politische Potenziale von Literatur aufzeigen, die jenseits konkreter politischer Botschaften liegen.

3 Weltentwürfe

Johannes Birgfeld

Von der notwendigen Vernichtung der Menschheit

Utopische und dystopische Diskurse und ihre Verflechtung in ‚Haupt'- und ‚Nebenwerken' Christian Krachts

Christian Krachts bis dato veröffentlichtes Werk weist eine Reihe von Charakteristika und Themen auf, die so auffällig häufig in seinen Arbeiten zu beobachten sind bzw. wiederkehren, dass es naheliegt, von typischen Merkmalen, vielleicht gar von Leitmotiven zu sprechen. Reisen etwa, ziellose wie zielgerichtete Durchschreitungen eigener und fremder Lebensräume, Bergbesteigungen ebenso wie der Aufbruch zu unvertrauten Orten, bilden den Ausgangspunkt oder stehen im Zentrum fast aller Texte Krachts: in den Romanen *Faserland*, *1979*, *Ich werde hier sein im Sonnenschein und im Schatten*, *Imperium* und *Die Toten*[1] ebenso wie in der Erzählung *Metan*, dem Fotoband *Die totale Erinnerung* oder den Reisejournal-Sammlungen *Ferien für immer* und *Der gelbe Bleistift*.

Ebenso offensichtlich ist die in der vielfachen Auflistung von Prätexten durch den Autor,[2] die Kritik und die Forschung ausgestellte intensive Nutzung intertextueller Erzählverfahren.[3] Kein Text Krachts, der nicht entweder Figuren und

1 Kracht, der in diesem Roman erstmals die Geschichten zweier Protagonisten weitgehend gleichgewichtig erzählt, zeigt den Schweizer Filmemacher Emil Nägeli während des ganzen Romans auf Reisen (von Paris nach Skandinavien, Zürich, Berlin, Tokyo, durch Japan und wieder in die Schweiz), während der Japaner Masahiko Amakasu Tokio erst nur für einen Besuch der Klippen von Tojinbo verlässt, zuletzt aber an der Seite Charlie Chaplins die Überfahrt von Japan in die USA unternimmt – und dabei scheinbar sein Leben verliert.

2 Vgl. dazu etwa Johannes Birgfeld/Claude D. Conter: Die Morgenröte des Post-Humanismus. *Ich werde hier sein im Sonnenschein und im Schatten* und der Abschied vom Begehren. In: Dies. (Hrsg.): Christian Kracht. Zu Leben und Werk. Köln 2009: Kiepenheuer & Witsch, S. 252–269, hier S. 260. In dem am 25. März 2012 im Rahmen der Sendung *Druckfrisch* in der ARD ausgestrahlten Interview von Denis Scheck mit Christian Kracht betont Kracht etwa die (vorgebliche) Vorbildhaftigkeit der Werke von Erich Kästner für *Imperium:* „Ich hab' versucht, kästnerisch zu schreiben" (https://www.youtube.com/watch?v=cjewDAQdoBO, 1. September 2017, vgl. Min. 8:10 – 8:35).

3 Vgl. dazu die Werk- und Forschungsbibliographie mit ihrem die intertextuellen Quellen erschließenden Schlagwort- sowie Personen- und Werkregister von Matthias Lorenz (Hrsg.): Christian Kracht. Werkverzeichnis und kommentierte Bibliografie der Forschung. Bielefeld 2014: Aisthesis, bes. S. 273–323. Für *Die Toten* haben Kritik und Forschung wiederum zahlreiche intertextuelle Verweise herausgearbeitet, etwa auf Alain Robbe-Grillets *Instantanés* (1962), vgl. dazu Jan Küveler: Faserland revisited. Christian Kracht und Jan Küveler fahren noch einmal im alten ICE-Speisewagen durch DIE WELT. In: Die Welt, 10. Dezember 2016 (http://blogs.taz.de/lottmann/

https://doi.org/10.1515/9783110532159-013

Handlungsstränge aus literarischen Vorlagen variierend entlehnt – wie etwa von Nabokov, Hugo Pratt oder Frank LeGall in *Imperium* –, oder der durch eine Vielzahl von Anspielungen auf Texte, Personen und Ideen dem Erzählten eine oder mehrere weitere Resonanzräume und Lektüreebenen hinzufügt. Auch das gilt für die Romane gleichermaßen wie für Krachts andere Arbeiten.

Wenn literarische Intertextualität seit Bachtin und Kristeva ihre diskursive Begründung in der Unmöglichkeit sprachlicher und intellektueller Originalität findet,[4] dann erscheint ein weiteres Merkmal Krachts, das in der deutschsprachigen Gegenwartsliteratur in der Tat einzigartig ist, als konsequente Fortführung der konstatierten Intertextualität: die Herstellung von Texten in wechselnder Ko-Autorschaft. *Ferien für immer*, *Gebrauchsanweisung für Kathmandu und Nepal* und *Der Freund* entstanden mit Eckhart Nickel, *Tristesse Royale* im Quintett, das Theaterstück *Hubbard* zusammen mit Rafael Horzon, *Metan* mit Ingo Niermann, schließlich Reportagen und *Five Years* gemeinsam mit David Woodard. Zudem gingen die Filme *Die große Pyramide* und *Finsterworld* aus Kooperationen mit Frauke Finsterwalder hervor.[5] Weil die Romane – von Kracht allein verfasst und sämtlich bei Kiepenheuer & Witsch verlegt – als Hauptwerke rezipiert wurden, ist die Wahrnehmung des Werkes bis heute von einer Blickverengung geprägt, die primär auf die Romane fokussiert ist, die anderen Arbeiten aber als Nebenwerke beschreibt und zu ignorieren geneigt ist.

Außer Frage steht schließlich, dass Christian Krachts Werk von der Auseinandersetzung mit utopischen und dystopischen Diskursen und Lebensmodellen geprägt ist. Bereits *Faserland* ließe sich als Abschied von der Freundschaft als Heilmittel für das Individuum und als Negation des Topos von der Schweiz als

2016/12/10/faserland-revisited-christian-kracht-und-jan-kueveler-fahren-noch-einmal-im-alten-ice-speisewagen-durch-die-welt/, 1. September 2017); ebenso auf Friedrich Hölderlin, vgl. dazu Felix Bayer: Ein Schweizer im Grauen. In: Der Spiegel, 9. September 2016 (http://www.spiegel.de/kultur/literatur/christian-kracht-roman-die-toten-ein-schweizer-im-grauen-a-1111328.htm, 1. September 2017); sowie auf Anleihen bei Hamsun, Lynch und Kurosawa, vgl. dazu Isabelle Stauffer/Björn Weyand: Antihelden, Nomaden, Cameos und verkörperte Simulakren. Zum Figureninventar von Christian Krachts Romanen. In: In: Text + Kritik 216 (2017): Christian Kracht. Hrsg. von Christoph Kleinschmidt, S. 54–66, S. 63.

4 „[J]eder Text baut sich als Mosaik von Zitaten auf, jeder Text ist Absorption und Transformation eines anderen Textes. An die Stelle des Begriffs der Intersubjektivität tritt der Begriff der Intertextualität", Julia Kristeva: Bachtin, das Wort, der Dialog und der Roman. In: Jens Ihwe (Hrsg.), Literaturwissenschaft und Linguistik. Ergebnisse und Perspektiven. Bd. 3: Zur linguistischen Basis der Literaturwissenschaft II. Frankfurt am Main 1972: Athenäum, S. 345–375.

5 Vgl. zu den bibliographischen Details nochmals Lorenz (Hrsg.): Christian Kracht. Werkverzeichnis und kommentierte Bibliografie der Forschung.

besserem Deutschland lesen,[6] in *1979, Ich werde hier sein im Sonnenschein und im Schatten* und *Imperium* können je lange Listen der aufgegriffenen und meist verabschiedeten utopischen Visionen geführt werden. In *Ich werde hier sein im Sonnenschein und im Schatten* etwa wird man sowohl die Hoffnungen des frühen zwanzigsten Jahrhunderts auf den Krieg als Lösung der kulturellen Krise als auch die Heilsversprechen von Sozialismus, Faschismus, Kolonialismus und Imperialismus, der industriellen Kriegsführung und Industrialisierung, von Liebe und Glaube, von Bürokratie und technischem Transhumanismus bis hin zur Architektur der Moderne gespiegelt und negativ bewertet finden.[7]

In *Imperium* ist der Bezug auf die Utopien des frühen zwanzigsten Jahrhunderts noch deutlicher,[8] da eine Mehrzahl der Repräsentanten der hoffnungsvollen staatlichen und individuellen Aufbrüche des neuen Jahrhunderts nun *in persona* auftreten oder namentlich genannt werden: vom Kokovoren August Engelhardt und seinen Jüngern über die kaiserlichen Kolonialbeamten Hahl und Solf, über Gustav Schlickeysen, Hitler, Thoreau, Tolstoi, Stirner, Lamarck, Swedenborg, Swami Vivekananda, Adolf Just und Hermann Hesse bis hin zu Gustaf Nagel, Silvio Gsell, Albert Einstein, Edward C. Halsey, den Brüdern Kellogg, dem Nudisten Richard Ungewitter oder Sigmund Freud.[9] Den literarischen Diskurs über

6 Vgl. Patrick Bühler/Franka Marquardt: Das „große Nivellier-Land“? Die Schweiz in Christian Krachts *Faserland*. In: Birgfeld/Conter (Hrsg.): Christian Kracht. Zu Leben und Werk, S. 76–91.

7 Vgl. dazu Birgfeld/Conter: Die Morgenröte des Post-Humanismus.

8 Christian Kracht: Imperium. Köln 2012: Kiepenheuer & Witsch. Für *Imperium*, das seine Protagonisten in die Südsee und damit in die Peripherie des deutschen Kaiserreiches begleitet, lässt sich übrigens ein Satz Fabian Lettows erneut gebrauchen, den dieser bereits 2009 bezüglich der bis dato erschienenen Bücher Krachts formuliert hat: „Christian Kracht ist ein außergewöhnlicher Kenner dieser Landschaften. Er ist gewissermaßen ein Flaneur des Empire, ein Reiseberichterstatter der Globalisierung, ein (kosmo)politischer Ästhetizist. Seine Texte berichten über abstruse Phänomene und skurrile Beobachtungen nicht nur aus den Zentren der globalisierten Welt, sondern auch von den Randzonen des Empire, von dort, wo die Globalisierung, für die Zentren ungesehen und ungehört, ihre Spuren hinterlässt“ (Fabian Lettow: In der Leere des Empire. Notizen zu Christian Krachts *Metan*. In: Birgfeld/Conter (Hrsg.): Christian Kracht. Zu Leben und Werk, S. 238–251, hier S. 239).

9 In *Imperium* fällt der Begriff ‚Utopia‘ auch direkt mit Blick auf Engelhardts Kolonie der Kokovoren (vgl. Kracht: Imperium, S. 161). Zur Unübersehbarkeit des utopischen Diskurses wie zur Komik des Buches trägt zugleich bei, dass Kracht bei der Zusammenstellung des Ensembles den Ehrgeiz entwickelt zu haben scheint, möglichst viele Vegetarier des frühen zwanzigsten Jahrhunderts zu versammeln: Engelhardt, Lützow, Hitler, Kafka, Nagel, Halsey, Kellog etc. Aufschlussreich ist in diesem Zusammenhang freilich auch Krachts Antwort auf Denis Schecks Frage, was denn Hitler und Engelhardt verbinde: „Ich glaube [...], dass Engelhardt als auch Hitler aus dem esoterischen Gesamtpanorama dieser Zeit schöpfen“ (*Druckfrisch*, Sendung vom 25. März 2012, https://www.youtube.com/watch?v=cjewDAQdoBO, 1. September 2017, Min. 4:14–4:26). Ginge man in der Tat von einem Bemühen Krachts aus, dieses „esoterische[] Gesamtpanorama“ zu

die verfehlten Hoffnungen des zwanzigsten Jahrhunderts setzt schließlich auch der jüngste Roman *Die Toten* fort, in seiner Verknüpfung der fiktionalen Handlung mit dem sogenannten Zwischenfall am 15. Mai 1932, bei dem der japanische Premierminister Inukai Tsuyoshi von Nationalisten ermordet wurde, mit den ersten Tagen der Regierung Hitlers und den Überlegungen zum Film als Medium zwischen Kunst und Propaganda.[10]

Ich möchte im Folgenden den utopischen Diskurs in Christian Krachts zweitem Roman, *1979*, kurz fokussieren, um diesen anschließend in drei Hinsichten zu kontextualisieren: *Erstens* mit Blick auf ein weiteres Merkmal der Texte Krachts, ihrer dezidierten Unabgeschlossenheit; *zweitens* mit Blick auf *Metan*; und *drittens* in Relation zu einem sich aus beiden Kontextualisierungen ergebenden Referenzsystem und mit Blick auf den von Kracht so oft betonten Anspruch, mit seinen Texten vor allem unterhalten zu wollen.

1 Der utopische Diskurs in *1979*

Der utopische Diskurs in *1979* beginnt früh, genau genommen mit den beiden dem Roman vorangestellten, von Alfred Lord Tennyson und der Band *New Order* entliehenen Motti: „Far, far beneath in the abysmal sea, / His ancient, dreamless, uninvaded sleep / The Kraken sleepeth" und „Everything's gone green".[11] Die aus Tennysons Gedicht geborgten Zeilen beschwören am Beginn der Lektüre eine Differenz zwischen Oberfläche und Untergrund, zwischen Schein und Sein. Sie sind eine Warnung vor einem mächtigen Ungeheuer in der Tiefe, und sie sind, wenn man Tennysons Gedicht weiter liest, ein Verweis auf den Untergang der Welt im jüngsten Gericht:

> There hath he lain for ages and will lie
> Battening upon huge seaworms in his sleep,
> Until the latter fire shall heat the deep;
> Then once by man and angels to be seen,
> In roaring he shall rise and on the surface die.[12]

---

evozieren, so ließe sich darin ein sehr überzeugender Grund für die Vielfalt der in *Imperium* aufgegriffenen utopischen Projekte finden.

10 In *Die Toten* wird das Kino aus Hollywood von Masahiko Amakasu als Mittel des „US-amerikanischen Kulturimperialismus" bezeichnet, Hugenberg spricht von Kino als „Schießpulver für die Augen" (Christian Kracht: Die Toten. Köln 2016: Kiepenheuer & Witsch, S. 29 u. 114).

11 Christian Kracht: 1979. Köln 2001: Kiepenheuer & Witsch, S. 13.

12 Alfred Tennyson: The Kraken. In: Ders.: A Selected Edition. Ed. by Christopher Ricks. Revised Edition. London u. a. 2007: Pearson Longman, S. 17–18, hier S. 18.

Anders als bei Tennyson ist das *New Order*-Zitat nicht einem lyrischen Text entnommen, sondern ist ein Song-Titel: *Everything's Gone Green*. Dieser lässt sich im Kontext der Romanhandlung einerseits als Verweis auf die darin sich vollziehende, mit der Farbe grün assoziierte Iranische Revolution lesen. Der Liedtext selbst hingegen erweist sich bei näherer Betrachtung als Porträt eines verwirrten, desorientierten Subjekts:

> Help me, somebody help me
> I wonder where I am
> I see my future before me
> I'll hurt you when I can
> It seems like I've been here before
> Confusion sprung up from devotion
> A halo that covers my eyes
> It sprung from this first estrangement
> No one have I ever despised
> Is this the way that you wanted to pay
> Won't you show me, please show me the way
> Is this the way that you wanted to pay
> Won't you show me, please show me the way.[13]

Ist so der durch die Motti paratextuell geprägte Eintritt in die Romanwelt von drohenden Ungeheuern und hilfesuchenden, verwirrten Subjekten bestimmt, so setzt sich der utopische Diskurs bereits auf der ersten Textseite düster fort. Auf die Anreise im Auto nach Teheran im Jahr 1979 rückblickend, erinnert der Erzähler: „Wir hatten nur zwei Kassetten dabei; wir hörten erst Blondie, dann Devo, dann wieder Blondie".[14] Gehört *Blondie* eher zur sogenannten kommerziellen Variante des *New Wave*, so ist der Name der Band *Devo* „a shortening of ‚devolution' (or ‚de-evolution') – the band's own spurious atavistic theory which turned Darwinism on its head, pitching mankind in an inexorable decline, shrinking relentlessly backwards towards the condition of apes".[15]

Der Romanverlauf ist bekannt, ebenso die Vielzahl der individuelles oder gesellschaftliches Heil und Glück versprechenden Lebensreformangebote, der utopischen Aufbrüche, die nach und nach aufgerufen werden: In Teheran angekommen, setzt der Erzähler die Lektüre des erst kurz zuvor erworbenen Korans

---

13 *Everything's Gone Green* ist die dritte Single der englischen Band *New Order* (Tom Chapman, Phil Cunningham, Gillian Gilbert, Stephen Morris, Bernard Sumner) und wurde im Dezember 1981 veröffentlicht.

14 Kracht: 1979, S. 17.

15 David Sheppard: On Some Faraway Beach. The Life and Times of Brian Eno. London 2009: Orion, S. 252.

fort, kann sich aber nicht darauf konzentrieren, er wird nicht zum Islam übertreten. Sein Geld verdient er als Innenarchitekt, eine gewisse Aufmerksamkeit für Mode und Marken darf als Ausweis seiner beruflichen Professionalität gelten. Eine Neigung zum Ästhetizismus ist dennoch zu attestieren, etwa wenn der Erzähler gegenüber seinem Partner Christopher anmerkt: „Sandalen zu tragen, *dear*, ist, der Bourgeoisie einen Fußtritt ins Gesicht zu geben".[16] Oder wenn er über Christopher notiert:

> Seine hellbraunen Halbschuhe waren von Berluti, Christopher hatte mir einmal erzählt, es wären die besten Schuhe der Welt, es gäbe sogar einen Klub der Berluti-Schuhbesitzer, die sich in der Nähe des Place de Vendôme trafen, um ihre Berlutis mit Krug zu putzen.[17]

Später, bei der Umschreitung des Mount Kailasch, lösen sich die teuren Berlutis auf: „Die besten Schuhe der Welt konnten also noch nicht einmal einen Monat in den Bergen überstehen, dachte ich".[18] Der Ästhetizismus scheint nicht die Hauptstraße zum Glück zu sein.

Mit dem Eintritt des Erzählers in die gesellschaftliche Welt Teherans verbreitert sich der utopische bzw. dystopische Diskurs. Hassan lobt die Schönheit Fara Dibas mit den Worten: „Sie ist so voll von Oral. [...] Von der Versprechung einer besseren Welt".[19] Damit verweist er auf Walter Benjamins Beschreibung des Verlusts der Aura des Kunstwerks im Zeitalter seiner technischen Reproduzierbarkeit, kurz: in der Moderne. Dem entspricht, dass der Erzähler hinter Hassans ungenauer Aussprache nicht die verlorene Aura, sondern „Oralsex" vermutet.[20] Dem entspricht auch, dass der Erzähler wenig später erstmals in Persien „das Gefühl des Ankommens und der Reinheit" verspürt, als er die durchdesignten Räume eines Gastgebers betritt:

> Die Räume waren eher der exakte, genaue Ausdruck Europas, das Gegenteil Japans, sie drückten die äußere Opulenz perfekt aus, die Oberfläche, das Ausgeleuchtete, die Alte Welt und den unfehlbar guten Geschmack; schneeweiße Schafswoll-Dhurries lagen auf den Terracottaböden.[21]

Doch diese Welt, die einen Teil ihres Glanzes auch aus darin drapierten Kunstwerken der klassischen Moderne (Hans Arp, Willi Baumeister) bezieht, ist dem

16 Kracht: 1979, S. 23.
17 Kracht: 1979, S. 20.
18 Kracht: 1979, S. 127.
19 Kracht: 1979, S. 27.
20 Kracht: 1979, S. 27
21 Kracht: 1979, S. 33.

Untergang geweiht: „es wird leider die letzte [Party] sein, für lange Zeit“[22] – für die westlich orientierten Iraner und offenbar auch für die ganze ‚Alte Welt‘. Homosexualität, Chrystal Meth und die Reinheit des Drogenrausches,[23] Haschisch[24] und Wilhelm Reichs Orgon,[25] Nostalgie,[26] Gabriele D'Annunzios *Fiume*[27] und das vorgeblich anarchistisch-dadaistische Staatsexperiment *Cumantsa*,[28] die Selbstopferung der Assassinen,[29] die Hoffnung auf einen neuen Alexander den Großen,[30] die Iranische Revolution[31] und die Umrundung des Berg Kailasch als Reinigungsritual,[32] schließlich das chinesische Umerziehungslager[33] – keines der vielfältigen Glücksmodelle taugt für den Erzähler, keines wird im Handlungsverlauf affirmiert.[34] Keines erweist sich als wirkliche Lebensoption oder gar als Antwort auf die am Romanbeginn so deutlich anklingende Erwartung des Unterganges der Welt, die sich auch in den wenigen, vom Erzähler zitierten Zeilen eines Songs der Band *The Human League* artikuliert: „The circus of death is approaching / Its pathway is painted in red“.[35]

2 Der unsichere Untergrund von *1979* und *Metan*

Eine Möglichkeit, mit der Vielzahl der Verweise in *1979* umzugehen, ist, ihnen nachzugehen. Das Ergebnis ist bemerkenswert, denn die Referenzen erzeugen

---

22 Kracht: 1979, S. 42f.
23 Vgl. Kracht: 1979, S. 39.
24 Vgl. Kracht: 1979, S. 43.
25 Vgl. Kracht: 1979, S. 46.
26 Vgl. Kracht: 1979, S. 46.
27 Vgl. Kracht: 1979, S. 50.
28 Vgl. Kracht: 1979, S. 51. Dass Cumantsa eine Erfindung von Peter Lamborn Wilson ist, ist bekannt, vgl. Peter Lamborn Wilson: A Nietzschean Coup d'État. In: Ders.: Escape from the Nineteenth Century and Other Essays. Brooklyn/N.Y. 1998: Autonomedia, S. 143–197.
29 Vgl. Kracht: 1979, S. 53.
30 Vgl. Kracht: 1979, S. 60.
31 Vgl. Kracht: 1979, S. 68 u. 93.
32 Vgl. Kracht: 1979, S. 117.
33 Vgl. Kracht: 1979, S. 156ff.
34 Dies gilt auch für das Leben im chinesischen Umerziehungslager. Zwar formuliert der Erzähler in einer vielzitierten Passage am Beginn seiner Ankunft dort: „ich war glücklich darüber, endlich *seriously* abzunehmen“ (Kracht: 1979, S. 166). Spätestens das Bemühen jedoch, Freundschaft zu schließen und die karge Versorgung durch das heimliche Züchten von Maden aufzubessern, sind als Zeichen zu deuten, dass das Leben in Lager als defizitär und nicht als Existenz an einem idealen Ort begriffen wird.
35 Kracht: 1979, S. 54.

eine atemberaubend rhizomatische Textur, die sich weit über die Grenzen der im Roman verhandelten Diskurse hinaus ausdehnt. So führt etwa Krachts Entscheidung, auf einer Party einen der Gäste Musik von *Throbbing Gristle* auflegen zu lassen, in ein Netzwerk von Querbezügen: *Throbbing Gristle*, maßgeblich beteiligt an der Entwicklung der avantgardistischen *industrial music*, war beeinflusst vom früheren Surrealisten Brion Gysin und von William S. Burroughs, die zusammen (mit Ian Sommerville) jene *dream machine* bauten, die heute David Woodard vertreibt und ausstellt, wie 2008 im *Cabaret Voltaire* in Zürich unter Mitwirkung von Kracht. Das *Cabaret Voltaire* seinerseits verweist zurück auf Dada sowie über eine gleichnamige britische Band wiederum auf die *industrial music.*[36] Zugleich führt ein kurzer Weg von Burroughs zum Reich'schen *Orgon*-Akkumulator, sowohl über Burroughs selbst als auch über Jack Kerouac, der ihn in *On the road* tatsächlich im Gebrauch beschreibt.[37] Von Burroughs ist es auch nicht weit zu dem von ihm zunächst geschätzten L. Ron Hubbard, Namensgeber von Krachts bisher einzigem Theaterstück *Hubbard*, der wiederum mit *Throbbing Gristle* über den gemeinsam bewunderten Aleister Crowley verknüpft ist, dessen Thelema-Abtei in Cefalù auf Sizilien Kracht und Woodard besucht haben.[38]

Komplexe und unabschließbare Verweise dieser Art führen in *1979* grundsätzlich nicht auf eine feste zweite Textebene, die erfolgreich die Lektüre der Haupthandlung stabilisieren würde. Sie geben vielmehr den Blick auf ein dichtes ‚Wurzelwerk der Verweise' im Untergrund und auf ein Jenseits der Textoberfläche frei, in dem die Bedeutung der Zeichen durch jeden Versuch, sie zu konkretisieren, an Konkretion und Bedeutungsschärfe verliert.

Es lassen sich verschiedene Möglichkeiten denken, *1979* zu deuten. Die Verunsicherung der Zeichen, die entsteht, wenn ein Leser die unsichere Deutung der Handlung durch Lektüre der Verweise zu stabilisieren sucht, ließe sich als Ergebnis eines literarischen Verfahrens lesen, das eine ‚Emanzipation der Zeichen' erlebbar macht, wie sie etwa Baudrillard beschworen hat: „[E]ntbunden von der ‚archaischen' Verpflichtung, etwas bezeichnen zu müssen, wird [das Zeichen, J. B.] schließlich frei für ein strukturales oder kombinatorisches Spiel".[39] Ähnlich haben Immanuel Nover und Stefan Bronner vorgeschlagen, in *1979* „fundamentalen Zweifel an der Welt und den Dingen an sich und deren Fass- und Erzähl-

36 Bei so viel Vernetzung wundert es nicht, dass *Throbbing Gristle* 2007 auf dem Cover der CD *Part Two. The Endless Not* den Berg Kailasch abbildet, zweifelsohne in Anspielung auf den mit ihnen bekannten Autor Christian Kracht.

37 Jack Kerouac: On the Road. London 1972: Penguin, S. 144 (part two, chapter 7).

38 Vgl.: Christian Kracht/David Woodard: Cefalù oder der Geist der Goldenen Dämmerung. In: Frankfurter Allgemeine Zeitung, 24. März 2007, S. Z 3.

39 Jean Baudrillard: Der symbolische Tausch und der Tod. München 1982: Matthes & Seitz, S. 18.

barkeit“[40] bzw. die „Dezentrierung des Subjekts“ thematisiert und inszeniert zu sehen.[41] Man wird zustimmen, dass in beiden Fällen veritable ‚Kraken‘ benannt sind, die hinter der Oberfläche lauern. Björn Weyand sieht deshalb „das zeichenkundige Subjekt, das [...] bereit ist, diesen inszenierten Zeichenprozessen nachzugehen“, als das verborgene, von Krachts Texten aber stets vorausgesetzte Zentrum an.[42] Ich will demgegenüber versuchen, eine zusätzliche Perspektive zu vertiefen.

3 Unabgeschlossenheit als Werkmerkmal

Ein zentrales Moment des Werks von Christian Krachts scheint mir dessen konsequente Unabgeschlossenheit zu sein. *Faserland* etwa endet mit des Protagonisten nächtlicher Fahrt auf den Zürichsee und den so oft und oft als Zeichen des nahenden Todes gedeuteten Schlussworten: „Bald sind wir in der Mitte des Sees. Schon bald“.[43] Hier einen bevorstehenden Suizid zu vermuten, liegt nahe. Ebenso richtig aber ist, dass der Text im engeren Sinn dazu keine Aussage macht. Vergleichbar unausgeführt ist das Ende von *1979:* Nachdem sich der Held bereits in zweifacher Hinsicht halbiert hat, ist sein baldiger Tod im Lager zu erwarten – wird vom Erzähler, der immerhin homodiegetisch und rückblickend erzählt, aber nicht ausgeführt. Er bleibt offen. Am Ende von *Ich werde hier sein im Sonnenschein und im Schatten* verschwinden der Erzähler und mit ihm tausende von Afrikanern „zurück in die Dörfer“, „in die Savanne, in die Ebenen zurück“.[44] Offen ist, welches Leben sie dort fortan führen. Kein Hinweis gibt der Text, ob dieser Rückzug in die Ebenen, wo die Menschheit ihren Ursprung nahm, dem langsamen Aussterben der Menschheit, dem Glück des bescheidenen Lebens oder der Wiedergeburt eines neuen, besseren Menschengeschlechts dienen bzw. Vorschub leisten soll.

---

40 Immanuel Nover: Referenzbegehren. Sprache und Gewalt bei Bret Easton Ellis und Christian Kracht. Köln, Weimar und Wien 2012: Böhlau, S. 202.

41 Vgl. Nover: Referenzbegehren, S. 12, sowie einschlägig Stefan Bronner: Vom taumelnden Ich zum wahren Übermenschen. Das abgründige Subjekt in Christian Krachts Romanen *Faserland, 1979* und *Ich werde hier sein im Sonnenschein und im Schatten.* Tübingen 2012: Francke.

42 Björn Weyand: Poetik der Marke. Konsumkultur und literarische Verfahren 1900–2000. Berlin und Boston 2013: De Gruyter, S. 345.

43 Vgl. zur Deutung etwa Oliver Jahraus: Ästhetischer Fundamentalismus. Christian Krachts radikale Erzählexperimente. In: Birgfeld/Conter (Hrsg.): Christian Kracht. Zu Leben und Werk, S. 13–23, hier S. 18.

44 Christian Kracht: Ich werde hier sein im Sonnenschein und im Schatten. Köln 2008: Kiepenheuer & Witsch, S. 148 u. 149.

Imperium schließlich endet mit jener Szene, die den Roman eröffnet. Sie führt also an den Beginn des Romans zurück. Da hier am Ende jedoch nicht Handlung, sondern ein Film beschrieben wird, und weil am Ende des II. Kapitels des Romans der Handlungsfortschritt einmal kurz durch das Rattern eines Kinematographen gestört wird, das dann die Bilder rückwärts statt vorwärts laufen lässt, stellt sich mit dem Ende des Romans die Frage nach dem Status des Gelesenen: Hat man womöglich der Beschreibung eines Films eher beigewohnt als der Beschreibung einer Handlung?[45]

Solche Schleifen sind nicht neu in Krachts Werk: in *1979* ist es Mavrocordato, der eine endlose Rückkoppelung in der Abbildung der Wirklichkeit inszeniert, indem er einen Monitor vor einer Überwachungskamera so installiert, dass die Kamera den Monitor in unendlicher Verkleinerung abbildet: „Die Kamera sieht sich selbst während ihres eigenen Aufzeichnens".[46] Es gehe darum, so erläutert Mavrocordato, „hermetische Zustände herzustellen".[47] In *Ich werde hier sein im Sonnenschein und im Schatten* erzeugt Kracht eine vergleichbare Rückkopplung, indem er in seine kontrafaktische Erzählung ein Buch integriert, *The Grasshopper Lies Heavy*,[48] das aus Philipp K. Dicks kontrafaktischem Roman *The Man in the High Castle* stammt[49] und das innerhalb von Dicks kontrafaktischer Fiktion einen kontrafaktischen Geschichtsverlauf imaginiert, der seinerseits dem tatsächlichen Geschichtsverlauf des zwanzigsten Jahrhunderts entspricht.

Dabei sind Unabgeschlossenheit und die Einladung zur Überschreitung des textlich erzeugten Kosmos keine Merkmale nur der Romane Krachts: Bereits die Sammlungen von Reisefeuilletons sind einerseits durch das Engagement bei der sie abdruckenden Zeitschrift begrenzt, andererseits durch kein erkennbares Auswahlprinzip auf die besuchten Orte notwendig begrenzt. *Metan* ist laut Untertitel der „erste[] Teil einer Trilogie", deren weitere Bände nicht erschienen sind. *Der Freund* war von Beginn an auf acht Ausgaben begrenzt. Kracht und Nickel erfanden aber ein sich von Heft zu Heft fortschreibendes Verweissystem – Motti auf dem Heftrücken und auf der Innenseite des Rückumschlages, je eine Widmung und ein Titelbild –, aus denen sich Heft für Heft, wie Moritz Baßler genau beschrieben hat, rhetorische Listen zusammensetzen, deren Reiz gerade darin liegt, dass sie nicht Unterbegriffe zu einem Oberbegriff vereinen, sondern dazu

45 Vgl. dazu ausführlicher Johannes Birgfeld: Südseephantasien. Christian Krachts *Imperium* und sein Beitrag zur Poetik des deutschsprachigen Romans der Gegenwart. In: Wirkendes Wort 62 (2012), H. 3, S. 457–477, hier S. 467–469.

46 Kracht: 1979, S. 111.

47 Kracht: 1979, S. 113.

48 Kracht: Ich werde hier sein im Sonnenschein und im Schatten, S. 68

49 Philip K. Dick: The Man in the High Castle. London 2001: Penguin, S. 67–69 u. a.

auffordern, subtile Zusammenhänge zu entdecken oder zu konstruieren und die Verrätselung, die durch die nach Deutung rufenden Listen entsteht, als Form der ästhetischen Verdichtung zu genießen.[50] Ist das Projekt *Der Freund* auf acht Hefte begrenzt – die Listen zwingen zur Transgression, zur Ausweitung und Anschlusssuche des Projekts außerhalb seiner Grenzen. Auch *Five Years* ist dezidiert als Ausschnitt konzipiert: Es präsentiert in zwei Bänden fünf Jahre eines Briefwechsels, der bis heute andauert.

4 *Metan* und die Absurdität der Welt

Metan, 2007 bei *Rogner & Bernhard* erschienen,[51] ist in einen Text- und einen Bildteil sowie ein abschließendes Register der genannten „Orte, Namen und Vereinigungen" (M 135–142) gegliedert. Während die Bildstrecke sechzig Fotografien von der Kilimanjaro-Besteigung Krachts und Niermanns im September 2006 durch sowie von einer ebenfalls gemeinsamen, vorbereitenden Bergtour in den Externsteinen im Teutoburger Wald Ende Juli 2006[52] reiht, ist der vorausgehende Textteil kein Reisebericht, sondern eine Erzählung, die in einer abgründig-grotesken erzählerischen *tour de force* eine düster-phantastische Alternativwelt zur Gegenwart entwirft. Kracht und Niermann haben den Begriff ‚Doku-Fiction' dafür eingeführt. In der Forschung ist *Metan* als ebensolche diskutiert worden,[53] als *literarischer* Text im engeren Sinne dagegen bisher nur selten.

Auffälligstes Merkmal von *Metan* ist das sprunghafte und sich radikal verästelnde Erzählverfahren, das von den ersten Seiten an den Erzählfokus immer wieder abrupt verrückt, auf neue Personen, Schauplätze und Ereignisse sowie auf deren Hinter- und Hinterhintergründe ausrichtet. Konstanter Bezugspunkt ist – wie sich erst nach und nach zeigt – der Versuch des in Rumänien geborenen, in den USA als Autoverschrotter arbeitenden Valer Jukan, den Kilimanjaro zu besteigen. Das Scheitern seines Bemühens verläuft parallel zu einem Angriff von

---

50 Moritz Baßler: *Der Freund*. Zur Poetik und Semiotik des Dandyismus am Beginn des 21. Jahrhunderts. In: Alexandra Tacke/Björn Weyand (Hrsg.): Depressive Dandys. Spielformen der Dekadenz in der Pop-Moderne. Köln, Weimar und Wien 2009: Böhlau, S. 199–217.

51 Christian Kracht/Ingo Niermann: Metan. Erster Teil einer Trilogie. Berlin 2007: Rogner & Bernhard.

52 Vgl. Christian Kracht/David Woodard: Five Years. Briefwechsel 2004–2007. Vol. 1: 2004–2007. Hrsg. von Johannes Birgfeld und Claude D. Conter. Hannover 2011: Wehrhahn, Briefe Nr. 389 u. 396.

53 Vgl. Till Huber: Ausweitung der Kunstzone. Ingo Niermanns und Christian Krachts ‚Docu-Fiction'. In: Tacke/Weyand (Hrsg.): Depressive Dandys, S. 101–120.

Kampfjets auf die Bergsteiger am Kilimanjaro sowie zum Abwurf einer Atombombe auf den Berg, mit dem burische Transhumanisten eine Weiterentwicklung des Menschen an der Wiege der Menschheit zu initiieren hoffen.[54] Erst hier und in der folgenden letzten Szene, in der ein Menschenaffe in der Vorzeit einem Säbelzahntiger gegenüberstehend unter dem eruptierenden Kilimanjaro ein lautes „Mmmm" ausruft,[55] erklären sich die verschlungenen Erzählwege des Textes: Die Welt zeigt sich in Krachts und Niermanns Vision als Ort größenwahnsinniger Verschwörungen des Menschen – Australien und Japan etwa werden von Großmachtphantasien geleitet, Israel und der Irak sind in wahnwitzigen Allianzen verbunden, geheime Projekte verknüpfen die Deutsche OTRAG mit Eugene Terre Blanche, Peter Kenyon van der Byl, Lyndon LaRouche und der Schweiz. Doch im Hintergrund von allem arbeitet ein ominöses Methangetüm an der endgültigen Auslöschung des Menschen, obgleich es einst die Entstehung des Lebens auf der Erde begünstigt hat. „Mmmm", das letzte Wort des Textes, ist der „Urklang"[56] des Universums, ist der Name des Methans, das Zeichen für den Sieg des Getüms und das Ende des Menschen.

Metan dürfte so manchen Leser abgeschreckt haben, nicht zuletzt durch die zwischen Dadaismus, Kalauer und Satire schwankende Mutwilligkeit, mit der darin absurde Zusammenhänge konstruiert werden: Wenn höhenbedingt zunehmende Flatulenz unter Bergsteigern etwa als Beitrag zur Methanisierung der Welt bezeichnet wird; wenn Valer Jukans Vorname als männliche Form des von Philipp K. Dick erst 1981 und damit lange nach Valers Geburt kreierten Akronyms VALIS ausgegeben wird;[57] oder wenn die Kelly Family als Freund des Methangetüms deklariert wird.[58] Im Prinzip allerdings unterscheiden sich Weltentwurf und Erzählverfahren von *Metan* nur graduell von denen der Romane Krachts. Das unendliche und unsichere Referenzsystem, der Krake unter der Oberfläche, den der Leser in *1979* selbst entdecken muss, wird in *Metan* nun nicht mehr versteckt, sondern ausgestellt. Umgekehrt verweist die Willkür, mit der hier Verschwörungstheorien entworfen werden, auf den sanfteren Mutwillen voraus, mit dem der Erzähler von *Imperium* die Geschichte des zwanzigsten Jahrhunderts nach seinem Gutdünken variiert.[59] Und gleich ist in *Metan* wie in den drei jüngsten Romanen Krachts der Befund: Diese Welt ist in ihrer Absurdität nicht zu überbieten, sie ist höchstens noch einen Scherz wert – den des Inneneinrichters, der

54 Vgl. Kracht/Niermann: Metan, S. 87.
55 Vgl. Kracht/Niermann: Metan, S. 87f.
56 Kracht/Niermann: Metan, S. 16.
57 Vgl. Kracht/Niermann: Metan, S. 23.
58 Vgl. Kracht/Niermann: Metan, S. 23.
59 Vgl. Birgfeld: Südseephantasien, S. 469f.

sich durch die Welt schicken lässt, ohne sie zu verstehen, und der im Umerziehungslager Gleichmut findet; den von der Weltverschwörung des Methangetüms; den von den Ideologien des zwanzigsten Jahrhunderts und ihren Hoffnungsversprechen; den von August Engelhardt und seinen vielen Mitstreitern, die jeder auf ihre Weise die Welt retten möchten, diese und sich aber nur in den Abgrund führen. Im Juni 2000 gab Kracht im *Tagesspiegel* zu Protokoll: „Das Sprechen über Inhalte ist zum Scheitern verurteilt", doch „das Sprechen um der reinen Unterhaltung willen ist ja noch möglich: Vortäuschen, verstecken, Unsinn erzählen, das sind alles Mechanismen, die noch gut funktionieren."[60]

5 *Metan*, *1979* und der utopische Diskurs

In der Werkchronologie steht *Metan* zwischen *1979* und *Ich werde hier sein im Sonnenschein und im Schatten*, und auch inhaltlich bewegt sich die Erzählung zwischen beiden Romanen. Ausführlich etwa wird in *Metan* eine historische Sonderstellung des Jahres 1979 beschworen: „[D]ie Sowjetunion marschierte 1979 ungeniert in Afghanistan ein. (In diesem Jahr verwandelte sich auch Ian Smiths Rhodesien in Robert Mugabes Zimbabwe, im Iran ging die Macht vom Schah auf den Ajatollah Khomeini über)".[61] 1979 wird zum „Schicksalsjahr" erklärt, in das auch die Ernennung Saddam Husseins zum Präsidenten des Irak falle.[62]

Als *1979* und *Metan* erschienen, war es eine Option, die zweifache Fixierung auf das Jahr 1979 als ernsthaften Versuch der Markierung einer übersehenen historischen Zäsur immerhin zu erwägen. Die nachfolgend erschienenen Romane jedoch legen nahe, *1979* und *Metan* eher als variierende Beiträge zu einem konstant negativen Diskurs über die Perspektiven der Menschheit zu lesen – und die Hervorhebung des Jahres 1979 als Beispiel der Vergeblichkeit historiographischer Bemühungen und nicht als Mittel zur Rettung der Menschheit, kurz: als Scherz.

Die auffälligste Verbindung zwischen *Metan* und *Ich werde hier sein im Sonnenschein und im Schatten* liegt ganz gewiss im Hauptplot von *Metan*, der Idee von der notwendigen Vernichtung der Menschheit:

> Am Fuße des Kilimanjaro-Vulkans, in der Nähe des Ngorongoro-Kraters, entstand der Mensch. Dieser Mensch war schwarz. Er vermehrte sich, ein Teil der Nachkommenschaft verließ die Savanne, eroberte unter großen Entbehrungen die verschiedenen Kontinente.

---

60 Christoph Amend/Stephan Lebert: Christian Kracht: „Der schlechteste Journalist von allen." Gespräch. In: Der Tagesspiegel, 1. Juli 2000.

61 Kracht/Niermann: Metan, S. 39.

62 Kracht/Niermann: Metan, S. 41.

> Dieser menschliche Drang zur Eroberung, so erkannten die Buren Südafrikas, als das Ende ihrer Macht nahte, war erloschen. Eine Dekadenz hatte sich nicht nur der Schwarzen bemächtigt [...], sondern auch der Buren selbst. [...] Eine neue Menschheit mußte entstehen, dort, wo sie schon einmal entstanden war. [...] Nicht ohne Grund glich der Vulkan in seiner Form einer Pyramide. Er war ein gigantisches Grab erloschener Lava, erloschener Energie. Doch durch die nukleare Bombardierung des Kilimanjaro würde nicht nur ein Symbol der Stagnation und des Todes ausgelöscht, sondern der seit Jahrhunderten inaktive und verschlossene Krater dieses Vulkans würde entstöpselt. Ein neuerlicher Ausbruch, gepaart mit der nuklearen Verseuchung Ostafrikas, würde eine neue, allen heutigen Menschen überlegene Rasse schaffen. Die genetisch erstarrten und kulturell degenerierten Völker würden hinweggewischt und eine neue Welt entstünde. (M 63–64).

Mit einem Zitat aus D. H. Lawrences *Women in Love* begann *Ich werde hier sein im Sonnenschein und im Schatten:* „Don't you find it beautiful clean thought, a world empty of people, just uninterrupted grass, and a hare sitting up?"[63] Die an Joseph Conrads *Heart of Darkness* gespiegelte Reisebewegung des Erzählers im Roman vom ‚Herzen Afrikas' über Europa und die Schweiz zurück in die Savanne scheint dem Gedanken aus Lawrences Roman einiges abzugewinnen. Darin freilich ähnelt sie auch den Protagonisten aus Krachts *Imperium*, dessen Erzählinstanz über Kapitän Slütter und August Engelhardt verrät:

> [E]r [...] fühlt eine unendlich zärtliche, nostalgisch gefärbte Zuneigung zu jener Zeit, als die Erde noch menschenleer war. Hierin ist er wohl Engelhardt nicht unähnlich, aber seine Vorstellungen und Träume zeigen ihm niemals eine andere Welt als die unsere, er sieht kein kommendes Geschlecht sich ausbreiten und keine neue Ordnung[64] entstehen, sondern allein und immer wieder die See, die mit blutwarmer, organischer Unbeirrbarkeit Kirchen, Städte, Länder, ja ganze Kontinente überflutet.[65]

An dieser Stelle scheint eine Differenz markiert zu sein zwischen Slütter und Engelhardt. Kracht verweist zurück auf einen der frühen Texte der phantastischen Literatur, auf Edward Bulwer-Lyttons Roman *The Coming Race* von 1871. Der Erzähler gerät darin durch einen Spalt in der Erdoberfläche in eine darunter liegende Welt, die von einer der Menschheit überlegenen Menschenrasse bewohnt wird, der die geheimnisvolle und äußerst mächtige Substanz Vril zu Diensten

63 David Herbert Lawrence: Women in Love. London 1996: Penguin, S. 152. Zum weiteren Kontext des Zitats vgl. Birgfeld/Conter: Die Morgenröte des Post-Humanismus, S. 259 f.

64 Angesichts der Fülle der Querverweise in Krachts Werk drängt es sich geradezu auf, in der Formulierung „er sieht kein kommendes Geschlecht sich ausbreiten und keine neue Ordnung" nicht nur einen Verweis auf Edward Bulwer-Lytton zu erkennen, sondern auch einen auf die Band *New Order*, bei der eines der zwei dem Roman *1979* vorangestellten Motti geliehen wurde – und damit eben auch auf ein früheres Romanprojekt Krachts.

65 Kracht: Imperium, S. 195.

steht. Der Roman simuliert einen Tatsachenbericht und gibt sich als Warnung vor dem kommenden Geschlecht, denn über die Vril-ya, die überlegene Rasse, erfährt er unter Tage:

> [W]e were driven from a region that seems to denote the world you come from, in order to perfect our condition and attain to the purest elimination of our species by the severity of the struggles our forefathers underwent, and that, when our education shall become finally completed, we are destined to return to the upper world, and supplant all the inferior races now existing therein.[66]

Bulwer-Lyttons Erzähler lässt keinerlei Zweifel daran, dass aus Sicht der Vril-ya die an der Oberfläche lebende Menschheit kein Lebensrecht besitzt und dem Untergang geweiht ist, sobald die Vril-ya ihre unterirdische Welt verlassen werden:

> „Some years ago", said Alph-Lin, „I visited this people, and their misery and degradation were the more appalling because they were always boasting of their felicity and grandeur as compared with the rest of their species. And there is no hope that this people, which evidently resembles your own, can improve, because all their notions tend to further deterioration."[67]

Entsprechend resümiert der Erzähler kurz vor Ende seines Berichtes:

> I arrived at the conviction that this people [...] if they ever emerged from these nether recesses into the light of day, they would, according to their own traditional persuasions of the ultimate destiny, destroy and replace our existent varieties of man.[68]

6 Leitmotive, ‚Haupt'- und ‚Nebenwerke'

Zwei Beobachtungen scheinen mir bei der Lektüre der Werke Krachts zunehmend von Interesse. Die erste geht von der von der Erzählinstanz markierten Differenz zwischen Kapitän Slütter und August Engelhardt aus: Während Slütter nicht an den Kraken in den Tiefen des Meeres glaubt, visioniert Engelhardt eine Zukunft nach dem Menschen, einen Aufbruch zu einem höheren Menschsein. Beiden aber ist die Verachtung für die lebende Menschheit gemein, und sie lässt sich wohl auch als eines der Leitmotive der Werke Krachts benennen. Noch nicht hinreichend geklärt hingegen ist bisher, ob wiederholte Anspielungen auf transhuma-

66 Edward Bulwer-Lytton: The Coming Race. London 2007: Hesperus Press, S. 54.
67 Bulwer-Lytton: The Coming Race, S. 55.
68 Bulwer-Lytton: The Coming Race, S. 120 f.

nistische Projekte im Werk Krachts – von der Rauchsprache und den Thomas Pynchon entlehnten Steckdosen in Favres Achseln in *Ich werde hier sein im Sonnenschein und im Schatten* bis zu den Transhumanisten in *Metan* – auf eine finale, noch nicht aufgegebene Utopie verweisen oder nicht. Sowohl in Slütters wie Engelhardts Sicht aber besteht innerfiktional kein Zweifel, dass die aktuelle Menschheit je dem Untergang geweiht ist, der Vernichtung würdig, die nur eine Frage der Zeit ist.

Die zweite Beobachtung betrifft den Zusammenhang der Werke Krachts: Die Einzeltexte scheinen, ob Roman oder nicht, ob allein von Kracht verfasst oder nicht, in einem so hohen Maße aufeinander bezogen, ja Variationen voneinander zu sein, dass eine ganzheitlichere Betrachtung des Werkes erhebliche Gewinne zu versprechen scheint. So zeigt der 2013 in die Kinos gekommene Film *Finsterworld*, dessen Drehbuch Christian Kracht mit seiner Frau Frauke Finsterwalder geschrieben und bei dem Finsterwalder die Regie geführt hat, im vorletzten Bild die Dokumentarfilmerin Franziska Feldenhoven auf der Flucht aus Europa nach Afrika, nachdem ihre Beziehung ebenso gescheitert scheint wie ihr Filmprojekt. Sie steht „inmitten der Totalen einer afrikanischen Steppenlandschaft".[69] Im Hintergrund ist, ohne dass das Drehbuch dieses Detail festhält, ein Berg zu erkennen, wenngleich nicht der Kilimanjaro.[70] Eine traditionell gekleidete Massai nähert sich Franziska, stellt sich neben die Deutsche. Gemeinsam schweift der Blick in die Ferne, dann fragt Franziska: „Wäre es nicht viel besser, wenn es gar keine Menschen mehr auf der Welt geben würde?"[71] Statt zu antworten bittet die Massai um eine Zigarette, zündet sie an, geht weiter ihres Weges und lässt Franziska in der Steppe allein zurück.

Wenn am Ende von *Ich werde hier sein im Sonnenschein und im Schatten* ein großer Marsch aus den Städten Afrikas zurück in die Dörfer, ‚in die Savanne, in die Ebenen' begann, dann war noch unklar, ob das eher als Ende des Menschen oder als Rückkehr zu ursprünglicherem Leben und als Neubeginn zu deuten war. Der Auftritt der Massai am Ende des Films *Finsterworld* nun gibt keinen Hinweis, dass in der Savanne, in den Ebenen, ein besseres, von der Zivilisation unberührtes Leben zu finden wäre. An den Problemen der Europäerin scheint die Massai kein Interesse zu haben, einen Ausweg aus der Europamüdigkeit und dem Menschheitsabscheu Franziskas bietet sie nicht. Es liegt durchaus der Eindruck nahe, dass Christian Krachts Werk, das der Autor so nachdrücklich als auf Unterhaltung

---

69 Frauke Finsterwalder/Christian Kracht: Finsterworld. Mit Essays von Dominik Graf, Michaela Krützen und Oliver Jahraus. Frankfurt am Main 2013: S. Fischer, S. 142.

70 Vgl. das Szenenfoto aus dem Film in Finsterwalder/Kracht: Finsterworld, S. 142.

71 Finsterwalder/Kracht: Finsterworld, S. 142; sowie Frauke Finsterwalder/Christian Kracht: Finsterworld. Deutschland 2012. Fassung: DVD. Alive 2014, 01:23:36 – 01:23:38.

angelegt deklariert, sich als unterhaltend im Sinne des den eigenen Untergang begleitenden Spiels des Titanic-Orchesters versteht, nur mit weniger Bedauern: „Don't you find it beautiful clean thought, a world empty of people, just uninterrupted grass, and a hare sitting up?“

Claude D. Conter

Von Öderland in die Schweizer Sowjetrepublik

Die Entscheidungsfreiheit des Individuums im Totalitarismus bei Max Frisch und Christian Kracht

Es mag auf den ersten Blick befremden, Max Frisch mit den Texten von Christian Kracht zu lesen und Christian Kracht aus der Perspektive von Max Frisch zu beschreiben, insbesondere da markierte intertextuelle Verbindungen eher spärlich auftauchen. Der Protagonist in Krachts Debütroman *Faserland* bekennt, als er von seinen Schullektüren berichtet: „Thomas Mann habe ich auch in der Schule lesen müssen, aber seine Bücher haben mir Spaß gemacht. [...] Diese Bücher waren nicht so dämlich wie die von Frisch oder Hesse oder Dürrenmatt."[1] Es ist kein Zufall, dass der Schweizer Christian Kracht dieses Triptychon der Schweizer Literatur zum Vergleich heranzieht. Während der Autor Kracht sich zu Dürrenmatt eher zurückhaltend äußert und ihn mit Hermann Hesse eine Hassliebe verbindet,[2] entwickelt er zu Frisch ein distanziertes Verhältnis: „Ich habe Max Frisch ja leider nie gelesen" oder „Frisch ist mir leider völlig fremd geblieben".[3] Solche Formen der Distanzierung könnte man auf eine etwaige „Einflußangst"[4] zurückführen, wonach Kracht befürchten würde, als Schweizer Autor in die Lücke zu stoßen bzw. vom Feuilleton gedrängt zu werden, die Max Frisch und Friedrich Dürrenmatt hinterlassen haben. Eine solche Annahme ist indes wenig plausibel, da sich Kracht auch von anderen Autoren distanziert.

Doch auch wenn explizite Lesespuren von Max Frisch im Werk Krachts als kaum gesichert gelten, scheint es mir dennoch reizvoll, das Werk beider Autoren zueinander in Beziehung zu setzen. Denn beide entwerfen in literarischen Texten eine Modernevorstellung vor dem spezifischen Hintergrund ihres Schweizbildes. Die Schweiz fungiert bei beiden Autoren, deren Schweiz-Verständnis als zumindest ambivalent beschrieben werden darf, als komplexer Phänotext. Und in Auseinandersetzung mit ihr entwerfen beide Autoren ihr Verständnis von Mo-

---

1 Christian Kracht: Faserland. Roman. Köln 1995: Kiepenheuer & Witsch, S. 162.
2 Volker Weidermann/Anne Zielke: Der Waldverherrlicher. Christian Kracht und Eckhart Nickel: Muss man Hesse lieben? In: Frankfurter Allgemeine Sonntagszeitung, 30. Juni 2002, S. 23. Kracht spricht von „genialen amboßartigen Metaphernkonstrukten" und von Hesses „Allegoriesucht".
3 Christian Kracht: New Wave. Ein Kompendium 1999–2006. Köln 2006: Kiepenheuer & Witsch, S. 169.
4 Vgl. Harold Bloom: Einflußangst. Eine Theorie der Dichtung. Basel 1995: Stroemfeld.

https://doi.org/10.1515/9783110532159-014

derne. Beide Autoren messen dabei in ihren Texten der Vorstellung von individueller Freiheit und von Entscheidungsfreiheit einen besonderen Stellenwert zu. Die im Folgenden einzeln ausgeführten Antworten auf die Frage nach der Verortung des Einzelnen in einer das Individuum eingrenzenden Ordnungsstruktur könnten aber nicht unterschiedlicher ausfallen, was bereits Frischs und Krachts je unterschiedliche Sichtweise auf den Schweizer Architekten Le Corbusier als einen kontroversen Vertreter der ästhetischen Moderne und als Referenzpunkt beider Autoren erhellen kann.

1 Le Corbusier und die Architektur der Moderne zwischen Bewunderung (Frisch) und Kritik (Kracht)

Max Frisch hat sich nicht systematisch zum Architekten Le Corbusier geäußert, obgleich dieser durchaus ein impliziter Fixpunkt in Frischs architektonischem Denken ist. Nach dem Zweiten Weltkrieg und im Kontext seiner Ausführungen zur Architektur und Urbanität erwähnt er ihn immer eher nebenbei und nicht selten im Zusammenhang mit Ludwig Mies van der Rohe oder Willem van Tijen. In *Der Laie und die Architektur* (1955) lobt Frisch Le Corbusiers Wohnraumsiedlung *Unité d'habitation* in Marseille als „gescheites und tapferes Experiment".[5] Nicht zuletzt die Städtebauprojekte in Rio de Janeiro (1929) und Algier (ab 1931) sowie das Projekt *La Ville radieuse* (1935) dürften Max Frisch imponiert haben, ordnete sich sein Vorschlag einer Musterstadt, wie er ihn in der streitbaren Schrift *achtung: die Schweiz* gemeinsam mit Lucius Burckhardt und Markus Kutte vorgelegt hatte, doch in die Tradition der Urbanitätskonzeption von Le Corbusier ein. Frischs Vorstellung vom Städtebau als Politik und von der planerischen Notwendigkeit als Bedingung der Freiheit, so in *Cum grano salis*,[6] sowie die Ideen zur Dezentralisation als städtebaulichem Programm und zu Hochhäusern und dem damit

5 Max Frisch: Der Laie und die Architektur. In: Ders.: Gesammelte Werke in zeitlicher Folge. Hrsg. von Hans Mayer unter Mitwirkung von Walter Schmitz. Frankfurt am Main 1976: Suhrkamp. Bd. III (1949–1956), S. 261–290, hier S. 285.

6 „Gerade da die Schweiz nicht nur ein kleines Land ist, sondern ein Land, das infolge der geschichtlichen Entwicklung immer noch kleiner wird, müßten wir eigentlich die ersten sein, die sich die neue Form der Freiheit erobern, die Freiheit durch Plan; es wäre eidgenössischer als das meiste, was heute geschieht, und die so dringend notwendige Manifestation einer lebendigen Schweiz –." (Max Frisch: Cum grano salis. Eine kleine Glosse zur schweizerischen Architektur. In: Ders.: Gesammelte Werke in zeitlicher Folge, Bd. III, S. 230–242, hier S. 241.)

verbundenen Traum von der Fernsicht rekurrieren teils wörtlich auf Le Corbusiers Schriften *Urbanisme* (1923) oder *Vers une architecture* (1924).[7]

Max Frischs Wertschätzung für Le Corbusier ist ungebrochen: Dessen Schriften und entworfene Gebäude sind einflussreich in der Geschichte der Moderne, und dass sie darüber hinaus von einem *Schweizer* Architekten stammen, hat Frischs Bewunderung gewiss vertieft. So avanciert Le Corbusier zu einem Musterfall für das, was Charles-Ferdinand Ramuz in seinem viel beachteten und von der Romanfigur Stiller alludierten Essay *Besoin de grandeur* (1937) als Problem erläutert hat. Die Frage nach der politischen Bedeutung eines kleinen Landes im Rahmen weltgeschichtlicher Prozesse hat Ramuz mit der Einsicht in die politische Bedeutungslosigkeit der Schweiz beantwortet,[8] aber zugleich in Aussicht gestellt, dass Ideen und Geist ebenfalls zum Ruhm eines Landes und zu weltgeschichtlichen Veränderungen beitrügen.[9] Le Corbusier, der solches geleistet hat, steht darüber hinaus bei Frisch für den Ordnungsgedanken, die Planbarkeit und die Sachlichkeit, die zentral in Frischs Denken, insbesondere in den 1950er und 1960er Jahren, sind und die zu Gegenbegriffen zum Zufall werden.[10] Das Gebot der Ordnung, wie Beatrice von Matt in ihrer Frisch-Monographie ausgeführt hat,[11] dominiert und ist als ein zentrales Thema seiner architektonischen und literarischen Arbeiten zu verstehen.

---

7 Vgl. Petra Hagen: Städtebau im Kreuzverhör. Max Frisch zum Städtebau der fünfziger Jahre. Baden 1986: LIT Verlag, S. 27 f.

8 Diese Idee wird bei Frisch zum Topos. Auf die Frage des Zürcher Buchklubs, ob der Schweizer Dichter ein Außenseiter sei, antwortete Frisch, dass „das Geschichtslose unserer Existenz" den Schweizer Schriftsteller hemme: „Ich meine damit weniger, daß wir von den großen weltpolitischen Entscheidungen ausgeschlossen sind – das ließe sich gerade heute allenfalls verschmerzen –, als vielmehr, daß wir keinen Entwurf von uns selber und damit von unserer Zukunft haben." (Max Frisch: Die Schweiz ist ein Land ohne Utopie. In: Ders.: Gesammelte Werke in zeitlicher Folge, Bd. IV (1957–1963), S. 258–259, hier S. 258.) Zudem hat Frisch wie bereits zuvor Ramuz die „schweizerische Angst vor der Verwandlung überhaupt, das schweizerische Bedürfnis, im 19. Jahrhundert zu leben [...], das schweizerische Ressentiment gegenüber der Tatsache, daß die Weltgeschichte nicht uns zuliebe stehenbleibt" bemängelt (Frisch: Cum grano salis, S. 240.)

9 Max Frisch hat wie Ramuz in den 1930er Jahren die Befürchtung geäußert, dass die Schweiz sich in ihre Enge zurückziehen würde und dass Zukunftsentwürfe fehlen. Bereits in *Cum grano salis* heißt es: „Was wollen wir aus unserem Land gestalten? Was soll entstehen? Was ist unser Entwurf in Hinsicht auf das kommende Jahrhundert? Haben wir eine schöpferische Hoffnung?" (Frisch: Cum grano salis, S. 236.)

10 Le Corbusier ist in der Architektur das, was Bertolt Brecht in der Dramatik für Max Frisch ist: das Sachliche und Planbare. Vgl. dazu Volker Weidermann. Max Frisch. Sein Leben, seine Bücher. Köln 2010: Kiepenheuer & Witsch, S. 143 f.

11 „Nichts mochte Frisch dem Zufall überlassen [...] Das Chaos lauerte für diesen Schriftsteller im Zufall", so Beatrice von Matt, und weiter: „Täglich galt es, sich neu einzurichten, damit die Gefahr,

Es ist demnach kein Zufall, wenn Peter Suhrkamp Max Frisch 1956 vorschlägt, für *Suhrkamp* ein Buch über Le Corbusiers Kapelle Notre Dame du Haut von Ronchamp zu machen:

> Worauf es mir auch bei Ronchamp ankäme, wäre: ob es die Möglichkeit gibt, diese Kirche so zu photographieren, dass man einmal erkennt, wie sie in der Landschaft liegt; zum anderen die Gliederung des Baues; und endlich, ob sich die einzelnen Innenräume wie bei der Matisse-Kapelle so ausphotographieren lassen, dass der Betrachter in der Bildfolge die Raumvorstellung gewinnt. [...] Endlich rechne ich natürlich mit einem darstellenden Text von Ihnen und damit nicht genug, auch noch mit einem interpretierenden Text vom Architekten Max Frisch.[12]

Max Frisch lehnte die Mitarbeit an diesem Buchprojekt ab,[13] da er sich nicht ausreichend kompetent fühlte – eine Einschätzung, die ihm in den 1950er Jahren bei mehreren angebotenen Publikationen zur Architektur als Begründung für Ablehnungen diente. Der Vorschlag von Suhrkamp darf indes als ein weiteres Indiz dafür gelesen werden, dass Max Frisch ein Befürworter des Moderneverständnisses eines Le Corbusier war – affirmativ und bewundernd sprach Frisch über ihn, so in einem Brief an Peter Suhrkamp: „Ich sah eben den Corbusier-Band von den Zwanziger Jahren: fast alles, was wir heute als Wende in der Architektur erleben, was wir bejahen und fordern, ist dort schon skizziert, gefordert, begründet, teilweise in Exempeln experimentiert, die damals als krude Sensation verpönt waren und wirkungslos zu sein schienen“, und er fügt entrüstet in Klammern dazu: „(In vier Jahren Architektur-Hochschule wurde Corbusier nie behandelt!)“[14]

Knapp fünfzig Jahre später wird Le Corbusier erneut zum Referenzpunkt für das Moderneverständnis – dieses Mal bei Christian Kracht. Auch Kracht äußert sich nicht systematisch zum Werk von Le Corbusier; er reagiert indes auf Joachim Bessings Erläuterungen zum Architekten. Bessing gehört mit Kracht zu den In-

die Unordnung, nicht überhandnehme. [...] Im Schreiben organisierte er die Welt, im Setzen eines Satzes, in der Konstruktion des Ganzen. Daran hielt er von Anfang an fest, bis zum Ende. Der vollkommene Satz bedeutete Befreiung von der lauernden Desorganisation.“ (Beatrice von Matt: Mein Name ist Frisch. Begegnungen mit dem Autor und seinem Werk. München 2011: Nagel & Kimche, S. 7 f.)

12 Brief von Peter Suhrkamp an Max Frisch, 16. April 1956 (Max-Frisch-Archiv).

13 Vgl. Brief von Max Frisch an Peter Suhrkamp, 19. April 1956 (Max-Frisch-Archiv): „Ich bin nicht der Mann, Ihnen dieses Buch zu schreiben. Dazu müsste man mehr als Impressionen haben, nämlich Kenntnis des heutigen Kirchenbaus ganz allgemein, ein gründliches Verhältnis zum Werk von Corbusier; die Kirche dürfte ja nicht aus diesem ganzen Lebenswerk ausgelöst werden, das zu den grossen Lebenswerken gehört schon die Beharrlichkeit.“

14 Brief von Max Frisch an Peter Suhrkamp, 19. April 1956 (Max-Frisch-Archiv).

itiatoren des vielfach als Manifest verunglimpften Gesprächsprotokolls einer popliterarischen Autorengruppe, das 1999 unter dem Titel *Tristesse Royale* erschien. In einem Gespräch erläutert Bessing Le Corbusiers *Musée Mondiale*, jenes Museum der Weltgeschichte, das auf der Weltausstellung in Genf hätte errichtet werden sollen. Dieser Plan erinnert Bessing an ein „Geistesgebäude“, das er in sich errichten wolle und das in „Art und Konstruktion einem nie realisierten Plan von Le Corbusier“ folge.[15] Bemerkenswerterweise greift Kracht den Gedanken nicht auf, zumindest nicht im veröffentlichten Manifest, doch ändert sich dies später. In einer E-Mail an den amerikanischen Dirigenten und langjährigen Freund David Woodard erwähnt Kracht ihn, als er zunächst auf den Designer Luigi Colani zu sprechen kommt: „He is, of course, Swiss.[16] He is responsible for some of the very worst visual aberrations in Europe, sort of like a dark version of Le Corbusier (another Swiss) in reverse.“[17] Bereits an dieser Stelle wird eine eindeutig negative Bewertung erkennbar, insofern die Ikone der modernen Architektur von Kracht einer ästhetischen Kritik unterzogen wird. Wieso die Werke Le Corbusiers wie die des Industriedesigners Luigi Colani als optische Verirrung bezeichnet werden, darüber gibt der dritte Roman von Kracht, *Ich werde hier sein im Sonnenschein und im Schatten*, Aufschluss.

Darin erhängt sich im letzten Kapitel ein Architekt, ein „Welschschweizer mit Namen Jeanneret“.[18] Dass der Erzähler nicht das bekannte Pseudonym Le Corbusier benutzt, sondern den bürgerlichen Namen, gehört bereits zu Krachts Diskreditierungsstrategie in Bezug auf dessen architektonisches Werk. Dass sich der Architekt im Roman in der Folgezeit umbringt, ist folgerichtig, schildert der Roman doch vor allem den Niedergang der Schweizer Sowjetrepublik, eines

---

15 Joachim Bessing: Tristesse royale. Das popkulturelle Quintett mit Joachim Bessing, Christian Kracht, Eckhart Nickel, Alexander von Schönburg und Benjamin von Struckrad-Barre. Berlin 1999: Ullstein, S. 65.

16 Kracht irrt an dieser Stelle. Bereits im Gespräch mit Joachim Bessing hatte er dessen Vermutung, dass Colani Deutscher sei, vorsichtig bestätigt: „Es gibt ja viele Menschen, die sich als Schweizer ausgeben, ohne es zu sein.“ (Christian Kracht: Die Schweiz. Ein Gespräch mit Joachim Bessing. In: Ders.: New Wave. Ein Kompendium 1999–2006. Mit einem Vorwort von Volker Weidermann. Köln 2006: Kiepenheuer & Witsch, S. 165–177, hier S. 172.) Krachts Bemerkung könnte ebenfalls Le Corbusier gelten, der die französische Staatsbürgerschaft besaß.

17 Brief von Christian Kracht an David Woodard vom 2. Mai 2005. In: Christian Kracht/David Woodard: Five Years. Briefwechsel 2004–2009. Vol. 1: 2004–2007. Hrsg. von Johannes Birgfeld und Claude D. Conter. Hannover 2011: Wehrhahn, S. 56. Über Colani und den Niedergang der *Swissair*, nachdem jener die Uniformen kreiert hätte, sowie über dessen Staatsbürgerschaft spricht Kracht mit Joachim Bessing im Dialog *Die Schweiz* (vgl. Kracht: Die Schweiz, S. 171 f. u. 177).

18 Christian Kracht: Ich werde hier sein im Sonnenschein und im Schatten. Roman. Köln 2008: Kiepenheuer & Witsch, S. 149.

Staates, der – so die konjekturalhistorische Idee – hätte entstehen können, wenn Lenin, den auch Frisch in seiner Georg-Büchner-Preisrede erwähnt,[19] die Schweiz 1917 nicht verlassen hätte. Sodann hätte sich die SSR, die Schweizer Sowjetrepublik als politische Großmacht etabliert – ein imaginärer Entwurf, der für einmal die Beobachtung von Charles-Ferdinand Ramuz im Essay *Besoin de grandeur* umkehrt, da die Schweiz bei Kracht nunmehr die unverhoffte Weltmacht ist. Der Roman schildert indes das drohende Ende des Imperiums, das sich seit fast hundert Jahren im Weltkrieg mit den Hindustanis und den Deutschen befindet. Und Jeanneret ist jener „Schweizer Architekt", der ganze Städte, insbesondere in den ostafrikanischen Kolonien, „am Reissbrett geplant und hatte erbauen lassen".[20] Die Soldaten, die die SSR aus den afrikanischen Kolonien rekrutiert hatte, verlassen, „einer stillen Völkerwanderung gleich",[21] die Städte und kehren in ihre Dörfer zurück. Auch die von Jeanneret aufgebrachten Soldaten als Sperrposten können die Stadtflucht nicht verhindern. So bleibt er allein zurück, „machtlos und stumm im leeren Administrationsgebäude; zu seinen Füssen lagen getuschte Erlasse, Anordnungen, Zeichnungen, Stimm-Schriften, Baupläne für weitere Militärakademien und hastige Skizzen für neue Kinderkrankenhäuser".[22] Jeannerets künstliche Städte werden in Kürze von der Natur, von den „ersten Schlingpflanzen" zurückerobert, und nachdem er „alleine durch seine dunkle und menschenleere Schweizer Stadt gelaufen war, warf [er] frühmorgens das Ende eines Seiles über eine von ihm selbst entworfene stählerne Strassenlaterne und erhängte sich, bevor die afrikanische Sonne zu heiss wurde".[23] Der letzte Satz des Romans lautet: „Er hing ein paar Tage, dann assen Hyänen seine Füsse."[24]

Ich werde hier sein im Sonnenschein und im Schatten ist ein Roman über die politische Moderne, über den gesellschaftlichen Fortschritt in einer rundum durchplanten Utopie, die mit dem Untergang eines Imperiums endet. Eine solchermaßen ausgestellte Dystopie exponiert auch den Architekten einer wesentlichen Kritik. In einem Interview mit Denis Scheck sprach Kracht von „Le Cor-

19 „Es gibt wenige Emigranten, denen sich die Hoffnung aller Emigranten erfüllt: Das Land, das sie haben fliehen müssen, nicht bloß wiederzusehen, sondern umzustürzen durch ihre Heimkehr. Einer dieser wenigen ist Lenin." (Max Frisch: Emigranten. Rede zur Verleihung des Georg-Büchner-Preises 1958. In: Ders.: Gesammelte Werke in zeitlicher Folge, Bd. IV (1957–1963), S. 229–243, hier S. 229.)
20 Kracht: Ich werde hier sein im Sonnenschein und im Schatten, S. 148.
21 Kracht: Ich werde hier sein im Sonnenschein und im Schatten, S. 148.
22 Kracht: Ich werde hier sein im Sonnenschein und im Schatten, S. 149.
23 Kracht: Ich werde hier sein im Sonnenschein und im Schatten, S. 149.
24 Kracht: Ich werde hier sein im Sonnenschein und im Schatten, S. 149.

busiers Schreckensvisionen".[25] Da sowohl die Romanfigur Jeanneret als auch Le Corbusier und Max Frisch Architektur als Ausdruck gesellschaftlicher Prozesse begreifen, kann der Selbstmord als Ausdruck von Krachts radikaler Absage an einen emphatischen Modernebegriff verstanden werden: Denn die Moderne beinhaltet aus seiner Sicht nicht nur den Gedanken des Aufbruchs und des Neuen, sondern immer auch den ihr inhärenten Drang zur Selbstzerstörung und zur Selbstaufhebung.

Wenn der Schweizer Architekt Jeanneret/Le Corbusier ein Referenzpunkt in der Geschichte der Moderne ist, dann kann die Einschätzung von Kracht und Frisch nicht unterschiedlicher sein. Beide erkennen in ihm den Schweizer und einflussreichen Architekten und verorten ihre Bewertung daher bewusst oder unbewusst in jenem von Ramuz eröffneten Deutungshorizont, wie geschichtliche Bedeutung und helvetische Sozialisation zueinander in Bezug stehen. Während Max Frisch das Vertrauen in die Moderne in den 1950er Jahren aber noch nicht verloren hatte, vermag Kracht, der ihre Dominanz im gegenwärtigen Denken nicht verkennt, sie zumindest ästhetisch zu verurteilen und die ihr zugewiesenen Verdienste bis zum radikalen Zweifel daran zu hinterfragen. In beiden Fällen ist Le Corbusier lediglich als eine Marginale in einem helvetischen Moderneverständnis zu begreifen, als ein Symptom eines übergreifenden Modells. Doch ist die Schweiz als Hintergrund für Frischs und Krachts Verständnis von Moderne ebenso charakteristisch wie die im Folgenden auszuführende Beobachtung, dass beide Autoren Freiheitsoptionen des in Ordnungszwängen gefangenen Einzelnen durchspielen.

2 Öderland: Max Frischs existentialistische Deutung der helvetischen Moderne

Das Stück *Graf Öderland* nimmt im werkgeschichtlichen Kontext eine Schlüsselstellung ein[26] und kann als Max Frischs Versuch gelesen werden, die helvetische

25 „Die Großstadt, die moderne Architekten geplant haben", sei ein Irrtum der Moderne, womit Kracht indirekt auf Max Frisch und dessen Vorstellung einer Musterstadt antwortet. Im Gespräch mit dem Literaturkritiker Denis Scheck hatte Kracht in der Sendung *Druckfrisch* vom 2. November 2008 dessen Frage, ob die ganze Moderne ein Irrtum sei, bejaht. Einschränkend erwähnt er die Vorzüge der Technik, doch: „Die Ästhetik der Moderne ist ein Irrtum." (https://www.youtube.com/watch?v=p9qy1HlmPJw [5. August 2017]).

26 Vgl. Gerhard P. Knappe: Angelpunkt Öderland. Über die Bedeutung eines dramaturgischen Fehlschlages für das Bühnenwerk Frischs. In: Ders. (Hrsg.): Max Frisch. Aspekte des Bühnenwerks. Bern u.a. 1979: Peter Lang, S. 223–254, hier S. 224f.

Moderne unter existentialistischen Gesichtspunkten zu beschreiben. Dabei geht es bei Max Frisch nicht direkt um die Schweiz, auch wenn viele Schweizer dies lange gedacht haben.[27] Die helvetische Republik fungiert bei ihm lediglich als Modell zur Verhandlung der Moderne, wie beispielsweise auch Andorra, das „das Modell einer Gemeinschaft [war], die mit sich selber nicht identisch ist – keineswegs aber ein Gleichnis für die Schweiz".[28] Die Moderne, wie Frisch sie diagnostiziert, bildet im Stück das geistige Fundament von Öderland, „[w]o der Mensch nicht hingehört, wo er nie gedeiht. Wo man aus Trotz lebt Tag für Tag, nicht aus Freude"[29] wo selbst das „Abenteuer nach Stundenplan"[30] verläuft, wie der rebellierende Staatsanwalt mitteilt.

Das Stück wurde am 10. Februar 1951 am Zürcher Schauspielhaus in der Regie von Leonard Steckel uraufgeführt, die Buchausgabe erschien im selben Monat mit dem Untertitel *Eine Moritat in zehn Bildern*. Dem waren manche Fassungen, insbesondere ein Prosaentwurf in sieben Bildern vorausgegangen. Es folgten zwei weitere Fassungen: 1955 die zweite Fassung für die Inszenierung von Fritz Kortner, die am 4. Februar 1956 an den Frankfurter Städtischen Bühnen aufgeführt wurde, sowie 1961 für die Inszenierung von Hans Litzau am Berliner Schiller-Theater. Diese dritte Fassung wurde in *Spectaeculum* veröffentlicht. Die Unterschiede der verschiedenen Fassungen sind in der Forschung ausführlich beschrieben worden; auf selbige wird im Folgenden insofern eingegangen, als die Überarbeitungen auf eine Akzentuierung der existentialistischen Deutung der Moderne hindeuten. Das Drama *Graf Öderland*, dessen Entstehung in die Hochzeit des Theaters des Absurden und der existentialistischen Literatur fällt, erweist sich damit als Bestandsaufnahme einer als absurd wahrgenommenen Welt, in der der Alltag so stark geregelt ist, dass er den Menschen erdrückt. Ausgerechnet der Staatsanwalt begehrt dagegen auf: Er zeigt Verständnis für einen Mörder und entzieht sich zunächst durch Flucht, später durch militärische Gewalt gegen die Staatsordnung dem Zugriff durch dieselbe. Sein Umsturzversuch und die versuchte Einrichtung einer neuen Regierung mit dem Ziel, eine neue Gesellschaftsordnung zu etablieren, scheitern letztlich, und in dieser Darstellung verhandelt Frisch seine Auseinandersetzung mit dem Existentialismus, insbesondere mit der Freiheitsvorstellung des Einzelnen.

---

27 „Ich bin Schweizer und begehre nichts andres zu sein, mein Engagement als Schriftsteller aber gilt nicht der Schweiz. Überhaupt keinem Land." (Frisch: Emigranten, S. 236).

28 Frisch: Die Schweiz ist ein Land ohne Utopie, S. 258.

29 Max Frisch: Graf Öderland. In: Ders.: Gesammelte Werke in zeitlicher Folge, Bd. III, S. 5–89, hier S. 55.

30 Frisch: Graf Öderland, S. 56.

Max Frischs Überarbeitungen erklären sich folgerichtig als Reaktionen auf die Rezeption, die ihn ebenso irritiert hat wie das Stück die Zuschauer und die Theaterkritik verstört hat, da die Freiheitsdeutung fast ausschließlich politisiert wurde. Von den Zeitgenossen ist *Graf Öderland* wahrgenommen worden „als ein Stück, das zur Revolution aufrief, ein Stück gegen die verwaltete Welt, ein sozialistisches Umsturzdrama".[31] Ein solcher Ansatz, der rezeptionshistorisch zumindest für die zweite und dritte Fassung vor dem Hintergrund des Kalten Krieges, den Max Frisch selbst als Wettkampf zweier Systeme wahrgenommen hatte, zu denken ist, fokussiert auf den gesellschaftlichen Ausstieg des Staatsanwalts aus einem geordneten und von ihm im Prinzip selbst aufrechtzuerhaltenden System und die damit verbundenen Folgen einer politisierten Rebellion.[32] Auch wenn es – je nach ideologischer Ausrichtung – verschiedene Lesarten gab, etwa wenn das Stück als Hitler-Karikatur gelesen wurde, als Ausdruck der Suche nach alternativen Lebensformen, als Konfrontation einer Freiheits-Utopie mit dem Staatsrealismus, als mythisierte Politik und vieles Andere mehr,[33] löste man sich nicht von einem politischen Interpretationsparadigma, das im Stück ja der Innenminister vertritt und allein deswegen schon falsch sein muss, da insbesondere die Figur des Innenministers fiktionsintern von allen Seiten eindeutig negativ konnotiert ist.[34] In einem bislang nicht vollständig bekannten Brief an Gustav Gründgens zeigte sich Frisch durchaus besorgt über die Politisierung seines Stückes: „Eine Demonstration, dass sich mit der Axt (die mir zuliebe in der Kriminalstatistik auch dieses Landes häufiger auftaucht) wesentlich kein Problem lösen und nichts verändern lässt, als kommunistisch zu bezeichnen – ist nur im Westen möglich. Meines Erachtens ist es ja schon ein Missverständnis, das Stück als ein politisches zu betrachten".[35]

Tatsächlich scheint eine existentialistische Verortung von Frisch favorisiert, insbesondere dann, wenn die Frage nach der *Freiheit des Individuums* in den

31 Weidermann: Max Frisch, S. 155.

32 Vgl. Manfred Durzak: Spielmodelle des Ichs und der Wirklichkeit. Die Dramen von Max Frisch. In: Ders.: Dürrenmatt, Frisch, Weiss. Deutsches Drama der Gegenwart zwischen Kritik und Utopie. Stuttgart 1972: Reclam, S. 191.

33 Vgl. dazu die kritische Sichtung von Marianne Biedermann: Graf Öderland in Beziehung zu seiner Umwelt. Eine Untersuchung. In: Knappe (Hrsg.): Max Frisch. Aspekte des Bühnenwerks, S. 195–221, hier S. 196–199.

34 „Die Axt ist zu einem Zeichen geworden, zum Zeichen der Empörung und des Aufruhrs." (Frisch: Graf Öderland, S. 60.) Auch der Verteidiger kann Unrecht nur unter diesem Gesichtspunkt begreifen, wenn er den Mörder fragt: „Sie glauben also zum Beispiel nicht daran, daß durch Gewalt die Welt verbessert werden kann" (Frisch: Graf Öderland, S. 18)

35 Brief von Max Frisch an Gustav Gründgens, 19. Mai 1952 (Max-Frisch-Archiv Zürich).

Mittelpunkt rückt.[36] Peter Suhrkamp deutete in einem Brief an Max Frisch zwei Alternativen bereits an, wie die individuelle Freiheit in einer verwalteten Welt, wie sie in *Graf Öderland* zum Ausdruck kommt, bewerkstelligt werden kann: „Es gibt zwei Möglichkeiten der Erlösung daraus: die romantisch-revolutionäre, durch Zertrümmerung der Grenzwände und Öffnung in den Kosmos – oder die individualistische, die produktive Ignoranz des menschlichen Individuums, die Befreiung im individuellen Geist."[37] Die erste politische Interpretation begreift das Töten mit der Axt als einen Akt der gewalttätigen Befreiung aus einer als überlebt geltenden politischen und gesellschaftlichen Ordnung. Die zweite Deutung, die Suhrkamp mit dem abwertenden Begriff einer Erfüllung im ‚Individualistischen' bezeichnet, bleibt eher nebulös, insbesondere wegen der etwas uneindeutigen Formulierung ‚produktive Ignoranz des menschlichen Individuums'.

Erschwert wird eine solchermaßen geartete Deutung allerdings durch die mögliche Lesart, dass die Revolte und der Freitod im Stück offenbar im *Traum*, nicht in der Realität, imaginiert werden, wobei es sich um eine dramatische Disposition handelt, die eine konjekturalhistorische Komponente beinhaltet.[38] Vor dem Hintergrund dieser Verschiebung sind der Stellenwert des Traums und jene schwierigen Stellen vom Erwachen aus dem Traum aufschlussreich. Dabei bietet der Traum dem Staatsanwalt zunächst einfach nur die Gelegenheit, durchzuspielen, was passieren könnte, wenn der Gewinn der Freiheit um den Preis der Gewaltanwendung erfolgen würde.[39] Und der Traum ermöglicht demnach einen Schwebezustand, vergleichbar dem ästhetischen Stadium in Kierkegaards Stadienlehre. Im Stück ist entscheidend, dass der Zustand des Traums aufrechtzuerhalten versucht wird, sodass es nicht darum geht, das Bedingungsverhältnis von Gewalt und Freiheit aufzulösen. Frisch verzichtet darauf, innerhalb der Fassungen eine Lösung herauszustellen, geht es ihm doch um die eigen-

---

36 In diesem Fall würden die Grenzen der individuellen Freiheit in einer geplanten und bis ins Einzelne strukturierten Ordnung im Stück ausgelotet. Diese Fokussierung auf die Figur des Staatsanwaltes als Verkörperung des Dualismus' zwischen Ordnungswelt und Freiheitsdrang ist indes auch wiederum kritisiert worden von Biedermann: Graf Öderland in Beziehung zu seiner Umwelt, S. 196 f.

37 Zitiert nach Weidermann: Max Frisch, S. 158.

38 So wird in einer Theaterkritik angemerkt: „Dass seine [des Staatsanwalts, C. C.] Verwandlung in den hemmungslos-blutrünstigen Machthaber nur ein Traum ist, wird für den Zuschauer leider zu wenig deutlich ersichtlich." (n: Graf Öderland. Uraufführung von Max Frisch's Moritat im Schauspielhaus Zürich. In: National-Zeitung, 13. Februar 1951, S. 3.)

39 Max Frisch hat in öffentlichen Diskussionen darauf hingewiesen, dass er sich gegen die Idee wende, Gewalt mit Gewalt zu begegnen und wollte deswegen den revolutionären Akt nicht nobilitiert wissen.

tümliche Art der „Frage",[40] woraus bei manchen Lesern der Eindruck der „Undurchsichtigkeit"[41] oder „Unschlüssigkeit"[42] entstanden ist. Wenn Tankred Dorst meint, dass das Stück, auch nach der dritten Fassung, „noch immer unfertig"[43] sei, dann geht bei seiner Formulierung jene spezifisch Frisch'sche Überlegung von der Priorisierung der Frage vor der Antwort verloren, die Peter von Matt in Bezug auf das Stück vom Grafen Öderland vielleicht präziser als Dorst erfasste, als er das Stück mit einer „Geburt" verglich, „die nie zu ihrem Ende kommt".[44] Und das ist durchaus programmatisch zu verstehen.[45]

Hätte Frisch *einer* Option, etwa dem Selbstmord des Staatsanwalts, den Vorzug gegeben, hätte er zugleich auch eine Lösung dort suggeriert, wo es lediglich darum ginge, das Verhältnis von individueller Freiheit und kollektivem Ordnungswillen zu skizzieren, nicht aber zu entscheiden. So unterschiedlich die

---

40 „Die Haltung der meisten Zeitgenossen aber, glaube ich, ist die Frage, und ihre Form, solange eine ganze Antwort fehlt, kann nur vorläufig sein; für sie ist vielleicht das einzige Gesicht, das sich mit Anstand tragen läßt, wirklich das Fragment." (Max Frisch: Beim Lesen. In: Tagebuch 1946–1949. In: Ders.: Gesammelte Werke in zeitlicher Folge, Bd. II (1944–1949), S. 347–750, hier S. 451.) Ähnlich urteilt auch Peter von Matt: „Sein Ehrgeiz war nie die Antwort, immer nur die Frage." (Peter von Matt: Der Gestus des sauberen Schnitts. Zu Max Frisch II. In: Ders.: Der Zwiespalt der Wortmächtigen. Essays zur Literatur. Zürich 1991: Benziger, S. 102–109, hier S. 103 f.)

41 Michael Butler: Das Paradoxon des Parabelstücks: Zu Max Frischs *Als der Krieg zu Ende war* und *Graf Öderland*. In: Knappe (Hrsg.): Max Frisch. Aspekte des Bühnenwerks, S. 177–194, hier S. 186. Weiter im Text bekräftigt Butler diese These: „Wegen seiner charakteristischen ‚Offenheit' lässt sich aus diesem Parabelstück jedoch keine klare, verbindliche Lehre herauskristallisieren." (Knappe (Hrsg.): Max Frisch, S. 190) Den Grund dafür sieht Butler, Dürrenmatt in seiner Kritik folgend, darin, dass es Frisch nicht gelungen wäre, eine Privatgeschichte als Spiegel gesellschaftlicher Verhältnisse zu schildern. Ich halte es indes nicht für Frischs Unvermögen, sondern für eine bewusste Offenheit, die auf der Bühne nach 1945 so ungewöhnlich war, dass er um einen Schluss gerungen hat, der für Regisseure und Dramaturgen zu verwirklichen war. Butler stimme ich jedoch zu, wenn er meint: Das Stück „läuft nicht mehr auf eine allgemein verbindliche Lehre hinaus, sondern auf eine Reihe von Fragezeichen. Die Parabel vom mythischen Grafen endet nicht formgemäß mit einem *Quod-erat-demonstrandum*, sondern mit einem Rätsel." (Knappe (Hrsg.): Max Frisch, S. 193)

42 Knappe: Angelpunkt Öderland, S. 226.

43 Tankred Dorst: Noch einmal Öderland. Ein wieder aufgenommenes Gespräch. Mit einer Laudatio von Günther Erken und einer Rede von Hans Mayer. Frankfurt am Main 1999: Suhrkamp, S. 27–45, hier S. 34.

44 Peter von Matt: Die tintenblauen Eidgenossen. Über die literarische und politische Schweiz. München 2001: Hanser, S. 43.

45 Michael Butler hat zurecht auf das Unbehagen von Frisch an den Parabelstücken hingewiesen: „Diese sind tatsächlich nur insofern interessant, als sie nicht als Komponenten eines moralischen Systems oder einer voll ausgearbeiteten Philosophie, sondern als der Ausdruck eines ununterbrochenen Klärungsvorgangs verstanden werden, der nicht mehr ganz überzeugt, sobald ihm etwas Erstarrend-Endgültiges anhaftet." (Butler: Das Paradoxon des Parabelstücks, S. 179.)

verschiedenen Fassungen sein mögen, sie verdeutlichen alle, dass Freiheit nicht frei von Gewalt zu denken ist, egal, von welchen Trägern sie ausgeführt wird: ob vom Einzelnen, dessen Befreiung aus dem „Irrenhaus der Ordnung“[46] von den ‚Stützen der Gesellschaft‘ als terroristisch gedeutet wird, oder ob von den Ordnungsträgern selbst, deren Aufrechterhaltung der Ordnung den Einzelnen einschränkt, wie in den vom Innenminister aufgezählten Schutzmaßnahmen der Regierung zur Sicherstellung der individuellen Freiheit offenbar wird. Frisch gibt nicht nur keiner Option den Vorzug: Indem er in den Fassungen einen je unterschiedlichen Schluss anbietet, zeigt er auch, dass er keinen eindeutigen Deutungsschluss will. Die verschiedenen Fassungen lassen sich daher als Frischs Versuch lesen, unterschiedliche Optionen durchzuspielen, um jene Eindeutigkeit zu meiden, wonach Freiheit durch politisch motivierte Gewalt erreicht werden oder wonach die Freiheit des Einzelnen außerhalb einer bestehenden politischen Ordnung bestehen könnte. Bemerkenswert ist am Schluss der dritten Fassung jedoch, dass der Staatsanwalt sich aus seinem Traum befreien will und damit für sich selbst eine Entscheidung einfordert,[47] wodurch der einstige Staatsanwalt sich als ein eigener Gesetzgeber reetabliert – und doch scheitert er.

Alle Fassungen sind eindeutig darin, dass Freiheit nicht durch politisch motivierte Gewalt erreicht werden kann *und* dass es zugleich keine Freiheit des Einzelnen außerhalb einer politischen Ordnung geben kann. Der Mann mit der Axt verkörpere, so Peter von Matt, „den untergründigen Zusammenhang von Freiheit und Gewalt“.[48] Max Frisch formuliert dabei in *Graf Öderland* die von den existentialistischen Schriftstellern verhandelte Debatte über das Verhältnis von Gewalt und Freiheit sowie über die Grenzen des Freiheitsgewinns und damit die Frage, inwiefern eine durch Gewalt herbeigeführte Freiheit rechtmäßig und menschlich ist oder nicht.[49] Albert Camus hatte sich 1949 in *Les justes* dieses

46 Frisch: Graf Öderland, S. 55.

47 „Erwachen – jetzt: rasch – jetzt. Erwachen – erwachen – erwachen – erwachen!“ (Frisch: Graf Öderland, S. 89.)

48 von Matt: Die tintenblauen Eidgenossen, S. 42.

49 Auch illustriert das Stück, dass Gewalt immerzu in der Destruktion endet, und die Sentenz des alten Präsidenten ist diesbezüglich eine Belehrung in didaktisch Brecht'schem Ausmaß: „Wer um frei zu sein die Macht stürzt, übernimmt das Gegenteil der Freiheit, die Macht“ (Frisch: Graf Öderland, S. 89) Beatrice von Matt hat als eine der wenigen Frischs Nähe zum französischen Existentialismus erwähnt, etwa wenn sie sich vom Grafen Öderland an „Meursault, den Fremden von Camus“ erinnert fühlt (von Matt: Mein Name ist Frisch, S. 23). Klaus Colberg befürchtete indes, dass sich Frisch mit der Überarbeitung von der Tagebuch- zur Stückfassung etwas vom Existentialismus entfernt hätte: „Existentialisme mit Zeitzünder“ (Klaus Colberg: Max Frisch: „Graf Öderland“. In: Schweizer Monatshefte 30 (1951) 12, S. 790 – 792, hier S. 791.)

Themas ebenso angenommen wie Jean-Paul Sartre, etwa im Essay *L'existentialisme est un humanisme* (1946).[50] Dass dem Staatsanwalt in *Graf Öderland* eine *Entscheidung*, zugleich ein Kernbegriff des Existentialismus, verweigert wird, verdeutlicht, dass Frisch sich eher für den quälenden Gefühlszustand interessiert, der der Entscheidung vorausgeht: Er stellt die Lebensangst und die Langeweile in den Mittelpunkt. Nicht nur die *Entscheidung* als Ausweis eines humanen Existentialismus, sondern zunächst die „Angst",[51] die der Hellseher Mario als allgegenwärtig beschreibt, werden auf der Bühne vorgeführt. Diese Angst ist der Beweggrund für sein fortgesetztes Töten. Und sie geht eine unheilbare Verbindung mit dem Mythos ein, insofern sich der Staatsanwalt während seines Amoklaufes mit der Axt zunehmend dem Mythos des Grafen Öderland verpflichtet fühlt, und zwar so sehr, dass er kaum noch in der Lage ist, eine Entscheidung, die im existentialistischen Sinne die Bedingung der Freiheit ist, zu treffen.

Die vermeintliche Verpflichtung dem Mythos gegenüber beschränkt die Entscheidungsfreiheit des Staatsanwalts: Er ist nicht mehr frei, weil mythisch gebunden,[52] und die Gewalt wird zum Zwang, da er den Freiheitsgewinn nur noch im Rahmen der mythischen Erzählung vom Grafen Öderland, wie sie vom jungen Mädchen Inge überliefert wird, vollziehen kann. Und gerade dieser Zwang zum wiederholten Morden raubt dem individuellen Freiheitsbegehren des Staatsanwalts die moralische Grundlage. Wenn der Staatsanwalt in der 9. Szene in der Residenz erklärt: „Ich ergebe mich nicht. Man läßt mir keine Wahl. Ich habe keinen andern Ausweg mehr, Kind, als die Macht zu ergreifen",[53] dann wird ersichtlich, dass die Gewalt aus einem Zwangsempfinden und eben nicht aus einer Überzeugung herrührt. Als Befreiung daraus sieht der Staatsanwalt zwar ein, dass eine Entscheidung getroffen werden muss, aber er missversteht die Problematik, wenn er die eigene Entscheidung der Regierung zu jenem Zeitpunkt überantwortet, als er deren Unterordnung unter die Rebellion einfordert: „Die Herren werden sich entscheiden: Bündnis oder nicht. Es ist die letzte Chance, die ich ihnen bieten kann."[54] Dies ist durchaus als tragischer Kern der Moritat zu ver-

---

50 Beatrice von Matt zufolge ist vor allem Sartre wichtig für Max Frisch gewesen, vgl. von Matt: Mein Name ist Frisch, S. 91.

51 Frisch: Graf Öderland, S. 37.

52 Für Max Frisch blieb Graf Öderland die „mythische Figur", „selber geschichtslos" und weiter: „die mythische Figur kann keine Geschichte haben und insofern kein Ende [...] was wir mit Augen gesehen haben, ist nicht Graf Öderland, die mythische Figur, sondern das Öderländische in einem gewöhnlichen Menschen namens Martin, Staatsanwalt." (Brief von Max Frisch an Friedrich Dürrenmatt, 17. Februar 1951. In: Max Frisch/Friedrich Dürrenmatt: Briefwechsel. Zürich 1998: Diogenes, S. 123–127, hier S. 123.)

53 Frisch: Graf Öderland, S. 66.

54 Frisch: Graf Öderland, S. 75.

stehen: Der Staatsanwalt gibt damit seine Freiheit auf und überantwortet ausgerechnet jenen den Wiedergewinn seiner Freiheit, gegen die er sich entscheiden will und die er nun über sich entscheiden lässt.

Die einzige freie Person im Stück, ist, wie Frisch deutlich macht, der Mörder. Nicht die ihm zunächst gewährte Amnestie macht ihn zum freien Menschen, sondern seine persönliche Entscheidung zur Freiheit: In jenem Moment, als er erneut abgeführt werden soll, rennt er weg, wissend, dass er erschossen werden wird. Dass er sich trotzdem dafür entschied, kann der Zuschauer zwar vermuten, im Gegensatz zum Leser weiß er es aber nicht zwingend, denn nur in einer Regieanmerkung – und es gibt nur wenige – wird erklärt, dass es sich um eine bewusste Entscheidung, nicht um eine Kurzschlussreaktion handelt: *„Der Mörder schweigt in der Art eines Menschen, der einen geheimen Entschluß gefasst hat“*.[55]

In der zweiten Fassung von 1956 war es noch der Staatsanwalt selbst, der sich für die Freiheit entscheidet. Nachdem er die alte Ordnung im neuen Gewande restauriert hatte, entzog er sich derselben und wählte die Freiheit, indem er seine Schuld bekannte und erkannte: „Ich bin ausgebrochen aus Ekel vor ihnen, die ihre Macht verteidigen als heilige Ordnung. Ich wählte die Axt, und nun sind wir eins.“ Der Staatsanwalt, der sich nicht unter Kuratel der von ihm zunächst angeführten Putschisten stellen will, wählt die Flucht und damit die Freiheit, in der Gewissheit, als Konterrevolutionär erschossen zu werden. Alle anderen Figuren im Stück treffen keine Entscheidungen, weshalb sich deren Leben ununterbrochen wiederholt, was die zahlreichen, teils wörtlichen Parallelstellen in den verschiedenen Szenen dem Zuschauer allzu deutlich machen und worauf die Tatsache verweist, dass die Figuren Hilde, Inge und Coco von der gleichen Schauspielerin dargestellt werden.

Diese Sicht des Lebens als permanente Wiederholung erhält eine existentialistische Prägung. Die Moderne, so kann formuliert werden, deutet Frisch von einer existentialischen Warte aus. Öderland ist nichts anderes als die Schweizer Variante von Camus' ‚métro, boulot, dodo‘, ein ‚Waste Land‘ oder eben das Büchner'sche ‚Reich Popo‘, wonach die genaue Strukturierung des Alltags dem Einzelnen die Freiheit raubt und die Langeweile die Idee an die Freiheit verdrängt,[56] wo „die Opposition von Tätigkeit und Langeweile verblasst“,[57] wo Arbeit

55 Frisch: Graf Öderland, S. 81.

56 Diesen Gedanken hat Frisch später noch radikalisiert, als er „eine[r] gigantische[n] Gelangweiltheit unserer Gesellschaft“ diagnostiziert: „Was hat dazu geführt? Eine Gesellschaft, die zwar Tod produziert wie noch nie, aber Tod ohne Transzendenz, und ohne Transzendenz gibt es nur Gegenwart, richtiger gesagt: die Augenblicklichkeit unserer Existenz als Leere vor dem Tod.“ (Max Frisch: Entwürfe zu einem dritten Tagebuch. Frankfurt am Main 2010: Suhrkamp, S. 73.)

„Tugend ist. Tugend als Ersatz für die Freude. Und der andere Ersatz, da die Tugend nicht ausreicht, ist das Vergnügen: Feierabend, Wochenende, das Abenteuer auf der Leinwand“.[58] Das Öderländische, wie Frisch in seinem Brief an Dürrenmatt schreibt, sei „eine Wirklichkeit, an der wir möglicherweise zugrunde gehen“.[59] Kurzum: Öderland ist das Land, in dem die Gesellschaft ihr eigenes Gefängnis ist.[60] Max Frisch plädiert deswegen aber keineswegs für eine Auflösung einer solchen Ordnung, und in diesem Punkte ist er Camus näher als Sartre,[61] und um beim Zuschauer keine Missverständnisse aufkommen zu lassen, bekräftigt der Staatsanwalt am Ende: „Ich habe keine Botschaft!“[62] Auch der Autor selbst hebt im Programmheft der Berliner Aufführung hervor: „Er kommt uns ohne Programm, ohne Vokabeln des Heils, er kommt mit der blanken Axt, er verbirgt sie in seiner Ledermappe, gewiß, aber nicht in dieser oder jener Ideologie.“[63]

Auch wird am Ende des Dramas die Ordnung nicht umgekehrt, sondern aufrechterhalten. Nicht nur deswegen ist der Schluss der zweiten Fassung von 1956 nicht so „kritisch“[64] zu sehen, wie dies Knappe erschien. Dieser hatte bemängelt, dass Martin die Revolutionäre „im Stich gelassen habe“, zum „Verräter

---

57 Walter Schmitz: Max Frisch: Das Werk (1931–1961). Studien zu Tradition und Traditionsverarbeitung. Bern u. a. 1985: Peter Lang, S. 216.

58 Frisch: Graf Öderland, S. 9.

59 Brief von Max Frisch an Friedrich Dürrenmatt, 17. Februar 1951. In: Frisch/Dürrenmatt: Briefwechsel, S. 126.

60 Darauf verweisen die „Stäbe, Schranken, Gitter, Stäbe“, von denen Graf Öderland spricht (Frisch: Graf Öderland, S. 27). Und in der Typoskriptfassung von 1949 ist die Analogie von Gefängnis und Alltag noch deutlicher vom Mörder angesprochen worden. In der ersten Szene heißt es ganz unverblümt: „Und immer diese fünf Stäbe davor! Woher soll ich die Reue nehmen? So war es auch hinter dem Schalter, wo ich arbeitete, Tag für Tag, als ich noch frei war.“ (Max Frisch: Graf Öderland. Eine ~~europäische~~ Moritat in neun Bildern. Datiert: Juli 1949. Fotokopie des Ms.-Originals mit h. Korrekturen des Autors [Max-Frisch-Archiv Zürich], Szene 1, S. 10)

61 So ist auch der Hungertod von Wotan, Herrn Martins Hund, symbolisch zu verstehen, zu dessen Namensgebung Walter Schmitz erläutert, dass bei C. G. Jung Wotan der Archetyp der eruptiven, revolutionären Gewalt sei und für das Stück schlussfolgert: „Der ‚Mensch in der Revolte‘ macht noch keine Revolution.“ (Schmitz: Max Frisch, S. 222.)

62 Frisch: Graf Öderland, S. 88.

63 Max Frisch: Werkbericht zu Graf Öderland. In: Ders.: Gesammelte Werke in zeitlicher Folge, Bd. III, S. 92–94, hier S. 92. Und im Programmheft des Schauspielhauses Zürich heißt es, der Graf werde „zum Rebellen aus tödlichem Ekel vor dem Zäh-Klebrigen, das die Gewohnheit ihm um die Füße schlingt. Er geht zugrunde an einer Ordnung, die aus einem notwendigen Prinzipium der Gesellschaft zur Folter des Lebens geworden ist.“ Es sei ein Stück über die „Sterilität der Ordnung“ (S. 3), aber es gebe „keine ‚Idee‘, die dahinter stünde“ (Karl Schmid: Notizen zu „Graf Öderland“. In: Programmheft des Schauspielhauses Zürich 1950/1951. Zürich 1951, S. 1–5, hier S. 2 u. 3.).

64 Knappe: Angelpunkt Öderland, S. 236.

an der Erhebung geworden“ sei und sich mit der „alten Regierung“ arrangiere, „um Ruhe und Ordnung wiederherzustellen“.[65] Dieser Schluss ist nun keineswegs überraschend, da die Freiheit für Frisch nicht im Chaos möglich ist, sondern nur in der Ordnung denkbar bleibt, eben weil die Freiheit nicht Befreiung *von etwas* bedeutet,[66] und damit auch keine Santorin-Utopie, sondern Entscheidung zum Leben innerhalb des Ordnungsrahmens. Eine solche existentialistische Vorstellung resultiert eben nicht, wie Knappe vermutet, aus „Feigheit, Inkonsequenz oder Opportunismus“.[67] Vielmehr ist Frischs Gedankengang existentialistisch fundiert: Nur wer sein Dasein als Gefangenschaft erkennt und begreift,[68] wird sich für die Freiheit entscheiden können.

3 Die ästhetische Deutung der Moderne: Christian Kracht und die SSR

Fritz Kortner hatte in der Fassung von 1956 den Staatsanwalt in *Graf Öderland* Selbstmord begehen lassen, damit er der immergleichen Wiederkehr historischer Abläufe entkommen könne. Dieser Schluss ist vielfach kritisiert worden, aber er machte augenscheinlich, dass sich Geschichte und politische Prozesse immerzu wiederholen, sogar wenn sie zunächst anders verlaufen. Die politische Rebellion in Max Frischs Stück endet, das ist absehbar, wie das gegen sie aufbegehrende System: mit der Verkrustung und dem Niedergang. Dies schien bereits Frisch unumgänglich, und einen solchen Gedanken hat Christian Kracht in seinem Werk aufgegriffen. Es ist daher nicht überraschend, dass die Reaktionen auf die Werke beider durchaus vergleichbar sind und dass beiden Autoren Nihilismus und Fa-

---

65 Knappe: Angelpunkt Öderland, S. 236.

66 In diesem Sinne deutet der Gendarm im Gespräch mit dem Grafen in der siebten Szene die Freiheit. Er begründet sein Zögern, dem Grafen nicht nach Santorin folgen zu können damit, dass es gegen die „Vorschriften“ sei und er die „Erlaubnis zur Ausreise“ benötige, womit er seine Freiheit in diesem Fall von einer anderen Verwaltung abhängig macht (vgl. Frisch: Graf Öderland, S. 49).

67 Knappe: Angelpunkt Öderland, S. 236.

68 Peter von Matt, der im Grafen Öderland eine Tell-Figur wiedererkennt und das Handeln von Martin als „Vision eines Täters um der Freiheit willen“ beschreibt, indes „allein der eigenen“, merkt an, dass „alle Gewalt aus der Erfahrung einer Gefangenschaft“ entsteht (von Matt: Die tintenblauen Eidgenossen, S. 43).

talismus vorgeworfen wurde.[69] In beiden Fällen entspringt diese Kritik an der Konzeptionalisierung einer immergleichen Wiederkehr der Geschichte.

Im Roman *Ich werde hier sein im Sonnenschein und im Schatten* aktualisiert Kracht diese Vorstellung in einem vermeintlich utopischen Entwurf. Dass er eine solche Utopie als Schweiz-Roman entwirft, darf als literarische Antwort auf Frischs Klage über die Angst der Schweizer vor der Zukunft gelesen werden:

> Ist Ihnen nie aufgefallen, daß das Wort ‚Utopie' bei uns ausschließlich im negativen Sinn verwendet wird? Eben hier liegt der Hase im Pfeffer, denn auch die Schweiz, und gerade die Schweiz, ist aus nichts anderem als einem utopischen Gedanken entstanden. Aber heute werden dem Schweizer nicht nur die Utopien, sondern überhaupt alle radikalen Wünsche sozusagen mit der Muttermilch abgewöhnt.[70]

Es scheint, als greife Kracht diesen Gedanken auf. Im Gespräch *Die Schweiz* mit Joachim Bessing, das in *New Wave* erschien, beschreibt er die Eidgenossenschaft bereits als „eine Art utopische[n], erhaltenswerte[n] Zustand" und „als Zion, the kingdom of Jah, the mothership, die Arche eben".[71] In seinem dritten Roman unternimmt er den Versuch, eine so geartete utopische Schweiz zu imaginieren, die sogar zum weltpolitischen Zentrum avanciert und eine neue gerechte Ge-

69 Vgl. hierzu die zeitgenössischen Reaktionen auf *Graf Öderland:* „Es ist ein nicht gerade bedeutendes Manifest des Nihilismus, wie er heute bei uns nur allzu häufig unter den Intellektuellen grassiert." (E./E.W.: Max Frisch: Graf Öderland. In: Vorwärts (Basel), 1. März 1951.) Auch *Der Bund* hält fest: „Verzweiflung am Anfang, Verzweiflung am Schluss. Nicht eine konstruktive Idee. Nur Untergang, nur ‚Nichts'. Zehn Bilder lang Auflösung." (ohne Verfasser- und Titelangabe. In: Der Bund, 13. Februar 1951, Morgenausgabe, S. 3.) Und auch Joachim Kaiser beanstandete anlässlich seiner Kritik an Fritz Kortners Inszenierung, dass „ein un-moralisches Denken und Handeln verklärt" würde: „Der Autor hat sich unrettbar verirrt, obwohl er motivieren und entschuldigen wollte." (Joachim Kaiser: Öderländische Meditationen. Porträt eines Stückes und einer Aufführung. In: Frankfurter Heft 11 (1956), S. 388–396, hier S. 395.) Weitere Nihilismusvorwürfe finden sich in *sie und er*, wo es heißt Frisch „scheint hinter dem Nihilismus der Existentialisten noch den Vorhang zum ‚Nichts des Nichts' aufzuziehen" (Ver ohne Verfasser- und Titelangabe. In: sie und er, 23. Februar 1951, S. 29.), sowie in der Winterthurer *Arbeiterzeitung*, die darauf hinweist, dass sich das Leben für den Grafen und für andere Protagonisten stets wiederholt, und dies würde zur „Verzweiflung" und zum „Nihilismus" führen (D. : Graf Öderland. In: Arbeiter-Zeitung, Winterthur, 20. Februar 1951.)

70 Frisch: Die Schweiz ist ein Land ohne Utopie, S. 258. Der Utopiebegriff ist demnach nicht nur negativ bei Frisch besetzt. Mit *Graf Öderland* kritisiere Max Frisch den Utopiebegriff, „weil seine Zweifel an den Möglichkeiten einer wirklichen Verständigung über gemeinsame Zweifel an Ziele wie auch an individueller Selbstverwirklichung – die sich nur in der Verständigung mit anderen realisieren lässt – angesichts der fixierten Rollenbilder eine Lösung nicht zulassen" (Biedermann: Graf Öderland in Beziehung zu seiner Umwelt, S. 217.).

71 Kracht: Die Schweiz, S. 176 und 167.

sellschaftsordnung etabliert: den Traum der politischen Moderne, den Neuanfang und die gerechte Gesellschaft, „ein neues Menschengeschlecht“.[72] „Die Stärke der SSR war ihre Menschlichkeit“,[73] ist ein programmatischer Merksatz der SSR, zu dessen Kernideologie eine humanistische Sicht gehört: „Es gab keinen Rassismus, es sollte keinen geben“.[74] Die SSR definiert sich folgerichtig in Abgrenzung zum Antisemitismus, Imperialismus und Faschismus.

Doch in dem Maße, in dem Kracht die SSR helvetisiert, verwandelt sie sich in eine Dystopie. Die Gründung der SSR wird auf die Zimmerwalder Konferenz (5. bis 8. September 1915) zurückgeführt, auf der Lenin, Trotzki und Robert Grimm „unsere kommunistische Revolution geplant“ hätten.[75] Dieses frühe Treffen der sozialistischen Internationale scheint im Funktionsgedächtnis der SSR als identitätsstiftendes Moment zu fungieren. Auch wird im Roman an die „Ursprünge unserer Revolution“, die sogenannte „Juraföderation“,[76] erinnert, der Bakunin und Kropotkin angehörten und in deren Sektionen vor allem Berufstätige aus der Uhrenbranche tätig waren: Darauf wiederum weist Kracht subtil hin, wenn eine Romanfigur den Namen der bekannten Uhrmacherdynastie Favre aus dem Ort Le Locle trägt, wo die Schweizer Uhrmacherei ihre Anfänge nahm. Subtil ist der Hinweis deswegen, weil Le Locle, was der Leser recherchieren muss, ebenso für einen Neuanfang steht wie das im Roman erwähnte und, so ist ebenfalls zu recherchieren, in Wirklichkeit nach 1794 nach einem Großbrand komplett am Reißbrett entworfene und neu aufgebaute La Chaux-de-Fonds.[77] Le Locle und La Chaux-de-Fonds fungieren demnach als helvetische Ursprungsmythen für die SSR, weil sie historische Beispiele für einen möglichen Neuanfang sind und als Zeugnisse der erfolgreichen Moderne gelten können.

Im Réduit, jenem in die Alpen gebauten Stollenwerk als Symbol Schweizer Unbesiegbarkeit und Wehrhaftigkeit, befindet sich die Machtzentrale der SSR. Nicht ganz zufällig erinnert das Tunnelsystem im Réduit an ein „Wurzelwerk eines endlosen unterirdischen Baumes“,[78] was die rhizomatische Struktur evoziert, die Gilles Deleuze und Félix Guattari als Metapher für ein postmodernes Verstehensmodell entwickelt haben, das sich auf der Ebene der politischen Praxis in der

---

72 Kracht: Ich werde hier sein im Sonnenschein und im Schatten, S. 78.
73 Kracht: Ich werde hier sein im Sonnenschein und im Schatten, S. 20.
74 Kracht: Ich werde hier sein im Sonnenschein und im Schatten, S. 59.
75 Vgl. Kracht: Ich werde hier sein im Sonnenschein und im Schatten, S. 93.
76 Kracht: Ich werde hier sein im Sonnenschein und im Schatten, S. 49.
77 Vgl. Kracht: Ich werde hier sein im Sonnenschein und im Schatten, S. 18.
78 Kracht: Ich werde hier sein im Sonnenschein und im Schatten, S. 103.

Struktur des Partisanenkampfes wiederhole.[79] Doch die Remythisierung der Schweiz initiiert zugleich den Prozess ihrer Dekonstruktion[80] – Kracht ist, wie Frisch, ein Schweizer „Mythenbeseitiger".[81] Das, was Max Frisch sein Wilhelm Tell in *Wilhelm Tell für die Schule* ist (1979), ist Kracht das Réduit: Ein Mythos wird entlarvt. Im Réduit von Krachts Roman, dem Kern der neuen angeblich freien Gesellschaft, arbeiten „Verdingkinder, kleine Leibeigene irgendwelcher skrupellosen Bauern".[82] Und es wird erzählt, dass die SSR zunächst „Schulen, Universitäten und Krankenhäuser" und neue Kommunikationswege wie „Strassen",[83] „befestigte Häfen"[84] und Staudämme gebaut habe, alles Anspielungen auf Le Corbusier. Doch nachdem die SSR ein „zivilisatorisches Netz über Ostafrika" gelegt habe, da „begannen die Schweizer mit dem Bau der Militärakademien, um die Afrikaner zu Soldaten zu machen und damit den gerechten Krieg, der in der Heimat wütete, endlich zu gewinnen".[85]

Das Ziel der SSR, der Kommunismus, der mit einer ‚nie gekannten Gleichheit' hergestellt scheint, wird aufgegeben, als im Kontext des ‚gerechten Krieges' die politische Mission universalisiert wird. Hier wird das utopische Versprechen zum Bestandteil der instrumentellen Vernunft, und die SSR wird zu einem Abziehbild ihr vorausgehender sozialistischer Träumereien und historischer Experimente. Die sozialistische Schweiz ist unter geschichtsphilosophischen Voraussetzungen lediglich eine Wiederholung der Moderne in einer leicht veränderten Versuchsanordnung und keineswegs ein politisches und soziales Gegenmodell zur Moderne. Sie ist ein weiterer, politisch-ideologischer messianischer Entwurf, der mit den Mitteln der Gewalt den „neuen Menschen"[86] schafft. Und sie ist die Nach-

79 „Die SSR hatte vieles erreicht, jedoch die byzantinische Verflechtung, die fast surreale Komplexität ihrer militärischen Allianzen und deren Schatten, der Scheinallianzen, und wiederum deren Schatten machten mich noch immer, nach all den Jahren, sprachlos" (Kracht: Ich werde hier sein im Sonnenschein und im Schatten, S. 32).

80 Max Frisch hatte das Réduit im Aufsatz *Cum grano salis* als kleinbürgerliche Metapher für das gesicherte private Idyll verspottet. Er forderte einen neuen Selbstentwurf für die Schweiz und bemängelte, dass die Literatur stattdessen eine nostalgische Sehnsucht nach einem Schweizbild des neunzehnten Jahrhunderts beschwöre: „Das Heimweh nach dem Vorgestern, das die meisten Schweizer zu bestimmen scheint, sehen wir allenthalben – in der Literatur: Morg[en]garten und Gartenlaube sind ihre beliebtesten Bezirke; die meisten Erzählungen entführen uns in die ländliche Idylle, die als letztes Reduit der Innerlichkeit erscheint" (Frisch: Cum grano salis, S. 236.).

81 Peter von Matt: Wahrheit, Wut uns strenge Kunst. In: Ders.: Der Zwiespalt der Wortmächtigen, S. 95–101, hier S. 98.

82 Kracht: Ich werde hier sein im Sonnenschein und im Schatten, S. 52.

83 Kracht: Ich werde hier sein im Sonnenschein und im Schatten, S. 76.

84 Kracht: Ich werde hier sein im Sonnenschein und im Schatten, S. 77.

85 Kracht: Ich werde hier sein im Sonnenschein und im Schatten, S. 77.

86 Kracht: Ich werde hier sein im Sonnenschein und im Schatten, S. 43.

ahmung und in aller Konsequenz die Wiederholung von Geschichte, also eine radikale Posthistoire. Auch deswegen wird die am Ende des Romans ansetzende Völkerwanderung und Stadtflucht der Afrikaner in die Dörfer nicht mit einer Programmschrift oder einer Botschaft begründet.[87] So wie Martin in *Graf Öderland* auf jegliche Botschaft als Erklärungsoption für seine Handlungen verzichtet, vermeidet auch der Erzähler bei Kracht, einen politisch-utopischen Neu-Entwurf zu formulieren, da eben der Roman den „Eintritt in eine Zeit jenseits des Begehrens (nach Fortschritt, Besserung, Utopie)“ eröffnet.[88]

Wie, kann man fragen, äußert sich in einem solchen Zustand der Posthistoire die Freiheit? Im ästhetischen Denken, so könnte Krachts Antwort lauten. Bemerkenswerterweise hatte Friedrich Dürrenmatt für das Stück vom *Grafen Öderland* das Ästhetische bereits als Erklärungsmodell in Anspruch genommen: In seiner bislang kaum diskutierten These, die er in einem Brief an Frisch kurz skizzierte, begriff er den Staatsanwalt als „einen Aestheten in seiner letzten Konsequenz“, wobei er das „Aesthetische“ mit Kierkegaard[89] als das „Nicht-religionsabgründige“[90] verstanden wissen wollte. Für Kierkegaard ist der Ästhetiker derjenige, der die Vergeblichkeit jeglicher Lebensentwürfe reflektiert, die Nichtigkeit der Welt einsieht und eben deswegen eine ironische Sichtweise auf die Welt entwickeln kann.[91] Für Dürrenmatt war „Öderland: Ein Schiffbrüchiger, der vom Orkan des Ethischen an der Klippe des Ästhetischen zerschmettern wird“.[92] Bei

---

87 Johannes Birgfeld/Claude D. Conter: Morgenröte des Post-Humanismus. *Ich werde hier sein im Sonnenschein und im Schatten* und der Abschied vom Begehren. In: Dies. (Hrsg.): Christian Kracht. Zu Leben und Werk.. Köln 2009: Kiepenheuer & Witsch, S. 252–269, hier S. 267.

88 Birgfeld/Conter: Morgenröte des Post-Humanismus, S. 267 f.

89 *Entweder – oder* von Kierkegaard ist auch für Frisch ein wichtiges Buch gewesen, vgl. von Matt: Mein Name ist Frisch, S. 100. Als Frisch im Notizheft einen Klappentext zu Stiller entwarf, bezog er sich ausdrücklich auf Kierkegaard. Stillers „Motto ist ein zentrales Wort aus Kierkegaards Entweder-Oder: Wähle dich selbst. Der Schreiber dieser ‚Aufzeichnungen im Gefängnis‘, der selbstverständlich nicht identisch mit dem Verfasser, sondern eine erfundene Figur ist, geht den Weg über die 3 Stufen von Freiheit: Selbsterkenntnis auch über sein bisheriges Leben, Annahme seiner selbst (wähle dich selbst), Verzicht darauf… Das Thema dieses Buches also ist die Freiheit der Persönlichkeit.“ (Die Stelle wird wiedergegeben bei Julian Schütt: Max Frisch. Biographie eines Aufstiegs 1911–1954. Frankfurt am Main 2011: Suhrkamp, S. 489.) Zur Kierkegaard-Rezeption in *Stiller* vgl. Schmitz: Max Frisch, S. 249–256.

90 Brief von Friedrich Dürrenmatt an Max Frisch, o. D. In: Frisch/Dürrenmatt: Briefwechsel, S. 116.

91 Vgl. Franz-Josef Deiters: Selbstwahl als Eröffnung eines Textraumes der Existenz – Kierkegaard als Paradigma des ästhetischen Ursprungs des Ethischen. In: Cornelia Blasberg/Franz-Josef Deiters (Hrsg.): Denken/Schreiben (in) der Krise – Existentialismus und Literatur. St. Ingbert 2004: Röhrig, S. 19–40, hier S. 25 f.

92 Brief von Friedrich Dürrenmatt an Max Frisch, o. D., S. 116.

Kierkegaard ist das Subjekt in der Ironie negativ frei, da das Subjekt frei von der Gebundenheit an die Wirklichkeit ist, doch evoziert eben die Wirklichkeit die ethische Lebensanschauung, welche die ästhetische Lebensanschauung und den in ihr vorwiegenden Zustand der Schwebe, bedroht. Die Suspension des Wirklichen im ästhetischen Stadium ist indes instabil, und der Grenzübergang ins ethische Stadium schmal. Dürrenmatt alludiert darauf, als er Öderland in seinem „Schachspiel des Ästhetischen" als Läufer bezeichnete und meinte: „Diagonale zwischen Ethischer und Ästhetischer Linie die ins Nichts führt. Räumt vorher noch alle ethischen Bauern auf."[93] Die Überwindung ethischen Denkens kann im ästhetischen Denken gelingen, doch misslingt in jedem Fall eine ästhetische Lebensordnung an ethischen Über- oder Eingriffen. Das scheint ein zumindest interessanter Vorschlag von Dürrenmatt, den *Grafen Öderland* zu lesen. Ein ästhetisch begründeter Freiheitsbegriff würde auch das Geschichtsverständnis im Stück zu erklären helfen, da ein ästhetisches Denken zwingend in eine notwendige Absage an eine utopische Begründung von Geschichte münden würde.

Genau diese Konstellation wird in den Romanen von Kracht durchgespielt: Der Ausbruch aus der bürgerlichen Gesellschaft, die langweilt, gilt nicht nur für den Staatsanwalt Martin, sondern beschreibt auch den Aufbruch des Protagonisten aus *1979*, der nach dem Tode des Architekten und Freundes Christopher die dekadente reiche und mit der Ankunft Ayatollah Chomeinis zusammenbrechende Gesellschaft in Teheran verlässt. Obgleich der Protagonist sich zugesteht, „so nicht mehr weiterleben"[94] zu wollen, trifft er nicht selbst die Entscheidung, wegzugehen. Es ist Mavrocordato, benannt nach einem griechischen Unabhängigkeitskämpfer, der dem Protagonisten rät, zum Berg Kailash in Tibet zu pilgern. Das dazu notwendige Geld für die Reise hatte er in Karl Mannheims Buch *Ideologie und Utopie* versteckt. Berg Kailash, der „Welt-Lotos",[95] hat für den Protagonisten etwa den Stellenwert wie Peking für Bin in *Bin oder Die Reise nach Peking* oder Santorin für Herrn Martin im Werk von Max Frisch: ein mutmaßlicher Ort der Erlösung durch Selbsterkenntnis. Tatsächlich heißt es an einer Stelle: „Ich hatte mich von allem Unwichtigen frei gemacht, selbst von Mavrocordatos Belehrungen, ich wollte nichts mehr, ich war frei",[96] doch ist dies insofern ein Trugschluss, als eine solchermaßen verstandene Freiheit wie sie auch Martin zunächst bewegt, immer wieder von der Geschichte eingeholt wird.

---

93 Brief von Max Frisch an Friedrich Dürrenmatt, 17. Februar 1951. In: Frisch/Dürrenmatt: Briefwechsel, S. 127.

94 Christian Kracht: 1979. Roman. Köln 2001: Kiepenheuer & Witsch, S. 79.

95 Kracht: 1979, S. 114.

96 Kracht: 1979, S. 146.

In *1979* wird der Protagonist vom chinesischen Militär gefangen genommen und in ein Arbeits- und Umerziehungslager verschleppt, wo er als Gefangener abmagert. Dass man sich den Gefangenen als glücklich vorstellen muss, der sich schön findet, als er zur Hälfte abgemagert ist, wird allein schon daran erkennbar, dass er die neuen Zwänge bis hin zur Auslöschung akzeptiert. Unter moralischen Gesichtspunkten bleibt dies unproblematisch, da Freiheit nicht als Freiheit *von etwas* begriffen, sondern als Freiheit, eine *Entscheidung* zu treffen, verstanden wird: Diese Entscheidungsfreiheit zielt zuvorderst darauf, den Verlauf der Geschichte als Voraussetzung zu akzeptieren, um in Freiheit leben zu können. Eine solche Vorstellung ist als zynisch, ästhetizistisch sowie un-, a- und antihuman kritisiert worden,[97] da die tatsächlichen oder erfundenen Orte in Krachts Texten häufig Diktaturen sind: Nordkorea unter Kim Jong-Il, der Iran unter dem Schah, der Iran unter Chomeini, die Schweizerische Sowjetrepublik unter Lenin. Doch gerade weil an Orten des Terrors und der Diktatur die Protagonisten indifferent gegenüber den politischen Bedingungen und den Umständen sind, unter denen sie leiden, wird die von ihnen entwickelte ästhetische, ja ästhetizistische Perspektive offenbar: Wo, wenn nicht in totalitären Systemen, kann die konsequente Selbstverpflichtung, die Welt (und damit auch die Politik) unter ästhetischen Vorgaben zu betrachten, ersichtlich werden?

Kracht radikalisiert, was der späte Frisch in seinen zivilisationskritischen Anmerkungen nur ansatzweise dachte,[98] und zeigt auf, dass sich die Moderne im Prozess der Zivilisation selbst auslöscht. Immer wieder spielt Kracht mit utopischen Versatzstücken als Merkmalen des Traums der Moderne, des Anfangs, um sie dann sogleich in Szenarien des Abschieds, des Zusammenbruchs, des Untergangs zu verabschieden. Und so scheint Krachts Werk die Gewissheit nahezulegen, dass menschliche Geschichte immerzu in der Annihilation endet. Daher erscheinen auch utopische Orte als Abweichungsheterotypien. In *1979* wird die bei William S. Burroughs entlehnte Geschichte der Festung Alamut erzählt, in deren Garten der ‚Gründer' der Assassinen, Hassan-i Sabbah, um 1090 seine ihm be-

---

97 Zu den moralischen Überlegungen zu den Texten von Kracht und zugleich darüber, dass moralische Bewertungen die Ästhetik Krachts nicht erschließen vgl. Sebastian Domsch: Antihumaner Ästhetizismus. Christian Kracht zwischen Ästhetik und Moral. In: Birgfeld/Conter (Hrsg.): Christian Kracht. Zu Leben und Werk, S. 165–178.

98 „Das Bewusstsein, dass es mit unserer Zivilisation bald einmal zu Ende sein könnte – wirklich verdrängen können dieses Bewusstsein nur Schwangere und Politiker. Allen anderen hört man es an, auch wenn es nie zur Sprache kommt oder nur ironisch; [...] das schleichende Bewusstsein, dass alles bald zu Ende sein könnte, wirkt sich aus: Zukunft über die eigene Person hinaus ist für die meisten kaum noch eine verbindliche Kategorie." (Frisch: Entwürfe zu einem dritten Tagebuch, S. 15.)

dingungslos Gehorsam schwörenden ‚Jungen Anhänger' einsperrte und ihnen erzählte, es sei das ‚Paradies'. Für den Einzelnen stellt das Verschwinden bis hin zum Akt der Selbstauslöschung eine Erlösung dar. In *Faserland* verschwindet der Protagonist auf der Mitte des Zürichsees, in *Ich werde hier sein im Sonnenschein und im Schatten* verschwindet er in die Steppen, und auch in anderen Texten wird das Verschwinden thematisiert:[99] als Flucht aus der Gesellschaft in einer eskapistischen Option, als Selbstmord von einer existentialphilosophischen Warte, als Ende der Geschichte in einer geschichtsphilosophischen Perspektive. Bezeichnenderweise lautete der Titel des Seminars, das Kracht an der Wissenschaftsakademie von Rafael Horzon in Berlin anbot: *Die letzte Utopie – Massensuizid als Gesellschaftsentwurf.*

Nicht immer ist die Lösung bei Frisch so radikal wie bei Kracht, aber das Verschwinden ist auch in seinem Werk allgegenwärtig: *Stiller*, *Graf Öderland* oder *Der Mensch erscheint im Holozän* sind nur einige wenige Beispiele dafür. Das Verschwinden aus der Gesellschaft hatte Max Frisch in *Graf Öderland* als Selbstauslöschung infolge einer Neurose des Staatsanwalts begriffen. Für ihn war Herr Martin der

> Prototyp des modernen Neurotikers [...], Leere und Oede infolge Selbstentfremdung durch die Routine einer zivilisatorischen Gesellschaft, infolge Selbstentfremdung die radikale Unfähigkeit, etwas zu erleben, daher nur Wiederholungen, das begreifliche Verlangen: Es muss etwas geschehen! aber dann das übliche Verhalten des Neurotikers: er externalisiert, er will die Lösung im Aeusseren erzwingen, wild wie ein Erstickender, er kann nur destruktiv werden, die Axt als Zeichen dafür, und da auf diese Weise eine Erlösung nicht zu erzielen ist (er steht, wo er zu Anfang gestanden hat, und hat bloss im Kreis herum geschlagen), richtet sich das Destruktive gegen sich selbst, Selbstvernichtung. Was das Stück von unserer Tageswirklicheit etwas unterscheidet, ist nur, dass es, was dort als normal bekannt ist, ad absurdum führt, um es in seiner Krankhaftigkeit und Gefährlichkeit zu zeigen.[100]

Und manche Protagonisten in Krachts Romanen erscheinen wie Öderlands Nachfolger: als ‚moderne Neurotiker'.

99 Eckhard Schumacher: Omnipräsentes Verschwinden. Christian Kracht im Netz. In: Birgfeld/Conter (Hrsg.): Christian Kracht. Zu Leben und Werk, S. 187–203.
100 Brief von Max Frisch an Gustav Gründgens, 19. Mai 1952.

4 Schweiz als Modell und das Leben im ‚Emigrantischen'

Die Anspielungen auf die Schweiz in den Texten von Max Frisch sind offensichtlich. Doch die Schweiz ist nur ein Fallbeispiel, eher nur die Kulisse. Öderland ist ein existentialistisch begründetes Modell, welches das dialektische Verhältnis von Freiheitssehnsucht und Ordnungsnotwendigkeit im Allgemeinen darlegt. Dass Frisch diesen Konflikt nicht als Schweizer Problem begreift, wurde an dem ursprünglich geplanten Untertitel noch deutlicher. *Graf Öderland* hieß in der ersten, provisorischen und bislang in der Forschung noch nicht berücksichtigten Typoskriptfassung vom Frühling 1949 *Eine europäische Moritat in neun Bildern*, wobei die verallgemeinernde Bezeichnung ‚europäisch' bereits durchgestrichen wurde.[101] Max Frisch konzipierte *Öderland* demnach zunächst als Stück dezidiert nicht mit ausschließlichem Bezug zur Schweiz. Und diese Ablehnung wurde mit der Zeit noch eindeutiger; 1960 bekannte er: „Persönlich habe ich mit ihr [der Schweiz, C. C.] abgeschlossen, sie beschäftigt mich nicht mehr".[102]

Auch die helvetische Utopie, die der Erzähler in *Faserland* entwirft, ist – trotz ihrer Rückführung auf Schweizer Selbstmytheme – keine Auseinandersetzung mit der Schweiz, worauf bereits der Stilbruch hinweist, dass sich der Protagonist in den Alpen „auf einer Bergwiese, in einer kleinen Holzhütte, am Rande eines kalten Bergsees, der unterirdisch mit Schneewasser gespeist wird",[103] in eine private Idylle[104] mit Isabella Rossellini hinein imaginiert, womit die Alpen sogleich den Anschein einer Filmkulisse für einen Hollywood-Film erhalten. Trotzdem scheint die Schweiz zunächst noch eine „Lösung für alles".[105] Stärker noch bei Kracht als bei Max Frisch werden die Schweizbezüge ironisch gebrochen, damit sie nicht als Fortführung einer helvetischen Mythen(selbst)beschreibung missverstanden werden, sondern die Distanz zur Schweiz noch hervorgehoben

101 Frisch: Graf Öderland. Eine ~~europäische~~ Moritat in neun Bildern.

102 Frisch: Die Schweiz ist ein Land ohne Utopie, S. 258.

103 Kracht: Faserland, S. 160.

104 Bühler und Marquardt haben nachgewiesen, dass die Schweiz-Idylle als ein naturgewaltiges sowie ländlich-sittliches ‚Nicht-Deutschland' gezeichnet wird und dass der Traum des Protagonisten die zentralen Elemente des Philhelvetismus, des Naturerhabenen, des Patriarchalischen, der ländlichen Idylle und der bürgerlichen Freiheit enthalte, vgl. Patrick Bühler/Franka Marquardt: Das „große Nivellier-Land"? Die Schweiz in Christian Krachts *Faserland*. In: Birgfeld/Conter (Hrsg.): Christian Kracht. Zu Leben und Werk, S. 76 – 91, hier S. 80.

105 Kracht: Faserland, S. 159. Bühler und Marquardt weisen zudem darauf hin, dass das „Schöne, Idyllische und Märchenhafte an der Schweiz vor allem daher rührt, dass sie ‚Nicht-Deutschland' ist" (Bühler/Marquardt: Das „große Nivellier-Land"?, S. 79.).

wird. Nur so – gebrochen, vermittelt, reflektiert – kann die Schweiz bei beiden Mythendekonstruktivisten zum Handlungsort werden, ohne dass die Schweiz gemeint wird, auf die indes Kracht in zahlreichen Texten so häufig verweist,[106] dass er sich in *Tristesse Royale* mit seiner „Schweiz-Stilisierung"[107] selbst auf die Nerven geht. Auch bezeichnet sich Kracht zunehmend als Schweizer, wie Patrick Bühler und Frank Marquardt bei der Klappentextanalyse des Romans *Faserland* von der Erstausgabe bis hin zur *dtv*-Ausgabe haben feststellen können: War er zunächst nur in der Schweiz geboren, wird er später im Paratext zum Schweizer.[108]

Obgleich die Bewertung der Freiheit in der Moderne bei Frisch und Kracht nicht unterschiedlicher sein könnte, deutet sich in der existentialistischen Verhandlung der Moderne im *Grafen Öderland* bereits die spätere zivilisationskritische Skepsis von Max Frisch an, die bei Christian Kracht unter den Vorgaben der Posthistoire eine Radikalisierung erfährt. In diesem Sinne tritt Kracht das Erbe des zivilisations- und modernekritischen Max Frisch an. Und Christian Kracht wäre trotz offensichtlicher Unterschiede zugleich als Wunschbiograph von Max Frisch zu bezeichnen, vor allem, wenn man die erstaunlichen Ähnlichkeiten bei der kritischen Selbstpositionierung der Autoren vor dem Hintergrund des helvetischen Erwartungshorizontes bedenkt.

Kracht lebt wie Frisch außerhalb der Schweiz, jedoch fast überwiegend in nichtdeutschsprachigen Ländern, womit er das ‚Emigrantische' noch radikaler lebt als Frisch. Dieser hat in seiner Büchner-Preisrede für sich und Georg Büchner in Anspruch genommen,

> daß wir nicht im Namen unserer Vaterländer sprechen können noch wollen; [das Emigrantische, C. C.] äußert sich darin, daß wir unsere Wohnsitze, ob wir sie wechseln oder nicht, überall in der heutigen Welt provisorisch empfinden. [...] Wir stellen eine Bedingung: Unser Wohnort soll uns das unausgesprochene Gefühl der Unzugehörigkeit gestatten.[109]

Und wenn Frisch die „Ironie" als „erste Station"[110] des ‚Emigrantischen' bezeichnet, dann benennt er zugleich jene Kategorie, von der aus Kracht seine Ästhetik begründet.[111] Und während Frisch bereits 1958 in seiner Rede *Öffentlichkeit*

---

106 Nicht nur in allen drei Romanen, auch in den Reisereportagen *Der gelbe Bleistift* oder *New Wave* und in *Metan* werden Schweizer Orte, Landschaften, Cafés, Marken usw. genannt, vgl. Bühler/Marquardt: Das „große Nivellier-Land"?, S. 84 f.

107 Joachim Bessing: Tristesse royale, S. 185.

108 Bühler/Marquardt: Das „große Nivellier-Land"?, S. 77.

109 Frisch: Emigranten, S. 239.

110 Frisch: Emigranten, S. 240.

111 Vgl. dazu Christoph Rauen: Pop und Ironie. Popdiskurs und Popliteratur um 1980 und 2000. Berlin und New York 2010: De Gruyter.

als Partner noch bedauernd feststellte: „Plötzlich soll man etwas zu sagen haben, bloß weil man Schriftsteller ist“,[112] um dann dennoch weiterhin Reden zu halten und Interviews zu geben, verweigert sich Kracht von Anfang an sehr viel stärker diesem Spiel mit der Öffentlichkeit und den Medien. Wenn er sich äußert, so treibt er geradezu Schabernack und führt mit irreführenden, verweigerten oder abstrusen Antworten die Erwartung, der Schriftsteller müsse sich äußern, *ad absurdum*.[113] Kracht beherzigt in seinen literarischen Texten wie auch in den Paratexten geradezu eine Aussage Frischs: „[D]as Interesse des Künstlers aber gilt der Darstellung“,[114] nicht der Politik, nicht der Moral oder Ähnlichem. „Wenn das Abenteuer der Darstellung nicht aufregender ist als unsere Meinungen“, so Frisch weiter, „so braucht das [...] nicht an der Anstößigkeit unserer Meinungen zu liegen; es ist unser künstlerisches Versagen, wenn sie sich nicht in Darstellung auflöst.“ Der Ästhet Kracht setzt sich konsequenterweise diesen Gefahren künstlerischen Versagens in geringerem Maße aus als einst der Citoyen Max Frisch.

112 Max Frisch: Öffentlichkeit als Partner. In: Ders.: Gesammelte Werke in zeitlicher Folge, Bd. IV, S. 244–252, hier S. 244.
113 Auch dies erinnert an eine Erkenntnis aus Max Frisch Georg-Büchner-Preisrede: „Indem wir keine Stellung nehmen (so sagt man doch?) zu Alternativen, die keine sind, haben wir durchaus eine Wirkung“ (Frisch: Emigranten, S. 236).
114 Frisch: Öffentlichkeit als Partner, S. 247.

Arnim Seelig

Die Welt als virtueller Furz

Über die Macht verschwörungstheoretischer Imagination in Christian Krachts und Ingo Niermanns *Metan*

„Wir wissen Alles, mach' es kurz!
Am jüngsten Tag ist's nur ein ... ."[1]

1 Einleitung: Zwischen Tunnelblick und Grenzüberschreitung

Nachdem Christian Krachts und Ingo Niermanns literarisches Gemeinschaftsprojekt *Metan* (2007) im Feuilleton zunächst als Parodie im Stil von Satirezeitschriften wie *MAD* und *Titanic* verhandelt wurde,[2] haben Germanisten seitdem noch andere Lesarten aufgezeigt. So argumentiert beispielsweise Till Huber, dass *Metan* ein dandyistisches Spiel mit Zeichen sei, bei dem Kracht und Niermann die Grenze zwischen Fakt und Fiktion auflösen, indem sie auf ästhetizistische Weise alles gleichermaßen stilisieren und überhöhen.[3] Hubers Interpretation konzentriert sich damit auf die in der literaturwissenschaftlichen Kracht-Rezeption geläufige Position, dass in dessen Texten eine „ästhetizistische Entgrenzung"[4] stattfinde, welche analog zur Maxim *l'art pour l'art* ihr eigener Endzweck sei. Ähnlich argumentiert Fabian Lettow mit Hinblick auf *Metan*, dass Krachts

> Essays, Erzählungen und Romane so etwas wie eine ästhetizistisch überformte Globalisierungsbricolage [sind], in der sich die politischen und ästhetischen Kategorien seiner Be-

1 Johann Wolfgang von Goethe: Politica. „Am jüngsten Tag, vor Gottes Thron" (aus dem Nachlass).
2 Siehe z. B. Christoph Bartmann: Eine große Weltatemtheorie. In: Süddeutsche Zeitung, 7. April 2007, S. 16, und Ina Hartwig: Wir riechen (uns). Kracht + Niermann auf Bergtour. In: Frankfurter Rundschau, 14. März 2007, http://www.fr-online.de/literatur/wir-riechen-uns-,1472266,3149894.html (4. Januar 2016).
3 Siehe Till Huber: Ausweitung der Kunstzone. Christian Krachts und Ingo Niermanns ‚Docu-Fiction'. In: Alexandra Tacke/Björn Weyand (Hrsg.): Depressive Dandys. Spielformen der Dekadenz in der Pop-Moderne. Köln, Weimar und Wien 2009: Böhlau, S. 218 – 233, hier S. 221.
4 Leander Scholz: Ein postmoderner Bildungsroman: Christian Krachts *1979*. In: Gegenwartsliteratur 3 (2004), S. 200 – 224, hier S. 222.

https://doi.org/10.1515/9783110532159-015

schreibungen ununterscheidbar überlagern und in dandyistischer Manier die Welt zwischen *Krieg* und *Stil* verhandeln.[5]

Die folgende Diskussion soll die Thesen Hubers und Lettows erweitern, indem eine Lektüre von *Metan* vorgeschlagen wird, die über die ästhetizistische Entgrenzung hinausgeht und nahelegt, dass die Grenzüberschreitungen in *Metan* einem aufklärerischen Impetus folgen. Es soll gezeigt werden, dass *Metan* ein konkretes erkenntnistheoretisches und ideologiekritisches Moment besitzt, wobei dieser Aspekt auch deswegen wichtig ist, weil damit dem immer wieder laut werdenden Vorwurf entgegengewirkt wird, Kracht sei der Gegenaufklärung zuzuzählen.[6]

In erster Linie aber ist *Metan* ein semifiktionaler Reisebericht, denn die Rahmenerzählung des Textes liefert Krachts und Niermanns angebliche Besteigung des Kilimanjaros, einschließlich einer sich im Anhang befindenden Fotodokumentation, bei der es sich jedoch auch um ein mockumentary handeln könnte, also um Satire in Form angeblich ernsthafter Berichterstattung. Somit kann *Metan*, wie eigentlich alle Texte Krachts, dem Genre der Reiseliteratur zugezählt werden, und insofern Kracht als kosmopolitischer „Reiseberichterstatter der Globalisierung“[7] die Welt beschreibt, kann man *Metan* im Sinne dieses Bandes als ‚Weltliteratur‘ bezeichnen. Doch wie bereits einleitend behauptet, ist *Metan* nicht nur die Satire eines Reiseberichts. Schon im Umschlagkommentar wird den Lesern der ironisch überzogene Anspruch des Textes verdeutlicht: „Die Menschheitsgeschichte muss noch einmal völlig neu geschrieben werden.“ Und auf dem Buchrücken wird *Metan* verglichen mit Robert Anton Wilsons und Robert Sheas *Illuminatus*-Trilogie (1969 – 1971, veröffentlicht 1975), einer Satire von Verschwörungstheorien, in die, wie im Folgenden besprochen wird, ernstzunehmende erkenntnistheoretische und ideologiekritische Überlegungen eingeflossen sind. Und ebenso wie in *Illuminatus!* bildet auch in *Metan* das Konzept der Verschwörungstheorie eine narrative Linse, durch die unterschiedliche semantische Zusammenhänge erschlossen werden. Dass dies in der Form eines Reiseberichts geschieht, ist dabei eigentlich von sekundärer Bedeutung, entspricht zugleich

5 Fabian Lettow: In der Leere des Empire. Zu Christian Krachts und Ingo Niermanns *Metan*. In: Johannes Birgfeld/Claude D. Conter (Hrsg.): Christian Kracht. Zu Leben und Werk. Köln 2009: Kiepenheuer & Witsch, S. 238 – 251, hier S. 239.

6 Siehe z. B. die Debatte von 2012 um Krachts Roman *Imperium*. Einen repräsentativen Überblick bietet Hubert Winkels (Hrsg.): Christian Kracht trifft Wilhelm Raabe. Die Diskussion um *Imperium* und der Wilhelm Raabe-Literaturpreis 2012. Berlin 2013: Suhrkamp.

7 Lettow: In der Leere des Empire, S. 239.

aber völlig dem typischen Rahmen von Krachts Literatur, wie er im vorliegenden Band besprochen wird.

Verschwörungstheorien sind wiederum einerseits beschreibbar „als Inszenierung des subjektiven Zweifels“, weil am „Beginn jeder Verschwörungstheorie [...] der Verdacht“ steht.[8] Andererseits lässt sich mit Jean Baudrillard sagen, wie dieser es in seinem kontroversen Essay *Le complot de l'art* von 1996 tut, dass Verschwörungen vor allem dadurch ermöglicht würden, dass man sein kritisches Urteilsvermögen außer Kraft setze.[9] Die hier vertretene These ist, dass es in *Metan* ebenfalls um die Aussetzung der kritischen Urteilskraft geht – beziehungsweise um die Kritik der Aussetzung der kritischen Urteilskraft. Der Zweifel spielt dort eine untergeordnete Rolle, viel wichtiger ist die Kritik falscher Gewissheit, also die Kritik von Ideologie im klassisch marxistischen Sinn. In Wilsons *Illuminatus!*-Trilogie spielt dies ebenfalls eine Rolle: Dort wird dies bezeichnet durch den Begriff des „Realitätstunnels“, den Wilson in seinem Essayband *Cosmic Trigger* (1977) theoretisierend weiterentwickelt.[10] Der alltägliche Begriff für dieses Phänomen der Wahrnehmung ist ‚Tunnelblick‘: Im Bemühen, all die widersprüchlichen und unlogischen Informationen, die uns unsere Sinne liefern, miteinander zu vereinbaren, um so in unserem Bewusstsein ein kohärentes und adäquates Modell der Realität zu erstellen, wird man laut Wilson entweder rigide dogmatisch und paranoid, schlimmstenfalls sogar schizophren – oder aber agnostisch. Nicht zuletzt, weil Wilsons Überlegungen mittlerweile von den Neurowissenschaften bestätigt worden sind, wie zum Beispiel der Philosoph Thomas Metzinger in seinem Buch *Ego-Tunnel* beschreibt,[11] kann vor diesem Hintergrund Krachts und Niermanns *Metan* als eine Form von erkenntnistheoretisch fundierter Ideologiekritik gelesen werden, die trotz – oder gerade wegen – ihrer Lachhaftigkeit einen wesentlichen Zug menschlichen Denkens in seiner ihm eigenen Unzulänglichkeit und Absurdität darstellt.

---

8 Thomas Weber: Verschwörungstheorien als dramaturgisches Modell neuerer Medienproduktionen. In: Marcus Krause/Arno Meteling/Markus Stauff (Hrsg.): The Parallax View. Zur Mediologie der Verschwörung. München 2011: Wilhelm Fink, S. 351–64, hier S. 353.

9 Jean Baudrillard: The Conspiracy of Art. In: Ders.: The Conspiracy of Art. Manifestos, Interviews, Essays. Hrsg. von Sylvère Lotringer, übers. von Ames Hodges. Cambridge (Massachusetts) 2005: MIT Press, S. 25–29.

10 Robert Anton Wilson: Cosmic Trigger I. The Final Secret of the Illuminati. Grand Junction (Colorado) 2016 (1977): Hilaritas Press.

11 Thomas Metzinger: Der Ego-Tunnel. Eine neue Philosophie des Selbst. Von der Hirnforschung zur Bewusstseinsethik. Berlin 2009: Berlin Verlag.

2 Zur Faszinationskraft von Verschwörungstheorien im Kontext von *Metan*

Da in der postmodernen Literatur Verschwörungstheorien ein zentrales Thema bilden, nehmen sich Kracht und Niermann in *Metan* eines somit schon wieder klassischen Topos an. Sie setzen dadurch eine literarische Tradition fort, zu deren Vertretern nicht nur Robert A. Wilson zählt, sondern auch Thomas Pynchon, Don De Lillo und Umberto Eco.[12] Bei all diesen Autoren spiegelt sich zudem das Thema der Verschwörungstheorie in ihren poetologischen Strategien wider, da oft die narrativen Strukturen ihrer Texte die „Netzwerkstrukturen von Verschwörungstheorien"[13] nicht nur literarisch repräsentieren, sondern auch funktional nachahmen. Kracht und Niermann tun dies in *Metan* mittels einer ‚rhizomatischen' Poetik, wie Krachts Schreibmethode mitunter bezeichnet worden ist.[14] In diesem Schreibverfahren werden verschiedenste Signifikanten miteinander verknüpft und so die unwahrscheinlichsten semantischen Brücken geschlagen. Im Kontext von Verschwörungstheorien kann man bei dieser Art Poetik auch von einer „Poetik der Paranoia zweiter Ordnung"[15] oder einfach von „Meta-Paranoia"[16] sprechen,

> weil die Texte auf den inzwischen popularisierten Blick der Verschwörungstheorie umstellen. Einerseits streuen sie dabei selbst bedeutsame Zeichen, Spuren und Indizien, andererseits machen sie die Verfahren verschwörungstheoretischer Imagination beobachtbar. Moderne Verschwörungsfiktionen setzen also auf Verschwörungstheorie als Effekt der [mit Immanuel Kant gesprochen] „rasenden Vernunft" einer „falsch dichtenden Einbildungskraft", die paranoisch die Möglichkeit der Allkonnektivität der Zeichen ins Spiel bringt. Dies können außerliterarische Referenzen sein, Allusionen auf historische Ereignisse und Figuren, aber auch selbstreferentiell auf die Virtualität und Konstruktionsmacht von Verschwörungstheorien und damit von Literarizität. Letztlich entsteht in dieser Literatur ein synkretistisch zusammengebasteltes Universum der Allbedeutung und damit ein Imaginäres

12 Vgl. Marcus Krause/Arno Meteling/Markus Stauff: Einleitung. In: Dies. (Hrsg.): The Parallax View, S. 9–42, hier S. 25.

13 Krause/Meteling/Stauff: Einleitung, S. 24 f.

14 Vgl. z. B. Birgfeld Johannes Birgfeld und Claude D. Conter: Morgenröte des Post-Humanismus. *Ich werde hier sein im Sonnenschein und im Schatten* und der Abschied vom Begehren. In: Dies. (Hrsg.): Christian Kracht. Zu Leben und Werk, S. 252–269, bes. S. 253.

15 Krause/Meteling/Stauff: Einleitung, S. 25.

16 Stephan Gregory: Wissen und Geheimnis (Anmerkung 46), zit. nach Krause/Meteling/Stauff: Einleitung, S. 25.

des konstanten Verdachts. Alles wird dabei als „Spiel“ offenbar, wie Umberto Eco feststellt [...].[17]

Das rhizomatische Schreiben, das sich bei Kracht nicht nur in *Metan* sondern in allen seinen Texten finden lässt und das bei den Lesern zahllose Gedankensprünge und Assoziationsketten ermöglicht, ist in *Metan* ins Lächerliche übersteigert und dennoch beispielhaft für das Denken von Verschwörungstheorien, das Zusammenhänge sehen will, wo es keine gibt, sowie für das Mustersuchen des menschlichen Gehirns überhaupt – ein Motiv, das man bereits in Krachts Debütroman *Faserland* (1995) finden kann, dessen Erzähler zugibt, er suche oft „Muster [...], wo nun wirklich keine sind“.[18]

Während sowohl das Thema der Verschwörungstheorie als auch das poetologische „Verfahren verschwörungstheoretischer Imagination“ – kurz Metaparanoia – als Illustrationen oder Umsetzungen des Poststrukturalismus gewertet werden können, hat auch in jüngerer Zeit, in der das postmoderne Postulat vom Spiel der Zeichen vielleicht nicht mehr ganz als selbstverständlich angesehen werden kann, trotzdem die literarische Faszination für Verschwörungstheorien kaum abgenommen. Eher ist sie noch gestiegen, denn im Jahr 2012 legte beispielsweise Pynchon, seit *Gravity's Rainbow* (1973) Altmeister verschwörungstheoretischer Fiktion, mit *Bleeding Edge* einen weiteren Konspirationsroman vor, in dem es um die Schattenseiten des Internets und um Wirtschaftskomplotte in der New Economy geht. Und Eco, ebenfalls ein Pionier der Form, der in *Das Foucaultsche Pendel* (1988) die Verschwörungstheorie zu Kunst und Wissenschaft gleichermaßen erhob, stattet 2010 in *Der Friedhof in Prag* einem der ältesten verschwörungstheoretischen Konzepte, dem der Geheimbünde, eine literarische Visite ab. Aber auch jüngere Autoren schreiben Verschwörungsfiktion, wobei das Spektrum ihrer Veröffentlichungen vom Realismus bis hin zur Phantastik, und von der Belletristik zur Genreliteratur reicht. Dan Browns *The Da Vinci Code* (2003) darf hier natürlich nicht unerwähnt bleiben, und während sich beispielsweise Dave Eggers in *The Circle* (2013) der Datenüberwachung im Internet annimmt und Jonathan Franzen in *Purity* (2015) das historische Thema der Stasiüberwachung einbaut, erfindet David Mitchell, der Autor des von den Wachowski-Geschwistern mit Tom Tykwer verfilmten *Cloud Atlas* (Buch 2004, Film 2012), in *The Bone Clocks* (2014) eine Verschwörung von Unsterblichen gegen den Rest der Menschheit.

17 Krause/Meteling/Stauff: Einleitung, S. 25.
18 Kracht: Faserland, S. 94.

Doch ein für die Lektüre von *Metan* besonders relevantes Beispiel ist Wladimir Sorokins *Eis*-Trilogie (2002–2009). Dort behandelt der russische Autor, in Anlehnung an Edward Bulwer-Lyttons Science-Fiction-Klassiker *The Coming Race* (1871), das Thema der Verschwörungstheorie in Verbindung mit einer außerirdischen Komponente – allerdings nur um dadurch die gegenwärtigen irdischen Zustände zu parodieren. Denn während in Bulwer-Lyttons *The Coming Race* engelsgleiche Außerirdische ihre übernatürlichen Kräfte von einer geheimnisvollen elektromagnetischen Substanz, dem ‚Vril', beziehen, ist in Sorokins Trilogie das namensgebende Eis eine extraterrestrische Substanz, die engelshafte Visionen bewirkt und als Wunderdroge verwendet wird, mit der eine neue Rasse von Supermenschen erschaffen werden soll. In Sorokins Kritik an der halluzinatorischen Komponente menschlicher Selbstwahrnehmung besteht eine interessante Parallele zu Kracht und Niermanns *Metan*, denn auch dort wird Bulwer-Lyttons *The Coming Race* erwähnt, wobei die Leser darauf hingewiesen werden, dass der „ursprünglich von Bulwer-Lytton als Satire auf den Darwinismus angelegte[...] Roman"[19] von Rudolf Steiner und anderen Theosophen überaus ernst genommen wurde. Damit konstatiert Krachts und Niermanns Text indirekt, dass eine Fiktion, die als Fakt missverstanden wird, zum Faktoid – zur Scheinwahrheit – werden kann. Das Parodieren dieser Dynamik, für die sich ungefähr ein Jahrzehnt nach dem Erscheinen von *Metan* der Begriff des ‚Postfaktischen' etablieren sollte, kann ebenso als ein Aspekt von *Metan* angesehen werden wie der Aspekt der Metaparanoia, der mit ersterem verwandt ist. Kurz gesagt, es werden die menschlichen Fähigkeiten der Theoriebildung und Wahrheitsfindung fundamental in Frage gestellt, wobei es bei Kracht und Niermann wahrscheinlich wie bei Sorokin darum geht, „immer wieder von Neuem, mit [...] radikalen Gattungs- und Stilparodien die inneren Formen des jeweils Parodierten aufzudecken und sie damit der Ideologiekritik zugänglich zu machen."[20]

Zu den vielen intertextuellen Berührungspunkten in *Metan* gehört vor allem auch die Idee, eine Verschwörungstheorie um Fürze zu konstruieren, wurde doch dieses Thema in der Literatur schon mehrfach behandelt. Ein erwähnenswerter Vorläufer ist wieder Baudrillard, neben dem noch der deutsche Unterhaltungs-Schriftsteller Frank Schätzing genannt werden kann. Baudrillards früher Essay *Pataphysik* (1952) könnte zusammen mit Wilsons *Illuminatus!*-Trilogie den philosophischen Hintergrund für *Metan* geliefert haben. In diesem für Baudrillard ungewöhnlich poetischen Text beschreibt jener in Anlehnung an die Drastik Al-

19 Christian Kracht/Ingo Niermann: Metan. Berlin 2007: Rogner und Bernhard, S. 83.
20 Johanna Renate Döring-Smirnov: Von Puschkin bis Sorokin: Zwanzig russische Autoren im Porträt. Wien, Köln und Weimar 2013: Böhlau, S. 310.

fred Jarrys und Antonin Artauds die gesamte Realität als „virtuellen Furz"[21] gasartig flüchtig, exkrementös, lächerlich – und vor allem imaginär beziehungsweise virtuell. Der Text zeigt, dass der junge Baudrillard, schon lange bevor er die Konzepte des Simulacrums und der Simulation prägen sollte, davon überzeugt war, dass die Realität eine Illusion sei, ein Betrug kosmischen Ausmaßes, personifiziert durch Jarrys Ubu, dem aufgeblähten Urvater aller Komplotteure. Zudem ist diese Illusion essentiell parodistischer Natur, insofern laut Baudrillard die Realität immer nur eine Parodie ihrer selbst ist, was ihm zufolge heißt, dass die Absurdität des Lebens allein mit Humor begriffen und bewältigt werden kann.[22] In dieser Hinsicht kann Baudrillards Philosophie eine weitere theoretische Folie bieten, auf der man *Metan*, besonders mit Hinblick auf den parodistischen Charakter dieses Textes, lesen kann.

Was hingegen die ökologische Thematik von *Metan* betrifft, so schlägt Schätzing genau in dieselbe Kerbe. In seinem drei Jahre vor *Metan* veröffentlichten Öko-Science-Fiction-Thriller *Der Schwarm* (2004) hat das Gas Methan eine Schlüsselfunktion in einem weltumspannenden Komplott, sodass Schätzings Roman der Liste von Texten zugerechnet werden muss, die Kracht und Niermann wahrscheinlich mit *Metan* parodieren. In *Der Schwarm* sind die Drahtzieher der Verschwörung vielleicht nicht ganz so abstrus wie in *Metan* – bei Kracht und Niermann geht es immerhin um ein Lebewesen aus Methangas, das die Weltherrschaft anstrebt –, aber zumindest geht es bei Schätzing kaum weniger phantasievoll zu, da eine fiktive Spezies mariner Einzeller, die ‚Yrr', welche eine äonenalte Schwarmintelligenz bilden, die Ausrottung der Menschheit plant, um sich gegen die Umweltverschmutzung und die immer weiter in die Meere expandierende industrielle Ausbeutung von Naturressourcen zu wehren. Dafür setzen die Yrr Methan frei, das in Form von Tiefseeeis permanent in die unterseeischen Landmassen eingefroren ist. Dadurch werden Kataklysmen verursacht, mit denen die von Menschen besiedelten Küstengebiete zerstört werden sollen. Schätzing spielt natürlich mit einer realen Angst, denn tatsächlich droht die Erderwärmung das in den Weltmeeren eingeschlossene Grünhausgas Methan freizusetzen, was einen katastrophalen Teufelskreis auslösen könnte, in dem die Erderwärmung immer mehr beschleunigt werden würde. Schätzing beschreibt demnach mit seinem Öko-Desaster ein Szenario, das nicht völlig frei erfunden ist. Der hohe Realitätsbezug von *Der Schwarm*, der zum einen das Lob der Kritiker erhielt und zum anderen Gegenstand einer Plagiatsaffäre war, in der ein Wis-

---

21 Jean Baudrillard: Pataphysics. In: Ders.: The Conspiracy of Art, S. 213–216, hier S. 215.
22 Baudrillard: Pataphysics, S. 215; vgl. dazu auch Steve Redhead: The Jean Baudrillard Reader. New York 2008: Columbia University Press, S. 6–7.

senschaftler Schätzing vorwarf, der Schriftsteller habe zu ausgiebig verbatim aus dessen Aufsätzen kopiert,[23] mag ein Grund dafür gewesen sein, dass das Buch zum internationalen Bestseller wurde, und auch hier spielt die Vermischung von Fakt und Fiktion, wie sie in *Metan* thematisiert wird, eine zentrale Rolle.

Wie jedenfalls die Beispiele Baudrillard und Schätzing zeigen, gibt es wichtige literarische Präzedenzfälle für die unwahrscheinliche Verbindung von Verdauungsgas und Verschwörungstheorie. Letztendlich hat aber in *Metan* das Gas Methan auch eine übertragene Bedeutung, da es, wie im nächsten Abschnitt besprochen wird, als ein Symbol für die Metaposition gelesen werden kann. Aus dieser Warte betrachtet macht es auch Sinn, dass der Titel von Krachts und Niermanns Erzählung *Metan* lautet – und nicht orthografisch korrekt ‚Methan', also mit ‚h'. Was auf den ersten Eindruck wie ein penetranter Rechtschreibfehler wirken mag und vielleicht schlampigen Journalismus parodieren könnte, scheint tatsächlich mehr zu bedeuten, ganz so als wollten Kracht und Niermann der Metaposition einen besonderen Stellenwert einräumen, zugleich aber vielleicht auch den zu Beginn des einundzwanzigsten Jahrhunderts inflationären Gebrauch der Vorsilbe ‚meta-' wiederum parodieren.

3 Reisen in der Noosphäre: Von Metaparanoia zu Metawelten

Als ein Begriff für den semantischen Raum, in dem Metapositionen denkbar sind, mag der Terminus der „Noosphäre" dienen, der – geprägt von Vladimir Vernadsky (1863–1945), Édouard Le Roy (1870–1954) und Pierre Teilhard de Chardin (1881–1955) – in Anlehnung an das altgriechische Wort νοῦς ‚Sphäre des menschlichen Geistes oder Verstandes' bedeutet. Zudem wurde der Begriff der Noosphäre vereinnahmt von dem amerikanischen parteiunabhängigen Politiker und notorischen Verschwörungstheoretiker Lyndon LaRouche, einer der Hauptfiguren in *Metan*.[24] Von LaRouche stammt sogar das Motto, das Kracht und Niermann ihrem Text voranstellen: „What is taught as history today in most nations' schools and universities is chiefly fraud."[25] Selbstverständlich bezieht sich LaRouche mit dieser Aussage zum einen ganz konkret auf ein vermeintliches Verschwörungs-

23 Siehe z. B. das Interview mit Frank Schätzing: Kann denn Recherche Sünde sein? In: Frankfurter Allgemeine Zeitung, 7. April 2005.
24 Siehe Kracht/Niermann: Metan, S. 65 ff.
25 Lyndon H. LaRouche, Jr.: Will the Soviets rule during the 1980s? Zit. nach Kracht/Niermann: Metan, S. 9.

komplott innerhalb der Bildungssysteme, weshalb es thematisch zur Prämisse von *Metan* passt – als wüssten die staatlichen Autoritäten von einer Verschwörung des Methans und als sorgten sie dafür, dass dies in den Klassenzimmern und Kursräumen verschwiegen werde. Zugleich verweist das Zitat aber natürlich auch auf die konstruktivistische Geschichtsauffassung und die metahistoriographischen Überlegungen der vom Poststrukturalismus und der Dekonstruktion geprägten Postmoderne. Doch als Motto von *Metan* legt LaRouches Zitat zudem nahe, dass Kracht und Niermann die Erzählwelt von *Metan* mit der Ideenwelt des Verschwörungstheoretikers verbinden wollen. Tatsächlich bringt ein genauerer Vergleich Interessantes zutage, wobei die rhizomatischen Verbindungen in *Metan* eine nahezu nicht enden wollende Volte von Schlüssen zulassen. Zum Beispiel beschreibt LaRouche in seiner pseudowissenschaftlichen Monographie *The Economics of the Noösphere* (2001), mit dem ungewollt komischen Untertitel *Why Lyndon LaRouche Is the World's Most Successful Economic Forecaster of the Past Four Decades*, die Sphäre menschlichen Denkens, also die Noosphäre, als einen mit der Biosphäre koexistierenden und diese überschneidenden und verändernden Lebensraum, der aber im Gegensatz zu den realen, physikalischen Gegebenheiten der Biosphäre geprägt ist von mentalen, also virtuellen Konstrukten, von denen die meisten Fiktionen, Täuschungen und Lügen sind.[26] Gemäß dieser dem Geist nach poststrukturalistischen Auffassung, die sicherlich auch Baudrillard prinzipiell befürwortet hätte, könnte man die Noosphäre laut der Beschreibung LaRouches aber des Weiteren auch als eine Art kollektives Bewusstsein bezeichnen, ähnlich wie es in *Metan* und *Der Schwarm* der Fall ist, in denen kollektive Intelligenzen die Gegenspieler der Menschheit sind. Da jedoch Kracht und Niermann im Gegensatz zu Schätzing in *Metan* einer unbelebten Substanz, nämlich dem Methangas, intelligentes Denken andichten, parodieren sie damit weder nur LaRouches Noosphere noch auch Schätzings Klimaschocker, sondern außerdem die in populären Diskursen hoch im Kurs stehende Idee der Schwarmintelligenz. Zugleich entthronen Kracht und Niermann sogar die anthropozentrische Vorstellung, dass Intelligenz ausschließlich eine Eigenschaft von Lebewesen sein kann. Denn wie beispielsweise der Kybernetiker Gregory Bateson argumentiert, kann die ganze Welt als ein ubiquitäres und alles beinhaltendes System kybernetischer Schaltkreise, beziehungsweise als ein einziger unendlicher Schaltkreis verstanden werden. In diesem Sinn hat die gesamte materielle Realität mentale Eigenschaften, alles ist Medium von Intelligenz, da

26 Ders.: The Economics of the Noösphere: Why Lyndon LaRouche Is the World's Most Successful Economic Forecaster of the Past Four Decades. Washington, D. C. 2001: EIR News Service, bes. S. 44f. und S. 264–274.

der Schaltkreis des Nervensystems nirgendwo wirklich endet.[27] Gemäß dieser Weltsicht könnte vielleicht sogar ein Gas der Träger intelligenter Gedanken sein, und so ist auch in dieser Hinsicht die Idee, die Krachts und Niermanns Erzählung zugrunde liegt, nicht ganz so absurd, wie es auf den ersten Blick erscheinen mag. Zumindest kann sie als Metapher für ein Realitätsverständnis gelesen werden, das auf einem systemtheoretischen Ansatz wie dem von Bateson basiert und die Welt der mentalen Konstrukte als Noosphäre begreift.

Doch im Gegensatz zur Systemtheorie, in der wirkende Mächte oft entpersonalisiert und dezentralisiert begriffen werden, beziehungsweise ganz ohne Akteure auskommen, werden in Verschwörungstheorien Ereignisse genau dadurch erklärt, dass eine übergeordnete Intentionalität oder Urheberschaft – nämlich die der Verschwörer – unterstellt wird. Da ein ähnliches Prinzip im Aberglauben, also auch in religiösen und theologischen Erklärungsmodellen am Werk zu sein scheint, wirkt es zum Beispiel nicht unpassend, dass der britische Kritiker James Wood den bereits erwähnten Roman *The Bone Clocks* von David Mitchell, wo es um eine Verschwörung von Unsterblichen geht, als einen theologischen Roman bezeichnet.[28] Ganz ähnlich scheint Krachts und Niermanns *Metan* zu fragen: Ist nicht Religion die älteste Verschwörungstheorie der Welt? Besonders Weltanschauungen, die als eschatologisch oder gnostisch, zum Beispiel im Sinn Eric Voegelins,[29] bezeichnet werden können, sind von der Grundstruktur her verschwörungsimaginative Erzählungen, da sie neben Offenbarungslehren, Apokalyptik und Heilsversprechen auch das Auserwähltsein bestimmter Gruppen gegenüber dem Rest Menschheit beinhalten, einer Menschheit, die als Spielball oder Opfer übernatürlicher Kräfte, z. B. im Kampf Satans gegen Gott, der sich hinter den Kulissen des Weltgeschehens abspielt, gesehen wird.

Aber auch fernöstliche Philosophien, die eine nicht-dualistische Weltanschauung vertreten, bei denen also ein Konflikt zwischen Gut und Böse keine Rolle spielt, wie etwa im Hinduismus und Buddhismus, beinhalten nicht selten ein verschwörungstheoretisches Element. Schließlich sieht die vedische Mythologie die Welt, ähnlich wie Baudrillard, als Illusion, als das „eitle Blendwerk der Maja", das beispielsweise Schopenhauer in *Die Welt als Wille und Vorstellung*

---

27 Gregory Bateson: Steps to an Ecology of Mind. Collected Essays in Anthropology, Psychiatry, Evolution and Epistemology. San Francisco 1972: Chandler Publishing Company.
28 James Wood: Soul Cycle. David Mitchell's *The Bone Clocks*. In: The New Yorker, 8. September 2014, http://www.newyorker.com/magazine/2014/09/08/soul-cycle (5. Januar 2015).
29 Eric Voegelin: Wissenschaft, Politik und Gnosis. München 1959: Kösel.

(1819) zitiert.[30] Diese Illusion wird als bösartig empfunden, insofern sie Leiden verursacht, wie es die Vier Edlen Wahrheiten des Buddhas proklamieren.[31] Vor allem das Ich wird in manchen nicht-dualistischen Lehren, zum Beispiel der Advaita Vedanta, als Täuschung begriffen. Nach einer solchen Sichtweise sind alle Menschen die Opfer des trügerischen Egos, das, obwohl an sich nicht wirklich, aus Kontrollsucht das Leben des Individuums komplett regeln will und deswegen von der Verwirklichung des wahren, erleuchteten und ego-losen Selbst abhält.

Auch in *Metan* deuten Kracht und Niermann an, dass im Buddhismus ein verschwörungstheoretisches Moment enthalten ist, nämlich indem sie ihren Essay einem gewissen Hari Bhakta Patak widmen, einem angeblichen Gläserwäscher in Kathmandu, dem Kracht und Niermann auf ihrer Reise begegnet sein wollen und dem sie die ursprüngliche Idee für ihre Verschwörungstheorie zuschreiben.[32] Patak kommt auch als Figur in der Erzählung vor, und dort bezieht er sich auf das *Bardo Thodol*, das Tibetische Totenbuch, einen weiteren Kerntext des Buddhismus. Patak erklärt, dass die Menschen Opfer „karmisch ausgelöster Halluzinationen"[33] seien, was ein Merkmal des Übergangs von einem Zeitalter in ein anderes sei. Diese Vorstellung bezieht sich auf das Konzept der ‚Yugas', die Kracht in *Tristesse Royale* erwähnt,[34] und die dort wie in *Metan* das Endzeitdenken repräsentiert. Ein weiterer westlicher Text, der sich mit den Yugas beschäftigt, ist René Guénons Klassiker *La Crise du monde moderne* (1927). Guénons Streitschrift, die in der Tradition von Kulturkritik den kulturellen Zerfall in der Moderne beklagt, und zwar insbesondere den Verlust von Spiritualität, beginnt mit der folgenden Erklärung:

> The Hindu Doctrine teaches that a human cycle, to which it gives the name of *Manvantara*, is divided into four periods marking so many stages during which the primordial spirituality becomes gradually more and more obscured; these periods correspond with the Golden, Silver, Bronze and Iron Ages of the Ancient Western Traditions. We are now in the fourth age, the *Kali-Yuga* or „dark age", and have been so already, it is said, for more than six thousand years, since an era, that is to say, far earlier than any recorded in classical history. Since that time, the truths which formerly lay within reach of all mankind have become more and more

30 Arthur Schopenhauer: Die Welt als Wille und Vorstellung. In: Schopenhauer, dargeboten von Thomas Mann. Zürich 1948: Werner Classen, S. 245.
31 Vgl. dazu wieder Schopenhauer, für den ebenfalls „*alles Leben Leiden* ist" (Schopenhauer: Die Welt als Wille und Vorstellung, S. 273 [Hervorhebung im Original]).
32 Kracht/Niermann: Metan, S. 85 f.
33 Kracht/Niermann: Metan, S. 86.
34 Joachim Bessing: Tristesse Royale. Das popkulturelle Quintett mit Joachim Bessing, Christian Kracht, Eckhart Nickel, Alexander von Schönburg und Benjamin von Stuckrad-Barre. Berlin 2005 (1999): Ullstein/List, S. 185.

> hidden and difficult to approach; those who have access to them grow gradually fewer and fewer and if the treasure of „non-human“ wisdom that is prior to all the ages can never be lost, it becomes enveloped nevertheless in ever more impenetrable veils, which conceal it from view and beneath which it is extremely difficult to discover it.[35]

Ähnlich wie Guénon, der seine Modernekritik metaphysisch-transzendental erhöht, indem er das Konzept der Yugas entlehnt für seine Deutung dessen, was er als Missstände in der Gegenwart wahrnimmt, parodieren Kracht und Niermann in *Metan* nicht allein Verschwörungstheorien, sondern auch das paranoide Element, das in einer Kosmogonie wie derjenigen, die Guénon vertritt, enthalten ist:

> Laut den Upanishaden ist die mantrische Silbe ‚Aum' oder ‚Om' der Urklang, aus dem der Kosmos entsteht. Die Nasalisierung des Vokals, im Sanskrit als Chandrabindu bezeichnet, deutet auf den Resonanzkörper der Kuh hin. Ganz offensichtlich ist der ursprüngliche Urklang, der gemeint ist, das ‚Mmmuuuu' oder – korrekt gehört – ‚Mmmm' dieses im Hinduismus als Menschenmutter verehrten Tieres. [...] Die Upanishaden sprechen vom *Atman*, der kosmischen Urluft, dem Welthauch. Es ist ein Sanskrit-Wort, das dem deutschen Wort Atmen zugrunde liegt. Der Mensch denkt beim Atmen gewöhnlich nur an die Aufnahme von Sauerstoff und die Abgabe von Kohlendioxid. Mancher gesteht auch den Pflanzen ein Atmen zu – hier umgekehrt die Einatmung von Kohlendioxid und das Ausstoßen von Sauerstoff. Es gibt jedoch ein drittes, anaerobes, Atmen – die Umstülpung der Zunge im Munde gibt den Hinweis: A-T-M-E-N wird zu M-E-T-A-N.[36]

Den Bogen schlagend zwischen Verschwörungstheorie, Kosmogonie und hegelianischer Geschichtsphilosophie, erklären Kracht und Niermann das Methan kurzerhand zum „Welthauch“ und „Weltgeist“.[37] So eilen sie in abstrusen Syllogismen von einem vorschnellen Schluss zum nächsten und parodieren genau dadurch das anakoluthisch-irrationale Denken verschwörungstheoretischer Imagination, das willkürlich Zeichen miteinander verknüpft, ihnen einen übergeordneten Sinn aufstülpt, und nicht selten dem jeweiligen angeblichen Komplott globale oder gar kosmische Ausmaße zuspricht.

In diesem Sinn mag es auch zu verstehen sein, dass auf dem Buchcover von *Metan* ein mit dem Hubble-Teleskop aufgenommenes Foto eines kosmischen Gasnebels zu sehen ist, der, orange-türkis leuchtend und durchsetzt mit rotweiß strahlenden Sternen, sich von der Schwärze des restlichen Weltalls abhebt. Darüber steht der Titel, in Großbuchstaben im Prägedruck und gesetzt in einer modernisierten Frakturschrift. Die Namen der Autoren fehlen auf dem Cover und

---

35 René Guénon: The Crisis of the Modern World (1927). Übers. von Marco Pallis und Richard Nicholson. London 1975: Luzac & Company, S. 1 (Kapitel I: *The Dark Age*).
36 Kracht/Niermann: Metan, S. 16.
37 Kracht/Niermann: Metan, S. 20.

auch sonst befindet sich dort kein anderer Text, der ablenken könnte von Titel und Coverbild. Das Wort ‚Metan' steht ganz allein im Kosmos: Auf diese Weise verleiht schon der Paratext des Buches dem Konzept des Metan eine singuläre Bedeutungskraft und setzt den Ton für die Erzählung. Mit ihrem Buchcover implizieren Kracht und Niermann – natürlich wie immer mit einem Augenzwinkern –, dass ihre Leser eine Geschichte erwarten dürfen, die sie an die Grenzen ihrer Vorstellungskraft und des Universums führen wird, und damit parodieren die Autoren das überzogene Pathos und den monumentalen Gestus totaler Welterklärungsmodelle, wie sie besonders in deutschsprachigen Kulturen und ganz besonders zur Zeit der Frakturschrift populär waren, wie beispielsweise in der Form von Hegels Geschichtsphilosophie oder auch Oswald Spenglers *Der Untergang des Abendlandes* (1922).

Als wären sie zwei verrückte Zauberlehrlinge jener geschichtsphilosophischen Großmeister, bieten Kracht und Niermann in *Metan* eine Entstehungsgeschichte des Sonnensystems, die sie als einen Prozess der fortschreitenden „Methanisierung unseres gesamten Planeten"[38] beschreiben. Dabei stützen sie sich nicht selten auf Fakten zum Methangas, wie zum Beispiel der Methanogenese, der Bildung von Methan durch den Stoffwechsel von Lebewesen:

> Methan (CH_4) reproduziert sich nicht selbst, es lässt sich reproduzieren. Dafür bedient es sich der mikrobiotischen Methangärer. In anaerober, sauerstoffloser Umgebung, die jedoch reich ist an Kohlen und Wasserstoff – beispielsweise in Sümpfen und Mägen –, sorgen diese für die Methanogenese.[39]

Kracht und Niermann verbinden sachlich korrekte Informationen wie die obigen mit den wildesten Fantasien und beschreiben auf diese Weise die Menschheit als das ahnungslose Opfer im Würgegriff eines „weltumspannenden Methangetüms".[40] In dieser eigentümlichen Wortschöpfung – ‚Getüm' statt ‚*Un*getüm' – sind erneut verschiedene Allusionen enthalten: Zum einen hat es den Anklang des Archaischen, Mythischen und Legendären und erhält dadurch die Patina vorgeblicher historischer Fundiertheit, die oft für Legenden beansprucht wird. Außerdem ist es möglicherweise eine Anspielung auf das Fantasiewesen in den gleichnamigen Kinderbüchern von Dietlind Neven-du Mont aus den 1970er Jahren,[41] was *Metan* eine Note des Infantilen und damit eine gewisse kindliche Un-

38 Kracht/Niermann: Metan
39 Kracht/Niermann: Metan, S. 15.
40 Kracht/Niermann: Metan, S. 15.
41 Siehe Dietlind Neven-du Mont: Das Getüm. Reutlingen 1970: Ensslin und Laiblin.

schuld verleiht, zugleich aber auch bei manchen Lesern zu einem Wiedererkennungseffekt führen mag.

Wie in Neven-du Monts Büchern ist das Methangetüm der eigentliche – oder vielleicht sollte man sagen: der heimliche – Held in *Metan*. Die anderen Figuren, egal ob Verbündete oder Gegner des Methangetüms, alle sind Schachfiguren im Komplott dieses kosmischen Bösewichts. Als Beispiele von „*Methaneiferer*[n]“[42] (wie Kracht und Niermann die angeblichen Verbündeten und vermeintlichen Zuspieler des Methangetüms bezeichnen), werden viele Prominente ins Feld geführt: Zu ihnen gehören beispielsweise Franz Josef Strauß[43] und der Guru Osho[44], unter dessen Anhängern laut Kracht und Niermann eine Zeit lang auch Nena, Peter Lustig und Peter Sloterdijk gewesen sein sollen. In Deutschland sei jedoch ihr „nahmhaftester Statthalter der Publizist Dr. Frank Schirrmacher“.[45] Das Ziel aller Methaneiferer sei immer gleich, nämlich die „Terraformierung“ durch „Klimawandel“,[46] welche die Methanisierung des Planeten vorantreiben soll.

In Anbetracht der bereits besprochenen theoretischen Hintergründe stellt sich die Frage, ob die von Kracht und Niermann beschriebene Methanisierung hintersinniger sein könnte als bloß in ihrer buchstäblichen Bedeutung. Handelt es sich vielleicht auch um die *Meta*nisierung der Welt, das heißt, um die fortschreitende Verrückung der Realität in eine Metaposition? Nicht erst seit Wilsons Realitätstunnel und Baudrillards Simulacra ist es zu einem intellektuellen Allgemeinplatz geworden, dass das menschliche Subjekt keinen unmittelbaren Zugang zur Wirklichkeit hat, sondern nur über mentale Repräsentationen jener verfügt. Diese Auffassung ist so alt wie Platons Höhlengleichnis oder die indischen Upanishaden. Das gegenwärtig Neuartige dieser Auffassung ist jedoch, dass sie von den modernen Wissenschaften immer mehr bestätigt zu werden scheint: wie etwa durch die Neurowissenschaften, zum Beispiel dank der Erkenntnisse über die Funktion von Spiegelneuronen oder über die verfälschende Beschaffenheit unserer Wahrnehmungsprozesse, wie Wilson und Metzinger sie beschreiben. Darüber hinaus suggerieren aber auch die Paradoxa der modernen Physik, dass die Realität ganz anders ist, als es in der alltäglich erlebten Umwelt erscheint, da beispielsweise in der subatomaren Wirklichkeit Welle und Partikel miteinander identisch sind. Teilchen beeinflussen sich wie von Geisterhand über nahezu unendliche Entfernungen, und der Akt der Beobachtung kann den Ablauf

42 Kracht/Niermann: Metan, S. 30 (Hervorhebung im Original).
43 Kracht/Niermann: Metan, S. 69.
44 Kracht/Niermann: Metan, S. 20.
45 Kracht/Niermann: Metan, S. 30.
46 Kracht/Niermann: Metan, S. 20.

von Geschehnissen verändern.[47] Sogar der Umstand, dass Medienkompetenz unerlässlich geworden ist, bestätigt zumindest ein Stück weit die Auffassung, dass wir eher in einer virtuellen als in einer wirklichen Welt leben – ganz abgesehen von unserem heutigen Normalverständnis, dass Medien ein verfälschendes und propagandistisches Potenzial haben.

Es scheint also tatsächlich so, um es dann doch wieder mit postmodernen Begrifflichkeiten auszudrücken, als ob wir in einer Realität leben, die aus Repräsentationen, aus Simulacra besteht. Oder ausgedrückt mit dem Präfix ‚meta-', dem so viel Beschreibungskraft zugeschrieben wird, dass es sogar geeignet sein soll den Epochenbegriff der Postmoderne abzulösen,[48] könnte man sagen, dass wir in Metawelten leben, in Welten, die nur auf der Metaebene existieren. Ihnen wird zwar die ‚eigentliche' Realität zugrunde liegen, letztere ist aber für uns Menschen nicht unmittelbar erfahrbar. Einer solchen Theorie zufolge wäre das Einzige, das unseren Sinnen zugängig ist und somit unsere Erfahrungswelt konstituiert, die Metaebene der Wirklichkeit. Wenn dies stimmt, ließe sich dann nicht sogar sagen, dass eigentlich nur die Metaposition existiert, da sie allein für uns wirklich ist? Und so gesehen, müsste dann nicht eine ‚Metanisierung' der Welt weniger darin bestehen, dass die Realität selbst zunehmend in eine Metaposition rückt, sondern vielmehr darin, dass wir – die Subjekte, die diese Realität wahrnehmen – uns zunehmend darüber bewusst werden, dass unsere Wahrnehmung aus einer Metaposition heraus geschieht und immer schon aus dieser Metaposition heraus geschehen ist? Und inwieweit – wobei auch diese Frage wie die vorangehenden immer noch im Diskursfeld von *Metan* bleibt, da sich Kracht und Niermann nebst Wilson et al. eben auch auf das *Bardo Thodol* und die Upanishaden beziehen – würde eine solche Vorstellung fernöstlichen Meditationslehren und -praktiken entsprechen, die in jüngerer Zeit ebenfalls von Wissenschaft und Medizin anerkannt und belegt worden sind und deren Kernkonzept der ‚Mindfulness' erklärt worden ist als ein Zustand der Meta-Achtsamkeit oder des Meta-Gewahrseins, kurz gesagt, als Metakognition?[49]

---

47 Zu diesen und ähnlichen Überlegungen siehe auch Slavoj Žižek: The Parallax View. Cambridge (Massachussetts) 2006: MIT Press, bes. S. 214–222 und S. 171–172.

48 Der Begriff „Metamodernismus" bezeichnet ein stark rezipiertes Beschreibungsmodell für das gegenwärtige kulturelle Paradigma der globalisierten Welt. Diesem Modell zufolge haben wir die Postmoderne hinter uns gelassen und befinden uns kulturgeschichtlich in einer Metaposition, aus der heraus moderne und vormoderne Narrative nicht nur postmodern hinterfragt und dekonstruiert, sondern neu imaginiert werden. Siehe Timotheus Vermeulen/Robin van den Akker: Notes on Metamodernism. In: Journal of Aesthetics and Culture 2 (2010), S. 1–14.

49 Siehe hierzu beispielsweise den mittlerweile schon als Klassiker geltenden Standardtext, der maßgeblich dazu beigetragen hat, Mindfulness-Meditation als medizinisch anerkannte Therapieform zu etablieren. Jon Kabat-Zinn: Full Catastrophe Living. Using the Wisdom of Your Body

Vielleicht gehen diese Überlegungen zu weit, doch andererseits ist es auch nicht unwahrscheinlich, dass genau dies die Absicht von Kracht und Niermann ist. Denn der beste Beleg dafür, wie skurril die Gedankengänge im Kontext von *Metan* werden können, bieten immer noch die kruden Theorien, die Kracht und Niermann selbst zusammenspinnen. Wobei sie trotzdem immer in den Fußstapfen ihrer Meister bleiben. So werde zum Beispiel Walt Disneys „konstant auf minus 270 Grad gehaltener Körper [...] gemäß Disneys letztem Willen im obersten Zimmer von Dornröschens Schloß in Disney World in Orlando/Florida verwahrt, bis ihn in naher Zukunft ein Forscher wachküßt". So verrückt es auch klingen mag, Ähnliches behauptete immerhin schon Baudrillard in seinem Meisterwerk *Simulacres et Simulation* (1981).[50] Baudrillard griff damit ein Gerücht auf, das nicht nur in seine Weltanschauung passte, sondern diese perfekt illustrierte, bezeichnete er doch die Kommodifizierung der Welt und ihre Verwandlung in eine Hyperrealität, also in eine Wirklichkeit zweiten und überhöhten Grades, auch als Disneyfizierung. Und ungeachtet der berechtigten Frage, ob das Gerücht, Disney habe sich kryotechnisch konservieren lassen, falsch ist oder nicht, schwächt dies keineswegs Baudrillards Thesen zu Simulation und Hyperrealität, sondern stärkt sie sogar, insofern Gerüchte selbst als eine Spezies von Simulacra gesehen werden können. Interessant im Kontext von *Metan* ist zudem, dass Gerüchte am Anfang und am Ende von Verschwörungstheorien stehen.

Dass Baudrillard, der in der Sekundärliteratur zu Kracht oft herangeführt wird,[51] auch für die Lektüre von *Metan* aufschlussreich sein kann, ist hier schon mehrmals gezeigt worden. Bedeutsam wird in dieser Hinsicht auch sein, dass Kracht und Niermann die Reise auf den Kilimanjaro mit einer Anspielung auf Baudrillards Konzept der Hyperrealität einläuten: nämlich mit dem Hinweis auf eine Kamera, die am Keys-Hotel in Afrika installiert ist und von dort „rund um die Uhr die Aussicht auf den Gipfel des Kilimanjaro-Massivs ins Netz überträgt (www.kilicam.com)". Worauf Kracht und Niermann eigentlich hinweisen, sollte spätestens jetzt klar sein: Wir befinden uns in *Metan* in einer virtuellen Realität, und dort kann auch die größte und gröbste Skurrilität wirklich sein.

Um abschließend noch einmal auf LaRouche zurückzukommen, so wurde bereits erwähnt, dass er einer der Hauptakteure im eigentlichen Plot von *Metan*

---

and Mind to Face Stress, Pain, and Illness. Neue, überarbeitete Auflage. New York 2013: Bantam Books (erstveröffentlicht 1990).

50 Jean Baudrillard: Simulations. Cambridge, Mass. 1983: MIT Press, S. 24.

51 Siehe z. B. Stefan Bronner: Vom taumelnden Ich zum wahren Übermenschen. Das abgründige Subjekt in Christian Krachts Romanen *Faserland*, *1979* und *Ich werde hier sein im Sonnenschein und im Schatten*. Tübingen 2012: Francke. Mit Bezug auf *Metan* siehe auch Lettow: In der Leere des Empire, bes. S. 238 f.

ist, beziehungsweise in den wenigen Plot-Elementen, die einer Handlung nahe kommen. Diese rudimentäre Handlung verdichtet sich um das Motiv des Kilimanjaro, der zum Schauplatz eines planetaren Showdowns wird. Kracht und Niermann beschreiben, wie LaRouche einen Plan schmiedet, „den Kilimanjaro nuklear zu bombardieren".[52] Dadurch soll der Vulkan reaktiviert werden, mit der Absicht, eine globale Katastrophe auszulösen, ähnlich wie in M. P. Shiels Roman *The Purple Cloud* (1901), wo ein durch Vulkanausbrüche freigesetztes purpurfarbenes Gas die Menschheit bis auf ein paar Überlebende auslöscht. In *Metan* will LaRouche auf diese Weise die Menschheit verjüngen: „Die genetisch erstarrten und kulturell degenerierten Völker würden hinweggewischt, und eine neue Welt entstünde."[53] Die nukleare Reaktivierung des Kilimanjaro, so schreiben Kracht und Niermann aus der Perspektive des allwissenden Erzählers, würde allerdings eine ganz andere Folge haben, nämlich den gigantischen Ausstoß von Grünhausgasen, die zum Terraforming nach der Vorstellung des Methangetüms führen würden.[54] Ohne zu wissen, dass er damit das Schicksal der ganzen Menschheit besiegelt, schickt LaRouche einen mit Atombomben bestückten Kampfjet zum Kilimanjaro. Der Plot löst sich jedoch letztendlich in einer Antiklimax auf, die die Absurdität und Sinnlosigkeit der Handlung unterstreicht.[55] Das Motiv des Kilimanjaro erhält jedoch noch zusätzliche Wichtigkeit dadurch, dass Kracht und Niermann darauf hinweisen, dass der Kilimanjaro die Wiege der Menschheit sei: „Am Fuße des Kilimanjaro-Vulkans, in der Nähe des Ngorongoro-Kraters, entstand der Mensch."[56] In *Metan* ist der Kilimanjaro nicht nur der Dreh- und Angelpunkt der rudimentären Handlung und der um sie herum gestrickten hanebüchenen Verschwörungstheorie, er fungiert dort schlechthin als der Nabel der Welt. Zudem ist das Motiv des Kilimanjaro Teil einer erzählerischen Symmetrie, zu der noch mehrere andere Elemente gehören und die zusammen die Grundstruktur der Erzählung formen.

52 Kracht/Niermann: Metan, S. 77.
53 Kracht/Niermann: Metan, S. 77.
54 Siehe Kracht/Niermann: Metan, S. 81.
55 Siehe Kracht/Niermann: Metan, S. 86 f.
56 Kracht/Niermann: Metan, S. 63.

4 Schlussbetrachtung: Rückkehr zum Nabel der Welt

Sowohl den Anfang als auch den Schluss von *Metan* bildet eine Lautschrift, die buchstäblich das erste und letzte Wort des gesamten Textes ist. Zu Beginn von *Metan* heißt es:

> ‚Mmm' macht es aus dem Gastraum des Forellenhofs in Stukenbrock, unweit des Teutoburger Waldes. Wenig später wird eine Gruppe satter und zufriedener Mongoloider in zwei rote Reisebusse geführt. Die Busse fahren nun in Richtung des Hollywood-Safariparks Stukenbrock.[57]

Am Ende von *Metan* gibt es eine Szene, die an einem prähistorischen Wasserloch am Fuß des Kilimanjaros spielt. Ihren letzten Satz bildet eine Coda, die die Lautschrift vom Anfang der Erzählung widerspiegelt, diesmal jedoch emphatischer, da länger und mit einem Ausrufungszeichen versehen: „Der Menschenaffe hebt die Arme und brüllt aus tiefster Kehle: Mmmm!"[58] Diese Rahmung durch Spiegelung ist selbst wiederum gespiegelt in den bereits besprochenen Ausführungen zum fernöstlichen ‚Om'.[59] Der kosmische Urklang gehört außerdem zu den vielen Assoziationen, die zu Krachts und Niermanns Wortschöpfung ‚Metan' möglich sind.

Ebenfalls dazu gehört das Wort ‚Mensch', und von dort aus geht die Assoziationskette weiter, denn die zwei Reisebusse, mit deren Beschreibung *Metan* beginnt, sind „Fahrzeuge der *Werkstatt Mensch*".[60] Der Mensch als Werkstatt: Im Kontext von *Metan* kann sich dies eines gewissen Anklangs an die eugenischen Experimente des zwanzigsten Jahrhunderts und an die modernistische Idee des ‚neuen Menschen' nicht erwehren – allerdings mit dem Unterschied, dass in *Metan* das Projekt Mensch sich immer nur im Kreis dreht, und zwar um das Herz der Finsternis herum, um die wilde unbezähmbare Natur, von welcher der Mensch viel zu leicht vergisst, dass er ein Teil ihrer ist: „Immer wieder umsteuern die Fahrzeuge der *Werkstatt Mensch* die Raubkatzen".[61] Die Busse umkreisen „Löwen, in deren Pupillen (bei halbgeschlossenen Augen) sich die freudig erregten Mon-

57 Kracht/Niermann: Metan, S. 11.
58 Kracht/Niermann: Metan, S. 87.
59 Siehe Kracht/Niermann: Metan, S. 16 und den vorigen Abschnitt im vorliegenden Aufsatz.
60 Kracht/Niermann: Metan, S. 11 (Hervorhebung im Original).
61 Kracht/Niermann: Metan, S. 11.

goloiden unbemerkt spiegeln".[62] Die narrative Spiegelung, die die Struktur von *Metan* bildet, wird hier sogar mimetisch widergespiegelt, nämlich durch die Spiegelung in den Augen der Tiere. Überdies spiegelt diese Szene ebenfalls den Schluss von *Metan* wider, wo ein Urmensch einem Säbelzahntiger begegnet.

Die Schlussszene von *Metan* ähnelt der berühmten Anfangssequenz von Kubricks *2001: Odyssee im Weltraum* (1968), in der ein Hominide einen Knochen in die Luft wirbelt, der sich dann in Zeitlupe und mittels Überblendung vor der Klangkulisse von Strauß' *Also sprach Zarathustra* in eine rotierende Raumstation verwandelt. In *Metan* wird ein Menschenaffe Zeuge einer gewaltigen Naturkatastrophe, nämlich dem Ausbruch des prähistorischen und vulkanisch noch aktiven Kilimanjaros. Dies rettet ihm das Leben, da der Vulkanausbruch den Säbelzahntiger verscheucht, der sonst den Menschenaffen getötet hätte. Während in Kubricks Science-Fiction-Klassiker die Menschwerdung des Primaten mit einem übernatürlichen beziehungsweise außerirdischen Ereignis beginnt – dem Erscheinen des schwarzen Monolithen – ist der Vulkanausbruch in *Metan* ein profanes Naturereignis. Dennoch regt es den Menschenaffen zu einem Akt der Selbsterhöhung an, der an Kubricks Film erinnert: er hebt die Arme hoch und brüllt. Dieser Akt kann zudem als proto-religiös interpretiert werden, nicht nur weil das Gebrüll von Krachts und Niermanns prähistorischem Menschen das fernöstliche ‚Om' widerspiegelt, sondern auch weil ihr Menschenaffe aus einem Naturereignis mehr macht, als es eigentlich ist: Er überhöht dieses Ereignis und damit sich selbst, indem er sich und seiner Lebenswelt eine Bedeutung gibt. Im Gegensatz zu Kubrick, der die Entwicklung von Technologie in den Vordergrund stellt – von der Knochenkeule zur Raumfahrt –, wird in *Metan* der Affe durch den Akt der Sinngebung zum Menschen.

Doch wenn man den Akt der Sinngebung in der banalen Einfachheit betrachtet, mit der Kracht und Niermann ihn darstellen, und ihn daher als Missverständnis erkennt, nämlich als die Unterstellung einer übergeordneten Intentionalität, wo eigentlich nur blinder Zufall herrscht, wird dieser Akt naiv und lächerlich wirken müssen. Möglicherweise ist diese Entmystifizierung das Ziel der Reise in *Metan:* die Entzauberung der Vorstellungen, die wir heutigen Menschenaffen von uns selbst haben und die, obwohl sie nicht selten lächerlich sind, uns umso öfter in unserem Denken und Handeln leiten. Doch diese Entzauberung führt nicht zwangsläufig dazu, dass die menschliche Existenz als absurd und sinnlos zu betrachten sei. Stattdessen muss sie als ein notwendiger Bestandteil aufklärerischen Denkens gesehen werden und als Grundlage für ein emanzipatorisches Streben, mit dem der Mensch sich langsam und mühselig von seiner

---

62 Kracht/Niermann: Metan, S. 11.

selbstverschuldeten Unmündigkeit befreit. Laut der hier vorgeschlagenen Lektüre von *Metan* verhandeln Kracht und Niermann somit ein klassisches Thema der Aufklärung und geben Kant einen neuen Anstrich für das einundzwanzigste Jahrhundert, wo Verschwörungstheorien und Postfaktisches zunehmend die Wirklichkeit bestimmen und die menschliche Unmündigkeit dadurch verursacht wird, dass Menschen sich durch ihre eigene verschwörungstheoretische Imagination in ihrem Aberglauben gefangen halten.

Randall Halle

Faserland, the Film

1 *Faserland:* the novel and the film project

Faserland, Treatment and *Faserland, Drehbuch* [Screenplay] appeared 2006 in Christian Kracht's collection of stories and reportage entitled *New Wave*. They are designated as having been written as a collaboration with Kracht's friend and collaborator Eckhart Nickel. Although the name might lead one to expect that these are part of a film project to adapt the novel *Faserland* to the big screen, a quick read through of *Faserland, Treatment* and *Faserland, Drehbuch* makes it apparent that they are not. Treatment and screenplay bear a subtitle that they are for a science fiction film. They begin with an announcement that a nuclear accident just outside of Berlin has contaminated a territory roughly equivalent to the territory of the former GDR, an announcement that seems to contain the science fiction element. From there the divergence of the film project from novel only continues to grow.

True the action of the film project begins with a young man on the island of Sylt. But rather than appearing immediately as central narrating yet unnamed voice, observing aspects of his consumerist culture, the main character identified as unser Held [Our Hero] in the treatment and as Alfie in the screenplay appears enigmatically at a bus stop on the side of an empty street, in the screenplay naked in the treatment clothed. Bending over to inspect a shining object, he is hit by a bus. Waking up in a hospital, we are informed that he has a different face/is played by a different actor. The shift is not explained or motivated further.

Subsequently there are infrequent contact points with the novel that nevertheless underscore more so how radically the plot diverges. A woman Karin is by the main character's bedside. The name connects to the Karin in the novel, but in the film project she serves a radically different function. The young woman seems in the screenplay to be only playing his unhappy girlfriend, in order to confuse him by asserting a relationship he does not remember. Our Hero/Alfie seems along with a loss of face to have lost his memory. To be sure, his appearance as naked seemed at the opening of the film project already to allude to a naïf innocence, some form of unknowing, a mysterious origin. It is a motif that could allude to Shakespeare's *A Midsummer Night's Dream* or to the then popular German American coproduced secret agent thriller *The Bourne Identity* (2002). It is more likely the latter given that this over-determination of a motif of loss of

https://doi.org/10.1515/9783110532159-016

identity is in the screenplay made into a staged memory loss orchestrated by a mysterious conspiratorial group led by Dr. Rebenmaul.

Karin breaks up with him and then leaves. Confused and alone, Our Hero/Alfie tries to sneak out of the hospital but stumbles into a ward that seems to be treating refugees from the ‚Zone'. The radiation has the curious effect of aging them rapidly, but only in the face it seems. One of the refugees wakes up, begs for water, and giving him a photo of a woman, charges him to find his wife in the ‚Zone'. The main character, almost caught, flees the hospital with the photo. His car is out of gas and he stops at a gas station, at which hooligans attack him. He flees to a train to Hamburg, paralleling the novel. Yet on the train he finds Dr. Rebenmaul where they travel together and converse in a manner reminiscent of the James Bond genre typical first encounters with the evil villain. Hamburg has become the Neo-evangelical state of Hamburg because the nuclear catastrophe has undermined the social order and the church has created a quasi-fascist state there.

Paralleling the novel he arrives at the house of his friend Nigel, where the main character meets a woman Rolla – a reference to Rollo from the Novel. Rolla appears to be the figure in the picture. Yet finding her does not resolve the quest, the point of which becomes increasingly opaque. Our Hero/Alfie receives a tip to go to Heidelberg, because it has a connection to the Zone. Further after a mysterious ritual and a collection of money, the main character awakens in the garden of the villa and heads to the airport. He uses all the money to buy a ticket in the ‚Dark Admiral Class' on a flight to Frankfurt. Rolla races after him, managing to sneak onto the flight at the last moment. Seated next to an elderly woman, who mistakes the main character for her grandson, she gives him a steel box engraved with the word ‚Dönitz', the same object which had caught his attention right before the bus hit him. After a nightmare in which the plane crashes, he wakes up as the plane lands and races out of the plane to the train station. Rolla chases after him. On the train he meets up with the actor Udo Kier and inquires about how to get to the Zone. Here the screenplay ends.

The journey of the main character of the film project continues to parallel that of the novel. Our Hero arrives in Heidelberg just as the Gadamer Festival processions are beginning and experiences a number of adventures, including, as in the novel, meeting an old friend Eugen. But as with the other characters that serve as contact points between novel and film project, Eugen is a member of the ‚Corps', a simultaneous reference to fraternity and Freikorps of the proto-Nazi movements. Where Hamburg was dominated by a quasi-fascistic religious movement, in Heidelberg the city is dominated by explicit references to the Third Reich. The Gadamer Festival in particular becomes replete with references to Nazi and proto-Nazi groupings and movements from the twentieth century. Our Hero has a quasi-homoerotic experience with Eugen, who turns out to have an outlet plug built into his belly. And he flees the Gadamer Festival, which has become a mixture of Nuremberg Rally and rave, with Rolla in a zeppelin.

As in the James Bond Franchise they land at the lair of the super villain, here a compound on Lake Constance controlled by Dr. Rebenmaul. He captures Our Hero and Rolla, separating them. The doctor reveals the ‚truth' to him, showing him a film done in 1930s style in which the ‚Dönitz' case seems to have something to do with the nuclear disaster. The doctor demands the case, but the main character demands first to see Rolla, who is trapped on an operating table, bleeding. Rolla, it is revealed, underwent a sex change operation to keep from aging. The main character can choose to have Rolla returned to being a woman who will then age quickly or he can have Rolla as a transvestite [sic], who will remain young. He expresses that a transvestite [sic] is „not a problem" [schon in ordnung] and Rolla is released. Our Hero takes the doctor hostage and escapes with Rolla in an old car. They head toward the Zone but at the edge, Rolla refuses to go further, for fear of aging, also revealing to him that they are actually in the Zone and have been the entire time.

The main character goes on alone to a border crossing which is covered in Swiss flags and after passing through a security check, he finds himself immediately in the middle of Switzerland, in Zurich. Here the film project's journey replicates the journey of the novel entirely. Our Hero then goes to a bank and deposits the ‚Dönitz' case in a safety deposit box. And as in the novel he goes to the lake, where he watches Hassidic families in small boats drive in synchronized fashion on the water. The treatment ends there.

Comparing the film project to the novel reveals that the differences between the treatment/screenplay and novel are even more remarkable than the differences between the treatment and screenplay. It is almost easier to list the similarities, as that list is shorter. They all describe a journey of a young man who travels from Sylt and ends his journey in Zurich, Switzerland. There is a flight to Frankfurt. There is a woman Karin, a man named Nigel, and Eugen, but the names designate characters who have very different qualities and relationships to the young man. There is a similarity in name between the characters Rollo and Rolla. It is likely that most readers of treatment and screenplay will be enticed to consider what the dramatic change in genre and narrative mean for the proposed adaptation. However, there is something else that needs to be clarified.

Faserland, Treatment and *Faserland, Drehbuch* are many things, but they are not a literary adaptation for the screen of the original novel *Faserland*. Moreover, they are not a treatment or a film script, at least not according to the conventions of a standard film industry screenplay and treatment. The film industry standards require specific formatting for a screenplay, standards which are evident in another film script on which Kracht collaborated, that of the movie *Finsterworld*.[1] There we see that a film script has specific margins and font size so that it corresponds to the standard: one page of film script equals roughly one minute of film. This allows filmmakers to consider that a 90 page film script results in a 90 minute film. And it allows producers to consider that a film script over 120 pages long results in problems. Likewise, *Faserland, Treatment* does not follow the standards of a treatment. The industry standards of film scripts and treatments also require the scriptwriter to occupy a specific and minor role in which the screenplay is treated as only an initial impetus to the entire film project, a point to which I will return. The standards for a screenplay, treatment, and for the further form the film expose are rigid because all three are involved in the same process: bringing an idea for a film into production and onto the screen within the profit dictates of a modern entertainment industry.

Faserland, Treatment and *Faserland, Drehbuch* are neither treatment nor screenplay nor adaptation and the observations of what they are *not* could continue. The directions for both texts designate them as preparation for a science fiction film. Typical of the science fiction genre is that a scientific principle imagined as possibility in the present is projected into the future or some other time-space framework, and is made to act as a consistent dominant operative principle. The treatment and screenplay do begin with a nuclear disaster, yet the principles of that disaster, how nuclear radiation behaves in the story, are not consistent with reality. The plot contains twists that rupture the stability of time and space within the world it establishes. The timeline of the story seems to have a chrono-spatial dysplasia. Regardless of how Kracht and Nickel identify these versions of *Faserland*, generically they might better belong to secret agent, disaster, conspiracy, post-apocalyptic adventure, or road story genre. In truth the setting and dynamic of the treatment and screenplay, although marked as having a connection to *Faserland*, have a stronger connection to the alternative worlds and conspiracy histories that Kracht developed in the docu-fiction *Metan* (2007 with Ingo Niermann), his novel *Ich werde hier sein im Sonnenschein und im Schatten* (2008), or to the motifs developed in the Ukraine travelogue, *Der Name des Sterns ist Wermut*, (2005 also written with Eckhart Nickel) a year after treatment and screenplay.

If *Faserland, Treatment* and *Faserland, Drehbuch* right from the start are not what they say they are, *if* they are not following industry standards, *if* they are neither treatment or screenplay, *if* they are not science fiction, then we are led to

1 Frauke Finsterwalder/Christian Kracht: Finsterworld. Frankfurt am Main 2013: Fischer Taschenbuch.

question, what are they? Why did Kracht and Nickel designate them as such? How do we understand them? How do we position them? And while in this essay we will consider answers to these questions, we can step back from posing for a moment and recognize we have arrived immediately at one of the central problematics/dynamics of Christian Kracht's work, Eckhart Nickel or Ingo Niermann's as well, and to a certain extent the entire generational group to which they belong, typically analyzed as pop literature.[2] Do we approach the work according to what it claims to be and thereby measure it according to our given and expected standards? Are these, in effect, according to the standards of the film industry, failed film projects? Do we rely on the work to question the nature of the standards we apply? Why, after all, would Kracht and Nickel publish a text that is at best a draft, at worst a failure? Or do we insist on judging these works according to aesthetic or industry standards which are predetermined based on what they claim to be? If we judge a work, which is not a screenplay, as a screenplay because it claims to be a screenplay and we determine it to be a bad screenplay, what have we accomplished other than a tautology? Many of his critics have fallen into this trap and produced negative assessments that amount to critical tautologies. If we want to avoid critical tautologies, how do we approach Kracht's work?

Through a focus on *Faserland, Treatment* and *Faserland, Drehbuch*, two pieces in Kracht's *oeuvre* that might otherwise appear as minor and belonging to an unrealized film project, I hope not just to answer these questions but also to recognize certain principles that might be generalizable to Kracht's work and to that of his contemporaries in general. In order to do so, I will focus here first on the script and the gesture of the film project toward writing a screenplay. Moving from the observation then that their engagement with the genre of the screenplay is a critical engagement with the material conditions of the entertainment industry, I will seek to position this project within a literature of *Second Modernity.* I will consider then the specificities and divergences of novel and film project, treatment and screenplay. In two subsequent sections the essay will consider the specific qualities of the Kracht/Nickel *Faserland* film project as second modernity genre.

---

2 Torsten Liesegang: New German Pop Literature: Difference, Identity, and the Redefinition of Pop Literature after Postmodernism. In: Seminar. A Journal of Germanic Studies 40 (2004) 3, pp. 262–276.

2 It is not the script which is undeveloped, but rather the industry in which ideas are pitched

Why a film script? It is an odd genre for the dandy flaneur preening pop literati Kracht and Nickel to take up. There have been moments, especially in early cinema history, where the scriptwriter has held a more prestigious position than other moments and certainly particular film script authors have in the course of cinema history attained notoriety. Certain figures manage to rise to notoriety by bridging two professions. In Germany we can think of Thea von Harbou or Wolfgang Kolhaase as acclaimed scriptwriters who have also successfully published novels. In the inverse direction we can think of the authors like Erich Kästner and Peter Handke who have also written acclaimed screenplays. And we can list a handful of novelists who have worked on adaptations of their own work, like Günter Grass, Heinrich Böll or Patrick Süskind. The film project would probably stand closest to this group, if it were not for the fact that the treatment and screenplay differ so radically from the original successful novel that one can not speak of an adaptation.

If they sought to underscore the author as prestigious cultural function over the scriptwriter as (industrial) scribe or tradesman, then their choice to publish a truncated film project undercuts this ‚artistry'. It alludes instead to an unpolished state that puts this work indeed better in line with the other side of the film industry, not the glamorous star side. The role of the scriptwriter is typically a minor, secondary, even forgotten role in the critical considerations of a film and not one that is actively pursued by authors. The consequences of the condition of the scriptwriter as cog in the modern entertainment industry became particularly clear with all its ominous consequences in German film history during the Third Reich. In the Third Reich the scriptwriter as depersonalized function played a particularly important role. The vast majority of films produced in the Third Reich were not directly propaganda films, and hence the vast majority of scripts written in the Third Reich were for entertainment purposes. However, the profession of scriptwriter in the National Socialist system obtained a special status as instrument for the Ministry of Public Enlightenment and Propaganda. Scriptwriters were functionalized to serve the goals of the state.

In 1962 the rebellion of the Oberhausen Manifesto that started the movement of New German Cinema took aim specifically at ‚Papas Kino' and the continuity of the German film industry with the Third Reich.[3] There was here an attempt to rupture the capacity of the entertainment industry to serve the interests of the state. And as a means to foster structural transformation, young German filmmakers took over the principle of the *politique des auteurs* promulgated by the French cineastes. The *Autorenkino* emphasized the director as a unifying artist and confirmed the superiority of the director over all other roles. The *Autorenkino* model of production came to an end in the 1980s with the *Tendenzwende* of the Helmut Kohl years. The conservative government fostered a reorientation toward an industrial and entertainment model of audiovisual production much more akin to the Hollywood system. It was at this time the scriptwriter reappeared as separate role in an entertainment industry division of labor. The end of the *auteurist* mode of production and an orientation toward an audiovisual entertainment market intensified the typical Hollywood process.

The completed screenplay has a reduced role and even before a full film script is submitted, an abbreviated version of the film treatment, the film exposé has become key along the way of film development. The film exposé is a brief document, 2–5 pages with fewer clear norms; it typically provides a logline describing the hook of the film project, its genre, style, and length.[4] It provides a brief overview of characters and a summary without the details of the story. It is a document that sells an idea. In Germany the process of submitting a project generally begins with the pitching of an expose to a producer. The writing of the script is thus postponed to a time even after the project is under contract. The treatment, as the next step, is typically twenty pages, outlining the story in some detail according to the sequence of scenes.[5] As a pre-production step, development of the treatment may be undertaken with the producer or even with the director. The script, then, in its final form could actually be taken out of the hands of the person who originally pitched the idea for the project. In this system the scriptwriter is not an author as source of creativity but rather a producer of marketable format.

The project of *Faserland, Treatment* and *Faserland, Drehbuch* thus alludes to this process, nevertheless it is clear that they are also not part of the process. On inspection of *Faserland, Treatment* and *Faserland, Drehbuch*, we recognize immediately that the script is of course a fragment, only the first 28 pages. It does not

3 Ralph Eue/Lars Henrik Gass (eds.): Provokation der Wirklichkeit. Das Oberhausener Manifest und die Folgen. München 2012: edition text + kritik.

4 See the example provided by the Drehbuchwerkstatt München: https://www.drehbuchwerkstatt.de/Fachtexte/expose.htm (June 1, 2017).

5 See the example provided by the Drehbuchwerkstatt München: https://www.drehbuchwerkstatt.de/Fachtexte/Treatment.html (June 1, 2017).

observe industry standards for margins or abbreviations. It includes information that is not generally found in a screenplay. It does not match the treatment and the treatment itself is unpolished. The refusal of form here could be understood as coming from the tradition of the *auteur* who is in control of the entire process, an artist-author of the film in line with romantic notions of literary authorship. It could be understood as an attempt to reject marketable format and assert creativity and artistic innovation over generic conventions. Instead of seeing *Treatment* and *Drehbuch* as assertions of artistic innovation and authorial control, the incompleteness of the script along with the timing of the turn to treatment could actually allude to a sign of failure vis-à-vis the requirements of the industry. Kracht ‚with Eckhart Nickel' set out to write a screenplay and their collaboration ‚failed' because they could not negotiate the expectations of the entertainment industry. I would suggest that our approach to these pieces should not be to assess them as either a *or* b, artistry *or* failure. Rather the treatment and screenplay perform ‚failure' as a challenge to expectations.

3 A Literature of Second Modernity

Kracht, of course, repeatedly plays with horizons of expectation and genre conventions. Indeed all the contributions to the collection *New Wave*, of which *Drehbuch* and *Treatment* are the last part, work largely by inverting semiotic structures and redirecting assumptions. It is a strategy that has confounded many on their first read, propelled his popularity. Critics, seeking to position this work positively, have designated it with appellations such as pop literature or postmodern, in order to explain the strategies.[6] Kracht himself has in particular rejected the designation pop literature, which is perhaps uninteresting in a critical environment that does not trust authorial intent as the final word. Yet his rejection of the title pop literat has encouraged many sympathetic academic critics to rely more on the designation of postmodern. However, we might want to consider that since Lyotard's 1979 *La condition postmoderne: rapport sur le savoir* much has

6 Anke S. Biendarra: Der Erzähler als Popmoderner Flaneur in Christian Krachts Roman *Faserland*. In: German Life and Letters 55 (2002) 2, pp. 164–179; Richard Langston: Escape from Germany: Disappearing Bodies and Postmodern Space in Christian Kracht's Prose. In: German Quarterly 79 (Winter 2006) 1, pp. 50–70; Liesegang: New German Pop Literature; Sandra Mehrfort: Popliteratur. Zum literarischen Stellenwert eines Phänomens der 1990er Jahre. Karlsruhe 2008: INFO-Verlag; Vibeke Rützou Petersen/Alison Guenther-Pal/Bruce Campbell: Detectives, Dystopias, and Poplit: Studies in Modern German Genre Fiction. In: Studies in German Literature Linguistics and Culture (2014).

transpired that invites a reconsideration of the material and subjective conditions in which we exist. Stefan Bronner's work on Kracht's *oeuvre* analyzes clearly how the decentered subject identified in the 1980s has taken on different forms after the fall of the Berlin Wall.[7] And such critical developments of the initial concepts of postmodernity are urgently needed given the arrival of digital technologies, the emergence of globalization, the awareness of climate change, and so on that mark especially the turn of the new Millennium.

Indeed the turn to globalization marks recent work on Kracht and other members of his generational cohort by Anke Biendarra, Stuart Taberner, Thomas Ernst, and Frank Finlay.[8] Such an approach picks up on Florian Illies' designation of Kracht and his crew as belonging to Generation Golf.[9] Yet it takes the generational diagnosis and gestures toward a general and broader context of globalization to extend the assessment. Anke Biendarra, acknowledges that the authors do not specifically take on the term globalization, nevertheless for her

> all the stories share certain features that speak mostly of its alienating forces. These are contained in the characters' sense of displacement and inability to relate to others in successful communication, and through the narrative structure shown to be systemic to their post-national cosmopolitanism. The protagonists' unrelenting travel conveys a search for a bygone sense of place and identity that the experience of globalization has called into question, maybe even eradicated. The postmodern life strategies of these global tourists tend to render all human relations fragmentary and discontinuous, and the resulting alienation figures most prominently in interpersonal relationships, which are marred by ambivalence, indecisiveness and cruelty. For these German-language authors, living in a globalized, deterritorialized world entails the fissure of stable identities and functioning social networks.[10]

Considering this literature as emerging out of the material conditions of globalization opens up new possibilities of understanding the crisis of subjectivity, or

---

7 Stefan Bronner: Vom taumelnden Ich zum wahren Übermenschen. Das abgründige Subjekt in Christian Krachts Romanen *Faserland, 1979* und *Ich werde hier sein im Sonnenschein und im Schatten*. Tübingen 2012: Francke.

8 Biendarra: Germans Going Global. Contemporary Literature and Cultural Globalization. Berlin 2012: De Gruyter; Thomas Ernst: German Pop Literature and Cultural Globalisation. In: Stuart Taberner (eds.): New Germany in Context. German Literature in the Age of Globalisation. London 2004: Bloomsbury, pp. 168–189; Frank Finlay: „Dann wäre Deutschland wie das Wort Neckarrauen". Surface, Superficiality and Globalisation in Christian Kracht's Faserland. In: Taberner (ed.): New Germany in Context, pp. 189–209; Frank Finlay: „Surface Is an Illusion but so Is Depth": The Novels of Christian Kracht. In: German Life and Letters 66 (2013) 2, pp. 213–231.

9 Florian Illies: Generation Golf. Berlin 2000: Argon.

10 Biendarra: Germans Going Global, p. 188.

rather the evacuation of subjectivity in the novel, an evacuation that is often understood precisely as a form of postmodern decentering.

Sociologist Ulrich Beck, well known for his accessible analyses of the processes of globalization, began toward the end of his career to modify his assessments. He interwove his critical recognition of the globalized risk society with a discussion of the emergence of a ‚second modernity'.[11] *Second modernity*, also sometimes referred to as reflexive modernization, can be understood as a necessary reemergence of a modernism, reformed by the insights of postmodernism. Beck, along with Wolfgang Bonss, and Christoph Lau programmatically positioned second modernity in contrast to modernity and postmodernity:

> Modernity has not vanished, we are not post it. Radical social change has always been part of modernity. What is new is that modernity has begun to modernize its own foundations. This is what it means to say modernity has become reflexive. It has become directed at itself. This causes huge new problems both in reality and in theory. There has been a pluralization of the boundaries within and between societies, between society and nature, between Us and Other, between life and death. This pluralization also changes the inherent nature of boundaries. They become not so much boundaries as a variety of attempts to draw of boundaries. Border conflicts become transformed into conflicts over the drawing of boundaries. Where postmodernism simply celebrates this multiplication of boundaries, the theory of second modernity starts with the problem this new reality poses for individual and collective decisions, and with the problem that the continued existence of such decisions poses for theory.[12]

It is debatable if postmodernism ‚simply celebrates', yet in an era in which global climate catastrophe sets absolute limits to the survival of the human race, the postmodern critique of rationality and collective metanarrative cannot result in an acceptance of the forces of irrationality and the abandonment of collective action. Contemporary conditions, the possibility of mass global extinction, establish the fundamental necessity of a modernization, this time reflexive in its awareness of its limitations. Connecting to Biendarra, we could recognize Kracht and his colleagues as authors publishing on the cusp of this emergent second modernity. A

---

11 Ulrich Beck: Risikogesellschaft. Auf dem Weg in eine andere Moderne. Frankfurt am Main 1986: Suhrkamp; Ulrich Beck: What Is Globalization. Malden, MA 2000: Polity Press; Ulrich Beck/Edgar Grande (eds.): Das Kosmopolitische Europa. Gesellschaft und Politik in der zweiten Moderne. Frankfurt am Main 2007: Suhrkamp; Mads P. Sørensen/Allan Christiansen: Ulrich Beck. An Introduction to the Theory of Second Modernity and the Risk Society. London and New York 2012: Routledge.

12 Ulrich Beck/Wolfgang Bonss/Christoph Lau (eds.): The Theory of Reflexive Modernization Problematic. Hypotheses and Research Programme. In: Theory, Culture & Society 20 (2003) 2, pp. 1–33.

literature of second modernity may share the postmodern rejection of the metanarratives and ideological projects of modernity, yet we might consider how the represented loss of orientation and the dissolution of possibilities for positive collective action appear as a problem. Certainly, narrative strategies like those of Kracht may carry some of the characteristics of postmodernity: unreliable narrator, irony, irrationality, pastiche of high and popular culture, etc. Nevertheless, we could consider how Kracht is engaged with the operations of *risk society* and the precarity globalized conditions establish and ask what outcome this has for his representation of (modern) subjectivity.[13] Bronner's discussion of this aspect of Kracht's identifies an engaged or ethical postmodernism as key to understanding the work.[14] However Bronner extends the critical potential of such representations. Kracht develops in the reader a reflective and critical ethics. Such practice is necessarily distant from modernist morality or utilitarian rationality, in which ultimately Kracht recognizes the potential of totalitarianism.[15]

4 Fragmented Land: Precarious Subjects

As noted in the opening to this paper, the differences between novel and film project are fundamental. We could start listing them with the designation of treatment and screenplay as science fiction. We could consider the naming of the main figure: he is anonymous in the novel, identified as Alfie in the screenplay, and as *unser Held* in the treatment. The ‚product placement' element of the novel, which originally garnered it the designation as pop literature from the critics, disappears. The opening of the novel, which famously places the main character on Sylt with a Jever beer and wearing a Barbour jacket, is replaced in the screenplay by a naked Alfie who pulls clothing out of a collection point for old clothing. In the treatment Our Hero is not naked but is barefoot and wearing the clothes from the screenplay. This character, Alfie/Our Hero, becomes in the narrative the opposite of the anti-hero of the postmodern novel; he is an anti-anti-hero who stumbles into an adventure.

These differences are not random, rather, I would suggest, represent an intensification of the goals of the novel. The *Faserland* film project is not an adaptation of the novel, rather it is a reevaluation of it a decade later. The points of contact between novel and film project intensify aspects. In the film project,

13 Beck: Risikogesellschaft.

14 Bronner: Vom taumelnden Ich zum wahren Übermenschen.

15 Bronner: Vom taumelnden Ich zum wahren Übermenschen, pp. 61ff.

although designated Our Hero/Alfie, the memory aspects of the novel, the acts of recollection disappear. Those acts that gave the first person narrator a (false) sense of subjective depth are stripped away. The character of Alfie in the screenplay does not even exhibit the quality of the narrator of the novel to *faseln*, to maunder, produce drivel. The dialog remains by comparison Spartan. Our Hero/Alfie does not drink or exhibit any of the qualities of subjective dissolution precisely because the film project reduces the character to the absolute empty shell of a subject. While motivations for the main character in the novel may have been vague, in the film project his journey simply takes place, a series of almost serendipitous steps that take him from North to South. In treatment and screenplay, the main character journeys to carry out the request of a complete stranger. There is a conspiracy of medical personnel that suggests the reasons for the journey are not entirely of his deciding. Nevertheless, his willingness to carry out the wishes of the aged refugee is not coupled with any explicit personal traits, backstory, or psychologizing of any sort.

If in the novel the deployment of brand and label consciousness still offered a bit of coherency, this potential is missing in the journey of Our Hero/Alfie. What coherency there is, derives at best from the conspiratorial actions of Dr. Rebenmaul. In neither treatment nor screenplay does the character Our Hero/Alfie evidence any of the same consumerist consciousness. To the contrary, as already mentioned, the character appears in the screenplay naked and finds clothing in a recycling bin. While the treatment is slightly different, Our Hero appears wearing the clothes found in the screenplay. And in both versions the character has nostalgically or completely anachronistically a Walkman. In general, the consumerist class consciousness that derived from the recognition and identification of the main character of the novel is nowhere present in this narrative.

This character seems even more poorly equipped to contend with the vicissitudes of the world through which he travels. Beyond the early naked appearance, there is the fundamental question of Our Hero/Alfie's memory, which is missing. The cause of his amnesiac state is left open; is it the accident or is it a result of conspiratorial manipulation? The screenplay alludes to an injection and makes the behavior of the supposed girlfriend Karin into a staged performance designed to add to Alfie's confusion and convince him of his own memory loss. Alfie's nakedness, his having his face scraped off by the bus, his memory loss, do not make him into an antipode to the character of the novel; rather these facets of the treatment and screenplay version all speak to an actual intensification of the evacuation of subjectivity that was key to the novel. Bronner suggests that the entire journey, the attempt to get to the ‚Zone' is a search for a space of indeterminacy, „Ort der Unbestimmtheit".[16] Our Hero/Alfie travel compelled by forces clearly beyond or outside the control of any individual. This story underscores a precarity of the subject in a fragmented apocalyptic faserland where even geo-territorial boundaries seem subjected to irrational forces. The treatment at its end inverts conditions, makes unclear what is Zone and what is not, and where the border leads. The arrival in the end in Switzerland occurs almost as an act of narrative teleportation.

The main character of *Faserland* in all its forms may be unreliable, unreflective, even irrational, but in the transformation that takes place from novel form to treatment and screenplay, the quality of this character as caught up in a world of problems is intensified. The laissez faire representation of the original generally half conscious drunk moving through a society defined by brands and labels gives way to a naïf detective hero. The periodic vomiting and the unsettled recollection of the novel gave the novel a sense of critical commentary. That both forms of main character take the same journey without clear orientation, suggests that the ‚problematic' of the novel, treatment, and screenplay is this condition. In the film project the story is not driven by subjectivity but by what Bronner, drawing from Lacan and Zizek, referred to as blind spot in the story.[17] I will point to the more mundane film convention Alfred Hitchcock named the MacGuffin. He understood the MacGuffin as a device located solely in the plot that provides movement in the story.[18] Classic examples of MacGuffins are the microfilm in *North by Northwest*, the falcon in *Maltese Falcon*, Rosebud in *Citizen Kane*, or the briefcase in *Pulp Fiction*. To be clear, consider that in Tarantino's classic film and a direct influence on Kracht, although the entire plot revolves in effect around the search for the briefcase, its contents are never revealed. The ‚Dönitz' case is here a MacGuffin and like the briefcase in *Pulp Fiction*, we never discover its contents.

I would also add that it is not simply a matter that the film project intensifies the intent of the novel. Considering the difference between the various stories, we can recognize that the treatment and screenplay have a retroactive effect on the novel. With the appearance of *Faserland, Treatment* and *Faserland, Drehbuch*, *Faserland, Roman* seems to take on a different valence. The designation ‚Roman', [novel], which was on the cover of the original 1995 edition from Kiepenheuer & Witsch, becomes a part of the title, not simply a generic marketing designation. (Indeed, this designation is part of the title of Kracht's subsequent novels as well.) In the presence of the comparison of the generic forms, the name *Faserland* seems

16 Bronner: Vom taumelnden Ich zum wahren Übermenschen, pp. 109, 124.
17 Bronner: Vom taumelnden Ich zum wahren Übermenschen, pp. 225, 365.
18 François Truffaut/Alfred Hitchcock (eds.): Hitchcock. New York 1984: Simon & Schuster.

almost to be attached to the terms treatment, screenplay and novel, as if faserland were an adjective modifying the terms of generic form itself. Faserland may thus be understood here not as a reference to the original novel, these are not literary adaptations, rather it is a designation of an approach to representing a society, a fragmented, fragmenting society, a dystopia as mirror to lived experience, a fatherland that fails to be a homeland in a world of shifting and unclear borders and boundaries.

5 Second Modernity Genre

In general, the entire description in the film treatment recalls Jean-Luc Godard's classic science fiction film *Alphaville* (1965), a film which itself is riddled with references to other films, including *Nosferatu* (Murnau 1921) and *Dr. Mabuse* (Lang 1933). Our Hero is at times akin to Godard's hard boiled detective/spy Lemmy Caution more so than the more popular James Bond franchise. Nevertheless, true to the genre, Our Hero stumbles across clues, picks up a glamorous female spy, has a confrontation with the evil genius in his lair, escapes death a murder attempt, and foils the plot. But the treatment in particular continually references further films. The musical interlude with Rolla and Nigel recalls the breakout song in *Magnolia* (Anderson 1999). In an inversion of the novel where the main character meets Wim Wenders, Our Hero meets the actor Udo Kier in a train in a scene that recalls Kier's work in *Europa* [*Zentropa*] (von Trier 1991). The Heidelberg sequence recalls motifs from Leni Riefenstahl's *Triumph des Willens* [*Triumph of the Will*] (1935) a film that serves as a recurring point of discussion in the novel. But the film project also recalls her performance as dancer in *Der heilige Berg* [*The Holy Mountain*] (Fanck 1926). The description of Dr. Rebenmaul's film, which documents the nuclear disaster, recalls another film discussed in the novel: Eisenstein's classic *Battleship Potemkin* (1925), including a dead mother next to a tipped over baby carriage. Our Hero's response to the information that Rolla has had a female to male sex change recalls the famous ending to German exile director Billy Wilder's *Some Like It Hot* (1959) in which Tony Curtis in drag reveals to his wealthy admirer Osgood Fielding III that ‚Daphne' is actually Jerry. Our Hero's response that „transvestit sei schon in Ordnung [transvestite is not a problem]" rhymes Osgood's response, „well nobody's perfect".

There are more significant references that could be mined from the text, e. g. *Stalker* (Tarkovsky 1979), but it may actually be more important to acknowledge a similar series of references to video games. The entire film project seems to be a form of uchronia common in the alternate history genre popular for video games and at the heart of *Ich werde hier sein im Sonnenschein und im Schatten*. Indeed,

Bronner pointed out a radicalization of motives across the versions.[19] Thus we can understand the history of this film project as preceding if not coeval with the development of that novel. The conspiratorial motives that structure the screenplay in particular recall the *Resident Evil* franchise that dominated the video gaming technology of the late 1990s. In 2002 the first of five *Resident Evil* films appeared, filmed at the Studio Babelsberg, Germany's largest studio just outside of Berlin and offering further inspiration for crossover between film and video, between interactive gaming and spectator narration. It was also a significant moment of transition for the popular *Final Fantasy* series in which especially *Final Fantasy IX* (2000) introduced a pastiche effect in its structuring of the visual references in which the characters undertake their adventure. This blending of references becomes a dominant style of gaming, including a retro-futurism popular in steampunk in which historic, e. g. Victorian objects prove to have futuristic functions, e.g. retinal scanning.

The point here is not to list the references, rather it is a question what function do they serve. Certainly, all these elements could be understood as pastiche, and approached in terms of historic questions of postmodernism. But the intensity of the references seems to explode this approach. We may want to ask more pointedly, regardless of the existence of a title that identifies this as a film project, what is the outcome of the actual adoption of a film-gaming strategy? Certainly *Faserland, Treatment* and *Faserland, Drehbuch* break out of the historic strategies for literary adaptation and point to a construction of a *Faserland* ‚franchise', in which each new iteration, *Faserland II*, allows for a reset that creates a new gaming universe. In new iterations of video games what remains the same is the task to be accomplished and the basic characteristics of the figures. But more important is the question of subjectivity. It is banal to observe that the gaming subject is a different one than that of the film subject, but it is important to observe here a corollary, which is that the literary and film subject are more akin in their relationship to the reader/spectator than is the gaming subject to the gamer. The subject of the game is an avatar as interface in an interactive state of narration. The gamer enters into a universe and moves about with a certain illusion of choice and will not at all available to the reader/spectator. To turn the gaming figure into a literary/film figure is to eviscerate the interactivity. The typical strategy is then to fill the lacuna with some form of compensation: filmic intensifications of shock and gore, Angelina Jolie as stylized male fantasy, etc. In the case of Our Hero/Alfie there is no compensation. The character is eviscerated of motivation, moving

---

19 Bronner: Vom taumelnden Ich zum wahren Übermenschen, pp. 109, 119.

through the space of the story as if steered from a distance, albeit not by the reader.

Interestingly a number of experimental video or art games have emerged that play with the condition Kracht has established in his work. *Graveyard, Journey, Mountain, 12th September, Madrid* among others operate in such a way that steering characters is impossible or dislocated (*Graveyard, Journey, Mountain*) or the outcomes of the games are counterproductive. (In *12th September* the stated goal of taking revenge on terrorists without bombing civilians proves impossible. Civilians are always killed and each dead civilian generates multiple new terrorists. The only way to win is not to play the game.)

There are thus certain commonalities between earlier modes of film, especially *Autorenfilm*, and the film-gaming crossover strategy of the *Faserland* adaptation. Episodic structures or non-motivated storytelling replaced linear narrative necessity. An open form focused more directly on figure constellations. Long dialogues countered spectacular images. The representations of social, class, gender conflicts refused simplistic melodramatic romantic triangles. And yet, while we can position him in a relationship to this past, with this strategy we see how Kracht works on the intersection of two influential diagnoses of contemporary Germany: its simultaneous rending into Erlebnisgesellschaft and Risikogesellschaft. Kracht's work attends to the simultaneity of these social formations.

Kracht's episodic form recognizes them as not diremptions, an either/or of experience but rather as contemporaneous foundations and threats to the social totality. There is not a social whole. The stops on the road trip are random and they do not provide lessons in confrontations, rather they offer only possibilities of, in the end, further directions for the journey. There is not a social whole, but there is sociability. Kracht refuses to provide characters as avatar, carrying out the pleasures of the gamer/reader. Our Hero/Alfie travels and we can go along, if we wish, not because we have some form of sympathy – Alfie exhibits no interiority with which we can have sympathy, not because he helps us, decentered subjects, experience our identity – Alfie is a face-changing cipher to himself, not because in his alterity we are made whole – his drives are too fluid to be a stable other. We go along out of a core sociability, because we want to. It is our choice to accompany Our Hero, see the story through to the end. Sociability instead of social totality, accompaniment instead of compensation: we should consider indeed if these gestures in Kracht's work, often described as pop superficial, do not represent a deep form of post-post-modern ethics.

Beiträgerinnen und Beiträger dieses Bandes

Prof. Dr. Moritz Baßler ist Professor für Neuere deutsche Literatur an der Westfälischen Wilhelms-Universität Münster. Mail: mbassler@uni-muenster.de

Dr. Johannes Birgfeld ist Studiendirektor im Hochschuldienst an der Universität des Saarlandes in Saarbrücken. Mail: j.birgfeld@mx.uni-saarland.de

Dr. Stefan Bronner ist Assistant „Professor in Residence of German" an der University of Connecticut. Mail: s.bronner@gmx.net

Simone Brühl, M. A. ist Doktorandin am Fachbereich Germanistik der Universität Bremen. Mail: sbruehl@uni-bremen.de

Dr. Claude D. Conter ist Direktor des Centre national de littérature in Mersch. Mail: claude.con ter@cnl.etat.lu

Professor Randall Halle ist Klaus W. Jonas Professor of German Film and Cultural Studies an der University of Pittsburgh. Mail: rhalle@pitt.edu

Dr. Till Huber ist Wissenschaftlicher Mitarbeiter am Institut für Germanistik der Carl von Ossietzky Universität Oldenburg. Mail: till.huber@uol.de

Dr. Christoph Kleinschmidt ist Akademischer Rat am Deutschen Seminar der Eberhard Karls Universität Tübingen. Mail: christoph.kleinschmidt@uni-tuebingen.de

Elias Kreuzmair ist Wissenschaftlicher Mitarbeiter am Institut für Deutsche Philologie der Ernst Moritz Arndt Universität Greifswald. Mail: elias.kreuzmair@uni-greifswald.de

Prof. Dr. Volker Mergenthaler ist Professor für Neuere deutsche Literatur an der Philipps-Universität Marburg. Mail: mergenth@uni-marburg.de

Dr. Eckhart Nickel erhielt als Schriftsteller zuletzt für den Beginn seines Romans *Hysteria* (Piper, Herbst 2018) den Kelag-Preis beim Ingeborg-Bachmann-Wettbewerb 2017. Er ist Mitglied der Goethe Society of North America und hält hier und da Vorträge. Mail: nickel@der freund.com

Dr. Stefanie Roenneke ist Autorin und Lehrbeauftragte an der Folkwang Universität der Künste. Mail: stefanie_roenneke@gmx.de

Laurenz Schulz ist Doktorand im Fachbereich Germanistik der Universität Augsburg. Mail: lau renzschulz@aol.com

Arnim Seelig unterrichtet Deutsch als Fremdsprache am Goethe-Institut Montréal. Mail: ar nim.seelig@gmail.com

https://doi.org/10.1515/9783110532159-017

Dr. Björn Weyand ist Akademischer Rat auf Zeit am Germanistischen Institut der Ruhr-Universität Bochum. Mail: bjoern.weyand@rub.de

Personen- und Werkregister

https://doi.org/10.1515/9783110532159-018

Ortsregister

https://doi.org/10.1515/9783110532159-019

www.ingramcontent.com/pod-product-compliance
Lightning Source LLC
Chambersburg PA
CBHW021934290426
44108CB00012B/830
9783110531176